417호 대법정

417호 대법정

초판 1쇄 인쇄 · 2019년 9월 10일
초판 1쇄 발행 · 2019년 9월 18일

지은이 · 이경재
발행인 · 황정필
발행처 · 실크로드

주 소 · 경기도 파주시 광인사길 103
전 화 · (031)955-6333
팩 스 · (031)955-6335

등록번호 · 제2010-000035호
이메일 · adad1515@naver.com

ISBN 978-89-94893-31-0(03800)
책값은 책표지 뒤에 있습니다.

이 책은 실크로드가 저작권자와의 계약에 따라 발행한 것이므로
저작권법에 따라 무단 전재와 복제를 금합니다.

이 도서의 국립중앙도서관 출판예정도서목록(CIP)은 서지정보유통지원시스템 홈페이지(http://seoji.nl.go.kr)와
국가자료종합목록 구축시스템(http://kolis-net.nl.go.kr)에서 이용하실 수 있습니다. (CIP제어번호 : CIP2019033642)

417호 대법정

국정 농단 의혹 사건 재판 현장

〈책을 내며〉
의혹과 진실을 가리기 위해

역사는 과거 기록이나, 그 과거는 현재와의 대화로 다시 살아난다. 역사 기록의 빈자리는 문학·예술가들이 창조적 상상력을 맘껏 펼치는 영역이 될 것이다. 나는 허구의 의혹 공간을 최소화하기 위해 이 글을 썼다. 공소장이나 판결 형식의 유사 소설이 설 자리가 없도록 해야 한다는 책무 의식에서다.

2016년부터 지금껏 진행되어 온 박근혜 정부 붕괴 사태는 대한민국 현대사의 비극이다. 건국 70여 년을 거치며 역대 대통령들은 한결같이 평온한 퇴임을 갖지 못했다. 임기를 채우고 청와대를 떠난 김영삼, 김대중 전 대통령들도 재임 중 사랑하는 아들이 구속됐고, 이명박 대통령도 구속되는 불행을 겪었다. 이렇게 다른 형태의 불행한 장면을 연출해 온 것이 우리나라 대통령 역사다.

제18대 박근혜 대통령은 첫 여성 대통령이다. 아버지 박정희에 이어 딸이 대통령이 되었으니 가문의 무한한 영광이었을 것이다. 그런데 박근혜 대통령은 재임 중 졸지에 탄핵당했으며, 뇌물죄목 등으로 25년 중형을 선고받아 갇혀 있는 신세로 전락했다. 역대 어느 대통령보다 더 처절한 비극을 낳았다. 최서원(구명 최순실)은 그 원인 제공자로 즉, 국정 농단자로 단죄되어 20년 징역을 선고받았다.

나는 2012년 3월경부터 정윤회·최서원 부부의 법률 자문을 하면서 관계를 맺어왔다. 민사·형사 사건에서 고소 대리인, 변호인, 소송 대리인으로 사건을 맡아 왔다. 특히 2014년 11월 청와대 문건 유출 사건 때부터는 사건 자체가 그 해의 10대 뉴스에 선정되는 중요도가 있어, 언론에 집중적으로 노출되었다. 2016년 10월 ○시기 본격화되지 이른바 최순실 게이트 사건으로 연일 뉴스를 장식했다. 나는 예기치 않게 사건의 중심에서 사안을 살피고 관련자를 직접 면담하고, 신문하는 입장이 되었다. 역사적 사건의 법정 증인이 된 셈이다.

우리는 격변의 시간 속에서 최서원 개인 비리(非理) 정도로 치부될 수 있었던 사건, 어느 정권에서나 있을 법한 최고 권력자 주변 부정부패 사건이 1500만 표로 압도적 다수의 지지를 받은 대통령을 사건 발발 4개월여 만에 탄핵으로 내모는 기이한 현상을 겪어야 했다. 또한 우리가 평소 생각하는 방식으로는 도저히 상상할 수 없는 일들이 정치, 사회, 검찰, 재판에서 속출되는 것을 목격해야 했다. 무엇이 이것을 가능하게 한 것일까? 이 일련의 과정을 지배하는 힘은 포퓰리즘(populism)이었다. 포퓰리즘은 의혹을 사실로 만드는 위력이 있었다. 나는 변호인으로서 제한된 범위에서 터진 둑을 막아보려 안간힘을 썼지만 포퓰리즘 위력 앞에 한낱 작은 돌덩이를 쌓는 데 지나지 않았다.

나는 촛불 시위를 혁명으로 격상하고 우상화하려는 사람들의 판단이 잘못되었다는 입장에 서 있다. 그래서 2014년부터 2019년 현재까지 일어난 박근혜 정부 붕괴 관련 사건에서 있었던 일들을, 기억이 비교적 생생한 시기에 체계적으로 정리하여 기록으로 남길 필요성을 절감했다. 이런 이유로 책의 내용에서 관련 인물들의 진술을 그대로 인용했다.

변론 일지나 변론 회고록이라 할 수 있는 이 책은 광전 세대(光戰世代) - 1945.

8. 15. 광복 이후 1953년 휴전 시기 전후에 태어난 세대 – 에서 지배적으로 공감하는 가치관에 입각해 사건과 사태를 평석하였다. 광전 세대는 일본의 단카이 세대에 상응한다고 볼 수 있다. 이 세대는 제2차 세계대전 전후 세대로서, 국토 분단, 한국 전쟁, 4·19 혁명, 5·16 군사 거사(擧事) 등이 인생의 배경이었다. 청년기에는 산업화의 역군으로, 월남전 참전 등 국방의 간성으로 헌신하여 여러 분야에서 성공 신화를 만들어 왔고, 3선 개헌 반대 등 민주화 운동에도 열정적으로 참여했다. 1980년대 이후 대학가에 널리 퍼진 주사파 운동권을 비롯한 공산주의 좌파의 이념이나 노선과는 대부분 거리를 두어 왔다.

이 책에서는 박근혜 정부의 붕괴 과정을 살피고, 붕괴의 원인이 되는 사건과 그 배후에 있는 의혹의 실체를 파악하려고 했다. 박근혜 정부를 벼랑으로 몰고 간 핵심 동력(動力)은 의혹을 집대성하여 한편으로는 비선 실세 만들기 다른 한편에서는 뇌물죄 씌우기였다. 이러한 책동들이 언론·국회·수사·재판에서 포퓰리즘의 영향 아래 어떻게 작동했는지 구체적 사실을 들어 설명하고자 했다.

오늘의 우리는 대법원의 판결, 헌법재판소의 심판이라는 제도적 양식(樣式)이 올곧게 그 판단의 진실성과 법치주의 합치성을 부여한다고 믿는 시대에 살고 있지 않다. 나는 이 책을 통해 주장하는 사실과 증거, 논리를 세상에 내놓아 대법원의 판결과 대비해 평가받고자 하는 각오를 하고 있다. 대법원 판결의 당부(當否)를 문제시하는 게 아니다. 당대뿐만 아니라 미래 세대에게도 분석·평가할 수 있는 기회를 제공하고자 한다.

이 책을 내는 데 여러분들의 도움과 격려가 있었다. 한마음으로 성원해 준 아내와 가족들에게 고마움을 표하고 싶다. 사건 초기 주변의 따가운 시선을 견뎌내는 데 마음고생이 있었다. 변론 장정(長征)을 함께 해 온 최광휴, 권영광 변호사는 서로 간 큰 위로가 되었다. 법무법인 동북아 법무실장 정동식, 윤영선 대리는 희생적으로 도왔다. 아마 두 사람의 조력이 없었다면 책을 내지 못했을 것이다. 출판을 맡아 준 출판사에도 고마움을 전한다. 먼 미국에서 원고를 검토해 주신 박원홍 전 국회의원에게도 감사드린다. 이 사건 변론 와중인 2017년 4월 세상을 떠나신 어머니에게 이 책 한 부를 바치고자 한다.

세상의 온갖 비난과 모욕을 다 받고도 옥중에서 견디고 있는 분들에게 위로의 말을 보냅니다. 진실은 쉼 없이 전진하고 있습니다.

2019년 9월
북한강 두물머리 漢雲房에서
이 경 재

• 차례 •

| 서 문 | 책을 내며 | 4 |

PART 1

논쟁적(論爭的) 인물들과의 만남

1 최순실 사태를 보는 관점의 극단적 양극화(兩極化) — 16

2 광전(光戰) 세대와 박정희(朴正熙) 대통령 — 19
 • 광전 세대(광복 후, 한국 전쟁 세대) — 19
 • 박정희 대통령과 광전 세대의 애증 관계(愛憎關係) — 24
   논쟁적 혁명 경세가 박정희의 영향 — 24
 • 1972년 2월 서울대학교 졸업식장에서 있었던 일 등 — 28
 • 조선 노동당 김일성 등 공산·좌파 인물들 — 34

3 자유 민주냐 사회 민주냐 – 국가보안법 존폐 논쟁 — 40
 • 보수 대 진보, 자민 대 사민 — 40
 • 국가보안법 존폐 논쟁 — 42

4 최태민의 그림자 — 48
 • 최태민(崔太敏) 그는 누구인가? — 48
 • 최태민 관련 의혹의 허상들 — 51
   사생아 존재설(私生兒 存在說)과 수십 조 비자금설(秘資金說) — 53

5 논쟁적 인물들과의 만남 — 57
 • 시대 상황(2012~2014년) — 57
 • 정윤회·최서원과 만남 — 60

PART 2 — 2014년 세월호 사건과 청와대 비선 의혹 문건 유출 사건

1 세월호 사건과 청와대 비선 의혹 문건 유출 사건의 연관성   66
- 2014년의 10대 뉴스 선정 두 사건   66
  - 세월호 침몰 사건   66
  - 청와대 비선 의혹 문건 유출 사건   69
- 양(兩) 사건의 연관성   73

2 조선일보와 일본 산케이(産経) 신문의 기사   75
- 두 기사의 취지와 의도   75
- 가토 사건의 결말   85

3 조응천·박관천·박지만으로 연결된 청와대 비선 의혹 문건 유출 사건   92
- 사건의 전개   92
- 사법적 판단: 의혹은 허구   106
- 말·말·말   119

PART 3 — 사태의 전주곡들

1 2016년 이화여자대학교 학생 시위 사건   126
- 시위 사건의 진행   126
- 정유라 이대 특혜 입학 의혹 제기와 총장 퇴진   128
- 정유라 관련 의혹과 진상   128

2 미르 재단·케이스포츠 재단 설립과 의혹의 판도라   137
- 미르 재단·케이스포츠 재단 설립   137
- 양 재단 설립에서의 최서원의 역할   147
- 양 재단의 운영과 자금 유용   149

3 삼성의 국가 대표 승마 지원 정경 유착 프레임   153
- 삼성(三星)그룹의 우리나라 승마계 지원   153
- 2015년 삼성전자의 승마 지원 계획과 추진 실상   155

삼성전자의 대한승마협회 인수	156
삼성전자의 승마 지원 계획과 추진 실상	161
• 정경 유착 프레임으로 의혹 제기	178
4 JTBC의 태블릿 특종 보도	**182**
• JTBC 태블릿 보도 전후의 정치·사회 상황	183
• JTBC 태블릿 보도와 반(反) 박 정부 여론 쓰나미	186
2016. 10. 24. 20:00 JTBC 뉴스룸의 최순실 관련 보도 요약	187
박 대통령의 사과 성명 발표	191
최서원의 JTBC 태블릿 관련 인터뷰 요지	192
• JTBC의 태블릿 진상과 밝혀져야 할 것들(미스터리)	196
JTBC의 태블릿 보도 내용이 명예훼손죄를 구성할 만한 구체적 사실 적시가 있었는지	198
허위 사실에 대한 인식	199
JTBC 윤리강령 관련 부분	201
JTBC는 태블릿 입수 경위를 사실과 다르게 보도했다	202
JTBC의 태블릿은 누구의 것인가?	210
JTBC 태블릿은 최서원 아닌 다른 사람들이 소유·사용했다	217
2016. 10. 18. JTBC 김필준이 태블릿을 가져가기 전에 누가 고영태 책상에 태블릿을 넣어 두었는가?	223

PART 4

게이트 주역의 입국과 국가 공권력의 합동 공세

1 최서원 입국과 검찰의 축차 공세	**228**
• 최서원의 입국(2016. 10. 30.)	228
• 긴급 체포·구속영장 심사	240
• 특수본 1기, 2기의 수사와 기소	250
특수본 1기의 최서원 관련 수사 활동	251
특수본 어느 여검사	252
2자 공모에서 3자 공모로 구조 변경	259

대기업 총수에 대한 일제 수사	260
특수본 1기의 사건 처리	273
특수본 2기의 수사 활동	275

2 박영수 특별 검사의 거친 공세 — 278

- 박영수 특검(特檢)의 출범(정치성과 위헌성) — 279
  - 특검의 위헌성 — 281
  - 특검 위헌 주장에 대한 법원과 헌법재판소의 판단 — 283
- 박영수 특검의 수사와 기소(저돌성) — 287
- 박영수 특검의 수사 절차상 문제점(인권 침해 논쟁) — 298

3 국회국정조사특별위원회의 위압적인 조사 공세 — 308

- 이른바 최순실 게이트 국정조사특별위원회 — 308
- 특조위 활동의 문제점(인권 침해성) — 309

PART 5
417호 대법정 (형사재판)

1 역사적 재판의 개막과 실상(1심) — 316

- 재판의 개막 — 316
- 파행적·인권 침해적인 재판 진행 — 326
  - 박 대통령의 재판 거부 — 331
  - 어느 검사의 호통 소리 — 335
- 특별했던 일들 — 339
  - 탄핵 법정 증언과 박 대통령 구속영장 발부 — 339
  - 2017. 5. 23. 박 전 대통령과 1회 공판 — 348
  - 보쌈 증언의 실상과 파문(波紋) — 355
- 치열한 사실·법리 논쟁 — 364
  - 기록의 바다 — 365
  - 최서원과 박 전 대통령 사이의 공모공동정범 관계 성립 여부 — 366

대통령과 대기업 총수 간의 청와대 단독 면담과 기업 현안 청탁 여부	373
최서원이 삼성 등 대기업으로부터 얻은 경제적 이익은?	380
김수현 녹음 파일	384
• 기울어진 재판(선고)	386
최서원에 대한 선고	386
박 전 대통령에 대한 선고	389

2 반전(反轉)을 기대하다(항소심)   395

• 막다른 곳	395
• 외로운 투쟁	397
최대 쟁점: 묵시적 청탁(의사표시) 성립 여부	400
항소심 공판 진행상 문제점	409
신동빈 롯데그룹 회장의 증언	414
• 허망한 기대	426
항소심 결심 공판	426
허망한 기대	435

3 대법원의 판단(상고심)   441

• 상고의 제기	441
• 대법원 대법관 구성의 변화	443
• 김명수 대법원의 선택	445

PART 6
여록(餘錄)

1 태극기와 촛불	452
2 전진(前進)하는 진실	457

부록

1 박근혜 정부의 최순실 등 민간인에 의한 국정 농단 의혹 사건 규명을 위한 특별 검사의 임명에 관한 법률　　464

2 특별 검사의 임명에 관한 법률
　(약칭: 특검법)　　473

3 1심 결심 변론서　　481

4 항소심 결심 변론서　　494

5 기농단(企壟斷) 의혹 사건 관련도　　511

6 기농단(企壟斷) 의혹 사건 일지　　520

PART 1

논쟁적論爭的 인물들과의 만남

인간은 관계적 존재다. 대인적 관계이든 대물적 관계이든 관계의 망을 초월한 실존적 인간은 없다. 전설적 인물·상상 속의 인물도 실존적 인간과 만남 관계를 맺음으로써 의미를 가진다. 역사상의 어느 한 세대는 역사·사회·문화 관계를 공유한다. 1945년 8월 15일 해방, 대한민국 건국, 1950년 한국 전쟁, 1953년 휴전 시기 전후에 태어난 세대를 광전 세대(光戰世代)라 할 때, 이 세대는 현대사의 주역이었던 대한민국의 이승만, 박정희 대통령과 그 적대 진영의 조선 공산 왕조 김일성 수령 등과 직·간접의 관계 속에서 인생의 중요 시기에 지대한 영향을 받아왔다.

박정희 대통령은 현대사에서 대표적인 논쟁적 인물의 하나로 꼽힐 것이다. 그가 논쟁적인 인물이듯이 광전 세대 역시 현대사의 사건과 이슈에서 논쟁적일 수밖에 없다. 1961년 5·16 군사 행동은 그 당시로만 보면 군사 쿠데타가 분명하다. 그러나 1961년 5·16 이후 유신헌법 이전까지 박정희를 지도자로 하는 세력들은 한반도 남쪽에서 '잘 살아보자'를 목표로 하여 정치·경제·사회 전반에 전대 미문의 혁명을 가져왔다. 5·16은 군사 정변이라는 출발과는 달리 성공한 혁명이라는 역사적 기록을 남겼으나 지도자는 비극적으로 생을 마감했다.

이른바 최순실 게이트 사건으로 시작된 박근혜 정부 붕괴 과정은 한국 근현대사의 논쟁적 인물들과의 관계 여하가 심저에서 작동해 왔다고 생각한다. 광전 세대에 영향을 미친 논쟁적 인물들을 바라보는 각기 다른 시각에 따라 '최순실 게이트 사건'을 달리 평가한다는 사실을 눈여겨 봐 왔다. 본 장에서는 이 사건의 배경에 있는 논쟁적 인물들과의 관계에 대해 개인적 체험까지 기술하여 이해를 돕고자 한다.

1
최순실 사태를 보는 관점의 극단적 양극화(兩極化)

2016년부터 시작하여 2019년 현재까지 진행되고 있는 이른바 '최순실(崔順實) 게이트 사건' 또는 '최순실 국정 농단(崔順實 國政壟斷) 의혹 사건'은 그 과정에서 직접 선거로 취임한 박근혜 정부를 붕괴시키고, 박 대통령을 수감하여 징역 25년 및 벌금 200억 원의 형을 선고하는(2018년 8월 24일 서울고등법원 항소심 판결) 미증유의 역사적 비극을 낳았다.

국정 농단의 비선(秘線) 주역으로 낙인찍힌 최서원(개명 전 이름은 최순실, 세간에 널리 인지되어 있어 구명(舊名)으로도 표기함)은 물론이고, 박근혜 정부의 핵심 권력 엘리트들이 별의별 죄명과 범죄사실로 구속되어 형벌을 선고받았다. 대부분 아직도 교도소에서 복역 중에 있다. 관련 인사들의 자유형(自由刑)을 모아 보면 개략적으로도 100년은 넘는다.

박 대통령 탄핵(彈劾)에서부터 관련 주요 재판에 이르기까지 이 사건 내지 이 사태를 보는 시각은 입장에 따라 마주 보고 달리는 열차같이 충돌적(衝突的), 대항적(對抗的)이었다. 태극기로 상징되는 자유 민주계열 속칭 보수 진영에서는 박근혜 정부 타도를 목표로 사회 민주계열 속칭 진보 진영 정치·사회단체가 연합하여 각종 악성 의혹(惡性 疑惑)을 제조·전파시켜 국민 여론을 오도(誤導)하였고, 비이성적인 국민 분노 여론을 동력으로 삼아 탄핵, 형사 처벌에 이르게 했다고 한다. 즉 기획된 정변 사건(政變事件)이라는 관점이다.

촛불 세력의 관점은 박근혜 정부가 최순실이라는 민간인 비선 실세(秘線實勢)에 의해 조종되었고, 최순실이 국정을 농단했으므로 국민 다수가 분노하여 나라다운 나라를 회복하기 위한 국민 저항 운동(國民抵抗運動)의 결과, 즉 촛불 혁명으로 박 대통령과 그 주변을 축출, 처단하고 새로운 문재인 정부(文在寅 政府)를 출범시켰다는 입론(立論)이다. 문재인 대통령이 국내외 행사에서 즐겨 사용하는 '촛불 혁명론'이 바로 그것이다.

위에 언급한 양 세력과 진영의 논리가 아직은 지배적 지위를 인정받지 못한 것이 현실이고, 객관적이고 합리적인 탐색과 판단이 제대로 시도되지도 않았다. 사회 민주계열 측은 탄핵심판과 형사 판결, 그리고 19대 대통령 선거 결과가 공인된 신뢰할 수 있는 사실 인정과 판단이라고 주장하고 있다. 그러나 탄핵심판이나 형사재판의 실질 내용과 진행 경과(進行經過) 그리고 법리(法理)를 들여다보면, 법치주의(法治主義)와 공정성·합리성(公正性·合理性)이 기초를 이루지 않고 여론 영합과 특정 진영에 기울어진 편향된 기준이 노골화되어 있어 제대로 된 사법 판단(司法判斷)이라고 할 수 없는 치명적 흠을 가지고 있다. 일부 원로 법률가들은 사법부에서 법치주의 수호 정신이 보이지 않는다고 개탄하고 있다.

필자는 이 사건의 비선 주역이라는 최순실의 변호인으로서 이 사건·사태의 진행 과정을 처음부터 현장에서 지켜 봐 왔다. 그런 만큼 이 역사적 현장에서 일어난 일들을 경험한 그대로 기술하고, 사실과 신뢰할 수 있는 자료, 진술에 터 잡아 이 사태의 진실이 어디에 있는지 밝혀보고자 한다. 이곳에서는 특정 인물의 변호인으로서 기술하는 입장이 아니라 변호인으로서 현장을 지키고 관련 인물을 접촉·신문(接觸·訊問)한 경험과 분석 및 추론을 기준으로 삼았다.

필자는 사마천(司馬遷)의 『사기(史記)』, 진수(陳壽)의 『삼국지(三國志)』, 일연(一然)의 『삼국유사(三國遺事)』, 이순신(李舜臣)의 『난중일기(亂中日記)』, 유성룡(柳成龍)의 『징비록(懲毖錄)』, 카이사르(Gaius Julius Caesar)의 『갈리아 전기(Commentarii de Bello Gallico)』 등이 모두 개인의 역량에 의한 저작이었음에 주목하였다. 이 사건에 관한 필자의 체험·분석과 판단을 역사적 논쟁에 맡길 각오로 이 글을 쓰고자 한다. 역사에서 교훈을 얻지 못하면 같은 비극을 되풀이할 것이다.

2
광전(光戰) 세대와 박정희(朴正熙) 대통령

◈ 광전 세대(광복 후, 한국 전쟁 세대)

1945년 2월 4일 미국·영국·소련 수뇌들(루스벨트·처칠·스탈린)은 흑해 연안 크림반도 얄타 휴양지에서 만나 제2차 세계대전 전쟁 수행에 대해 협의하였다. 이때 스탈린은 구소련의 대일 참전을 밀약했다. 그러나 스탈린은 대일 선전 포고를 미루어 오다가, 미국이 원자 폭탄 실험에 성공했다는 정보를 입수하고 실제로 미국이 1945년 8월 6일 일본 본토인 혼슈의 히로시마에 인류 최초로 원자 폭탄을 투하하자 그 가공할 위력에 놀라 투하 이틀 후인 8월 8일 대일본 선전 포고를 하고 만주 국경을 넘고 한반도를 향해 군대를 남진시켰다.

소련의 대일 선전 포고는 일본에게는 확인 사살에 비견되는 상황 전개였다. 미국은 8월 6일 원폭 투하·소련의 선전 포고에도 일본이 즉각 항복하지 않자 1945년 8월 9일 일본 큐슈의 나가사키에 다시 원폭을 투하했다. 이때 이후 일본은 전쟁 지휘부뿐만 아니라 전 국민이 공황 상태에 빠져 저항 의지를 상실하고 연합국에 무조건 항복 의사를 전달했다. 소련군은 이 틈을 타 1945년 8월 9일 한만(韓滿)국경을 넘어 북한 지역에 진주하였다. 1945년 8월 15일 일본의 무조건 항복 선언으로 제2차 세계대전은 종료되었다.

▲ 1945년 8. 15. 광복

▲ 대한민국 정부 수립

이 1945년 8월 15일을 광복이라고도 하고 해방이라고도 한다. 이 세계사적 격동의 시기인 1945년부터 한반도에서 냉전 체제 대결이 시작되었다. 한반도에서는 숨가쁘게 1948년 8월 15일 대한민국 정부가 수립되었고, 이에 대항해 같은 해 9월 9일 북한 지역에서는 조선민주주의 인민공화국 선포라는 분단 역사가 막을 열었다. 그 후 2년이 채 되지 않은 1950년 6월 25일 인공 내각 수상 겸 조선 노동당 중앙위 위원장인 김일성이 소련과 중국을 끌어들여 냉전 시기에 남침을 자행하여 한반도 전체가 전화로 초토화되는 열전을 벌였다.

3년간 좁은 국토에서 양차 대전(兩次大戰)에 비견될 정도의 치열한 전쟁을 했다. 1953년 3월 5일 스탈린 사망이 계기가 되어 휴전 협상의 진전이 이루어져 1953년 7월 25일 휴전 협정이 체결되었다. 그 휴전 체제가 현재까지 이어지고 있다. 전쟁 당사자 가운데 대한민국은 이승만 초대 대통령과 온 국민의 일치된 염원으로 휴전 협정을 거부하였고, 이때부터 우리의 소원은 통일이라고 외쳐왔다.

한국 전쟁은 그 성격이 국제전(유엔참전국 16개국, 공산국 중·소, 남·북한·일본 군수지원)이었고, 이념 전쟁이자 가치 전쟁이었다. 우리 역사에서 가장 참혹한 인명 피해와 전 국토 파괴라는 참화를 가져왔다. 북한의 조선 노동당이나 주사파 그리고 이에 동조하는 일부 대한민국 내의 친북 좌파들은 한국 전쟁의 성격을 제국주의 해방 전쟁(미 제국주의를 상대로 남한을 해방한다는 허구)이라고 하거나, 남조선을 해방하려는 내전이었는데 미국과 자본주의 제국이 참전해 국제전이 되었다고 말한다. 이 같은 주장·이론들은 구소련 붕괴 후 비밀 해제된 소련 측 문서를 살펴보면 허위임이 낱낱이 살을 드러낸다. 역사적 진실을 외면하거나 덮을 수는 없다.

8월 15일 광복 이후부터 한국 전쟁 휴전 때까지(9년간, 1945~1953) 출생한 세대를 광전 세대(光戰世代)라고 부르고자 한다. 광복과 한국 전쟁을 인생의 출발로 하는 세대라는 압축어다. 2015년 기준 인구 분포상 광전 세대 중 생존자는 약 340만 명에 이른다. 필자는 1949년생이어서 광전 세대의 중간에 속한다(편의상 우리 세대라는 우호적 호칭을 사용하기도 함).

한국 광전 세대는 일본 단카이 세대(團塊世代)[1]에 해당한다고 할 수 있다. 일

---

1) 위키백과, 단카이 세대 일본 경제 기획청 장관·경제 평론가 사카이야 다이치(堺屋太一)의 1976년 「단카이의 세대」 저서에서 유래.

본에서는 단카이 세대를 전기 단카이(1945년~1949년 출생) 후기 단카이(1950년~1953년)로 구분한다. 단카이 세대는 제2차 세계대전 이후부터 한국 전쟁 휴전기까지 태어난 인구로서 전후 베이비 붐 세대를 이루었다. 이들의 출생, 성장, 사회 진출, 은퇴는 전후 일본의 정치, 경제, 사회, 문화를 온통 바꾸어 놓았다. 전후 일본의 경제 부흥과 세계 경제 2, 3위 지위 확보는 단카이 세대를 키우고, 그들의 역량을 펼치게 기회를 부여하여 얻어진, 성과물이라고 해도 과언이 아닐 것이다. 아베 신조 일본 총리도 1954년생이어서 단카이 세대라고 해도 무방할 것이다.

일본 단카이 세대와 우리 광전 세대는, ① 출생 시기가 동기간이고 ② 전후 베이비 붐 세대이며 ③ 이들 세대의 인구 비중이 높아 국가·사회·개인에게 이전과 다른 문제를 제기하였고 이에 국가가 총체적으로 대응했으며 ④ 이들 세대가, 전후 양 국가의 성공과 발전의 밑거름 또는 주역이었다는 점에서는 동일한 평가를 할 수 있을 것이다.

그러나 우리의 광전 세대는 일본 단카이와 달리 한국 전쟁의 전쟁터에서 태어났거나 전쟁 폐허에서 성장했으며, 국토 분단과 냉전 대결의 최전선에서 청년기를 보낸 점에서 냉전 대결의 후방 지대인 일본에서 자란 단카이와는 근본적으로 차이가 있다. 일본에서는 공산당과 조총련이 존립·활동했으며 좌익 학생 운동이 '안보투쟁' 구호 아래 일본의 1960년대를 풍미했다.

우리의 광전 세대는 공산군의 위협을 저지해야 하는 자유 민주 국가 생존의 최전선을 맡고 있었다. 20대에 장정으로서 3년간의 군복무는 신성한 국방의 무를 이행하는 것으로 당연시되었다. 일본 단카이의 당시 행동은 청년기 광전 세대 눈에는 망동으로 비춰졌다. 우리 광전 세대는 일본 단카이와 달리 여러 차례에 걸쳐 국내 정치 체제의 격동을 체험하였고, 때로는 정치 변동의 주된 세력으로 학생 시위를 조직하여 현실 정치 개혁에 나서기도 했다. 6·3 시위 사태, 3선 개헌 반대 시위, 1987년 직선제 운동 등이 그것이다. 일본 단카이 세대가 전후 일본 보수 세력의 중심인 자민당이 장기 집권하면서 정치 안정을 이룬 환경에서 성장한 것과 대비된다.

우리 광전 세대는 1965년 6월 22일 조인한 한일기본조약에 극렬하게 반대했다. 1964년 6월 3일 박정희 정부는 한일 협상 반대 시위를 진압하기 위해 계엄령을 선포하여 겨우 사태를 수습했다. 한일 양국 지도자가 미래 세대를 위해 서로 문을 열고 교류의 장을 만들고자 했을 때 오히려 저항하는 모습을 보였다. 이것은 초대 이승만 대통령의 항일 투쟁과 반일 정책, 일제 강점기 기억이 그대로 남아 있었던 데 기인한 것이다. 광전 세대는 6·3 시위 때부터 학생 시위를 통해 정치 현실에 참여하였다. 1969년 삼선 개헌 반대 시위와 1987년 직선제 개헌 시위 등이 이들 세대의 대표적 정치 운동이었다. 광전 세대의 학생 운동가들은 사회 진출 후 선거를 통해 제도권 정치에 진입했다. 6·3 시위 때의 손학규·김근태, 1969년 삼선 개헌 반대 시위 때의 이철·유인태·이인제, 민권 노동 운동계의 장기표·이재오, 1987년 직선제 개헌 시위 때의 노무현 등이 대표적 인물들이다.

지금 2010년대에 와서 광전 세대의 대일(對日) 선호도는 어느 정도일까? 궁금하다. 닮은 듯 다른 광전 세대와 단카이 세대는 어쩌면 동아시아 시대의 공동 주인공이고 개척자가 아닌가 생각한다. 손잡고 나아간다면 아시아의 희망, 세계의 등불이 될 수 있는 필요 충분의 역량을 갖추고 있다. 한일 월드컵이 그 대표적 성공작이 아닌가. 여기에 한일 관계의 갈등 해법이 잠재해 있다고 단언해도 지나치지 않을 것이다.

◈ 박정희 대통령과 광전 세대의 애증 관계(愛憎關係)

논쟁적 혁명 경세가 박정희의 영향

　대한민국 현대사에서 박정희(朴正熙 1917~1979년 62세 본관 고령, 호 중수(中樹) 1963년부터 1979년 사망 시까지 17년간 제5, 6, 7, 8, 9대 대통령 재임) 만큼 논쟁적인 지도자는 초대 대통령 이승만을 제외하면 비견할 인물이 없다는 데 대부분 동의할 것이다. 박정희는 1961년 5월 16일 이후부터 1979년 10월 26일 서거 때까지 19년간 대한민국을 최고 권력자로서 통치했다. 헌법에 따르면 제3, 제4 공화국 대한민국 최고 통수권자였다. 이승만 대통령이 1948년 8월 15일부터 1960년 4월 19일 의거 때까지 12년간 통치한 기간보다 7년이나 더 장기였다.

　이승만 대통령은 미국과 함께 항일 독립 운동가들이 설계한 자유 민주 대한민국·시장 경제 체제를 불모지인 이 땅에 심고 키우는 데 주력한 반면, 박정희는 그를 중심으로 한 군부 엘리트들이 자신들의 비전과 가치로 대한민국을 변혁시켜 왔고(그런 차원에서 혁명이라고 할 수 있음), 경제면에서 한국형 산업 혁명을 추진해 성공시켰다. 이러한 목표 달성을 위한 정치 체제가 다름 아닌 개발 독재였다. 냉전 대결의 전초인 한반도의 현실에서는 싸우면서 건설한다는 반공 개발 독재가 당시로서는 매우 실용적·효율적 노선으로 평가받고 있다. 경제 건설의 전략으로 수출입국 정책을 채택함으로써, 우리나라 역사상 최초의 국가적·민족적 수준에서 세계 무대 진출의 길을 만들었다. 다른 전후 독립 국가들보다 한발 앞선 현명한 국가 진로 선택이었다. '경제 발전 단계설' 이론으로 저명한 미국의 로스토우(Rostow, Walt Whitman, 1916~2003) 교수가 한국의 경제 개발 정책과 수행을 모범 사례로 설명할 정도였다. 그는 도약 단계(take off stage)에 이르기까지는 군부 등 개발 독재 정부가 효율성이 있어 필요하다는 주장을 했다. 식민지에서 갓 벗어난 후진국 지도자는 정치 민주화보다 빠른 경제 성장을 통한 국력 신장에 관심을 쏟는다. 발전 초기 단계의 정치적 민주주의는 후진 국민에게는 하나의 사치다. 미국식 민주주의를 이들 나라에 적용하면 오히려 역효과를 낼 수 있다고 강조하고 있다. 로스토우 교수는 케네디 정부의 안보 담당 특별 보좌관이었고, 1960년대 미(美) 행정부 내에서 아시아 정책의 입안·추진에 지대한 영향을 미쳤다. 그는 후진국의 개발 독재에 이론적 정당성을 부여했다는 평가를 받는다.

로스토우 교수는 1961년 11월 박정희 소장이 미국을 방문했을 때 대담했고, 1965년 방한하였다. 그때 박 대통령은 과장급 이상 공무원에게 그의 강연을 듣게 했고 이때 로스토우 교수는 '한국 경제는 도약 단계'에 이르렀다고 평가했다. 한국 경제와 박정희 대통령은 로스토우 교수의 최고 우등생인 셈이다.

광전 세대는 박정희와 30세 전후(적게는 28세 많게는 36세) 연령차를 두고 있어서, 박정희 세대의 바로 다음 세대다. 그의 첫째 딸 박근혜(朴槿惠 후 18대 대통령)가 1952년생임을 상기하면 세대 관계가 뚜렷이 부각된다. 유교적 가정윤리가 깊이 배어 있는 우리의 의식 세계에 비춰보면 부자·부녀(父子·父女 관계)라고 설명할 수 있다.

박정희 대통령이 6·3시위, 1969년 3선 개헌 반대 시위 때 발표한 성명을 살펴보면 가부장으로서 대학생들을 향해 학생 본분에 맞게 학업에 충실하라고 훈계하면서 경거망동을 경고하는 내용이 많다. 아울러 정치권 인사들이 학생들을 선동하여 미래 세대의 장래를 그르치는 일을 중단하라고 촉구하고 있다. 여기에서 박정희의 다음 세대에 대한 관심과 입장을 찾아 볼 수 있다.

광전 세대는 자유 민주주의·시장 경제 체제 질서 속에서 초등학교부터 이전 세대와 다른 민주주의 교육을 받고 자랐다. 어릴 때부터 학급 반장, 학생회장 선거를 해와 민주 선거, 민주 질서 의식이 자리 잡았다고 할 수 있다. 이들이 중학교 또는 고등학교로 진학할 전후 5·16 군사 정변이 있었다. 학교 담임선생님이 혁명 공약을 암송하게 했다. 지금도 그 공약의 첫 번째 구절과 일부 내용이 입에서 절로 굴러 나온다.

혁 명 공 약 (일부 요약)
「우리는 반공을 국시(國是)의 제일의(第一義)로 삼고······
기아선상에 허덕이는 민생고를 시급히 해결한다」

5. 16. 이후 학교 선생님들은 재건복이라는 복장을 하고 교단에 섰는데, 어린 필자의 눈에도 이색적으로 보였다. 골덴 천이었고, 스타일은 정장 군제복과 유사한 것으로 기억하고 있다. 광전 세대는 성년으로 성장하면서 교과서적 민주 질서와 박정희 정부의 실제 정치 운영 방식의 괴리를 조화롭게 수용하고 해석하는 데 많은 번민과 갈등을 겪었다.

◀ 5. 16. 군사 정변

특히, 1969년 박정희 대통령이 3선 개헌으로 장기 독재의 길로 나아갈 때 전국적 학생 시위로 정치 현장에서 세력을 과시했다. 필자는 당시 대학 2년생으로 이 시위에 참여했다. 이후 박정희 대통령은 1972년 유신 헌법으로 장기 1인 독재를 구축했다. 광전 세대는 박정희 장기 독재에 저항하며 많은 민주 투사들을 낳았고, 박정희 대통령은 권력 내부의 분열로 중앙정보부장 김재규에 의해 시해되었다. 김재규는 광전 세대의 민주 회복 소망을 표방하며 거사했다고 법정에서 진술하였다. 광전 세대는 정치적 면에서는 자유 민주주의를 두고 박정희와 대결·갈등하는 구조였으나 안보·경제면에서는 지도자와 그 선봉전위 부대 관계였다고 할 수 있다.

광전 세대는 교육받은 풍부한 인적 자원을 경제 건설에 투입·고도성장을 뒷받침했고, 저임금·장시간 근로를 감내했다. 세계 시장에서 맨발로 뛰어다니면서 외화를 벌어들였다. 김일성의 공산화 직접·간접 침략을 일선에서 몸으로 막아내고 월남전에 나가 국제 공산 세력과 싸웠으며, 한미 동맹을 굳건히 하는 데 소중한 생명과 땀을 바쳤다. 베트남 전쟁에 참전하여(1964년~1973년) 4407명이 전사하고 약 1만 7천여 명이 중상을 입었다. 참전 연인원은 32만 명에 이른다.

박정희 대통령과 광전 세대는 우리 민족사에서 찾아보기 어려운 세대 간 애증 관계(愛憎關係)를 보여주고 있다. 이들 세대는 이른바 국정 농단 사건에서도 그 감정의 편린을 여러 방법으로 보여주었다.

---

2) 한영우, 2016, 「미래를 여는 우리 근현대사」, pp. 210~211, 경세원.

◈ 1972년 2월 서울대학교 졸업식장에서 있었던 일 등

  박정희 대통령과 광전 세대의 관계에 대해 필자의 체험적 기억을 통해 살펴본다.

  필자는 1968년 3월 서울대학교 법과대학에 입학했다. 같은 해 1월 21일 김신조 등 북한 무장 공비 31명이 박 대통령 살해 목적으로 휴전선을 넘어 청와대 앞까지 침입했다. 경찰·군과 총격전을 벌여, 김신조는 체포되고 대부분 사살되거나 일부는 북으로 복귀했다. 1·21 사태다. 68학번 동기생들은 1·21 사태 진행 중에 입학 시험을 치렀다. 1월 23일에는 미국 정보함 푸에블로(Pueblo)호가 원산 앞 바다에서 북한에 피랍되는 사건이 발생했다. 11월 2일 울진·삼척에 무장공비 100여 명이 출현했다. 박 대통령은 북의 무장 직접 도발에 직면하여 향토 예비군을 창설하였고, 고등학교에서부터 대학까지 교련(군사 훈련)을 실시했다. 1969년부터 학내외에서 교련 반대 시위가 벌어졌다.
  대학 1학년 때는 서울대학교에서 최초로 교양 과정부가 신설되어 법대 신입생들은 동숭동 캠퍼스가 아닌 공릉동 서울공대 캠퍼스에서 서울상대 학생들과 함께 수업을 받았다. 2학년부터 동숭동에 있는 서울 법대에서 수학했으나, 박 대통령의 3선 개헌 추진으로 학기 초부터 반대 집회·성토·시위로 평온하게 수업을 받을 수가 없었다. 이후 1972년 2월 졸업 때까지 교련 반대 시위 등으로 휴업·휴강이 반복되어 제대로 된 강의를 수강한 시간이 별로 없었다.
  박정희·김대중 양자 대결로 치러진 1971년 대선 때에는 대학생 중심으로 「공명선거 국민감시단」이 결성되어 선거 투개표참관운동을 전개했다. 필자도 그 일원으로 고향인 경북 고령읍의 고령초등학교에서 선거 참관을 하려 했으

나, 경찰에 의해 제지되었다. 그 당시, 좌절감과 무력감을 해소할 길이 없어 학교 뒤에 있는 주산(主山) 중턱에서 홀로 하염없이 하늘과 고향 앞 산야를 바라보며 앞으로 어떻게 살아야 하는지 번민했던 기억이 생생하다.

  필자는 3선 개헌 반대시위 당시 서울법대 2학년 대의원이었는데, 당시 학생회장 박봉규, 동급생 대의원 안평수, 사회법학회 회원 채만수, 허명 등과 함께 시위 주도자로 분류되어 학사 징계(무기정학)를 받았다. 그러나 학사 징계의 부당함을 호소한 동급생들의 구원 시위 덕에 곧 해제되어, 동기생들과 같은 시기에 졸업할 수 있었다. 불행하게도 학생회장 박봉규, 대의원 안평수는 징계 해제되지 않아 군에 강제 징집당했다. 이들은 80년대 들어서 복학하여 뒤늦게 졸업할 수 있었다.

  1972년 2월 서울대학교 졸업식은 서울대학교 문리과대학 운동장에서 열렸다(입학식도 이곳에서 했다)[3]. 국가최고 원수(元帥)가 서울대학교 졸업식에서 축사를 하는 관례는 건국 후부터 지켜져 왔다고 한다. 박 대통령은 서울대학교 졸업식과 더불어 3군(육·해·공) 사관 학교 졸업식에도 가능한 한 참석했다고 한다. 이날 넓은 운동장에는 많은 졸업생들과 가족 등 축하객으로 넘쳐났다. 박정희 대통령이 박종규 경호실장(별명 피스톨 박)과 같이 무개차를 타고 졸업식장 단상으로 입장하자, 졸업생들은 일제히 "우 우~우우~" 하며 야유를 보냈다. 이어 육영수 여사가 입장할 때는 박수를 쳤다. 졸업식장에서 그와 같이 행동하기로 상호 사발통문한 일도 없었다. 박 대통령의 축사 낭독이 있자, 졸업생들은 다시 "우 우~우우~" 소리를 지르고 일제히 뒤로 돌아섰다. 필자도

---

3) 당시 서울대학교는 단과대학 별로 캠퍼스가 분산되어 있었고, 문리과대학 캠퍼스에 대학교 본부를 두고 있었음.

함께 했음은 물론이다. 곁에 있던 어머니와 친지들이 그러지 말도록 만류했지만 대부분 졸업생이 축사 낭독 중인 대통령 얼굴을 등지고 말았다. 이어 졸업생 대표는 반정부 시위로 같이 졸업하지 못한 동료가 많아 가슴 아프다는 요지의 졸업 답사를 하여 가슴이 뭉클했다.

이 졸업식이, 박 대통령이 서울대학교 졸업식에 참석한 마지막이 되었다. 이후 전두환·노태우를 비롯해 문재인에 이르기까지 대통령이 서울대 졸업식에 참석하지 않았던 것으로 기억한다. 각 정부마다 이유는 있었을 것이다. 그 반면 사관 학교 졸업식에 참석하는 관례는 지켜지고 있다. 사관 학교가 무(武)를 상징하는 고등 교육 기관이라면 서울대학교는 문(文)의 상징이라 할 수 있다. 문(文)과 무(武)는 균형을 잡아야 제대로 날 수 있는데 안타깝다. 이 해인 1972년 10월 유신도 이 사건과 무관치 않을 것이다.

서울법대 68동기 가운데 특이한 친구가 있었다. 그 시절 젊은 청년들 세계에서 대통령의 딸 박근혜는 국민들에게 인기가 높던 육영수 여사를 닮은 매력 있는 여대생이어서 선망의 대상이었다. 교내에서는 온갖 소문이 다 있었다. 서강대학교에 다니던 박근혜에게 접근하려다가 경호원들에게 혼쭐이 난 에피소드가 주류를 이루었다.

이 동기는 당시 자타가 인정하는 최고 명문고를 졸업했는데, 사연은 분명치 않지만 박근혜를 오매불망 그리워했다고 한다. 그러다 1974년 8월 15일 북한 공작원인 제일교포 문세광(文世光)이 서울 남산국립극장에서 박 대통령을 저격하려다가 실패하면서 그 총탄이 영부인에게 날아가 사망하는 비극이 일어났다. 이 사건 당시에도 경호실장은 박종규였다. 그는 소임을 다하지 못한 것이다. 이 동기는 육여사의 시신이 안치된 서울대학 병원에서 "장모님 어인 일이

신가요?"라며 통곡하는 해프닝을 벌여 신문에 가십 기사로 나오기도 했다.

필자는 1972년 초에 실시한 사법 시험에 다행히 합격했다. 1974년 사법 연수원(4기생)을 수료하였고, 1975년 11월 1일 자로 박정희 대통령 이름으로 검사 임명장을 받았다. 검사 임관 검증에서 대학 시절 학생 시위 관련으로 기소된 사건이 처리되지 않아 연수원 졸업 후 1년간 변호사로 일하면서, 때때로 피고인으로 법정에서 재판을 받았다. 검사의 기소 때로부터 약 6년이 지난 1975년 검사 임관 직전 대법원 판결로 무죄 확정되었다. 주위 분들은 학생 때 반정부 시위 전력이 있어 검사 임관이 어렵다고 예상하고 걱정했다.

그런데 당시 검찰 현직에 있던 하일부, 김유후, 정경식 등 엘리트 검사들의 임관 적격 의견 제시로 검사로 임명되었다. 지금 기준으로 봐도 매우 열린 인사 정책이라고 평가할 수 있다. 당시 전국의 검사는 300여 명이 되지 않았을 만큼 검사는 희소한 고급 공무원이었다. 임관 때부터 필자는 요주의 인물이었다. 상사가 누구든 필자의 전력을 확인하려 했고, 현 정부와 시국에 관한 의견을 알아보려 했었다. 이 같은 세칭 민주화 운동권 출신이라는 검사가 긴급조치 9호(개헌 금지) 위반, 국가보안법, 반공법 위반 사건, 도시산업 선교회 사건 등 공안 사건을 담당 처리한 것은 아이러니였다.

1979년 10월 26일 중앙정보부장 김재규가 궁정동 안가에서 박 대통령을 만찬 중 저격하여 시해했다. 10·26 사건이다. 박 대통령이 서거하여 서울지역 검사들이 청와대 내에 설치된 빈소에서 단체 조문을 했다. 국화꽃에 파묻혀 있는 '박정희 대통령 영정'을 바라보고 묵념하며 명복을 빌면서 만감이 교차했다. 박정희 대통령이 광전 세대의 절대 다수가 3선 개헌을 반대할 때 수용했다면, 그렇지 않더라도 3선 임기로 용퇴했다면, 그는 우리 현대사의 빛나는 지도자·영웅으로서 국내를 넘어 세계적으로 롤 모델이 되었을 것이다. 당시나 지금이나 같은 생각이다.

역사는 현실이지 가정을 논하지 않는다. 박정희의 공과(功過)는 분명하고 높고 깊다. 박정희 지도자가 이룬 업적만으로도 그는 우리 역사의 걸출한 위인임을 부정하지 못한다. 박정희의 서거 40주년을 맞아 그는 다시 재조명, 재평가되어야 마땅하다. 그런 운동이 일어나길 기대한다.

역사적 인물에 대한 리더십을 연구할 때 인물 개성(personality)은 리더십의 특성을 파악하는 데 매우 유용할 것이다. 이곳에서는 필자가 우연히 발견한 박정희 소장(少將) 자필 서신을 소개하고자 한다.

2017년 10월 15일 필자의 모교 고등학교(경북대학교 사범대학 부설 고등학교, 대구·경북 지역에서는 부고라고 함)에서 1967년 졸업생의 졸업 50주년 모교 방문 행사가 열렸다. 그때까지 전국 어디에도 박정희 기념관이 없었는데, 모교의 역사관 건물에 박정희 기념실을 개설하였다고 하여 관람하였다. 이곳에 박정희 기념실을 둔 연유는, 박정희가 일제 강점기 때 대구사범학교를 졸업하였고, 광복 후 그 학교는 경북대학교 사범대학 부속고등학교로 개편되었다는 데 있었다. 일제 때의 대구사범 건물이 아직도 남아 있다. 부고 졸업생들은 박정희 대통령이 이 학교 건물에서 공부했다는 데 자부심을 가지기도 했다. 선생님들도 박정희 대통령의 후배라며 자긍심을 고취하기도 했다.

이 박정희 기념실에서 필자는, 1961년 5월 16일 군사 거사(軍事擧事) 직후 육참총장(당시 장도영 중장)에 보낸 육필 서신을 발견했다. 그 육필 서신이 어떠한 경위로 수집·전시되었는지는 알 수 없었다. 모교를 방문한 그 즈음은 박근혜 대통령이 탄핵으로 권좌에서 내려오고, 검찰에 의해 구속·기소되어 구속 상태에서 재판을 받아 왔으나 1심의 구속기간 6개월 만기를 하루 앞둔 상황이었다. 필자는 삼성뇌물 등 범죄의 공동 피고인의 한 사람인 최서원의 변호인으로서 함께 재판을 받고 있었고, 형사상 유·불리가 양자 간에 일치하여, 2017년 10월 11일 법조 기자들에게 「박 전 대통령에 대한 별건 구속영장 재발부는 위법」이라는 요지의 입장문을 발표했다. 이런 재판 상황에서 박근혜 대통령의 아버지 박정희 소장이 군사 거사를 즈음해 참모총장에게 보낸 서신을 본다는 것은 예기치 못한 충격이었다. 자세히 살펴보았다. 읽고 난 다음, 필자는 가능하다면 이 서신을 박근혜 전 대통령에게 전달하고 싶었다.

서신 전문을 옮겨 본다.[4]

> 존경하는 육참총장 각하
>
> 각하의 충성스러운 육군은 금(今) 16일 3시를 기하여 해·공군 및 해병대와 더불어 국가의 위기를 극복하기 위하여 궐기하였습니다. 각하의 사전승인을 얻지 않고 독단 거사하게 된 것을 죄송하게 생각하옵니다.
>
> 그러나 백척간두(百尺竿頭)에 놓인 국가민족을 구하고 명일明日의 번영을 약속할 수 있는 유일한 방도는 오직 이 길 하나밖에 없다는 확고 부동한 신념과 민족사적인 사명감에 일철(一徹)하여 결사감행(決死敢行)하게 된 것입니다.
>
> 만약에 우리들이 택한 이 방법이 조국과 겨레에 반역(反逆)이 되는 결과가 된다면 우리들은 국민들 앞에 사죄하고 전원 자결(自決)하기를 맹서(盟誓)합니다.
>
> 각하께서는 저희들의 우국지성(憂國至誠)을 촌도忖度하시고 쾌(快)히 승낙하시고 동조(同調)하시와 나오셔서 이 역사적인 민족과업을 수행하는 시기에 영도자로서 진두(陳頭)에서 지휘해 주시기를 간절히 바라옵니다.
>
> 저희들은 총장 각하를 중심으로 굳건히 단결하여 민족사적 사명 완수에 신명(身命)을 받칠 것을 다시 한 번 맹서(盟誓)합니다.
>
> 소관(小官)이 직접 각하를 찾아뵈어야 하오나 부대를 지휘 중이므로 부득이 동료들을 특파(特派)하게 되었사오니 양해(諒解)하여 주시기 바라옵니다.

---

4) 한자를 많이 사용했는데 한글은 독자 편의를 위함.

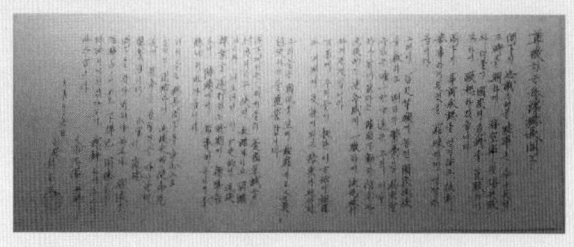

여불비(餘不備) 재배(再拜)

5월 16일

소장(少將) 박정희(朴正熙)

목숨을 건 결기가 뿜어져 나오는 느낌을 받았다. 혈서(血書)나 다름 없었다. 군사 거사의 성공 여부를 초월한 혁명가의 내심이 여실하게 드러나 있었다. 이런 무장의 의지와 결단으로 박정희 시대를 이끌어 왔다고 분석할 수 있을 터이다. 그런 아버지를 둔 박근혜 전 대통령은 이번 사태를 어떻게 인식하고 대처할지 깊은 상념에 빠질 수밖에 없었다.

◈ 조선 노동당 김일성 등 공산·좌파 인물들

광전 세대의 세계관·국가관·사회관 등 가치관에 깊은 영향을 미친 정치인은 이승만·박정희 외에도 많을 것이다. 많은 인물들 가운데 반공 민주 국가를 지향하던 대한민국에서 성장한 시대적 조건상 조선 노동당 수뇌 김일성의 영향을, 긍정적이든 부정적이든 빼놓을 수가 없을 것이다.

광전 세대는, 김일성은 공산 집단 수괴, 빨갱이 두목으로서 통일을 위해서는 대한민국의 최대 위협이므로 척결해야 할 대상이라고 교육받아 왔다. 철저한 반공 교육은 광전 세대 인식 체계에 넓고 깊게 뿌리내리고 있다. 그러나 김일성 공산 집단에 대한 적개심은 반공 교육만으로 형성된 게 아니다. 한국 전쟁의 피해와 잔재가 동작동 국립묘지·상이군경·미망인 등으로 그대로 살아 있기도 했기 때문이었다. 더하여 김일성 집단은 정권 수립 이래 한결같이 남조선 해방을 통일 목표로 두고 통일 전선 전략 전술에 의거하여 대남 침공

군사력을 강화해 왔고, 지속적으로 무장 공비를 침투시켜 파괴 책동을 서슴지 않았다. 공작원을 남파시켜 지하 조직망 구축, 간첩 활동, 국내외 요인 포섭·유인·납치·폭파 등을 줄기차게 실행한 것도 큰 요인이었을 것이다.

한편 광전 세대의 극히 소수 인사나 일부 단체에서는, 박정희 대통령이 독재 정권을 구축하고 영구 집권 목적으로 김일성 집단의 호전성·침략성을 왜곡·과장하고 김일성과 북한 정권의 실체를 사실과 달리 선전하고 있다고 생각했다. 색깔론이 바로 그 주장이다. 급기야 이들은 북의 대남 선전 선동에 경사된 나머지 북(北)과 같은 논리를 펴거나 북과 유사한 주장을 하기도 했다. 이런 논쟁 가운데에는 한국 전쟁의 성격 논쟁, 한국 사회의 구성체 논쟁, 모택동 사상과 중국 혁명 논쟁, 한국사에 있어서 근대화 논쟁, 경제 개발의 정책 방향 문제 등을 두고 이른바 좌우, 보수·진보 논쟁이 치열하게 전개되었다. 광전 세대의 절대 다수는 앞서 설명했듯이 자유 민주·시장 경제를 확고하게 지지하는 쪽이다. 현재도 그러할 것이다. 여기에서는 친북·종북·공산 세력 등 좌파들의 역사 인식과 사회·국가관이 과연 객관성과 진실성을 갖고 있는지를 김씨 조선 공산 독재 왕조 시조(始祖) 김일성을 통해 살펴보고자 한다. 자유 민주 광전 세대가 그간 잘못 인식한 부분도 있다.

우리 민족 내부에서의 사회주의·공산주의 운동은 생각보다 뿌리 깊고 오래되었다. 일제 강점기의 일본 유학생이나, 만주·러시아 연해주에 거주하는 한인들이 사회주의·공산주의 사상을 흡수하고 사회주의 단체에 가입하여 활동했다. 1917년 러시아에서 볼셰비키 공산 혁명이 일어나자 그 이듬해 1918년 6월 26일 러시아 하바롭스크(Khabarovsk)에서 이동휘 등이 한인 사회당을 결성하였고, 이후 1921년 러시아·중국에서 활동한 공산주의자들이 통합하여 고려 공산당을 창당하였다. 국내에서는 1925년 4월 15일 서울에서 조선 공산당이 창립되었고(당수 김재봉) 4월 18일에는 박헌영[5] 등이 주도하여 고려공산청년회를 결성하였다(책임 비서 박헌영 당시 26세).

사회주의자들은 코민테른(Comintern)의 승인을 받고 그 자금을 받아 활동했다. 1928년 12월 27일 코민테른에서 조선공산당 승인을 취소하고 재건 명령을 하달했다. 그즈음 일제의 사상 검열 강화로 사회주의 운동은 지하로 잠복하였다.

일제 강점기, 특히 1918년 한인 사회당, 1921년 고려 공산당 창당 이후 1945년 광복 때까지 김일성(金日成, 초명 김성주 金成柱, 1912. 4. 15. ~ 1994. 7. 8.)이 항일 운동이나 사회주의 활동을 했다는 신빙성 있는 역사적 기록은 없다고 한다. 이러한 점은 구소련 해체 후 비밀 외교 문건 등 김일성 관련 자료들이 공개됨으로써 연구자들에 의해 많은 부분 확인되고 있다. 따라서 북한이 주장하는 김일성의 항일 투쟁 역사 기술은 사실을 왜곡 내지 조작했다고 볼 수 있다. 그 대표적인 사례가 보천보 전투다. 김일성과 함께 만주나 러시아에서 활동한 여러 증인들은, 김일성은 중국 공산당이 주도한 동북항일연군에 편입되어 있다가 일본 관동군의 소탕 작전에 밀려 1940년경 부득이 러시아로 도주했으며, 러시아에서는 러시아 극동 전선 제88여단에서 만주나 러시아 내의 정보 수집(즉 밀정) 역할을 했다고 한다. 그는 여단 제1대대 대대장(대위)이었다. 중학교 중퇴 학력뿐이고 달리 특별한 경력이 없는 30대 초반의 김일성이 1945년 8월 15일 광복 정국을 맞아 일약 소련군 주둔 지역의 최고 지도자로 등장한 것은 88여단 내에서 정보 활동을 하며 여단 상사 등 소련 정보 기관 간부로부터 신임을 받았기 때문이라고 할 수 있다.

---

5) 박헌영: 경성고등보통학교를 졸업하고 상하이를 거쳐 모스크바에서 공산주의를 학습하였다고 함.

88여단은 동북항일연군 빨치산을 수용한 부대로서 구소련 공안 기관인 내무인민위원회(NKVD, KGB 전신) 산하 조직이었다. 김일성의 상관은 극동전선군 정찰 국장 소르킨(Sorkin, Naum Semyonovich, 1899~1980) 소장, 극동전선군 사령관 푸르카예프(Purkayev, Maxim Alekseevich, 1894~1953) 대장, NKVD 수장 베리야(Beriya, Lavrenty Pavlovich, 1899~1953)였다. 소르킨 소장은 소련 비밀경찰 총책이자 스탈린의 충복인 베리야의 심복이었고, 중국 이름 왕신림(王新林)이라는 암호명을 사용했다. 김일성은 소련 정보 기구 요원으로서 약 5년간 복무하며 상사인 소련 정보 기관 지휘자들의 신임을 받아 스탈린에 의해 해방 후 소련 점령지의 지도자로 낙점되었다. 스탈린은 김일성을 직접 면접 봤다. 스탈린은 위성국 지도자를 선택할 때 토착 공산주의자를 배제하고 소련에 충성할 인물을 기준으로 삼았다. 박헌영은 이런 스탈린 기준에서 벗어나 있었다.

1945년 9월 중순경 김일성과 빨치산 동료들은 하바롭스크를 출발하여 블라디보스토크로 가서 소련 군함 푸가초프호를 타고 9월 19일 원산항에 상륙했다. 그는 소련군 육군 대위 계급장을 달고 귀국했다. 이후 김일성은 소련 군정에서 짠 각본에 따라 연기한 꼭두각시였다. 연출자는 소련 군정 정치 장교 메클레르(Mekler, Grigory Konovich, 1909~2006), KGB 장교 바신(Vassin, Leonid, 1915~2006) 등이었다.[6]

◀ 조선인공정부 수립

---
6) 이상의 김일성 행적 사실은 주로 위키백과 김일성을 참조.

김일성이 소련이 짠 각본에 따라 국내파나 중국내 연안파 공산주의자를 축출하고 권력을 쟁취한 다음 1950년 6월 25일 한국 전쟁을 도발한 역사 부분은 주지하는 사실이다. 김일성은 스탈린의 세계 공산주의 운동의 극동 지역 한반도의 책임자로서 충실히 복명해 왔다. 그의 사회주의 개혁 등은 작은 스탈린 모방에 지나지 않았다.

1989년부터 시작된 동구권 민주 혁명의 불길로, 냉전 체제(冷戰體制)가 붕괴되었고 동구권 사회주의 국가들은 공산주의·사회주의 체제를 벗어 던졌다. 구소련은 1991년 12월 26일 해체되어 공산주의를 털어버리고 러시아 공화국으로 탈바꿈했다. 공산주의 패권 종주국 소련이 민주주의 공화국으로 혁명 역사를 기록하고 국민 직접 선거로 지도자를 선출한 지 30년이 다 되어가고 있다. 그런데도 그 위성국이던 북한은 김일성 사후에도 그 아들 김정일이 권력을 세습하고, 그가 사망하자 아들인 김정은(金正恩 1984. 1. 8.생)이 또 세습했다. 공산 독재 국가라고 하지만 실체는 김씨 전제 왕조 체제다. 김씨 왕조는 인류 역사 관점에서 본다면 이만저만한 반동적 역사가 아닐 수 없다. 김씨 독재 왕조 체제는 오로지 김씨 일가와 그 측근 수혜자들이 2500만 북한 인민을 수탈하는 조직에 불과하다. 이런 북한 현 정권이 핵을 손에 쥐고 대한민국을 위협하고 있다. 좌파 지식인이나 운동가들은 김일성과 그 세습 권력자 그리고 이들을 지탱하는 소수 당·정·군 고위 간부의 실체와 행태를 이제는 있는 그대로 직시해야 하지 않을까. 북한 내재적 논리라고 합리화하는 궤변을 그만두어야 할 때다.

1970~1980년대 좌파 운동권 대학생(주로 주체 사상파)이나, 속칭 진보 세력에서는 이영희(李泳禧, 1929~2010) 교수의 저서가 맹위를 떨쳤다. 대표 저작인, 『전환 시대의 논리』(1974년, 창비사), 『8억 인과의 대화』(1977년, 창비

사)는 지식인 사회에 큰 반향을 일으켰다. 이영희 교수는 진보 진영의 '사상의 은사', 진보 세력의 거목으로 자리매김해 있을 정도다. 그의 주장은 냉전 논리·진영 논리에서 벗어나, 객관적으로 균형 있는 시각으로 세계 질서와 남북 관계를 봐야 한다는 요지다.

그러나 이영희 교수는 모택동에 의한 대약진 운동이나 홍위병을 동원한 문화대혁명을 지나치게 미화했다는 비판을 받았다. 특히 그는 문화 혁명기의 홍위병 난동 등 반문명적 행태에 대해서 중국 공산당 자체에서도 공식적으로 비판하는 데 대하여는 저술 당시 자료 수집 한계 때문이라고 변명했다. 또한 그는 북한 체제에 대해서 인간적 사회주의라고 하는 등 북한맹(盲)이라는 일부 지적도 받았다. 이영희 교수는 자유 민주주의·시장 경제 체제의 대한민국에 대해서는 지나칠 정도로 엄격한 기준에서 준엄히 비판하는 데 비해, 중국·북한·베트남 등 공산 체제에 대해 비교적 관대한 잣대로 좋게 평가함으로써 균형을 상실한 태도를 보였다는 비판도 받고 있다.

이영희는 사회 민주주의를 지향하는 학자이자 사회 운동가이므로, 자유 민주주의·시장 경제를 기축으로 하는 대한민국을 분석·평가하는 데 있어 한계가 있을 수밖에 없었을 것이다. 이영희 교수의 영향은 이 사건·사태의 전개 과정에서 관련 주요 인물들을 통해 나타나고 있다. 문재인 대통령은 이교수를 가장 존경한다고 공개 발언했다. 노무현 전 대통령은 모택동을 존경한다고 했다. 이영희 교수는 마오(毛)가 독재 권력 유지를 위해, 혁명이라는 미명 아래 1000만 명에 달하는 양민을 학살하였다는 비판을 받고 있다는 점, 북한에서도 헤아릴 수 없는 처형이 자행되고 강제 수용소가 널려 있다는 실제 현실에 눈 감고 있었거나 아니면 이에 대한 언급을 스스로 억제했다고 할 수 있다.

3
자유 민주냐 사회 민주냐
- 국가보안법 존폐 논쟁

◈ 보수 대 진보, 자민 대 사민

　우리 사회는 자유 민주주의를 지향하는 세력과 사회 민주주의를 토대로 삼는 세력으로 나뉘어 있다. 광전 세대에서도 같다고 할 수 있다. 속칭 보수 진영은 자유 민주에 속하고 진보진영은 사회 민주에 속한다. 사실 보수는 영어의 'conservative'의 번역어로서 기존의 질서나 가치를 존중하는 데 중점을 둔 온고지신(溫故知新)·법고창신(法古創新)의 사고방식이나 태도라고 할 수 있다. 그에 대칭되는 진보는 영어의 'progressive'의 번역어인데, 그 어휘 자체로는 현재보다 발전·진화를 지향하는 사고·행동 양태를 의미한다. 보수·진보 용어 자체로는 사상·이념·가치관의 지향성을 알 수 없다. 따라서 보수·진보는 시대와 나라에 따라 그 구분과 내용이 달라질 수밖에 없다.

진보는 어휘 본래 개념상 개혁적·미래지향적인 뉘앙스가 있지만 보수는 어감으로도 현실 안주·변화 거부적이어서 균형 있는 구분법이 되지 못한다. 원래 conservative의 반대말은 liberal, 즉 자유 또는 자유주의인데, 한국 현대 역사에서는 사회주의 계열 입장에서 자신들의 이념 성향을 있는 그대로 'social'이라 한다면 시대적 여건상 금지 내지 기피의 대상이 되어 대중성 확보가 곤란하다고 판단하고, '사회주의'를 교묘히 은비하기 위해 '진보' 또는 '혁신'을 채택해 사용했다. 일종의 용어 혼란 전술이다. 또 보수 진영에서도 혁신·개혁 등의 수식어를 애용하자 사회주의 계열은 혁신·개혁을 사용치 않고 진보로 단일화했다.

그런 만큼, 1789년 프랑스 대혁명 이후부터 정치·사회적으로 통용된 우파 내지 우익(right wing), 좌파 내지 좌익(left wing)으로 구분하는 게 글로벌 기준에 부합하며 가치 중립적이고, 객관적이라고 생각한다. 한국의 우파는 대한민국 출범 이래 자유 민주주의를 헌법 기본 가치로 삼고 국가와 사회를 운영하려 했다. 그 반면 좌파는 사회 민주주의를 바람직한 사상·이념 준칙으로 삼고 그를 기반한 정책을 현실 정치에서 구현하려 했다. 자유 민주주의는 개인의 자유와 창의, 인권을 최상위의 가치로 두는 반면, 사회 민주주의는 공동체의 이익과 발전을 최상위 가치로 두고, 개인적 이익과 자유를 제한하려 한다. 사회 민주주의[7]에는 광의로는 사회주의·공산주의·인민 민주주의·대중 민주주의·계급 민주주의도 포함된다고 할 수 있다.

---

7) 사회 민주주의: 초기에는 공산주의까지 포용했으나, 역사 변천 과정에서 폭력 혁명과 공산 독재를 핵심으로 하는 공산주의와는 결별하였고, 이후 민주 사회주의가 등장하여 사민주의와 약간의 차별이 있음.

필자의 견해로는 정치 성향 구분 방법으로 기존의 보수·진보를 지양하고 가치중립적인 우파·좌파, 또는 자민파 내지 자민 진영, 사민파 내지 사민 진영으로 구별하는 방법이 공정하고 합리적이라 생각한다. 정치 성향을 양분하는 구별 방법의 적절성은 별개의 문제이다. 현실적으로 좌·우 진영이 대결하고 있고, 그 동력이 한국 현대사의 변곡점에서 항상 분출했다는 엄연한 현실을 아무도 부정할 수 없다. 한국 현대사에 있어 지역감정과 같거나 그보다 더 큰 에너지를 갖고 있다. 더구나 공산 김씨 왕조 독재 정권이 2500만의 북한 주민을 실효적으로 통치하고 대한민국의 생존과 번영을 핵으로 위협하는 상황에서는 보다 가중적인 의미를 갖는다고 하겠다.

◈ 국가보안법 존폐 논쟁

2003년 2월 25일 제16대 대통령으로 취임한 노무현 대통령은 취임 초기부터 국가보안법을 폐지하려고 했다. 국내 좌파·사민 진영은 정계·시민 단체·노조 등이 일치 연대해 국가보안법 폐지를 관철키 위해 집요하고 치열하게 움직였다. 민변(民辯: 민주 사회를 위한 변호사 모임)에서는 국보법 폐지를 홍보하는 팸플릿까지 만들어 배포하였다. 민변 측의 폐지 주장은 국가보안법이 정치적 자유를 침해하는 반인권적이고 정치 탄압용이라는 요지였다. 여기에 북한을 대한민국의 적으로 볼 수 없고, 북한 정권과 화해·협력하는데도 제도적 장애가 된다는 입장이었다.

햇볕정책을 계승한 노무현 정권이 북한 정권의 국보법 폐지 요구에 능동적으로 나선 것이다. 좌파 시민 단체의 주요 활동가나 지도 그룹의 대부분은 국보법 위반 전력이 있었고, 1980년대 대학에서 널리 퍼졌던 NL, PD, 주사파 운동권에 속했던 정치인들 역시 국보법으로 형사 처벌을 받았다. 임종석[8] 등이 중심이 되어 1989년 6월 북한 당국의 공작에 호응하여 북한에서 개최된 세계청년학생축전에 임수경[9]을 대표로 파송해 큰 충격을 주었다. 이들에게 있어서는 국보법이 폐지되어야만 그들의 사회 운동·학생 운동이 반사회적·반국가적인 것이 아니었고, 오히려 정치 탄압의 희생자로 변신할 수 있는 기회가 열린다.

국보법 폐지 논쟁은 김정일 공산 전제 정권 입장에서 보면, 남남 갈등을 초래해 손 안대고 코 푸는 효과를 거두었다. 우리 사회는 좌·우 대결이 첨예화되었음은 물론이고 국민 여론도 존치가 우세했지만, 상당수 국민이 폐지에 동조하기까지 했다. 서울법대 68년 동기생들은 이 쟁점을 두고 무제한 토론을 갖기로 했다. 민변의 부회장이던 박연철 변호사와 필자가 토론회를 기획·진행했다.

2004년 11월 5일 경기 양평군 서종면 문호리에 있는 「사랑터울」 카페에서 68동기생 13명이 모여 철야 토론을 했다. 이 토론회에서 논쟁한 내용을 일반에 알리기 위해 조선일보와 한겨레신문 기자 각 1명을 취재진으로 참석하게 하여 언론 보도에 있어 객관·공정성을 확보하려고 했다. 이곳에서는 조선일보의 해당 기사를 전재한다. 한겨레신문에서도 이 토론회를 조선일보보다 더 상세하게 보도했다. 그런데 어떤 이유인지는 확인되지 않았지만 그 기사는 가판에만 실렸고 이후 이 기사는 신문에 게재되지 않았다고 한다.

---

8) 임종석: 전대협 의장, 국회의원을 거쳐 문재인 정부 초대 비서실장 역임.
9) 임수경: 국보법으로 복역 후 좌파 정당의 비례대표 국회의원 역임.

[조선일보]

▼ 2004년 11월 5일 밤, 서울 법대 68학번 13명이 경기도 양평의 한 카페에서 국가보안법 폐지 문제에 관한 '끝장토론'을 벌이고 있다.

• 밤깊은 카페, 토론에 취하다

"북한은 반국가단체 혹은 주적(主敵)인 동시에 화합·발전의 동반자라는 두 가지 성격을 가지고 있다. 지금은 화합과 발전을 위해 국가보안법을 폐지해야 한다."(박연철 변호사·朴淵徹·사시 25회)

"폐지론은 북한을 정치적인 실체 혹은 국가로 인정하자는 것인데 (북한의) 위협이 사라졌다고 누가 장담하겠느냐. 폐지론자들의 상황 인식이 과연 정확한지 묻고 싶다."(이경재 변호사·李炅在·사시 14회)

가을비가 내리던 5일 경기도 양평 국도변의 작은 카페에 서울법대 68학번 동기생 13명이 모였다. 국가보안법 폐지 문제를 놓고 벌인 '끝장 토론' 모임이었다. 토론의 끝장을 보자는 뜻이었다.

모임의 제안자는 박, 이 변호사였다. 민변 부회장을 지낸 박 변호사는 국보법 폐지론자이고, 국보법 존치론자인 이 변호사는 대검 공안과장 등을 지낸 검찰 출신이다.

두 사람은 이 모임을 위해 인터넷 동기회 사이트에 '서울법대 68학번 논객들 모여라'라는 글을 올렸다. 사회는 서울법대 선배인 김광정(사시 17회) 변호사가 맡았다.

참석자는 정치자금법 위반 혐의로 2심 재판이 진행 중인 이인제(사시 21회) 자민련 의원을 비롯해 강보현(사시 17회)·구상진(사시 14회·전 서울시립대 교수)·박충근(사시 24회) 변호사, 김종민 전 문화체육부 차관, 조정식 성원산업개발 사장, 안평수 전 민주당 서울도봉갑지구당 위원장, 조정규 미국 변호사, 유제청(무역업) 씨 등이다.

밤 9시쯤 시작된 토론은 국보법 폐지론의 근거가 과연 타당한 것인가에서 출발했다.

국보법 폐지론이 먼저 제기되자 구상진 변호사의 반론이 나왔다. "국보법을 폐지하려면 국보법이 보호해야 할 대상이 사라졌다는 것을 증명해야 한다. 북한이 침략행위를 하지 않는다는 것을 증명하지 않은 채 국보법 내용과 절차를 연결시켜 폐지하자는 것은 논리적으로 맞지 않다. 국보법 폐지는 과연 북한의 공산주의를 허용해야 하는지와 연결되는 문제다."

이에 박 변호사는 "북의 위협이 없다고는 생각하지 않는다. 우리는 6·25와 월남전의 경험을 갖고 있다. 노 대통령이 아웅산 테러, 칼(KAL)기 격추사건 이후 북의 테러 위협이 없다고 했는데 거기에 대해서도 탐탁하게 생각지는 않는다. 하지만 우리는 위협을 인정하면서도 그 다음 단계로 넘어가야 할 필요가 있다."고 했다.

안평수 씨 발언은 사회자로부터 "좀 지나치다"는 말을 들었다. 안 씨 말의 요지는 이렇다. "국보법은 긴 기간 실제 인권 탄압, 정권 안보용으로 사용됐지만 김대중 전 대통령이 김정일의 환영을 받고 남북공동성명을 발표하는 날 이미 죽었다. 하지만 노무현 정권은 옛날의 오·남용 사례를 두고 국보법을 폐지하자고 야단법석인데 역으로 이 정권이 국보법을 정권 안보용으로 사용하고 있다는 생각이 든다. 남북정상회담하는 데 무슨 거리를 만들어 시기를 당기려고 하는 것 아니냐는 생각도 해 본다. 우리는 언제 붕괴될지 모르는 북한 정권의 야만적인 정치세습 풍조, 인권 사정에 대해 그들을 존중하느라 말도 꺼내지 못한다."

이인제 의원은 박 변호사를 향해 "민변 책자에는 북한에는 국보법과 같이 체제를 지키는 강력한 법이 없다고 하는데 그 책이 인용한 북한형법 52조가 민족해방운동과 통일혁명투쟁을 탄압·박해하는 사람을 사형에 처하도록 규정하고 있지 않으냐?"고 물었다.

이에 박 변호사는 "국보법 문제는 북한법의 반혁명범죄 조항과 별개로 우리 자체의 판단으로 논의가 정리돼 온 것이다. 우리 자신의 판단으로 존폐를 결정하는 것이 마땅하다."고 했고 다시 구 변호사가 반격했다. "(민변의 책자에) 북한에는 방어 법규가 없다고 했기 때문에 나온 얘기다. 우리 법과대학 동문이 사실을 허위로 말한다면 같이 앉아 얘기하기가 어려워진다."

순간 카페 안에서는 긴장감이 흘렀고 사회자가 "어허, 말하자면 그렇다는 것이지"라며 분위기를 가라앉혔다. 이어 박충근 변호사가 일어섰다. "오늘 토론자 가운데 국보법 폐지 반대론자가 더 많은데, 박 변호사에게 좀더 많은 발언 시간을 줘야 공평한 것 같다." 누군가 "우리 착한 연철이 너무 몰아붙이지 마라."고 말하면서 분위기는 누그러졌다.

논의가 정리될 즈음 "우리가 법대 출신이라 보수적인 건가?"라는 소리가 들렸다. 한 참석자는 "우리 사회에 생각이 다른 사람이 만나 토론하는 모습이 사라졌는데 우리조차 그러면 안 된다."고 말했다.

2004. 11. 8. 양평 = 최재혁 기자 (블로그) jhchoi.choun.com

후담이지만, 이 기사는 당시에 여러 대학 동창회 모임에서 화제가 될 만큼 상당한 파급 효과가 있었다. 국보법 폐지 이슈에 대해 각계·각층에서 자발적인 토론이 성행했다.

결국 국보법은 폐지에서 일부 개정으로 마무리되었다. 김씨 공산 독재 정권은 군사적으로는 미군 철수, 정치·사회적으로는 국보법 폐지를 대남 최대 공작 목표로 삼고 지금도 목표 관철을 위해 온갖 수단과 방법을 다 동원하고 있다. 문재인 정부 하에서는 정권 수뇌부에서부터 국보법을 사실상 사문화하는 정책이나 발언을 거침없이 내보내고 있다. 대통령이 직접 기자들에게 "온 국민이 김정은 국무위원장을 환영해야 한다."고 발언하기도 했다. 언제부터인지 광화문 미 대사관 건물 입구 거리에 좌파 단체 소속 사람들이 '미군 철수' 현수막을 걸고, 보도를 점거한 채 '백두칭송위원회'라 자칭하며 '김정은을 위인'이라고 성명까지 발표하고, '국보법 폐지'를 외치고 있는데도 정부 공안 기관은 방치하거나 용인하고 있다.

2004년 10월 상황과 15년이 가까이 지난 2019년 지금의 상황을 비교해 보자. 2004년 김정일 정권은 소련 등 사회주의권 붕괴로 궁지에 몰려 고립무원의 처지였는데 15년이 지난 2019년에는 김정은의 공언과 같이 핵 무기가 완성·배비(配備)되었고, 사실상 핵보유국 인정 단계이며 비핵화라는 술수로 대한민국 정부를 마중물로 삼아 경제 건설에 나서기 위해, 미국 트럼프 대통령, 중국 시진핑 주석 등 세계적 지도자와 국제 정세를 논의하는 수준으로 비약했다. 이에 반해 대한민국은 좌파 정부의 경제 정책 실패로 성장 엔진이 꺼지거나 저성장, 경기 침체기에 들어갔다.

전통적 우방 동맹국인 미국·일본과 갈등·균열을 더하고 있고, 중국은 대한민국의 안보상 조치인 사드 배치에 대해 일일이 간섭하고 경제 제재를 가하고 있다. 국내적으로는 남남 갈등, 세대 갈등, 빈부 갈등이 심해지고, 정치권은 정쟁이나 지역 갈등을 통해 자파 이익 확보에 골몰하고 있다. 국가 최고지도자들을 비롯하여 거의 모든 정치 지도자들은 대중 영합주의, 국민 정서, 여론 조사, 그리고 군중 시위에 목을 매고 눈이 멀어 있다. 정론과 바른 정책보다는 당장의 이익과 표 얻기 정책만 도드라져 보일 뿐이다.

국가보안법은 반국가 단체나 그 구성원의 활동을 금지·통제하기 위한 안보기본법이다. 김정은 공산 김씨 왕조 정권이 국보법 폐지를 강력 주장하는 이유는 누구나 알 수 있을 정도로 분명하다. 그들의 활동이나 대남 공작이 대한민국의 존립과 안정을 지속적으로 위협하는 남북 관계 상황에서 그나마 국보법이라는 강고(强固)한 방파제가 그 기능을 발휘하여 남조선 해방이라는 뜻을 이루지 못하고 있으므로 장애물인 국보법을 제거하려고 한다.

4
최태민의 그림자

◆ **최태민**(崔太敏) **그는 누구인가?**

이 사건과 사태를 보다 깊게 그 뿌리에서부터 살펴보려 하면 꼭 도달하는 과거 인물 가운데에서 최태민을 꼽지 않을 수 없다. 박근혜를 공격하는 측에서는 그를 박근혜의 배후 조종자 지위에 있었다고 단정하고 최순실은 아버지의 대를 이은 박근혜의 비선 실세라고 한다. 이처럼 유치·단순한 공격 프레임이 박근혜의 정치 역정에서 가공할 위력을 발휘했다.

최태민에 관해서는 자신이나 또는 우호적 입장에서 기술한 자료를 찾을 수가 없다. 사실과 의혹, 흑색 루머가 혼재된 각종 언론 기사나 인터넷 정보 자료가 있을 뿐이다. 이곳에서는 공개 정보로 작성되고 수정·삭제가 가능한 위키백과에 수록된 최태민 관련 내용을 중심으로 하고 주간중앙 정용인[10] 기자 등 언론사의 기사, 필자가 이 사건 변론 과정에서 지득(知得)한 내용을 종합해 최태민에 대해 소략한 설명을 하고자 한다.

최태민은 1912년 5월 5일(주민등록상) 또는 1918년 11월 5일(음력, 묘비상) 출생했다고 한다. 양자간 6년간 차이가 있는데 우리 경험칙상 가족이 세운 묘비가 신빙성이 있는 것으로 추정된다. 공교롭게도 북한 김일성 주석도 1912년생이다. 박정희 대통령은 1917년생이다. 최태민은 1994년 5월 1일 향년 75세로 사망했다.

황해도 봉산군 사리원읍에서 태어났다. 최태민의 아버지인 최윤성(崔崙成, 1892~1945)은 독립 유공자이다. 노태우 정부 시절인 1990년 건국 훈장 애족장을 받았다. 최윤성은 1919년 3·1 운동 때 독립 선언서 1천여 장을 인쇄·배포하였고, 1920년경 상해 임시정부 군자금 모금 활동을 하다가 검거되어 징역 8월을 선고받고 복역했다. 최태민이 독립 유공자 최윤성의 아들인지에 대해서 의문을 제기하는 주장도 있으나, 최태민이 아버지의 공적을 들어 직접 유공자 신청을 하였고, 1990년 7월 국가보훈처의 독립 유공자 제1공적 심사위원회에서 심사하여 유공자로 인정되어 그해 8. 15. 정부에서 건국 훈장 애족장을 추서했던 만큼 신청인과 유공자 사이의 관계 역시 엄격한 심사를 거쳤다고 봐야 할 것이다. 최서원도 자신의 할아버지가 독립 유공자라는 사실에 자부심을 가지고 있었다.

---

10) 정용인: 최태민 일가, 정윤회, 최순실 관련 사건에 대해 깊이 있는 취재와 비교적 객관적 공정한 기사를 작성한 인물로 평가받고 있음.

1977년 당시 중앙정보부의 최태민 조사 보고서에 의하면 최태민은 1927년 황해도 재령보통학교를 졸업하였다(당시 이름 최도윤). 1942년부터 1945년 8월경까지 황해도경 순사로 재직했다. 광복 직후 월남하여 강원도경 소속 경찰관이 되었고, 대전경찰서 경사, 인천경찰서 경위를 지냈다. 1949년, 1950년에는 육군헌병대, 해병대 문관을 지냈다. 6·25 전쟁 중 군에서 나와 대한비누공업협회 이사장 등으로 활동하였고, 1954년경 법명 퇴운(退雲)으로 승려가 됐다. 1963년 5월경 당시 갓 창당한 민주공화당의 중앙위원이 되었다. 그해 8월 31일 공화당은 당 총재 겸 대통령 후보로 박정희 최고회의 의장을 지명하였다. 최태민 역시 이 당 대회에 참석했을 것으로 추정된다. 1965년경 (주)천일창고를 경영했다.

▲ 최태민

중정 보고서에는 최태민이 천주교·불교·기독교를 결합한 종교 활동을 했다고 기록하고 있다. 최태민은 1975년 3월경 고(故) 육영수 여사를 거론하며 박근혜에게 접견하였다고 한다. 최태민이 박근혜에게 "꿈에 육여사가 나타나 근혜를 도우라."는 현몽이 있어 서신을 보낸 것이 계기가 되었다고 하나, 확인할 방법은 없다. 1975년 4월 29일 대한구국선교회가 설립되어 최태민이 총재, 명예총재는 박근혜였다. 이 단체는 1975년 12월 구국여성봉사단으로 1979년 5월 새마음봉사단으로 개칭하였다. 최태민에 관한 잡음으로 박근혜가 위 단체의 총재가 되고, 최태민은 명예총재, 고문 등으로 전면에서 물러났다.

최태민은 1975년 대한예수교 장로회(예장) 종합총회에서 목사 안수를 받았다.[11] 신학 교육은 받지 않았다고 한다. 당시는 손쉽게 목사 안수를 받는 사례가 많았다고 한다. 서울 강남에 만남의 교회를 설립했다고 한다. 최태민은 병 치료와 점을 치는 등 주술적 내용이 많아 교단에서 축출되었다는 설(說)이 있다.

◆ 최태민 관련 의혹의 허상들

최태민의 비리나 의혹은 당시부터 끊임없이 제기되어, 박정희 대통령이 직접 최태민과 김재규(당시 중정부장)을 친국했다. 이때까지 최태민에 대한 의혹과 비리 소문은 무성했으나 어느 것 하나 형사 처벌로 이어진 범죄는 나타나지 않았다. 1979년 10월 26일 이후 전두환 신군부 측에서도 최태민을 강원도의 은밀한 곳으로 보내 조사했으나 범죄사실을 적발해 내지 못했다.[12]

1980년 이후에는 박근혜의 육영재단, 영남대학교재단 활동에 편승했다고 하나 특별한 내용의 확인된 비리는 없었고, 최태민의 딸 최순실이 박근혜를

---

11) 2016. 10. 30. 국민일보, 유영대 · 박재찬 기자 「예장 총회장 전기영 목사의 최태민 관련 인터뷰 기사」.
12) 신동아 2007. 6월호, 당시 보안사 대공처장 이학봉 인터뷰 기사.

논쟁적 인물들과의 만남 | 51

재단 운영에서 돕고 있다는 정도에 지나지 않는다. 최태민은 격변하는 시대에 나름대로 생존하기 위해 변화에 대응해 왔다. 그의 경력이나 종교 편력, 가정 관계 등으로 보아 매우 복잡한 인물임에 틀림없다. 다만, 그가 여러 다양 다기한 의혹과 비리 혐의에도 형사 처벌을 받은 바 없다는 점은 제대로 평가받아야 할 것이다. 혹자는 그것을 당시 권력자의 비호 때문이라고 폄하할지 모르지만 1980년 신군부 시대 이후에도 줄기차게 의혹과 문제 제기가 있었는데도 실체가 잡히지 않았고 합리적인 근거 없는 의혹만 남아 있을 뿐이다.

민간인 박근혜가 1998년 경북 달성군 보궐 선거에서 한나라당 후보로 국회 의원에 당선되고 이후 내리 5선(選)하며 한나라당 대표, 2007년 한나라당 대선 후보 경선, 2012년 새누리당 대선 후보, 18대 대통령 당선 등 화려한 정치 역정을 거치는 과정에서 그와 더불어 최태민에 대한 악성 루머, 의혹 제기는 질과 양 모든 면에서 배가되고 보다 모함적인 경향을 뚜렷이 보였다.

특히 같은 당 내에서 대통령 후보 경선을 할 때인 2007년, 2012년의 경우, 더욱 치열하고 우심했다. 후보 경선 때 각 후보 진영에서는 시중에 유포되고 있는 악성 루머, 낭설, 유언비어 등 음해적 선전·선동에 대처하기 위해 특별 대책반을 운영할 정도였다. 박근혜 후보에 대한 악성 의혹·루머의 주된 원천은 최태민이었다고 할 수 있다. 최태민이라는 인물을 거론하면 상식 밖의 날조·음해 내용도 일반 대중이 믿을 수 있는 분위기가 있었고 정치권은 이런 군중 정서를 악용했다. 그는 장막 뒤에서 움직이는 술수 또는 주술의 아이콘으로 이미지화되어 있었다.

이제는 1975년 이후부터 이 사태 때까지 40년 넘게 지속적·반복적으로 이어져 온 최태민 관련 의혹을 걷어 내야 할 계제다. 세월과 정치 환경에 따라 날조·각색되고 덧칠되어 온 핵심 의혹에 우리가 더 이상 사로잡혀서는 안 될 것이다. 날조한 의혹과 왜곡된 사실로 정치적 이익을 꾀하려는 기도를 더 이상 방치해서도 안 될 것이고, 앞으로는 이들에게 합당한 법적 책임을 지워야 마땅할 것이다. 사실 검증이 이루어지고, 명백한 날조 의혹과 왜곡 사실 가운데 핵심적인 두 가지 사항을 정리해 본다.

사생아 존재설(私生兒 存在說)과 수십 조 비자금설(秘資金說)

① 최태민은 박근혜와 부적절한 관계였다는 사생아 존재설

이 유언비어는 박근혜와 최태민 사이에 사생아가 있다는 사생아설이다. 이 설은 김종필(애칭 JP. 전 국무총리, 박근혜의 4촌 형부)이 박근혜가 정치를 하려고 한다는 소문에 대해 "최태민 애가 있으면서 무슨 정치를 하느냐?"고 말한 적이 있다는 증권가 선전지 내용을 근거로 들고 있다. 그러나 JP는 2016년 11월 3일 JP의 서울 청구동 자택에서 시사저널 기자들과 인터뷰하며 이 설에 대해 화를 냈다. "내가 그런 말을 할 리가 있나.", "어디서 그런 게 있어, 어떤 놈이 그런 허튼 소리를 해.", "어떤 놈이 박근혜와 내 사이를 끊으려고 그런 짓 했구먼.", "고얀 놈이 얼마든지 있어." 등 자신의 발설을 부정하고 오히려 이 설의 음해·날조를 비난하고 있다.[13] 이와 같은 사생아설이나 이와 유사한 부적절 관계설은 날조된 악의적 유언비어에 지나지 않으나 박근혜를 공격할 때에는 묻지 마 식으로 유포시키고, 아니면 그만이라는 식의 비양심적 태도를 보인다. 이 설을 유포하는 자들은 정치 선전·선동에 휘둘리는 계층을 파고 들려고 한다. 정두언 전 국회의원도 2007년 대선 경선 때 박근혜 보고서를 작성했다고 하면서, 구체화된 내용 없이 막연히 '알려지면 구토한다',

---

13) 시사저널 박혁진 기자, 2016. 11. 14.자 김종필 전 총리 인터뷰 기사.

'19금 내용이어서 공개하기 어렵다'는 식의 선정적·자극적 발설을 하여 의혹을 증폭시키는 데 일조했다.[14]

② 최태민이 1조 원에 달하는 박근혜의 거액 재산을 관리하였고, 최태민 이후에는 그의 딸 최순실이 수십조 원에 이르는 비자금을 해외에 은닉 관리한다는 소위 비자금 관리설

이 설은 최태민과 그의 네 번째 부인(성명 불상) 사이에 출생한 최재석(1954년생)이 특검과 일부 언론에 최태민이 생존 시 현금 1000억과 부동산 1조 원대의 재산이 있었는데 이 재산을 돌려 드려야 한다고 말한 적이 있다. "아버지 최태민 사후, 최순실이 이 자금을 관리하고 해외에 500여 개 계좌를 갖고 있다."고 진술한 것을 주요 근거로 삼고 있다. 정두언 전 의원도 TV 등에 출연하여 박정희 대통령 사후 '뭉칫돈'이 박근혜를 통해 최태민에게 흘러갔다는 요지로 발언했다. 그러나 최재석은 최순실 일가와 가깝게 지내지 않아서 최태민의 내밀한 언동을 알 수 있는 위치에 있지 않았고, 최재석을 제외한 최순실 일가의 어느 누구도 그와 같은 말을 들었다는 진술이 없는 것으로 나타나 최재석의 진술은 신빙성이 없다고 봐야 한다. 그의 이러한 진술은 자기 나름의 잘못된 추리(시중의 낭설과 의혹 제기)에 지나지 않는다고 할 것이다.

한편, 최순실의 해외 비자금설에 관한 한 더불어 민주당 안민석 의원을 꼽지 않을 수 없다. 안민석 의원은 최순실의 해외 비자금을 많게는 수십조 원에 이른다고 하면서, 국세청의 고위 공무원을 지낸 안원구(대구지방 국세청장 역임)를 대동하고 유럽 현지 조사까지 다녀왔다.[15] 그런데도 최순실의 비자금에

---

14) Ohmy TV. 팟짱 2016. 12. 26. 박근혜 후보 퇴진 방송. 정두언 전 의원 인터뷰 등.
15) 안민석, 「끝나지 않은 전쟁」 pp.264~271, 2017.

관해 어떠한 객관적 자료도 입수하거나 제시하지 못하였다. 검찰과 특검 역시 최순실이나 그 주변 가족들, 박근혜 대통령의 계좌 등에 대해 철저히 조사했으나, 비자금이라 할 어떠한 거래 내역이나 금액을 찾지 못했다. 안 의원은 1978년 미국 하원에 제출된 프레이저 보고서(Fraser Report Korea 한미 관계 조사 보고서)를 유력한 근거로 들고 있으나, 보고서 자체로도 정권용 통치 자금 조성에 대한 내용일 뿐 박정희 대통령의 개인 비자금 조성이나 관리에 관한 기록은 아니어서 안 의원의 주장은 왜곡·과장에 지나지 않는다. 프레이저 보고서는 당시 코리아 게이트 등으로 한미 관계가 갈등·긴장하고 있는 상황에서 작성된 보고서여서 편파성이 지적되는 등 신빙성 문제가 지적되어 왔다.

프레이저 보고서에는, 정치 자금 수수에 관해 "1971년 대선과 관련하여 미국 기업으로부터 적어도 850만 달러($8.5million)의 자금이 여당에 들어갔다. (At least $8.5million of American corporate funds was diverted to the ruling party ……)"[16]고 기재되어 있는데도 $8.5million을 오독하여 $8.5billion로 알고 8조 5천억 비자금설을 부끄럼 없이 주장하는 사람도 있다.

피고인 최서원과 그의 변호인들은 수사·재판 단계에서 검사나 재판장에게 거액의 비자금이 있다는 허위 루머만 입에 올리지 말고, 그 실체를 밝히라고 줄기차게 요구했으나, 이에 대한 답이 없었다. 오죽했으면 피고인 최서원이 "비자금을 찾아 줬으면 좋겠다. 전액 국가에 헌납 하겠다."고 재판장에게 말하기도 했다. 앞서 기술했듯이 최서원은 매년 세무 조사를 받을 정도로 세정 당국의 감시 하에 놓여 있었다. 지금까지 드러나지 않은 '수조 원 비자금'설은 정적을 공격하는 전형적인 흑색 공작임이 분명하다. 박근혜 대통령이 최서원

---

16) 프레이저 보고서, p.8 (6)항, p.241.

손에 수조 원대의 비자금을 두고 있는데 삼성 등 대기업으로부터 몇 십억 원의 뇌물을 받았다는 가공의 공소사실은 서로 맞지 않는 구도라고 할 것이다. 그것도 박근혜 대통령은 뇌물의 현물이나 이익을 가져 본 적이 없는 진실 앞에서는 특검이나 검찰이 자괴해야 그나마 공적인 소추 기관이지, 그렇지 않다면 그 기관은 사추관(私追官)·사추(私追) 기관 내지 정치권의 선봉 기관으로 전락한 것이다.

최태민과 그 일가들은 1970년대 박정희 시대 때부터 이 사건·사태 때까지 항상 음지의 인물, 그림자로 치부되었다. 그들은 양지에 나서 자신들을 옹호·항변할 기회를 갖지 못하였다. 이제는 그 암흑의 장막을 거두고 시시비비로 평가를 받아야 할 때이다. 최서원은 필자에게 우리 가족들은 정권이 바뀔 때마다 각종 조사를 받아왔다고 했다. 눈에 보이지 않는 시선과 의혹 제기로 늘 시달려 왔다고 한다. 이 집안의 비극일 뿐 아니라 우리 현대사의 큰 상처에 이들의 흔적이 남아 있다.

5
논쟁적 인물들과의 만남

◆ 시대 상황(2012~2014년)

　2012년은 대통령 선거(18대)가 있는 선거의 해였다. 정치권은 물론이고 일반 국민들 대부분이 차기 대선에서 누가 권력을 잡느냐에 관심과 대화를 집중하고 있었다. 우리 국민들의 정치 참여 열정은 건국 이후 줄기차게 타올랐고, 대선 때에는 나라가 분열될 듯 달아올랐다. 2012년 4월 11일 총선(19대)에서 여당인 새누리당(구 당명 한나라)이 299석 중 과반을 초과한 152석을 차지하였고, 당시 새누리당 대표는 비상대책위원회위원장인 박근혜였다.

　2012년 8월 20일 박근혜 새누리당 전 비상대책위원장이 압도적 지지 아래 대통령 후보로 당선되었다. 그해 9월 16일 민주통합당 대통령 후보로 문재인 의원이 당선되어 대선 양상은 양자 대결로 치러졌다. 이 선거는 시종일관 박근혜 후보가 격차를 두고 선두를 지켜, 선거 예측 전문가 예상대로 박근혜 후보가 투표자 과반수 이상 득표를 얻는 압승을 거두었다. 박근혜 당선자는 2013년 2월 25일 대통령에 취임하여 5년 임기를 시작했다.

◀ 18대 대선 결과

한편 북한의 김정일 국방위원장이 2011년 12월 17일 사망하여 그의 둘째 아들 김정은(1984. 1. 8.생)은 32세의 구상유취한 나이에 최고 권력자의 지위를 승계했다. 그는 2011년 12월 조선 인민군 최고 사령관으로 시작하여 2012년 4월 국방위원회 제1위원장, 조선 노동당 제1비서, 2016년 5월 국무위원회 위원장, 조선 노동당 위원장으로 취임하여 북한 권력을 장악했다. 대한민국에서는 그 사이에 국민의 선거에 의해 이명박, 박근혜, 문재인이 최고 지도자로 선택받았는 데 비하여, 김정은은 아버지의 친자라는 이유로 최고 권력을 사유권처럼 상속했다. 김정은은 핵무장을 최고 업적으로 삼고, 대한민국 존립을 치명적으로 위협하는 군사 전략을 추진하는 자이다.

2013년 1월 버락 오바마 대통령이 재선 임기를 시작했다. 그해 3월 14일 시진핑(習近平)이 중국 공산당 총서기로 선출되어 최고 영도자가 되었고, 2012년 5월 블라디미르 푸틴이 다시 러시아 대통령이 되었고, 2012년 12

월 26일부터 아베 신조(安倍晋三)가 일본 내각 총리 대신으로 집권하고 있다. 2012년부터 2013년 사이에 한반도 주변의 권력층이 모두 교체되었다. 그 특징은 오바마를 빼고는 한결 같이 초강성 지도자들이다. 특히 시진핑은 대륙굴기(大陸崛起)·중국몽(中國夢)·일대일로(一對一路)를 추구하는 중화주의 신봉자이고, 푸틴은 21세기 러시아 차르를 꿈꾸고 크리미아 반도를 점령하는 등 호전적이고 영토 야욕마저 보이고 있다. 일본 아베는 평화 헌법 개정, 신사 참배, 전쟁할 수 있는 나라를 추구하고 있다. 이 같은 국제 정세 속에서는 대한민국의 생존과 번영, 통일을 이루기 위해서는 강인한 리더십과 국민 통합이 절실하게 요청되었음에도 이후 나라의 현실 진행은 그 반대로 갔다.

김정은은 2013년 2월 12일 제3차 핵 실험을 하고 영변 원자로 재가동을 발표했다.[17] 김정은은 김씨 왕조 정권을 유지·공고화하기 위해 핵 실험을 강행했다. 2013년 4월 6일 박근혜 정부는 개성 공단 전 인원 철수를 결정했다. 김정은은 박 정부를 맹비난하는 등 노골적인 적대 행동을 취했다. 2013년 3월 21일 박근혜 대통령은 박한철 헌법재판소 재판관을 헌법재판소장에 임명했다. 아이러니컬하게도 박 헌재소장은 3년 후 임명권자인 박 대통령에 대한 탄핵 사건을 심리하는 입장에 놓이게 된다.

◀ 헌법재판소 전경

---

17) 김정은은 대한민국이 내정 혼란에 빠진 2016. 1.부터 2017. 9. 사이에 4, 5, 6차 핵 실험을 하고 핵 무력 완성을 선언하였음.

2014년 4월 16일 「인천-제주」 간을 운항하는 (주)청해진 해운 소속 세월호가 진도 앞 바다에서 전복되어 침몰하는 해난 사고가 발생했다. 승선자 476명 중 안산시 단원고 수학여행 참가 학생 등 304명이 사망·실종되는 초유의 해상 참사였다. 4월 18일 박 대통령은 침몰 사고 구조 본부가 있는 진도시 팽목항을 방문하여 유족 등 피해자를 위무하는 한편, 안산시와 진도군을 특별재난지역으로 지정하고 범국민적 구조·피해 보상·배상에 나섰다. 이후 세월호 참사는 박근혜 정부를 붕괴시키는 원인(遠因)으로 작용했다.

◈ 정윤회·최서원과 만남

2012년 3월경 정윤회와 그의 배우자라는 최순실이 서울 서초동에 있는 필자의 변호사 사무실을 찾아왔다. 필자는 이들과 아무런 인연도 없고 접촉한 바도 없었다. 이들 부부가 사무실을 방문하기 수일 전 필자의 서울법대 1년 선배이자 사법시험 14회(사법연수원 4기) 동기생으로 검사를 지낸 동료 변호사가 연락을 했다. 그는 이들에 대해 아느냐고 물었고, 필자는 공안 검사 출신으로서 최태민·정윤회에 대해 소박한 수준의 정보를 알고 있다고 답했다.

그는 필자에게 자신이 이들을 음해하는 명예훼손 사건의 고소 대리를 했다고 하면서 이들의 다른 사건에 대한 위임을 맡을 여건이 안 된다고 하며, 필자가 맡아 줄 수 있느냐고 했다. 필자는 생각해 보겠다고 답한 후 여러 가지로 검토해 보았다. 필자는 인터넷 등으로 관련 정보를 찾아보고, 이들에 대한 의혹이 산더미처럼 쌓여 있지만 상당 부분 허위 내지 왜곡된 것이라는 판단을 했다. 그렇다면 수임할 만하다고 결정하여 동료 변호사에게 통지하고 만났다.

이들의 요청은 언론 등에서 무차별로 가족들에 대한 의혹 제기와 비방 기사를 게재하고 인터넷에서 전파되고 있으니 막아 달라는 요구였다.

필자는 온라인상 밑도 끝도 없는 비방·음해·허위 기사와 싸움을 할 수 없는 만큼, 도저히 용인할 수 없고, 영향력 있는 언론 기관의 기사나 인물들에 대해 사안별로 대처하자고 했다. 이른바 포괄적 위임 방식이어서 최서원과 법률 고문 계약을 체결했다.

최순실(崔順實)은 2014년 2월 13일 서울가정법원에서 최서원(崔瑞原)으로 개명했으므로 필자는 최순실로 알았고, 주위에서는 최 원장[18] 또는 최 선생으로 호칭하여, 필자 사무실에서도 최 원장으로 호칭하였다. 최서원은 2014년 5월 정윤회와 합의 이혼하였다.

2013년 6월경 더불어 민주당 안민석 의원은 정윤회의 딸인 정유라가 승마 대회에서 공주로 대접받고 부정한 평가로 수상했다는 등 의혹 제기를 했다.[19] 또 2014년 3월경 시사저널 등 일부 언론에서 정윤회를 현 정권의 비선 실세라 지목하며 정유라가 그 영향력으로 국가 대표 승마 선수로 선발되었다고 보도했다.[20] 정유라 선수는 2014년 9월경 인천아시안게임에서 대한민국 승마 단체전 선수로 마장 마술 부분에 출전해 금메달을 획득했다. 2014년 11월경 세계일보에서 정윤회 비선 실세 국정개입 의혹을 대대적으로 보도하여 국민들에게 큰 충격을 주는 일이 벌어졌다.

필자는 2012년 이들과 법률 고문 계약을 할 때나 2014년 11월경 이른바 정윤회 게이트 사건, 2016년 10월경 최순실 의혹 사건 관련 보도가 봇물을

---

18) 최순실은 서울 강남에서 초이 유치원을 개설해 성공하였다 함.
19) 이 의혹은 이 사건 수사를 통해 아닌 것으로 판명되었음.
20) 이 의혹 역시 이 사건 수사에서 사실이 아님이 규명되었음.

이룰 때까지도 최순실과 박근혜 대통령 사이의 관계 정도에 대해 아는 게 별로 없었다. 필자와 변호사 사무실에서 상담할 때에는 정윤회가 대부분 얘기하였고, 최순실은 거의 말을 하지 않았다. 정윤회는 차분하고 신중했으며 묻는 말 외에는 얘기하지 않았다. 말을 극히 아끼는 태도였다. 정윤회나 최순실은 2012년 당시에도 언론 보도나 루머에 대해 과민할 정도로 피해 의식을 가지고 있었고, 기자들이 파파라치같이 따라 붙어 일상생활에도 지장을 받고 있다고 호소했다.

정윤회는 1998년 박근혜가 대구 달성군 보궐 선거에서 한나라당 후보로 출마했을 때 자신이 박 후보를 돕기 위해 달성에 내려가 어려운 선거를 했다고 토로했다. 상대 후보는 당시 여당인 새정치국민회의 엄삼탁이었다. 엄삼탁은 안기부 기조실장을 지냈고, 재력이 탄탄하고 달성 토박이 출신이며 집권당의 지원을 받고 있어서 박 후보 입장에서는 대단히 어려운 선거였다. 정윤회는 원래 박 후보가 그나마 연고가 있는 문경·예천 보궐 선거에 나가는 것으로 알고 준비해 왔는데 갑자기 대구 달성 지역구로 변경되었다고 말했다.

정윤회는 달성 선거구는 박근혜 후보와 아무런 연고도 없고, 지역 기반이 매우 탄탄한 엄삼탁 후보를 상대로 거의 적수공권으로 선거 운동을 했다고 당시를 회상했다. 박 후보를 돕는 한나라당 사람들도 별로 없었다고도 했다. 정윤회는 박근혜 의원이 당 비대위원장이 된 이후에는 보좌진에서도 물러나 있다고 했다. 정윤회는 거물 정치인의 비서역에 특화되어 있는 신뢰성 있고 유능한 사람으로 보였다. 모시는 권력자를 이용한 호가호위(狐假虎威)나 이권에 개입할 사람은 아니라는 느낌을 받았다.

필자는 2012년 이들 부부와 만난 이후, 법률 자문, 흑색 루머에 대해 고소 대리, 정치권에서 제기한 고발 사건에서 변호인으로 일하며 자연스럽게 이들 가족들의 평범한 법률상 조력자가 되었다. 그러다 정윤회가 비선 실세로서 국정을 농단했다는 2014년 11월의 세계일보 보도로 우리 사회에 큰 파장을 일으키고, 박 대통령까지 대국민 담화를 발표하는 상황까지 전개되면서부터 단순한 법률상 조력자가 아니라 국가·사회에 영향을 미치는 사건의 진상을 두고 쟁투를 벌이는 권력 투쟁의 장에 본의 아니게 뛰어들게 되었다. 그 쟁투의 긴 여정의 몇 막(幕)이 지났지만, 아직도 진정한 피날레를 알리는 막은 내려오지 않았다.

PART 2

2014년 세월호 사건과 청와대 비선 의혹 문건 유출 사건

최순실 게이트 사건과 연이은 박근혜 정부 붕괴라는 정치 격변에 대하여는 그 원인·주체·방법·결과를 두고 앞으로 다방면의 사실 규명과 다양한 분석 및 판단이 이루어질 것으로 전망한다. 이 사태가 우리 현대사에 큰 획을 그었기 때문이다.

　필자는 최순실 게이트 사건의 변론 현장에서 이 사태의 핵심적인 직접 원인(遠因), 즉 출발점을 어디에서 찾을 것인지 고심해 왔다. 이 사태의 출발점은 「2014년 4월에 발생한 세월호 침몰 사건」과 그 해 11월 하순에 세상을 경악시킨 「청와대 비선 의혹 문건 사건」이었다는 결론에 이르렀다. 박근혜 정부 붕괴 사태의 직접적인 원인(遠因)은 이 두 사건이었다.

　세월호 사건은 박근혜 정부의 외부에서 발생한 사고, 즉 외생적 원인이었고, 청와대 문건 유출 사건은 박근혜 정권 청와대에서 터져나온 정권 내생적 원인이었다. 두 원인이 시너지를 이루어 괴담을 재생산하면서 끈질기게 박근혜 정부를 괴롭혀 왔다.

1
세월호 사건과 청와대 비선 의혹 문건 유출 사건의 연관성

◈ 2014년의 10대 뉴스 선정 두 사건

세월호 침몰 사건

2014년 4월 15일 오후 9시 청해진해운(주) 소속 세월호(1994년 건조, 총 배수량 6835톤, 여객 정원 921명, 차량 적재 220대)는 인천항에서 승객과 승무원 476명을 태우고 제주로 운항하던 중 4월 16일 08:50경 전남 진도군 조도면 병풍도 앞 바다에서 전복되어 침몰했다. 이 배에는 제주로 수학여행을 가는 안산시 단원 고등학교 2학년 학생 325명과 인솔 교사 14명이 승선해 있었고, 일반인 104명, 선원 33명 등이 있었다. 차량 180대, 화물 1157톤이 적재되어 있었다. 이 배는 여객·화물 겸용 로로선(Ro-ro ship)[21]으로 1994년 일본에서 건조되어 18년 이상 일본 해운사가 운항하던 것을 청해진해운이 2012년 10월 중고선으로 도입하여, 증축·개조를 거친 후 2013년 3월부터 인천-제주 항로에서 운항하였다.

▲ 세월호 참사

해난사고 발생 후 전 국민이 TV 생중계 화면으로 사고 진행을 지켜보는 가운데 2014년 4월 18일 세월호는 완전히 바다 밑으로 침몰했다. 이 사고로 304명이 사망하였고, 생존자는 172명에 불과했다. 대한민국의 비상 재난 위기 대처 역량이 국내뿐 아니라 전 세계에 적나라하게 노출되는 계기가 되었다. 피해자 가족은 말할 것도 없고, 모든 국민들이 가슴 졸이며 비상한 구조 조치를 염원했지만, 해당 해운사는 속수무책이었고, 정부도 대처의 신속·정확성에 문제점을 드러내면서 시의 적절한 긴급 구조를 하지 못하고 골든타임을 놓쳤다.

우리 사회 전체가 청소년 후세대가 생명의 위험에 처해 있음을 뻔히 눈으로 보면서도 제대로 구조의 손을 내밀지 못한 데 대해 자괴·자탄하지 않을

---

21) 로로선: 차량·트레일러 등 장비가 육상에서 별도 장치 없이 승선할 수 있게 설계된 배. 평저선이어서 전복 위험이 있다고 함.

수 없었다. 우리 사회의 일상적 생활이 모두 정지됐다. 행사와 약속은 취소되었다. 추모와 속죄, 탄식이 나라를 덮었다. 국민들은 정부의 무능함을 질타했다. '이게 나라냐?'라는 분노의 외침은 민심의 정곡을 찔렀다. 박근혜 대통령은 정부의 수반으로서, 세월호 사건으로 분출된 국민 분노의 표적이 되는 불행을 안게 되었다.

사민 계열 좌파 핵심 세력은 이 같은 국민 정서에 올라타 박근혜 정부를 곤경으로 몰고 갈 수 있는 절호의 기회를 잡아, 분노를 부채질하는 데 총력을 기울였다. 세월호 참사와 관련한 괴담·유언비어가 아무런 여과 없이 유포·난무하여 민심을 더욱 격앙시켰다. 다른 한편에서는 세월호를 정쟁으로 몰고 가려는 데 대한 반감도 반작용으로 일어났으며, 세월호 사건 처리를 놓고 점차 국민 의견이 분열되는 양상을 나타냈다.

세월호 사건은 객관적·법리적 관점에서 본다면, 청해진해운 소속 세월호의 운항상 중대 과실로 발생한 해난 사고이다. 그 직접적인 법적 책임은 청해진해운 관계자와 선박 운항자들이 져야 하고, 간접적으로 세월호의 부실 증축, 운항 승인, 안전 조치 감독, 사업상 지원 등과 관련한 비리나 범법이 있다면 관련 공무원 등을 적발 처단해야 할 것이다. 사고 신고 접수 후부터 재난 현장 출동, 구조 조치 등에 위법·부실이 있다면 역시 적발하여 엄정 처벌하거나 행정처분을 해야 할 것이다. 박근혜 정부는 사고 발생 후 검찰 조사를 통해 사고 원인과 과실을 규명해 합당한 사법적 조치를 했다. 관련자들은 엄중한 법의 심판을 받았다.[22]

---

22) 선장 이준석 살인죄 등 적용 무기 징역. 항해사 강원식 등 선원 5명 유기치사상 등 죄로 징역 5년~12년, 해경 123 정장 김경일 업무상과실치사상죄로 징역 3년. [1심 광주지법 2014고합180, 384호(병합), 2심 광주고법 2014노490호, 3심 대법원 2015도6809호].

정부 수반인 대통령이 이 사건·사고에 법적 책임이 있다고 할 법률 전문가는 없을 것이다. 책임을 거론한다면 급박한 비상 재난 상황에서 구호 조치를 제대로 이행치 못한 해경 등 기관의 직무상 과오나 비리에 대해, 최상위 지휘·감독자인 대통령으로서 도의상 정치적 책임에 그칠 것이다. 이러한 책임을 통감하는 차원에서 국민에게 사죄하고 보상·배상 등 사후 조치 만전과 재발 방지 대책 수립 등을 약속하고 철저히 이행해야 할 책무가 있다. 그런 관점에서 되돌아 본다면 박근혜 대통령은 정치적 책임과 대국민 약속을 이행했다고 평가할 수 있을 것이다. 완벽했는지, 미흡한 부분이 있었는지는 평가자에 따라 다를 수 있겠지만 필요한 상당한 조치는 다 했다고 함이 공정한 평가일 것이다. 그런데 사민 계열 좌파 운동 세력은 박 대통령의 법적 책임, 즉 탄핵을 목표로 그 방향을 잡았다.

이 사건은 2014년 뉴스 중 단연 톱뉴스일 수밖에 없었다.

청와대 비선 의혹 문건 유출 사건

2014년 11월 28일(금) 세계일보는 '정윤회 〈국정 개입〉은 사실'이라는 제목으로 1면의 ¼지면, 3면, 4면 전부를 할애해 세계일보가 청와대 작성 감찰 보고서를 입수해 보도한다면서 입수한 감찰 보고서까지 게재했다.[23] 기사 주요 요지는 다음과 같다.

◀ 세계일보 기사

23) 세계일보, 2014. 11. 28.자 정윤회 관련 기사(김준모·조현일·박현준 기자).

① 증권가 지라시[24]에 떠돌던 김기춘 비서실장 교체설은 정윤회가 자신의 비선 라인을 활용해 퍼뜨린 루머로 확인됐다.

② 박 대통령 핵심 측근 '문고리 3인방' 이재만 총무비서관, 정호성 제1부속비서관, 안봉근 제2부속비서관 등이 포함된 청와대 안팎 10여 명 인사가 관여한 것으로 드러났다. 정윤회는 매달 두 차례 강남에 있는 중식당 등에서 만나 청와대 내부 동향과 현 정부 동향을 논의한 것으로 파악됐다. 이들은 십상시(十常侍)였고, 정윤회는 숨은 실세·그림자 실세임이 사실로 드러났다. 3인방은 정 씨 정보원 노릇을 했다.

③ 이 사실은 청와대 민정 수석(홍경식)실 산하 공직기강비서관(조응천)실의 감찰 결과 확인됐다.

④ 이 보고서는 경찰 파견 박관천 경정이 조 비서관의 지시로 작성하였고, 김 실장에게도 보고되었다.

세계일보 기사의 핵심은 정윤회가 숨은 실세·비선으로서 청와대 밖에서 청와대 3인방 등 10명으로부터 정보와 자료를 받고 국정에 관여했다는 데 있다. 이 기사의 신뢰성에 대해 취재 기자들은 이 기사를 공직비서관실에 파견 나가 있던 박관천 경정이 조응천[25] 비서관의 지시에 따라 정보를 입수·작성하여 김기춘 실장에게 보고되었고, 비선 보고를 했다는 이유로 박관천 경정은 경찰 원대 복귀되었고, 조응천 비서관은 사임했다며, 감찰 보고서가 공직비서관실에서 작성된 만큼 관련 내용은 사실로 확인됐다고 보도했다.

이 기사 보도 당시는 세월호 사건의 충격이 가시지 않았고, 북한 김정은은

---

24) 지라시: 선전을 위해 만든 종이 쪽지. '낱장 광고', '선전지'.
25) 조응천: 검사 출신, 현 더불어 민주당 국회의원.

집중적으로 미사일 발사 실험을 하는 등 군사 도발을 강화하고 있었다. 여·야간의 첨예한 대치로 인해 세월호 사건으로 사의를 표명한 정홍원 총리 후임에 안대희, 문창극을 지명했으나 낙마하여 총리조차 임명하지 못한 상황에서 세계일보의 이 기사는 연말을 앞둔 정국에 대형 파란을 가져왔다. 이 기사의 내용이 진실이라면, 박근혜 정부는 더 이상 국민들의 지지를 받을 수 없는 지경을 넘어, 거부의 대상으로 전락할 게 뻔했다.

정윤회의 국정 개입설에 관한 세계일보 기사에서 언급했듯이 증권가 지라시 정보에서는 그 이전부터 정윤회와 관련한 믿을 수 없는 의혹과 괴담이 지속적으로 떠돌아 다녔다. 공인 언론에서 기사화한 것은 주간지(週刊誌) 시사저널이 대표적이었다.

시사저널은 2014년 3월 19일 자 '박지만, 정윤회가 날 미행했다', 2014년 3월 26일 자 '박 대통령 비서실장으로 불리는 정윤회는 누구', 2014년 4월 9일 자 '정윤회가 승마협회를 좌지우지한다', 2014년 6월 20일 자 '정윤회 딸, 아시안게임 대표선발 특혜 논란', 2014년 7월 9일 자 '박지만은 정윤회에게 파워 게임에서 밀렸다' 등 제목으로 정윤회 관련 의혹을 보도했다. 기사의 요지는 아래와 같다.

① 2007년 한나라당 대선 경선 때, 정윤회가 '강남팀'을 조직·운영했다.
② 2012년 총선 때 국회의원 공천에 영향력을 행사했다.
③ 18대 대통령 당선인(박근혜) 시절 정권 인수위에 핫라인을 두고 있었다.
④ 대통령의 핵심 비선으로 '만만회'가 있는데 가장 주목되는 사람이 정윤회다. 박근혜 정부를 움직이는 비선은 정윤회다. 정윤회가 이재만 청와대 총무비서관 등을 통해 그림자 권력을 행사한다.

⑤ 정윤회가 박지만 회장을 미행했다.

⑥ 정 씨와 그의 부인이 승마협회 운영에 깊숙이 관여하고 있으며 이로 인해 잡음이 끊이지 않는다.

⑦ 2014년 아시안게임 대표 선발에서 협회에 영향력을 행사하여 선발 특혜를 주었다. 나아가 정윤회 가족의 부동산 보유 상황, 그가 운영하는 사업의 내용과 계획 등 사생활까지 기사로 게재 발간·배포하였다.

시사저널의 이러한 허위·왜곡 기사 보도에 대해서는 형사 고소, 민사 손해배상 청구 등 사법적 조치를 취하였다. 필자는 정윤회의 대리인으로 선임되어 고소장, 민사 소장을 작성·접수하였다.

시사저널과 세계일보의 기사는 대부분 동일하거나 유사한 내용이었다. 굳이 차이점이 있다면, 시사저널은 정윤회가 박지만을 미행하는 등 견제한다는 데 방점이 있었고, 세계일보는 정윤회가 국정의 비선 실세라는 데 중점이 있었다. 그런데 시사저널의 기사는 시사저널의 영향력이 제한되어 있어서 큰 파장이 없었으나, 세계일보는 주요 일간지였고, 취재원을 청와대의 공직기강비서실 작성 감찰 보고서에 두고 있어서 충격이 엄청났다. 이때부터 모든 신문·방송에서 이 사건을 집중 보도하기 시작했다. 기사 내용의 진위를 떠나 '정윤회 비선 국정 개입 게이트' 사건으로 흘러갔다.

청와대는 즉각 세계일보 관계자를 명예훼손으로 고소하면서, 사실이 아니라고 발표했다. 필자는 정윤회와 상의하여 2014년 12월 3일 세계일보 기자 김준모·조현일·박현준을 출판물에 의한 명예훼손 등 죄로 서울중앙지검에 고소장을 접수했다(2014형 제109713호 사건). 정윤회 비선 의혹 문건 사건은 이렇게 하여 검찰과 법원의 심판대에 올려졌다. 이 사건은 2014년 연말을 뒤흔든 10대 뉴스 중 상위권에 속했다.

◈ 양(兩) 사건의 연관성

2014년에 일어난 '세월호 침몰 사건'과 '청와대 비선 문건 유출 사건'은 뉴스의 중요성과 사회적 충격의 정도 면에서 당년도 10대 뉴스 중에서도 제1위 또는 상위로 선정하는 데 언론 매체 대다수의 견해가 일치했다. 양 사건이 그 해의 10대 뉴스에 선정되었다는 점을 제외하면 양 사건의 연관성-사건의 원인, 사건의 관련자, 진행 과정, 결과, 사건의 처리 등에서-은 전혀 없었다.

세월호 사건은 진도 앞 바다에서 선박 운항 중 선장 등 선원들의 운항 과실이 직접 원인이 되어 발생한 초대형 해난 사고가 본질이고, 청와대 비선 문건 유출 사건은 권력의 심장부인 청와대 민정 수석실 소속 경찰 공무원이 내부 감찰 보고서를 빼내어 특정 언론에 제공, 특종 폭로 기사를 내보낸 것이 그 본질이었다. 상식적으로나 합리적으로 보면 양 사건을 연관시켜 박근혜 정부를 공격할 어떠한 방도도 찾을 수 없다.

양 사건을 연관시켜 박근혜 정부를 공격하기 위해서는 합리나 증거에 의한 접근이 아니라, 괴담(怪談)과 의혹·분노 감성을 자극하는 의도된 소설(小說)이나 정치 마타도어[26]로 접근하는 옵션이 있을 따름이다. 급진 사민 계열은 박근혜 정부를 위기로 몰기 위해 양 사건의 관련성을 선정적으로 연계하는 비책(秘策)을 찾아냈다. 박 대통령이 세월호 사건 발생 후 청와대에서 나와 광화문 정부청사 중앙재난대책본부를 독려차 방문하기까지 7시간 동안 행적에 대한 괴담이 바로 그 비책이었다. 이른바 세월호 7시간 의혹설을 말한다. 이 의

---

26) 마타도어: 상대편을 중상모략하거나 그 내부를 교란하기 위한 정치가들의 흑색선전. 투우사를 뜻하는 스페인어 '마타도르(matador)'에서 유래.

혹설은 허무맹랑(虛無孟浪)한데도 아직까지도 인터넷상에서 떠돌아다니는 마력을 가졌다. 원래 괴담이나 흑색선전은 그것을 날조·유포한 사람이 그 관련 사실을 소명 내지 입증해야 한다. 증거에 의한 증명, 즉 입증은 매우 어렵기 때문에 차선으로 소명이라도 해야 한다. 만약 괴담이나 의혹에 대해 합리적으로 소명하지 못하거나 최소한의 합리적 의문에 답할 수 있는 수준에도 미달한다면 괴담 등을 생산, 유포한 사람은 범죄자로서 처단되어야 하는 것이 건전한 양식이자 법리이다.

그런데 2014년 세월호 사건 발생 이후, 우리 사회에서는 괴담이나 유언비어, 마타도어의 표적(標的)이 된 사람이 관련 사실이 허위임을 증명하지 아니하면, 아무리 논리나 법리를 내세워 반박해도 일반 대중에 수용되거나 납득되지 않았다. 허위라는 증거를 제시해도, 일부 편파 언론에서는 보도하지 않거나, 마지못해 반박 기사를 내더라도 가급적 작은 비중으로 때로는 양비론(兩非論)으로 취급했다. 저널리즘 특유의 자극성과 선정성에 맞물려 선제 공세를 취한 괴담·흑색선전 측이 절대적으로 유리한 입장에 있었다. 2014년의 언론 보도는 대부분 박 정부 입장에서는 불리한 기울어진 운동장의 게임이었다.

'세월호 7시간 의혹설'은 박근혜 대통령이 사건 당일 사고 보고를 받고도 7시간 동안 외부에서 정윤회를 만나고 있었다는 흑색선전이다. 그런 위치라면 정윤회는 비선 실세가 될 수밖에 없고, 청와대 비선 관련 감찰 보고 내용은 모두 사실로 둔갑하게 된다. 조잡한 정치 소설이었지만 2014년에는 세간에 풍문으로 널리 퍼져 나갔다.

2

조선일보와
일본 산케이(産経) 신문의 기사

◈ 두 기사의 취지와 의도

　세월호 사건과 관련한 악의적·의도적인 의혹은 많다. 지금도 인터넷 포털에 '세월호 사건 의혹' 키워드로 검색하면 헤일 수 없는 의혹들이 줄줄이 나온다. 그 중 대표적인 몇 가지를 들어보자.

　「세월호 7시간 의혹설」, 「국가정보원 요원이 세월호 참사에 개입되었다」[27], 「국정원 고의 침몰설」, 「세월호 국정원 소유설」[28], 「잠수함 충돌설」[29], 「청해진과 유병언, 청와대 김기춘 비서실장과의 관계설, 유병언 회장의 타살설」[30]

---

[27] 유튜브 서울의 소리, 2014. 5. 27. 기사.
[28] 2014. 10. 6. 대검찰청 세월호 침몰 사고 수사 설명 자료.
[29] 위 대검 자료.
[30] 블로그, 긍정과 통찰 그리고 소통-세월호 참사 국민 7대 의혹, 2014. 10. 25.

인터넷 카페·블로그·유튜브 등에서는 7대, 5대 의혹 등으로 정리해 게재하기도 했다. 이들이 의혹으로 제기하고 SNS를 이용하여 퍼트리는 데 성공한 의혹들은 하나 같이 진실이 아님이 일찌감치 밝혀졌다. 의혹을 만들어 전파한 자들은 소기의 목적을 달성했으므로 - 박 정부의 도덕성, 신뢰성 훼손 - 의혹의 진실 여부에는 한 움큼의 관심도 없었다. 의혹 제기 당사자로서 져야 할 책임은 더더욱 언급하지 않는다. 사실이 밝혀진 다음 왜 악의적 의혹을 유포했느냐 라고 추궁하면, 그때는 그랬었다고 응대하거나 완강하게 의혹이 사실이라고 버틸 것이다.

세월호 의혹의 결정판은 앞서 기술했듯이 「세월호 7시간 의혹설」이다. 이 의혹은 너무나 파장이 크고 심각하여, 결국 사법적 판단으로 사실이 아님이 확인되고 확정되었다. 박 전 대통령이 7시간 의혹에서 벗어나기까지 과정을 살펴보고자 한다.

국가 최고 지도자에 대한 악성 의혹이 퍼져 나가 국민의 여론에 영향을 주고, 끝내는 탄핵까지 이어졌다. 다른 한쪽에서는 그 의혹이 허위·날조임이 법의 심판대에서 확인되었지만, 법의 절차와 판단은 헤밍웨이의 『노인과 바다』 소설에 나오는 어부가 얻은 물고기 뼈와 다름 없었다. 뼈라도 남았으니, 노인이 바다에 나가 대형 고기를 낚았다는 증거로 쓸 수 있다고 자위해야 할 판이었다. 의혹의 파괴력은 가공할 위력을 가졌다. "세월호 당일 박 대통령이 은밀히 청와대 밖에서 한 남성과 만났다."는 의혹이 시중에 유포되어 나가자 청와대는 사실이 아니라고 발표하였다. 그럼에도 소위 7시간 의혹설이 걷잡을 수 없이 세간을 파고들고 세월호 피해 가족과 일반의 분노를 촉발시켰다. 설상가상(雪上加霜)으로 일본 산케이 신문(産経新聞)까지 2014년 8월 3일 한국 내 조선일보 언론 기사를 빗대어 「박근혜 대통령이 여객선 침몰 당일 행방불명에, 누구와 만났을까?」 제하의 의혹을 자세하게 보도하기에 이르렀다.[31] 상황이 국내뿐만 아니라 이웃 일본에까지 악영향을 미치자, 뜻있는 시민단체(사단 법인 영토지킴이 독도 사랑회 등)에서 기사를 작성한 산케이 신문 가토 타쓰야(加藤達也) 서울 지국장을 박 대통령과 정윤회의 명예를 허위 사실로 훼손했다는 사유로 검찰에 고발했다.

가토 기자가 주로 참고했다는 기사는 2014. 7. 18.자 조선일보에 실린 최보식[32] 기자의 「대통령을 둘러싼 풍문」 칼럼이었다. 일본 가토 기자의 기사와 그 준거가 됐다는 한국 최 기자의 칼럼[33]을 비교·분석하기 위해 최 기자의 칼럼을 먼저 살펴보자.

최 기자의 칼럼 제목은 「대통령을 둘러싼 風聞」이었고, 사이드 제목은 "장마철 곰팡이처럼 확산되는 풍문을 듣지 않기 위해 자신의 귀만 막아선 안 돼 곰팡이는 햇볕 아래에선 절로 말라죽는 법"으로 되어 있다. 이 칼럼 기사를 일별하는 독자는 대부분 "대통령을 둘러싼 풍문이 있구나.", "최보식 기자는 이 풍문을 장마철 곰팡이에 비유하며 이에 대한 대책으로 곰팡이를 햇볕에 쏘여 방제해야 한다는 주장을 하고 있구나." 정도로 파악할 것이다.

주요 내용을 요약하면 다음과 같다.

① 대통령을 둘러싼 풍문(風聞)은 세상 사람들이 다 알지만 정작 대통령 본인은 못 듣고 있는 게 틀림없다.

---

31) 산케이 신문, 2014. 8. 3.자 해당 기사 참조.
32) 최보식: 조선일보 선임 기자로서 깊이 있는 칼럼과 우리 사회에 영향력 있는 인사들과의 인터뷰로 많은 독자를 확보하고 있음.
33) 조선일보. 최보식 칼럼 2014. 7. 18. 기사 참조.

② 지난 7일(2014년 7월 7일) 국회 운영위 업무 보고에서, 새정치민주연합 박영선 원내대표가 김기춘 비서실장에게 대통령이 세월호 서면 보고 후 어디에 있었느냐는 질의했을 때, 김 실장이 "대통령의 집무 위치에 대해서는 알지 못한다. 비서실장이 일일이 일거수일투족 다 아는 건 아니다."고 답한 것은 대통령을 보호하기 위한 것이지만, 이는 비서실장에게도 감추는 대통령 스케줄이 있다는 뜻으로도 해석됐다. 세간에는 "대통령이 그날 모처에서 비선(秘線)과 함께 있었다."는 루머가 만들어졌다. 차라리 대통령 소재는 공개 언급이 곤란하다고 했으면 이렇게 전개되지 않았을 것이다.

③ 대통령을 둘러싼 루머들은 증권가 정보지, 주간지에나 등장했고 입에 올리면 격을 떨어뜨리는 걸로 알았다. 그러던 루머가 제도권에서 다뤄지게 됐다. 과거 7년간 비서실장이었던 정윤회와 연관시켜 생각하게 됐다.

④ 과거 같으면 언급할 가치조차 없다고 고개를 돌렸겠지만, 지금은 그런 상식과 이성적 판단이 무너진 것 같다.

⑤ 국정 운영 지지율이 유지되면 풍문은 설 자리가 없다. 대통령 개인에 대한 신뢰가 무너지면 온갖 루머가 창궐한다.

······ 중　략 ······
(대통령의 실정에 대한 지적임)

⑥ 김기춘 실장이 그대로 있으면 혁신에 대한 대통령 의지를 믿을 사람이 없을 것이다. 청와대 문고리 3인방에 대한 인사 조치도 없다.

⑦ 장마철 곰팡이처럼 확산되는 풍문을 듣지 않기 위해 대통령은 자신의 귀만 막아서는 안 된다. 곰팡이는 햇볕 아래에서 말라 죽는 법이다. 이렇게 끝맺고 있다.

이 칼럼의 내용 전개 체제를 보면,

① 대통령에 대한 음해적 풍문 루머가 세간에 확산되어 있다고 먼저 설명하고
② 김기춘 비서실장의 부적절한 국회 답변으로 이 풍문은 증권가 지라시 수준에서 벗어나 제도권 언론에서 다루게끔 격상되었다고 분석하고, 한편 정윤회와 관련한 비선 실세 등 여러 가지 루머까지 겹쳐, 진실 여부를 떠나 의혹이 점차 확산되는 양상이라고 진단한다.
③ 최 기자는, 언급할 가치조차 없는 이런 풍문이 확산되는 이유를 대통령의 소통 부족과 인사 실패 특히 비서실장, 청와대 측근 3인방을 정리하지 못해 루머나 풍설에 대한 면역력이 떨어진 데 있다고 지적하고
④ 결론으로, 대통령이 귀를 열어서, 풍문 곰팡이를 햇볕으로 말소시키길 공개 권고하고 있다.

위와 같이, 최 기자는 당시 확산 일로에 있던 '세월호 7시간 의혹설'에 대한 원인과 문제점, 그리고 대처 방안을 언론을 통해 공개 권고했다고 보인다. 이 기사에서 최 기자가 '세월호 7시간 의혹설'을 신빙하거나, 은연중 확산하려는 의도가 있거나, 박 대통령을 비방할 의사가 있다고 할 만한 부분은 어디에도 찾을 수 없다. 오히려 의혹 확산을 우려하고 그 대책을 촉구하는 방향의 칼럼이라고 평가하는 것이 보다 타당할 것이다.

이제 가토 타쓰야 기자의 해당 기사[34]를 살펴보자.

기사 내용을 요약하면 아래와 같다.

---

[34] 일본 산케이 신문, 2014. 8. 3.자 가토 타쓰야의 추적 서울 발 박근혜 대통령은 세월호 침몰 당일, 행방불명에… 누구와 있었는가? 기사.

① 가토 타쓰야 기자는 기사 머리 부분에서, 한국 갤럽 여론 조사에 따르면 박 대통령 지지율이 계속 40%이고, 불과 3개월 반 전에는 6할 전후였는데, 대통령 권위가 볼품없이 됐다. 여객선 침몰 당일 박 대통령이 7시간 소재불명(所在不明)됐다는 팩트(fact)가 나와 정권이 혼미할 사태가 됐다고 기사의 배경을 설명했다.

② 이어 2014년 7월 7일 자 국회운영위원회에서 김기춘 비서실장과 새정치민주연합 원내대표 박영선 의원 간의 질의응답을 상세히 소개하고 있다. 기사에 실린 질의응답 중 중요 부분을 그대로 전재해 보자.

박 대표: 대통령은 집무실에 있었습니까?

김 실장: 위치에 관해서는, 전 모릅니다.

박 대표: 비서실장이 모르면 누가 알고 있나요?

김 실장: 비서실장이 대통령의 움직임을 하나하나 알고 있는 것은 아닙니다.

박 대표: (당일 낮) 대통령의 스케줄은 없었다고 들었습니다. 집무실에 없었단 말인가요?

김 실장: 아닙니다.

박 대표: 그럼 왜 모릅니까?

김 실장: 집무실이 멀어서 서면 보고를 잘 합니다.

박 대표: 대답이 명확하지 않습니다. 이해하기 어렵습니다. 왜냐하면 대통령의 서면 보고가 여러 가지 문제가 되고 있습니다.

박 대표는 여기에서 국회와의 연락 조율을 담당하는 조윤선 정무 수석 비서관(전 여성 가족부 장관)에 답변을 요구했다.

박 대표: 조 정무 수석 비서관 마이크 앞으로 오세요. 여성가족부 장관 때도 주로 서면 보고했다고 들었습니다. 직접 대면해 대통령에게 보고한 적이 있습니까?

조 수석 비서관: 네, 있습니다.

박 대표: 언제요?

조 수석 비서관: 대면 보고할 필요가 있을 때.

박 대표: 무슨 때요?

조 수석 비서관: 안건까진 기억나지 않습니다.

박 대표: 그럼 알아보고 나중에 서면으로 제출하세요.

가토 기자는 이 질의응답에 대해 청와대 내에서의 박 대통령의 불통을 지적하면서 대참사 당일 대통령의 소재나 행적을 묻고 답할 수 없다니 한국 권력 중추는 이렇게 불투명한가라고 비판한다.

③ 이어 위에서 기술한 조선일보 최보식 기자의 칼럼을 소개하면서 가토 기자의 눈으로 본 평석을 가미한 내용을 싣고 있다. 그런데 기사 중에는 최 기자가 기술하지도 않은 내용을 자신이 취재한 형식으로 기술한 부분이 논란의 대상이 되었다.

증권가 관계자에 의하면, 박 대통령과 남성의 관계에 관한 것이다. 상대는 대통령의 모체 새누리당 전 측근에 따르면 당시에 아내가 있는 남자였다는. 하지만 이 소식통은 더 이상 구체적으론 말하지 않았다. 게다가 "이 소문은 이미 한국의 인터넷 등에서는 사라지고 읽을 수도 없게 됐다."라고도 말했다. 일종의 '도시 전설화'된 것이다.

증권통이 말한 박 대통령의 비선은 정 씨를 염두에 둔 것으로 보인다. 하지만 박 씨와의 긴밀한 관계가 소문이 된 것은 정 씨가 아니라 그 장인 최 목사 쪽이라고 하는 정치권 소식통도 있고, 이야기는 단순하지 않다.

④ 가토 기자는,
- 최 기자가 소문이 무엇인가를 언급치 않은 채 끝날까 하다가 갑자기 실명 보도로 바뀌었다.
- 조선일보 칼럼은 수수께끼 같은 것도 썼다.
- 한국의 권력 핵심과 그 주변에서 무엇인가 불온한 움직임이 있는 것과 같은 문제다 등 조선일보의 기사를 무언가를 숨기고 있는 양 해설하여 호기심을 자극하고 있다.

가토 기자의 기사는 세월호 사건과 관련한 박 대통령에 대한 풍문을 상세하게 소개하면서 박 대통령과 정윤회와의 남녀 관계에 중점을 두고 있고 한국 국회에서의 질의응답과 조선일보 기사를 그 근거로 들며 왜곡해 해설하고 있으므로 일본의 일반 독자층에 이 같은 풍문이 사실로 받아들여질 위험이 농후하였다. 나아가 가토 기자는 "이러한 소문이 인터넷 등에서 사라져 읽을 수 없게 됐다. 일종의 도시 전설화된 것이다.", "수수께끼 같은 내용", "정권이 혼미해질 만한 사태가 됐다", "권력 핵심과 주변의 불온한 움직임" 등을 적시하고 "박 정권의 레임덕화는 착실히 진행되는 것 같다."로 끝맺음했다.

이러한 가토 기자의 입장은 제3자적 입장에서 판단·전망하면서도 전체적 맥락으로 보면 박 대통령 관련 의혹과 풍문에 신빙성을 두고 기사를 작성한 것으로 추정된다. 조선일보의 최보식 기자가 대통령 관련 풍문을 자세히 기술하지 아니하였고, 이러한 풍문은 곰팡이 같은 존재이므로 햇볕으로 제거해야 한다는 권고 내용을 담고 있다는 점에서 기사 작성의 의도나 방향이 가토 기자와 전혀 상반된다.

양 기사에 대해 일본에서는 어떻게 평가하는지를, 일본 게이오대학 종합정책학부 이홍천 교수가 학생들을 상대로 조사한 결과를 내놓았다.[35] 이 교수는 자신의 수업을 듣는 학생에게 자료 출처나 예비 정보를 주지 아니하고 〈자료 1〉, 〈자료 2〉로 양 기사를 읽고 기사의 취지가 같은지 다른지, 그 이유를 설명하라는 과제를 주었다. 과제 제출 학생 47명 중 35명(74%)은 취지가 다르다고, 21%의 학생은 다르지 않다고 답했다고 한다. 이 교수가 제시한 다르다고 답한 이유를 몇 가지 소개한다.

A 학생: 사용한 재료는 같을지 몰라도 두 칼럼이 전달하려는 의도는 전혀 다르다. 예컨대 조선일보 칼럼은 '풍문이 나돌게 된 배경'을 전달하려는 것이지만, 산케이 신문 칼럼은 풍문에 초점을 맞추고 있다. 언론의 자유가 침해받은 것은 문제지만, 산케이 신문 칼럼은 미혼 여성 대통령을 모독한 것이라는 비난을 면치 못할 것이다.

B 학생: 두 칼럼은 중간 부분까지 거의 비슷한 내용이지만 마지막 부분이 정반대다. 조선일보 칼럼은 '풍문은 햇빛을 받으면 없어진다.'고 했는데, 이런 문장이면 "지금까지 비판한 내용이 풍문이고 진실은 다른 곳에 있다."고 이해할 수 있다.

C 학생: 조선일보 칼럼은 떠도는 풍문을 가지고 약속을 이행하지 못하고 있는 정부를 비판한 것이다. 인사 문제로 인한 불신이 풍문을 확산시키고 있다는 취지다. 반면 산케이 신문 칼럼은 스캔들에 초점을 맞

---

35) 조선pub, 이상흔 기자 「산케이 기자 기소 사건 일본 언론이 외면하고 있는 진실」, 2014. 11. 6. 기사.

추면서 풍문이 발생한 경위에 대해서는 기술이 없다. 또한 산케이 신문 칼럼이 "박근혜 정권의 레임덕이 착실하게 진행되고 있다."고 부정적으로 끝맺고 있는 반면, 조선일보는 "신뢰를 회복하면 지지율이 회복될 수 있다."는 점에서 정반대의 논조를 펼치고 있다.

D 학생: 조선일보가 남녀 관계를 언급하지 않았음에도 산케이 신문은 이를 스캔들로 해석, 정권의 지지율과 권위 하락이 스캔들 때문이라고 해석될 수 있도록 적고 있다. 두 칼럼은 취지가 전혀 다른 내용이다.

E 학생: 산케이 신문의 칼럼은 조선일보의 칼럼에서 소문과 관련된 부분만 발췌해서 이를 '밀회'라는 것으로 구체화했다는 인상을 준다.

그럼에도 불구하고 다수 일본 언론들은 서울중앙지방검찰청에서 2014년 10월 8일 가토 기자를 명예훼손[36]으로 불구속 기소하자, 한국 검찰이 조선일보 기사를 문제 삼지 않고 그 기사를 인용한 데 불과한 산케이만을 기소하는 것은 형평의 원칙에 어긋난다고 반발했다. 가토 기자는 논란의 중심에 서서 국내 및 일본 언론의 주목을 받고, 일약 자유 언론의 기수가 되는 엉뚱한 일도 벌어졌다. 아베 일본 총리는 가토 기자를 만나 격려하는 촌극도 연출했다.

검찰 기소로 인해 가토 기자의 기사 내용의 진위, 즉 세월호 7시간 의혹의 진실 여부는 뒷전에 밀려나고, 오히려 언론의 자유 문제, 언론의 진실 확인 의무의 정도, 언론 기사와 명예훼손의 법리 문제, 한일 관계 문제로 비화하여 본말(本末)이 전도되었다.

---

36) 가토 타쓰야에 대한 서울중앙지검 2014형제71654호, 71655호, 72254호 정보 통신망 이용 촉진 및 정보 보호 등에 관한 법률 위반(명예훼손) 사건.

◈ 가토 사건의 결말

가토의 기사에 분개한 시민 단체에서 가토를 고발하자 서울중앙지검은 수사에 착수했다. 세월호 당일 7시간의 대통령 행적이 도마에 올라 있었고, 대통령의 이성(異性) 관계라는 치명적인 유언비어인 만큼 철저한 조사와 객관적인 증거가 필요했다. 루머상의 공동 주역인 정윤회의 당일 행적이 언론의 관심을 집중시켰다. 1998년 박 대통령이 달성 보궐 선거에서 첫 당선되어 비서로서 보좌해 온 정윤회는 2007년 한나라당 대선 후보 경선 때 비서직을 사임하고 박근혜 곁을 떠났다. 정윤회는 그때부터 공개 석상에 나타나는 걸 기피해 와, 그 잠행성이 박 대통령 관련 의혹을 부채질하는 원인이 되었다. 시중에는 그가 청와대 밖의 비선 실세라거나, 대통령의 남동생인 박지만과 권력 투쟁을 한다는 등 괴담이 떠돌아다니던 상황이었다.

가토 사건의 주임 검사는 형사1부장 정수봉 검사였다. 필자는 정윤회의 대리인으로서, 명예훼손의 주피해자는 박 대통령이지만 의혹이 남녀 관계 구도여서 정윤회도 피해자의 일원이니 만큼 검찰 수사에 적극 협력하기로 했다. 필자는 정윤회를 잘 알지 못하고 변호사 직업 관행상 늘 해오듯이 정윤회에게 특별한 사정이 없는 한 사생활 관련 사항은 말할 필요가 없다고 알려주었다. 그러나 이 사건은 대통령의 사생활과 직결되고 남녀 관계여서 이 의혹이 마타도어라고 믿고 있었지만, 여간 조심스럽지 않을 수 없었다. 필자는 정윤회에게 세월호 당일의 행적에 대해 기억나는 대로 말해 보라고 하고, 그의 답변을 기초로 세부 사항까지 질문을 했다. 정윤회는 아무런 가식 없이 기억에 따라 진술하는 것으로 판단되어, 진술서를 작성하였다. 필자는 정윤회에게 검찰에서 세월호 당일 통화 내역을 조사할 터이니 미리 그 내역을 통신사에서 받아

두라고 조언하였다.

　진술서 요지는 다음과 같다.

1. 진술인은 1998년부터 2007년까지 사이에 당시 국회의원이던 박근혜(존칭 생략)의 비서로 일한 바 있습니다.

2. 진술인은 2007년 박근혜 의원의 비서직을 사임한 이후로는 현재까지 위 박근혜 본인이나 박근혜 측근과 공적인 일은 물론이고, 사적으로도 접촉하거나 협의·상의 등 교류가 일체 없었습니다(다만, 박근혜 대통령 후보로부터 18대 대선 당선 후 인사 전화를 받은 것이 유일한 예외입니다.)

3. 2014년 4월 16일 세월호 화객선이 침몰할 때, 진술인은 집에서 특별한 일 없이 지내고 있었고, 당일 오후 18:00경 집을 나와 서울 강남구 신사동 소재 음식점으로 가서, 사전 약속한 친구 3명과 저녁 식사를 하고 22:00경 귀가하였습니다.

4. 진술인이 당일 사용한 휴대 전화 내역의 발신지를 보면 진술인의 행적이 과학적으로 진실임이 규명됩니다. 2014년 4월 16일 세월호 화객선 침몰 당일 진술인이 박 대통령이나 청와대 측 관계자 등과 연락·접촉한 양 극단적으로 사실을 날조하고 의혹을 증폭시키는 데 대해 분노를 금치 못합니다.

※ 2014년 4월 16일 진술인 휴대 전화 통화 내역서를 첨부합니다.

5. 유언비어를 어거지 짜깁기하여 정론 언론 기사인 양 일본에서 보도한 산케이 신문의 보도 기자와 산케이 신문에 대하여는, 진술인의 실명을 직접 거론하여 진술인의 사생활과 개인적 명예를 침해한 데 대해 이에 상응하는 민·형사상 법적 조치를 강구하고자 합니다.

2014. 8. 5.
위 진술인 정 윤 회

이 진술서에 2014년 8월 14일 자로 SK텔레콤에서 발부받은 정윤회의 2014년 4월 16일 자 통화 내역을 첨부하였다. 진술인의 일부 진술-4. 16. 오후 18:00경 집을 나왔다는 부분-은 검찰이 진술서에 첨부한 통화 내역 기록을 근거로 발신지를 조회한 결과, 통화 기록상의 「2014. 4. 16. 14:20:30」 발신 기록의 발신 장소, 상대방이 확인되어 정윤회에게 기억을 다시 환기해 보라고 하자, 4월 16일 오전 11:00부터 14:00까지 서울 평창동의 지인 집을 방문한 것이 기억나 검찰에서 진술서상의 기억 오류를 바로 잡았다. 이때 제출한 통화 내역에는 발신지 기재가 없었다.

발신지 내역까지 기재되어 있었다면 진술서상에 보다 정확하게 당일 행적을 기재할 수 있었을 것이다. 정윤회나 필자가 고의로 정윤회가 세월호 침몰 당일 집에 있다가 오후 18:00경 집을 나섰다고 허위 내용을 진술서에 기재할 이유가 없다. 그렇게 속인다 해도 통화 내역(수·발신), 그리고 위치 추적을 하면 간단히 허위임이 드러나는데 그런 어리석은 짓을 하여, 의혹을 더욱 증폭시킬 리 만무하다.

서울중앙지검은 2014년 8월 15일 광복절 휴일에 정윤회를 소환하여 조사했다. 언론의 추적 대상이어서 공휴일을 택해 언론 취재망을 벗어날 수 있었다. 만약 언론에서 정윤회의 검찰 출석 모습이 포착되었다면, 세월호 7시간 의혹의 진위 여부 조사는 언론의 관심 밖이고, 박 대통령과의 이성 상대방(異性 相對方)에 포커스를 두어 자극적이거나 선정적인 기사가 넘쳐 났을 것이다. 정윤회가 검찰에 출두하여 조사받기까지 형사1부장 검사 정수봉이나 조사 담당 검사로부터 특별한 특혜나 배려를 받은 바 없었다. 오히려 필자가 검사들에게 대통령과 관련된 악성 의혹인 만큼 신속하고 공정하게 철저히 수사해 줄 것을 요망했다.

검찰 수사는 정윤회와 그와 만났던 지인들, 통화 내역 조회 및 통화 관련 자료, 청와대의 세월호 침몰 당일 대통령에 대한 보고 시각 등 자료들에 의해 일찌감치 세월호 7시간 의혹설은 허위·낭설임이 확인되었다.

가토에 대한 서울중앙지방법원 판결[37]에서도 7시간 의혹설이 허위임을 밝히고 있다.

판결문 해당 부분

⑤ 위 통화 내역 조회 결과에 의하면, 정윤회는 2014년 4월 16일 14:20경 서울 종로구 평창동 158-1 글로리아타운 인근에서, 같은 날 15:30경과 17:36경 각 서울 강남구 신사동 637-15 인근에서, 같은 날 20:32경 서울 강남구 신사동에 있는 성도빌딩 인근에서 휴대 전화를 통해 발신하였다. 그리고 2014년 4월 16일 11:03경 서울 강남구 개포2동 168-5 인근에서, 같은 날 14:15경 서울 성동구 용답동 62-2 인암빌딩 인근에서, 같은 날 14:43경 강원 횡성군 횡성읍 읍상리 386-1 인근에서, 같은 날 16:24경 서울 강남구 청담동 6-8 청담빌딩 인근에서 자신의 휴대 전화로 역발신하였다. 이 중 서울 종로구 평창동 158-1 글로리아타운 이상목의 집에서 직선거리로 1.4km 떨어진 곳이다. 정윤회가 2014. 4. 16. 14:20경 이상목의 집 인근에서 휴대 전화를 사용하였음을 알 수 있다. 그리고 나머지 지점들은 모두 청와대나 대통령과 관련이 없어 보인다.

⑥ 위 통화 내역 조회 결과에서 나타나는 각 휴대 전화 사용 시각 사이, 즉 2014. 4. 16. 14:20경부터 같은 날 15:30경까지, 같은 날 15:30경부터 17:36까지, 혹은 17:36경부터 20:32경까지 정윤회가 청와대에 찾아가 대통령을 만났다는 추측은 아래에서 보는 공문이나 답변서의 기재 내용과 배치된다(특히 대통령이 같은 날 17:15 중앙재난대책본부를 방문하여 구조 지시를 한 것은 공지의 사실이기도 하다).

---

37) 가토 타쓰야에 대한 서울중앙지방법원 2014고합1172호 정보 통신망 이용 촉진 및 정보 보호 등에 관한 법률 위반(명예훼손) 사건 2015. 12. 17. 선고.

⑦ 수사 보고서(청와대 출입 기록 확인)의 첨부 자료에는 대통령 경호실이 2014. 8. 13. 작성한 '출입 기록 확인 요청 답변 공문 1부'가 포함되어 있다. 위 공문(증거 기록 122면)에는 정윤회가 2014. 4. 16. 청와대에 출입한 기록이 없다고 기재되어 있다.

⑧ 수사 보고서(국회 답변 자료 첨부 보고)의 첨부 자료에는 대통령 비서실 2014. 8. 13. 작성한 '조원진 의원 요구 자료에 대한 답변서 1부'가 포함되어 있다. 위 답변서(증거기록 559면)에는, 대통령이 세월호 침몰 사고 당일인 2014년 4월 16일 10:00, 10:15, 10:22, 10:36, 10:40, 10:57, 11:20, 11:23, 11:28, 12:05, 12:33, 13:07, 13:13, 14:11, 14:50, 14:57, 15:30, 17:11, 20:06, 20:50, 22:09 각 청와대 안보실, 비서실로부터 세월호 사고와 관련한 서면 또는 유선보고를 받은 사실, 대통령이 같은 날 10:15과 10:30 청와대 안보실 또는 해양경찰청장에게 세월호 침몰 사고와 관련한 지시를 한 사실, 대통령이 같은 날 17:15 중앙재난대책본부를 방문하여 구조 지시를 한 사실이 기재되어 있다.

⑨ 대통령과 정윤회가 '긴밀한 남녀 관계'라는 사실을 뒷받침할 만한 독립적 근거가 없다. 이러한 내용의 소문이 생긴 것은 이 자체에 대한 근거가 있어서라기보다는 대통령이 세월호 침몰 사고 당일 비밀리에 접촉하는 사람인 정윤회와 함께 있었다는 소문을 근거로 한 것이고, 정윤회의 과거 경력 등이 이를 강화하면서 퍼진 것에 불과하다고 보인다. 정윤회 또한 2007년경 비서실장을 그만두고 나서는 대통령과 만난 일이 없다고 진술하고 있다. 정윤회와 상당한 친분 관계에 있었던 이상목도 정윤회가 대통령 이야기를 하는 것을 들은 바 없다고 진술하고 있다.

가토에 대한 이 사건은 2014. 10. 8. 기소한 때로부터 1년이 지난 2015년 12월 17일 무죄 판결 선고가 내려졌다. 무죄 이유를 살펴보자.

재판장은 기사가 허위 내용이었고 가토가 기사 작성 당시 그 소문 내용이 허위임을 미필적[38]으로나마 인식하고 있었으며, 기사 내용이 사인(私人) 박근

---

38) 확정적인 범행 의욕, 범의가 아니더라도 자신의 행위가 범죄에 해당할 수도 있다고 인식·용인하는 심적 상태.

혜와 정윤회의 명예를 심각하게 훼손하는 데에 해당한다고 판시하였다. 그러나 재판부는 가토 기자가 박근혜와 정윤회를 비방할 목적이 있다고 보기 어렵고, 일본인인 피고인이 이 사건 기사를 작성한 주요한 동기 내지 목적은 최인접 국가의 정치·사회·경제적 관심 사안을 본국인 일본 내지 일본인에게 전달하기 위함이었다고 판단하고 무죄를 선고했다.

이 판결 이유는 납득하기 어렵다. 재판부는 판결 이유에서 가토가 한국의 관심 사안인 이 의혹을 자국인 일본과 일본인에게 전달하려는 것이 기사 작성의 주 동기 및 목적이라고 인정하고 있다. 쉽게 설명하면 가토가 한국의 대통령 관련 의혹을 언론을 통해 일본에 퍼뜨렸다는 것을 인정한 것이다. 그러나 이 의혹이 인접국 국가 원수의 명예를 심각하게 훼손하는 내용이고, 가토 자신이 의혹의 진위조차 확인하거나 취재하지 않았다. 또한 그가 인용한 조선일보 기사 내용과 취지와도 달리 의혹의 허위성에 대한 인식을 하면서도, 박 대통령 관련 허위 악성 유언비어를 자국 일본에 퍼뜨렸다면 '비방의 목적'이 있었다고 판단함이 오히려 논리 법칙이나 사회 경험 또는 상식에 부합할 것이다.

한국과 일본은 긴밀한 관계에 있고, 때론 협력하거나 대결하면서 다방면·다차원에서 양 국민 간의 교류가 빈번하고 심화되어 왔다. 한일 간의 이 같은 관계에서 한국의 어떤 언론사 동경지국의 기자가 일본의 유력한 정치인 부인에 관한 이성 관계 의혹이 시중에 나돌고 있다고 가정할 때 별다른 확인 취재도 없이 일본 내의 소문만 인용하여 이성 관계 스캔들을 한국 국내에 기사화했다면 이에 대한 일본 재판부의 판단은 어떠했을지 생각해 봐야 한다.

국가 원수에 대한 악성 허위 의혹을 제도 언론에서 진위 여부 확인 없이 그대로 기사화하는 행위는 '비방의 목적'이 존재한다고 판단함이 마땅할 것이다. 이 잘못된 판결로 인해, 가토 기자는 자유 언론의 투사가 되는 영광(?)을 갖게 됐으니 어처구니없는 일이다. 양식 있는 일본인은 인접 우방국 원수의 명예를 치명적으로 침해하는 허위 의혹을 자국 주요 언론에서 기사화하는 일은 달가워하지 않을 것으로 생각한다. '알 권리'는 진실을 '알 권리'이지 허위 사실을 '알 권리'나 '알리는 권리'는 존재할 수 없다.

이 판결에 의하면 「비방의 목적」이 범죄 구성요건인 정보 통신 법률로는 범죄 성립이 되지 않는다 하더라도 형법 제307조 제2항 허위 사실 명예훼손죄는 성립한다. 검찰이 유죄를 받아내기 위해 예비적 공소사실과 죄명으로 왜 형법 제307조를 공소장에 넣지 않았는지 의문이다.

이 사건은 검찰이 한일 관계를 고려하고, 판결 이유에서 기사 내용이 허위이고, 박근혜 등의 명예를 훼손했으며, 명예훼손의 고의까지 인정했으므로 이를 감안해 항소하지 아니한(항소 포기) 것으로 추측한다. 검사가 항소치 아니함으로써 이 사건은 1심에서 확정되었다. 그러나 필자의 견해로는 검찰이 항소하여, 공소장 변경(예비적 죄명, 적용 법조, 공소사실 추가)을 하여 보다 확실하게 사법적 판단을 받아 두어야 마땅하다고 생각한다. 그래야만, 허위 사실을 유포하고 정치적 이득을 노리는 세력에게 결연한 경고를 보내기 때문이다. 대한민국을 뒤흔든 소문이 이렇게 끝났다. 태산명동서일필(泰山鳴動鼠一匹)이었다.

세월호 관련 남성(男性) 접촉 의혹이 해소되자, 박 정부를 공격하는 이들은 방향을 돌려, 미용 시술 의혹설, 최순실 청와대 체류 등 최순실 조종 의혹설, 대통령의 관저 은거 등 직무 유기 의혹설 등을 집요하고 지속적으로 제기하며 의혹의 끈을 놓지 않았다.

3
조응천·박관천·박지만으로 연결된 청와대 비선 의혹 문건 유출 사건

◈ 사건의 전개

시사저널은 2014년 3월 26일 자 발행 주간지에 제목 「박 대통령 비선실장으로 불리는 정윤회는 누구」, 부제(副題) 「최태민 목사 사위… 막후 실세」 기사를 통해 정윤회를 '숨은 실세', '베일에 싸인 인물', '대통령과 특수 관계'로 묘사하며, 그에 대한 상세한 기사를 실었다.[39]

시사저널은 "정 씨가, 2004년 박 대통령이 한나라당에 복당해 대표에 오르자 공식석상에서 자취를 감췄다. 하지만 정치권에서는 여전히 정 씨가 '박심

---
[39] 시사저널, 2014. 3. 26.자 발행 정윤회 관련 기사.

(朴心)에 영향을 미친다는 이가 많다." "정 씨는 2007년 대선 때 일명 강남팀 이름의 비선 조직을 운영했다고 알려져 있다. 2012. 4. 11. 총선 공천에 영향을 미쳤다고 한다."고 보도했다.

이에 앞서 시사저널은 2014년 3월 23일 발간한 주간지에서는 「박지만 "정윤회가 날 미행했다"」는 제목으로 정윤회와 박지만의 사진까지 게재하면서 상세한 기사를 실었다.[40]

기사 요지를 보자.

- 박 대통령의 남동생 박지만 EG 회장이 지난해(2013년) 말 미행을 당했는데, 미행을 사주한 사람은 박 대통령의 오랜 측근 정윤회다.
- 이어 취재진은 복수의 여권 관계자를 만나 들었다고 하면서 ① 박 회장이 2013년 12월 어느 날 승용차로 퇴근하는데 수상한 오토바이가 미행했다. 한 달 전부터 미행한 동일 오토바이다. 오토바이 기사를 붙잡아 미행 이유를 추궁했다. ② 박 회장은 이 오토바이 기사로부터 자술서 여러 장을 받았다. 오토바이 기사는 자술서에서 "정윤회 지시로 미행했다."고 실토했다. ③ 박 회장은 그 후 사석에서 지인들에게 이 사건을 전하며 분노했다고 한다.
- 정 씨가 언제부터 박 회장 일거수일투족을 감시했던 것일까? 오토바이 미행자로부터 수집한 박 회장 동향 등 정보를 어떻게 활용했는가? 여권 인사라고 하면서 정 씨가 박 회장 약점을 잡아 다른 사람에게 보고했을 가능성이 있다.
- 정 씨가 자신과 가까운 박 대통령이나 청와대 비서진 3인방(이재만, 정호성, 안봉근) 등에게 박 회장 동향 등을 전했는지 의문이 제기된다.
- 여권 내에서 〈정윤회 및 비서진 3인방〉과 박지만 회장이 갈등을 빚으면서 권력 암투가 벌어지고 있다고 관측하고 있다.

---

40) 시사저널, 2014. 3. 23.자 정윤회 미행 관련 기사.

이 두 기사를 보면, 박근혜 정부를 공격하려는 세력들은 박근혜 정권 출범 1년차부터 정윤회를 박정권의 비선 실세로 만들어 두고 그와 관련된 의혹들을 시중에 유포시켜 왔고, 점차 이 유언비어를 모아 정기 주간지에서 공공연히 기사화하는 모험을 했다. 그러나 시사저널의 보도 내용은 현실성이 없는 구성이거나, 구체성과 사실 확인 자료가 없어 다른 언론에서 동조하지 않아 파급력이 없었다. 정윤회가 박지만을 미행했다는 기사는 결국 정윤회가 박 대통령의 친동생인 박지만보다 더 친밀하여 실세이고 영향력이 지대하다는 근거로 제시한 기사이다. 그런데 시사저널의 취재 기자들은 미행설을 박지만 회장에게 직접 확인한 적이 없다고 한다. 또한 미행을 했다는 오토바이 운전 기사의 진술서도 입수하지 못했다. 정윤회는 시사저널 취재 기자에게 자신이 박지만을 미행했다는 건 터무니없다고 밝히기도 했다.

취재원을 은비(隱秘)할 특권이 언론에게 있더라도, 사실을 확인하거나 취재원과 직접 접촉치도 않은 채 막연히 '복수의 여권 관계자', '여권 내 풍설' 등을 취재원으로 내세워 증권가 등에 떠도는 음해성 유언비어를 '아니면 말고', '카더라' 방식으로 기사화하는 것은 언론의 최소한의 의무인 사실관계에 대한 성실 검토·확인 의무를 저버린 작태다. 시사저널은 세월호 사건 발생 이후 국민적 추모 분위기와 쏟아지는 의혹 제기에 묻어서 2014년 7월 9일 발간된 시사저널에서 「박지만은 정윤회에게 파워게임에서 밀렸다」는 제목 아래 또 다시 여러 의혹을 보도했다.[41] 주요 내용을 보면 다음과 같다.

---

41) 시사저널, 2014. 7. 9.자 정윤회 관련 기사.

① 박 정부의 깜짝 인사가 이어졌는데, 여권 내에서도 비선에 대한 성토가 터져 나왔다. 비선이 박 정부 인사를 좌지우지한다.

② 비선 간 혈투에도 명암이 갈렸다. 박지원 새정치민주연합 의원이 언급한 만만회는 박지만, 이재만(총무비서관), 정윤회인데 단연 정 씨와 박 회장이 비선 권력 경쟁 구도다. 정 씨와 박 회장 간의 갈등이 심각하다.

③ 결국 박 정부 비선은 정 씨로 귀결된다. 정 씨는 비서실 3인방 중 이 비서관과 안 실장을 통해 그림자 권력 행세를 한다.

④ 현재 정 씨를 견제할 수 있는 인물은 김기춘 실장이 첫손에 꼽힌다. 그러나 김 실장이 문고리 권력을 제대로 컨트롤하지 못하고 있다는 얘기가 청와대 안팎에서 흘러나온다.

취재 기자는 기자로서의 일말의 양심은 있었는지 어느 하나 확인된 게 없다는 점을 인정하면서도, 확인하지 못한 이유를 정윤회가 베일에 가려 있기 때문이라고 했다. 그러나 정윤회는 베일의 인물이 아닌데도 취재 기자가 '베일의 인물'로 낙인찍고, 자신이 만든 궤변을 근거로 삼고 있었다. 시사저널이 보도한 정윤회에 대한 의혹 내용은 하나같이 사실이 아니었다. 그런데 이러한 기사 내용은 그 방향성과 기사 의도에 있어서는 일관성을 가지고 있었다. 즉, 박근혜 정부에는 비선 실세가 있고, 정윤회가 바로 그 사람이고 국정을 농단한다는 것이다. 이러한 내용은 박근혜 정부를 무너뜨리기 위한 일단의 계획 중 한 부분으로 작동되었다고 할 수 있다. 그리고 박근혜 대통령과 최태민의 관계에 대한 오래된 의혹을 정윤회라는 사람으로 대체시켜 박 대통령을 공격하는 방법이었다. 최태민과 그 가족에 대해서는 우리 사회에서 의혹 연좌제가 그대로 살아 있었기 때문에 정윤회의 비선 실세 의혹도 나름의 파괴력을 가지고 있었다.

  필자는 정윤회와 상담하여, 정 씨 관련 터무니없는 의혹, 특히 박지만 회장과의 권력 암투나 미행설을 잠재우기 위해서는 형사 고소와 민사 배상 청구라는 사법적 조치를 할 수 밖에 없다고 결정하고 법적 조치에 나아갔다. 정윤회는 본시 세인의 관심을 피해 평범하게 생활하는 것을 희망해 왔는데, 외부의 상황은 오히려 그 반대쪽을 가고 있었고, 그로서도 부득이 끌려갈 수밖에 없었다. 필자는 2014년 7월 22일 고소인 정윤회 이름으로, 시사저널 취재팀장 김지영, 취재 기자 안성모, 취재 기자 조해수를 명예훼손(형법제307조 제2항 제1항)죄로 서울중앙지검에 고소했다.[42]

  형사 고소에 이어, 2014년 7월 30일 서울중앙지방법원에 정윤회가 원고로서 주식회사 시사저널사, 보도 기자 김지영, 안성모, 조해수 3인을 상대로 손해 배상 민사 소송을 제기했다.[43] 시사저널 기자들이 시사저널에 2014년 3월 19일 자, 3월 26일 자, 4월 9일 자, 6월 20일 자, 7월 9일 자 허위 기사로 인격 살인이라고 할 만큼 회복할 수 없는 명예훼손을 하였고, 승마 선수인 고등학교 3학년인 딸마저 승마협회를 움직여 특혜 선발한 양 적시하여 더욱 정신적 피해를 가중시켰으므로, 그 정신적 피해를 배상하고 기사 정정 보도를 하라는 소송이었다. 이 민사 소송은 시사저널이 정윤회 관련 의혹을 집중 보도하는 데 효과적인 제동 장치가 되었지만, 일반인들은 정윤회가 무얼 믿고 언론을 상대로 민·형사 법적 대응을 하는지, 그러니 비선 실세 아닌가라는 오해마저 불러왔다. 시사저널 측의 계속된 허위 보도를 참아 오다가 인내의 한계에 이르

---

42) 서울중앙지검 2014형제66656호 사건.
43) 서울중앙지방법원 2014가합39348호 원고 정윤회 피고 시사저널사 외 3인 손해배상소송 사건 소장 참조.

러 부득이 취한 법적 구제 방안이 정윤회에게는 '권력 과시'로 여겨지는 당시 사회 분위기는 우리 국가와 사회를 분열과 갈등으로 몰고 가는 원천이었다.

검찰은 정윤회가 제기한 고소 사건을 접수한 다음 이 사건만 따로 떼어 수사하지 않았다. 그러다 2014년 8월 3일 가토 타쓰야 기자(산케이 신문 서울지국장)가 산케이 신문에, 앞에서 설명한 "박 대통령 행불, 누구와 있었나" 의혹 기사를 게재하여 파문이 일자, 검찰은 신속하게 이 사건의 수사에 착수했다. 2014년 10월 8일 검찰이 가토를 기소함으로써 박 대통령과 정윤회 관련 의혹의 일부가 해소되어 이후는 소강 상태였다. 검찰의 담당 형사1부장 검사도 정윤회 고소 사건에 대해 열의를 보이지 않았다. 필자의 사무실에서 매주마다 수사 상황을 질의하면 곧 수사한다는 의례적인 대답뿐이었다. 검찰이 보다 적극적으로 이 고소 사건을 신속·정밀하게 수사했다면 이후의 청와대 비선 의혹 문건 유출은 발생할 토대가 없었을 것이다. 그러다, 2014년 11월 28일 (금) 세계일보에서 1면에 「정윤회 국정 개입은 사실」이라는 제목으로 1면 ⅓ 지면, 3·4면 전면에 정윤회 관련 의혹 기사를 특종으로 보도했다.[44]

보도 기자는, 청와대 내부 문건인 민정 수석실 산하 공직기강비서관실 소속 A경정이 작성한 감찰 보고서를 입수해 보도한다고 밝혔다. 보고서의 사진까지 실었다. 세계일보는, 이 보고서는 경찰 출신 A경정이 조응천[45] 공직기강비서관의 지시로 작성하였고, 김기춘 실장에게 보고된 것으로 확인됐다고 주장했다.

특종 기사의 중요 요지는 다음과 같다.

---

44) 세계일보, 2014. 11. 28.자 정윤회 관련 기사.
45) 조응천(趙應天): 현 더불어 민주당 의원. 부장 검사 출신, 박근혜 정부 공직기강비서관. 박지만에 대한 마약 사건 수사를 한 인연으로 그와 교분이 있다고 알려져 있음. 문재인 위 당 대표가 영입, 국회의원 공천.

① 지난해(2013년) 말과 올해 초 증권가의 루머로 떠돌던 김기춘 비서실장 교체설은 정윤회가 자신의 비선 라인을 활용해 퍼뜨렸다(비서실장 교체 루머 유포설).

② 정윤회는 2013년 10월부터 청와대 이재만 총무비서관, 정호성 제1부속비서관, 안봉근 제2부속비서관 등 10명('십상시'로 지칭)과 매달 두 차례 정도 만나 청와대 내부 동향과 현 정부 동향을 논의했다(십상시설).

③ 공식 직함 없는 정윤회가 자신과 가까운 이들 청와대 내부인사들에게 지시를 내리는 등 '그림자 실세' 행세를 한 사실이 드러났다(그림자실세설).

④ 박대통령 측근 행세했던 3인방(위 이재만, 정호성, 안봉근)은 정윤회의 정보원 노릇을 했다. 민간인 신분인 그가 이재만 비서관 등 '십상시'를 통해 고급 정보를 수집하였고, 이들과 고위 공직자 인사 · 향후 국정 운영 방향을 논의하였다(국정 개입설).

세계일보의 특종 보도는 세간에 떠도는 유언비어를 한꺼번에 모아 기사화한 것이었고, 시중에 떠도는 유언비어나 '카더라' 식을 벗어나 청와대 내부의 감찰 보고서를 취재 근거로 제시하고 있어, 당시 모든 언론이 이 특종 기사를 인용하여 정윤회 관련 의혹을 경쟁적으로 쏟아 내기 시작했다. 보고서를 작성한 A경정은 경찰에서 청와대에 파견된 박관천[46] 경정으로 확인되었다.

필자는 이 감찰 보고서 문건 내용에 대해 즉시 정윤회에게 사실 확인을 했다. 보도 내용이 사실이라면 박근혜 대통령 정부의 정통성이 송두리째 무너지기 때문이었다. 비록 시사저널 기사에 대해 형사 고소 · 민사 소송까지 제기

---

46) 박관천: 공군사관학교 중퇴, 경찰 간부 후보 시험 합격, 박 정부 때 공직기강비서관실 파견 2014년 초까지 근무.

해 두었고, 그 과정에 정윤회로부터 항간의 의혹들이 터무니없다는 말을 여러 번 듣긴 했지만, 일간지 신문에서 청와대 내부 문건을 근거로 내세우고 있어 혹여 정윤회가 말할 수 없는 무엇이 있지는 않은지 다시 점검해 보지 않을 수 없었다.

정윤회는 세계일보 기사 내용이 터무니없다고 단호하게 말하였고, 필자는 이 기사 내용의 진위 여부는 정윤회가 직접 기사 작성자를 상대로 고소하여 사법적 판단을 받는 수밖에 없다고 조언했다. 밋밋하게 기자들에게 '사실이 아닌 허위 기사'라거나 페이크 뉴스(fake news)라고 아무리 외쳐보아도 청와대 파견 정보 전문 경찰 간부급 경정(警正)이 작성한 문건을 당할 수 없기 때문이었다. 청와대 문건의 유출 문제는 청와대의 문서 보안·기밀 유지 문제이지만, 문건 내용은 정윤회가 국정 농단했다는 요지이므로 당사자인 정윤회가 고소할 수밖에 없었다. 필자는 정윤회의 고소 대리인 자격으로 2014년 12월 3일 서울중앙지방검찰청에 고소인 정윤회 명의로, 피고소인 세계일보 취재기자 김준모, 조현일, 박현준을 상대로 「출판물에 의한 명예훼손」, 「정보 통신망 이용 촉진 및 정보 보호 등에 관한 법률 위반」 죄로 고소장을 접수했다.[47]

이 고소장에서 필자는 게재 기사 내용이 허위임을 설시했다. 필자가 기술한 내용은 이후 수사·공판에서 모두 사실로 인정되었다. 고소장 가운데 해당 부분의 기술 내용은 다음과 같다.

---

47) 서울중앙지방검찰청 2014형제109713호 출판물에 의한 명예훼손 등 사건.

게재 내용에 대한 진실

기사에서 언급한 각종 의혹설은 모두 사실 무근이고 날조된 것입니다.

① 면식 관계 및 십상시에 대해
- 고소인은 위 이재만, 정호성, 안봉근과 함께 박근혜 국회의원을 보좌한 일이 있어 서로 잘 알고 있습니다.
- 김기춘 비서실장은 알지 못하고 만난 일도 없고, 위 기사에서 거론하는 소위 십상시(十常侍: 중국 후한 말 영제 때 환관들로서 국정을 전단한 간신배들임)에 대해서는 이건 보도 이전에 들어본 적이 없으며, 위 이재만 등 3인 이외에 거론되는 사람은 전혀 알지 못합니다.
- 위 이재만 등을 한국의 현대판 십상시로 지칭하는 작명을 누가 하였는지 알지 못하며, 고소인을 '십상시'로 낙인찍은 사람들 회합의 수장 내지 지휘자로 지목한 기사에 대해서는 그 날조성 및 언어 폭력성에 경악하지 않을 수 없습니다.

② 국정 개입 관련
- 고소인은 김기춘 비서실장과 아무런 이해관계나 은원이 없고 접촉한 바도 없으며, 그의 교체설 루머를 유포한 사실도 없으며 그럴 이유도 없습니다. 고소인의 비서실장 교체 유포설은 고소인에 대한 악성 흑색선전입니다.
- 고소인은 2007년경 비서직을 그만둔 후 정치권과 떨어져 지내왔고, 정치권 인사나 위 이재만 등 3인과도 정치 관련이나 공무와 관련하여 접촉한 바 없습니다. 더구나 2013년 10월부터 매월 정기적 만남과 국정 논의, 그리고 이들로부터 정보 수집과 지시 등은 허구일 뿐 아니라, 그 3류 소설의 코미디성에 실소를 금치 못하고 있습니다.
- 고소인은 대한민국의 평범한 국민에 불과합니다.

이 세계일보의 명예훼손 사건은 형사1부장 검사 정수봉에게 배당되었다. 고소인이 시사저널을 상대로 한 사건, 가토 타쓰야 사건 주임 검사(담당 검사를 뜻함)가 정수봉 부장 검사였으므로 수사 효율상 정 부장 검사가 배당받아 처리하는 것이 순리였다.

한편, 박관천 경정 등의 이건 청와대 문건 유출 사건은 서울중앙지검 특수부에서 수사를 맡아 진상 규명에 나섰다. 이 당시 박근혜 대통령이 이를 두고 '국기 문란'이라고 하여 수사 가이드라인 하달이 아니냐는 비판이 제기되기도 했다. 필자는 세계일보 보도와 형사 고소 그리고 정윤회에 대한 검찰 조사에 이르기까지 당시 청와대 측과 어떠한 연계도 갖지 않고 있었다. 그때만 해도 비서실장 김기춘, 민정 수석 김영한[48], 민정비서관 우병우[49] 등 청와대 라인업이 필자와 검찰 선후배로서 서로 알고 지내는 관계였던 만큼, 청와대와 충분히 연락할 수도 있었겠지만 의미 있는 연락은 없었다. 다만, 김영한 수석이 휴대 전화로 한 번 연락을 한 적이 있었다. 민정 수석이 연락을 했다면 용무가 있었을 터인데도 그는 필자가 전화를 받자, 그냥 잘 계시느냐는 의례적 인사말만 하여 필자도 같은 수준으로 간단히 잘 있다고 하면서 수고한다고 대답하며 전화를 끊었다.

그 후 김 수석은 국회 출석을 거부하는 등 고초를 겪다가 우병우로 교체되었다. 이후 우연히 서초동 길거리에서 초췌한 모습의 그를 만나 서로 다시 안부인사만 하고 헤어졌다. 김 수석은 2016년 8월 21일 세상을 떠났다. 필자는 그가 암으로 생을 마감했다는 사실을 그제야 알았고, 이 사건 문건 유출 사건의 파장이 그의 생명 단축에 큰 영향을 미쳤으리라 생각하며 안타까워했다.

청와대 측에서 필자에게 아무런 연락을 하지 아니한 것은,

---

48) 김영한: 홍경식 수석 후임으로 취임, 검사장 출신.
49) 우병우: 검사 출신, 2014. 5. 민정비서관, 2015. 1. 민정 수석.

① 이건 보도가 허위임이 너무 명백하다.

② 정윤회 관련 의혹이 기승을 부리고 있는 상태에서, 수사의 객관·공정성에 또 다른 의혹이나 의문을 제기할 수 있는 구실을 제공해서는 안 된다는 입장을 견지했기 때문이라고 생각했다.

필자 역시 청와대에서 어떤 요청이나 협조를 구해 온다면 공정성 시비가 일어날 우려가 있었기 때문에 청와대 측과 소통이 없는 상태가 변호사로서 당당히 활동하는 데 도움이 되었다.

고(故) 김영한 수석의 업무 일지[50] 2014년 12월 2일(화)자 메모 중 '정윤회 告訴(?)' 기재 부분이 발견된다. 이 기재 부분을 들어 청와대 측이 정윤회와 연계해 고소한 것이 아닌가 의혹을 제기할지 모르지만 필자는 세계일보 기자들을 고소하기까지 청와대 관계자와 상의하거나 그와 관련한 연락을 받은 바 없음을 분명히 하고자 한다. 사실이 이러하다면 위의 기재 사항은 그의 추측을 적어 둔 것으로 추정할 수 있을 것이다.

김영한 수석이 이 문건 유출과 관련해 엄청난 업무 스트레스를 받았던 것으로 추단할 수 있는 자료가 업무 수첩에서 발견된다. 김 수석은 2014년 12월 2일 자 업무 수첩에 이 사건과 관련해서 박 대통령이 수석비서관 회의에서 발언한 문건을 금과옥조(金科玉條)같이 첨부해 두었다.

---

50) 김영한 수석의 업무 일지는 서울중앙지법 2017고합184호 삼성뇌물사건에서 검찰이 증거로 제출하였음.

대통령 지시 사항

최근에 있을 수도 없고 있어서도 안 되는 일이 일어났습니다. 청와대에서는 국정과 관련된 여러 사항들뿐만 아니라 시중에 떠도는 수많은 루머들과 각종 민원들이 많이 들어옵니다. 그러나 그것들이 다 현실에 맞는 것도 아니고 사실이 아닌 것도 많이 있습니다. 만약 그런 사항들을 기초적인 사실 확인조차 하지 않은 채 내부에서 그대로 외부로 유출시킨다면 나라가 큰 혼란에 빠지고 사회에 갈등이 일어나게 됩니다.

이번에 문건을 외부로 유출한 것도 어떤 의도인지 모르지만 결코 있을 수 없는 국기 문란 행위입니다. 이런 공직 기강의 문란도 반드시 바로잡아야 할 적폐 중 하나입니다. 또한 조금만 확인해 보면 금방 사실 여부를 알 수 있는 것을 관련자들에게 확인조차 하지 않은 채 비선이니 숨은 실세가 있는 것 같이 보도하면서 의혹이 있는 것 같이 몰아가고 있는 자체가 문제라고 생각합니다.

이제 선진국을 바라보는 대한민국에는 이런 근거 없는 일로 나라를 흔드는 일은 없어져야 한다고 생각합니다. 이런 일은 국정 운영에 최선을 다하는 비서실장님 이하 여러 수석들과 정부의 힘을 빼는 것입니다.

이 문제는 하루빨리 밝혀서 의혹을 해소해야 합니다. 이 문서 유출을 누가 어떤 의도로 해서 이렇게 나라를 혼란스럽게 하는지에 대해서도 조속히 밝혀야 합니다.

검찰은 내용의 진위를 포함해서 이 모든 사안에 대해 한 점 의혹도 없이 철저하게 수사해서 명명백백하게 실체적 진실을 밝혀 주기 바랍니다.

수석들께서도 협조를 해 주셔서 속전속결로 빨리 밝히게 해서 국정 혼란을 야기시키는 일이 장기간 지속되지 않도록 해야 할 것입니다. 누구든지 부적절한 처신이 확인될 경우에는 지위 고하를 막론하고 일벌백계로 조치할 것입니다. 또한 악의적인 증상이 있었다면 그 또한 상응하는 책임을 물어야 할 것입니다.

그동안 만만회를 비롯해서 근거 없는 얘기들이 많았는데 이번에야말로 반드시 진실을 밝혀내서 다시는 이런 말도 안 되는 얘기들이 국민들을 혼란스럽게 하지 않았으면 합니다.

또한 청와대에서 근무하는 공직자들도 이번 일을 계기로 직분의 무거움을 깊이 분별해서 각자의 위치에서 원칙과 정도에 따라 업무를 수행해 주기를 바랍니다.

이 서면상의 지시 사항을 살펴보면 당시 박 대통령은 결연한 의지로 의혹의 실체를 밝히고 지위 고하를 막론하여 조치하겠다고 천명하고 있었다. 이 지시 문건을 들어 박 대통령이 의혹을 덮으려고 했다는 증거라 한다면 아전인수도 이만저만이 아닐 것이다.

세계일보의 정윤회 국정 개입 의혹 보도로 조성된 국민 정서를 당시 야당인 새정치민주연합은 호기로 판단하고 당(黨)이 직접 전면에 나서서 박 정부를 공격했다. 새정치민주연합은 2014년 12월 8일 대표자 문희상[51] 명의로 정윤회, 이재만, 정호성, 김춘식, 김종, 대통령 비서실 소속 성명 불상자 2명, 성명 불상자 외부인사 4명 등 12명에 대해 고발 및 수사를 의뢰한다는 고발장 및 수사의뢰서[52]를 서울중앙지검에 접수했다. 죄명은 직권 남용, 공무상 비밀 누설, 위계공무집행방해, 특정 경제 범죄 가중 처벌 등에 관한 법률 위반(알선수재) 등 이었다. 고발장 자체가 범죄사실을 수사 기관에 신고하면서 수사·처벌을 요망하는 의사를 표시하는 문서이므로 고발장임이 명백함에도 신고 사실의 허위성에 대한 나름의 인식이 있었기 때문에 혹시 제기될 무고 문제를 회피하려는 의도로 고발 및 수사 의뢰서라는 수사 업무 관례와 어긋나는 제목을 달았다.

이 고발장은 세계일보 보도 내용과 여타 언론에서 의혹을 기초로 기사화한 것을 범죄사실 또는 수사 의뢰 사실로 구성했다. 증거로는 지라시 정보, 언론 기사 등을 제시했다.

정윤회에 대한 고발·수사 의뢰 사실은,

① 그가 이재만 등 청와대 관계자와 공모하여 김기춘 비서실장의 권리 행사

---

51) 문희상: 당시 새정치민주연합 대표, 국회의원, 현 국회의장, 노무현 정부 때 비서실장 역임.
52) 서울중앙지검 2014형제111290호 사건 고발 및 수사의뢰서 참조.

를 방해하고, 이정현 수석에게 의무 없는 일을 하게 했다.

② 언론이나 정보지에 김기춘 실장 교체설을 유포하여 위계로써 김기춘 실장, 이정현 수석의 공무를 방해하고,

③ 딸의 승마 선수 선발, 문체부 직원 좌천 인사에 개입하여 직권 남용, 권리행사 방해, 위계 공무 집행 방해하였다.

④ 1회 면담료로 7억 원 정도 준비해야 하고 고위직 인사와 관련하여 수억 원을 받았다.

등이다. 이 고발장은,

- 세간의 유언비어
- 이를 근거로 한 일부 언론의 의혹 보도
- 세계일보의 청와대 감찰 보고서 인용 국정 개입 의혹 보도
- 청와대 유출 문건과 관련한 다수 언론의 의혹 재생산성 보도

등을 잡다하게 조합하여 만들어졌다. 고발장으로서 요구되는 최소한의 기준(육하원칙)에도 미달하는 문서였다. 단적으로 말한다면 이건 고발장은 정치 고발장의 전형이었다.

필자와 정윤회는 새정치민주연합이라는 거대 제1야당까지 정윤회 국정 개입 의혹에 가세하는 형세를 맞아 고립무원이었다. 사법적 구조만이 희망이었다. 정윤회의 인권과 명예를 지키기 위해서는 부득이 이건 고발과 관련하여 새정치민주연합 대표 문희상을 무고죄로 고소하지 않을 수 없었다. 2014년 12월 16일 서울중앙지검에 고소인 정윤회 명의로, 피고소인 새정치민주연합 문희상을 무고 범죄사실로 명시하여 고소장을 접수했다.[53] 이 무고 사건도 형

---

53) 서울중앙지검 2014형제114352호 무고사건 고소장 참조.

사1부장 검사 정수봉에게 배당되었다. 거대 야당을 상대로 하는 민간인 정윤회의 당랑거철(螳螂拒轍)이라고나 할까.

위와 같이 정윤회 비선 실세 국정 개입 의혹과 관련하여 2014년 7월부터 그해 연말까지 6건의 민·형사 사건이 서로 얽혀 진행되었다. 형사 사건 5건 중 새민련이 고소한 1건만 정윤회가 피고발인이고, 나머지는 정윤회가 시사저널 기자, 세계일보 기자, 새민련 대표를 고소한 사건이고 가토 사건은 고소하지는 않았지만 피해자였다. 민사 소송은 시사저널 1건이었다. 당시 정윤회는 국정 개입·비선 실세 의혹 프레임에 갇혀, 그 그물망을 벗어나기 위해 안간힘을 쓰고 있었다. 필자도 정윤회를 도우며 언론과 인터넷에 나돌아다니는 태산 같은 의혹 제기와 댓글을 보면서 정보 사회의 가공할 위험에 대해 심각하게 고민하였다. 제도 언론에 대한 대처도 힘든 과정을 거쳐야 하지만, 쉼 없이 생산되어 유통되는 유언비어, 비방 댓글 등 온라인 공간은 익명성마저 더해져 속수무책이었다.

정보화 사회에서는 잘 짜인 허위 의혹을 먼저 생산해 유포하는 측이 절대적으로 유리한 입장에 있다는 취약점을 간파하고, 정치적으로 악용하는 경우 국가·사회적으로 회복키 어려운 피해를 가져올 게 뻔했다.

◈ 사법적 판단: 의혹은 허구

비선 의혹과 관련한 형사 사건의 수사·공판에서 제기된 의혹은 허구·왜곡·유언비어임이 밝혀졌다. 사건별로 살펴보자.

〈시사저널 보도 기자 상대 명예훼손 사건(서울중앙지방검찰청 2014년 형제 66656호, 7. 22. 고소)〉

이 사건의 수사 담당 검사는 서울중앙지검 형사1부장 정수봉이었다. 검찰 업무 관행상 서울지검의 부장 검사는 주임 검사(검찰에서는 담당 검사를 주임 검사라고 부른다)이기는 하나 실제 조사는 부장 검사의 지휘 하에 있는 부부장 또는 평검사가 맡아서 수행하고, 수시로 부장 검사에게 보고하여 지휘를 받는다. 때로는 부장 검사가 직접 조사하기도 하고, 피조사자를 대면하여 핵심 쟁점에 대해 질문한 후, 소속 검사에게 신문을 시행할 것을 지시한다. 실제 수사 방식이 어떠하든 대외적으로는 주임 검사가 수사 검사로서 모든 책임을 져야 하고 주임 검사 이름으로 사건 결정 – 기소, 불기소 – 을 한다. 청와대 비선 의혹 관련 사건은 모두 정수봉 형사1부장이 주임 검사였다. 그는 휘하 검사들이 조사를 하도록 지시하고, 자신은 보고를 받고·수사 방향 설정과 지시·사건 결정을 하였다. 다수의 검사가 수사 업무를 분산해서 진행하고, 검사 한 사람 이름으로 결정할 수 있는 법적 장치는 검사동일체 원칙[54]에 있다. 정수봉 검사는 2015년 2월 검사 인사 발령으로 지방으로 전보되고, 그 후임인 심우정 부장 검사가 이 사건을 재배당받았다.

심우정 부장 검사는 별다른 조사를 하지 아니하고, 세월만 천연하다가 2017년 8월 14일 시사저널 보도 기자 3명에 대해 혐의 없음 불기소처분을 하였다. 고소 제기로부터 무려 3년이 경과하였고, 박근혜 정부가 붕괴되고 문재인 정부가 수립되고 3개월이 지나서야 사건 결정을 하였다.[55] 심우정 검사

---

54) 검사동일체 원칙: 검찰청법 제7조, 제7조의2 검사는 검찰총장을 정점으로 하는 거대한 피라미드 구조의 유기체로서 작동해야 한다는 원리·원칙.
55) 위 사건 불기소 결정서.

가 따로 깊이 있는 조사를 한 바 없었다. 그런데 심우정 검사는 이들 보도 기자들이 게재한 여러 의혹의 진위 여부에 대해서는 애써 판단을 유보하고, 이들 기자들이 의혹 보도 기사가 진실이라고 믿을 만한 사정이 있었는지 또는 정윤회를 비방할 목적이 있었는지 여부에 논점을 두고 여러 사정상 허위에 대한 인식이나 비방의 목적은 없었다는 이유로 무혐의 결정하였다. 불기소 이유를 보면, 대법원 판례를 그대로 원용한 부분과 정윤회 미행설을 조사했다는 박관천 청와대 파견 경찰관, 박지만의 지인으로부터 취재했고, 승마협회 관계자도 취재하여 의혹을 사실로 믿었다고 적시하고 있다.

그리고 취재 기자들은 '정윤회와 인터뷰를 했다'고 하나, 정작 정윤회는 의혹을 전면 부인함에 그치지 않고 허위라고 강력하게 주장했다. 의혹의 주인공이 주장한 인터뷰 내용을 성실 확인·검토하지 않고, 익명의 도피처를 악용한 의혹 제기자의 말만 믿고 의혹이 진실이라고 믿었다는 기자들의 변명을 받아들인 검사의 결론은 사회 경험칙상 설득력이 없다. 청와대 문건 유출 사건 수사결과에서 밝혀졌듯이 '박지만 미행설, 정윤회 비선 의혹설'은 박관천 등의 음해성 날조 유언비어임이 검찰 자체에서 밝혀졌고, 박관천은 기소되어 1심, 2심 유죄 판결까지 선고되었다. 그랬던 만큼 그의 말의 신빙성은 애초부터 없었음에도 심우정 검사는 이건 고소 이후에 나타난 박관천 사건의 수사 결과를 왜곡하여 무혐의 이유로 들고 있어 아연하지 않을 수 없었다.

더구나, 시사저널 기자들이 "최순실이 아닌 정윤회가 비선 실세인 것처럼 보도하였더라도 보도 당시 해당 기사의 내용을 진실이라고 믿는 데에는 객관적으로 상당한 이유가 있었던 것으로 볼 수 있다."고 불기소 이유에서 밝히고 있어 그 발상에 더욱 놀라지 않을 수 없었다. 가족연좌제를, 서울중앙지검 형사1부장 검사가 형사 법리에 채택·수용한 꼴이다. 개별 책임의 원칙을 망각한 정치적 판단이었다. 최순실의 행위와 정윤회의 행위는 전혀 별개이고, 일반 가정에서도 남편이 아내의 일을 제대로 알지 못하는 게 다반사라는 점을 생각하며, 심부장 검사의 논리는 사실을 왜곡한 논리비약이다. 백보(百步)를 양보해도 최순실조차 십상시(十常侍)를 두고 국정 농단 한 사실이 없었음에야 더 할 말이 없을 것이다.

만약 검찰총장에 대한 여러 가지 허위 의혹을 보도했는데, 추후 검찰에서 수사해 보니 의혹 사실은 모두 검찰총장의 배우자가 행한 것으로 판명되었다고 할 경우, 검사가 총장에 대한 치명적 명예훼손 허위 의혹을 보도한 기자에 대해, 정윤회와 같은 논리로 허위 인식이 없었다고 할 수는 없다. 더구나 검찰총장이 의혹이 사실이 아니라고 강력히 부인했다면, 위법성 인식이 더욱 강화되었다고 판단해야 할 것이다. 검찰총장이 공인으로서 수신제가(修身齊家)의 잘못으로 사임하거나 징계 처분을 받는 것은 별개의 문제다.

이 사건 결정문에서 보듯이 문재인 정부가 안정된 2017년 8월이 되어서까지도, 검사는 시사저널 보도 기자의 "의혹 보도 내용이 사실에 부합한다."라고는 하지 못하는데, 이는 검사로서 최소한 양심의 발현이라고 생각한다. 검찰이 3년 동안 정권이 바뀌어서 숙고한 끝에 내린 결론은 시사저널의 정윤회 관련 의혹 보도는 허위라는 점이다.[56]

〈 세계일보 보도 관련 명예훼손 등 사건(서울중앙지방검찰청 2014형제109713호 사건 등 3건) 〉

세계일보가 2014. 11. 28. 정윤회 국정 개입 의혹을 집중 보도한 것을 계

---

56) 이 사건 불기소 결정에 대해 고소인 측은 더 이상 공정한 검찰 결정을 기대키 어려운 여건임을 고려해 항고치 않았음.

기로 정윤회는 세계일보 보도 기자 3명을 서울중앙지검에 고소하였고(2014. 12. 3. 고소 2014형제109713호), 새정치민주연합은 정윤회를 국정 농단으로 고발하였으며(2014. 12. 8. 고발 2014형제111290호), 이에 대해 정윤회는 새정치민주연합 대표 문희상을 무고로 고소(2014. 12. 10. 고소 2014형제114352호)하였다.

위 3건의 사건은 정윤회가 비선 실세로서 국정을 농단했다는 의혹을 두고 벌어진 일련의 사건으로서 언론과 새정치민주연합이 의혹의 편에 서고, 정윤회는 의혹을 해명해야 하는 입장에서 서로 고소·고발을 하여, 검찰 나아가 법원의 판단으로 의혹의 진위를 가리는 법적 쟁투 현장이었다. 한편 청와대는 세계일보에서 보도한 청와대 내부의 감찰 보고서 유출 문제를 중대한 문제로 보고 이 사건을 검찰에 고소하였다. 청와대가 문건 유출을 들어 세계일보의 의혹 보도 사건에 당사자로 뛰어든 격이었다.

결국 이 일련의 사건은 두 가지 쟁점으로 귀결된다. 하나는 의혹의 진위 여부, 다른 하나는 청와대 민정 수석실 내부 문건의 유출 문제이다. 정윤회 입장에서는 청와대가 중시하는 세계일보가 보도한 청와대 감찰 보고서에 대해서는 아는 바가 없어 고소인 자격으로 다툴 여지가 없었다. 다만, 감찰 보고서에 들어 있는 정윤회 관련 의혹의 진위 여부만 밝히면 고소의 목적을 달성하는 입장이었다. 세간에는 정윤회 측과 청와대가 이 일련의 사건을 두고 서로 상의하거나 정보를 주고받은 것이 아닌지 의혹의 눈을 가질 수 있으나, 전혀 그렇지 않았고, 그럴 이유도 없었다. 어차피 이 사건은 수사 진행 과정이나 수사 내용, 사건 처리가 모두 온 국민의 주시 아래 진행될 터인데 의혹을 뒤집어 쓴 정윤회 측이 청와대 측이나 다른 어느 쪽과 협의나 협조를 구하는 어리석은 짓은 할 리가 없었다.

이 일단의 사건의 주임 검사는 형사1부장 검사 정수봉이었다. 이 사건에서 가장 먼저 사실관계가 규명된 것은 역시 검찰 수사 결과 발표였다.

검찰(서울중앙지검 특수2부)은 2014년 12월 4일부터 문건 유출 사건을 신속히 수사 착수하였고, 밀도 있게 집중 수사하여 2015년 1월 5일 문건 유출자 박관천 경정을 구속 기소하고, 그 가담자 조응천 전 청와대 비서관을 불구속 기소(죄명: 공무상비밀누설 등)하였다.[57)58)] 당시 검찰은 청와대의 중요한 관심 사항이어서 신속하고 철저하게 수사했다.

박관천·조응천에 대한 문건 유출 사건에서는 문건 작성자, 그 지시자, 문건 유출자, 유출 문건 언론 유포자를 규명하는 데 주안점을 두었고 정작 그 문건에 담긴 의혹의 진위 여부에 대해서는 부분적으로만 판단하였을 뿐 본질적 부분은 판단하지 않았다. 이들에 대한 검찰 수사 결과 발표, 1심, 2심 판결문을 종합하면 정윤회 국정 개입 의혹의 진위를 가늠할 수 있는 사실 확인 사항이 다수 있다.

〈 판결에 의해 확인된 사실관계 〉[59)]

① 조응천은 대통령비서실 민정 수석비서관 산하 공직기강비서관이고, 박관천은 경찰공무원(경정)으로 2013년 2월 26일부터 2014년 2월 10일까지 공직기강비서관실에 파견된 행정관이었다. 그의 임무는 청와대 근무 공무원 감찰, 공직자 비위 감찰, 인사검증, 대통령 측근 관리 등이다.

---

57) 박관천, 조응천에 대한 서울중앙지방법원 2015고합4, 6(병합), 159(병합) 대통령 기록물 관리에 관한 법률 위반 등 사건 판결문 참조.
58) 위 사건 항소심 서울고등법원 2015노3042호 판결문 참조.
59) 박관천 등에 대한 대법원 판결은 아직 선고되지 않았으나, 대법원은 법률심이므로 사실관계 변동은 실제상 없다고 할 수 있음.

② 박관천은 조응천 비서관의 지시·감독에 따라 임무를 수행하였다. 대통령 친인척에 대한 특별감찰 업무는 직제상 대통령 비서실에 설치된 특별감찰반의 업무에 해당하나, 박지만 부부에 대한 감찰 업무는 박지만의 요청과 대통령비서실장의 결정에 따라 특별감찰반이 아닌 공직기강비서관실에서 담당하게 되었다. 당시 공직기강비서관이던 피고인 조응천은 소속 행정관 중 피고인 박관천에게 관련 업무를 전담하도록 하였다. 피고인 조응천은 박지만 부부와의 친분을 사칭 또는 과장하는 사례 등 향후 문제가 발생할 가능성이 있는 사안에 관한 첩보가 입수되는 경우 피고인 박관천에게 그 조사를 지시하였다. 피고인 박관천은 피고인 조응천으로부터 지시받은 사안에 관하여 다양한 방법으로 조사를 진행하였는데, 박지만 부부와의 실제 친분 관계 유무 등 박지만 부부 측에 확인이 필요한 사항에 관해서는 전인식에게 관련 조사 문건을 교부한 후 답변을 받는 방식으로 사실관계를 확인하기도 하였다.[60]

③ 박관천은 자신이 작성한 감찰·정보·동향 보고 문건을 조응천의 지시에 따라, 또는 단독으로 박지만의 지인인 전인식을 통해 박지만에게 전달하였다. 판결 이유에는 전달 문건 중 대통령 기록물 해당 문건은 17건이고, 그 중 공무상 비밀에 해당하는 문건은 10건이다(그 가운데 2014. 1. 6.자 靑 비서실장 교체설 등 관련 VIP 측근 정윤회 동향 문건도 포함되어 있음).

④ 박지만, 전인식도 법정에서 박관천으로부터 문건을 받았다고 증언했다.

⑤ 조응천이 박관천에게 정윤회 관련 동향 문건을 박지만 측에 전달하라고 지시했는지에 대해서는 박관천은 조응천의 지시가 아니면 문건 전달할 이유

---

[60] 위 사건 1심 판결문 p.29 인용.

가 없다고 진술하나 그의 진술만으로는 합리적 의심(reasonable doubt)을 배제키 어렵다는 이유로 인정하지 않았다.
⑥ 박관천은 청와대 행정관으로 근무 중이 2013년 4월 내지 5월경 조응천을 통해 박지만 측근인 전인식을 소개받아 그에게 문건을 전해 오다가 2014년 1월 6일경에야 조응천, 전인식과 함께 박지만을 처음 만났다. 이 자리에서 박지만은 미행설과 관련하여 만났으며 이후 대통령 비서실장에게 '미행설'을 알아봐 달라고 부탁했다.[61]

이상에서 본 바와 같이 조응천 공직기강 비서관을 매개로 하여 조응천의 지시를 받은 박관천이 그가 수집한 동향·정보를 박지만의 측근인 전인식을 통해 박지만에게 전달하였고, 그 가운데에 정윤회 관련 의혹 동향이 포함되어 있었다.

검찰은 이 같은 정윤회 관련 의혹 문건을 만들어 박지만 측에 전달한 동기를 "박지만을 이용하여 자신들의 역할 또는 입지를 강화하려는 의도로 추단된다."고 발표했다. 검찰은 수사 발표[62]에서

① 정윤회 의혹 관련 문건 내용은 증권사 정보지에 근거한 허위이고,
② 십상시(十常侍) 모임은 실체가 없는 허구이며,
③ 남양주 카페 주인이 오토바이를 타고 다니며 박지만을 미행했고, 정윤회가 사주했다는 의혹은 모두 허구였다고 밝혔다. 남양주 카페 주인은 정윤회를 알지도 못하였고, 박관천도 그 스스로 이 내용은 허위라고 검찰에서 진술했다고 한다.

---

[61] 1심 판결문 pp.55~56 참조.
[62] 2015. 1. 5. 서울중앙지검 청와대 문건 유출 관련 중간 수사 결과 발표.

의혹의 진위를 정면으로 다루는 고소·고발 사건은 주임 검사인 정수봉 형사1부장이 2015년 2월 부산지검 동부지청 형사1부장으로 전보되자, 그 후임인 심우정 부장 검사가 재배당받았다. 심우정 부장 검사는 앞서 시사저널 사건에서와 마찬가지로 별다른 조사를 하지 아니하고 관망만 하였고, 고소인 대리인 입장에서 심 부장 검사가 이 사건을 대하는 자세에 불만이 많았다. 신속한 사건 처리에 대단히 미흡했다.

〈새정치민주연합이 정윤회를 고소한 사건의 불기소 이유〉

심우정 부장 검사는 이 사건을 재배당받은 2015년 2월부터 특별한 조사를 하지 아니하다가 1년 5개월 정도 경과한 2016년 7월 7일 정윤회에 대하여 「고발 각하[63]」 결정을 하였다.

불기소 결정문[64]

서울중앙지방검찰청

2016. 7. 7.

사건번호 2014년 형제111290호

제   목 불기소 결정서

검사 심우정은 아래와 같이 불기소 결정을 한다.

---

[63] 고발 각하: 고발로서의 최소한 요건도 갖추지 아니하거나, 혐의없음이 명백한 사건에 대한 불기소 결정.
[64] 2014형제111290호 불기소 결정서.

Ⅰ. 피의자   1. 가, 나, 라 정윤회

Ⅱ. 죄 명   가. 직권남용권리행사방해
               나. 위계공무집행방해
               라. 특정범죄가중처벌등에관한법률위반(알선수재)

Ⅲ. 주 문
피의자들에 대한 고발을 각하한다.

Ⅳ. 피의사실과 불기소이유

1. 문체부 국·과장 인사 관련 직권 남용 및 공무 집행 방해

   피의자 이재만, 정윤회는 공모하여 2013년 9월경 문화체육관광부의 승마협회 감사 조사 결과에 대해 문화체육관광부 국·과장의 좌천성 인사를 상신하고 대통령으로 하여금 유진룡 문화체육관광부장관을 통해 관련 인사를 지시하게 하여 대통령, 유진룡 장관의 권리 행사를 방해하고, 대통령, 유진룡 장관 및 문화체육관광부 국·과장의 공무 집행을 방해

   ○ 언론 보도 내용 외에 별다른 수사 단서가 없는 점, 피의자 이재만, 정윤회 간 연락이 없었음이 확인된 점, 고발 내용에 의하더라도 피의자들이 직무상 영향력을 행사할 수 있는 상대방이 아닌 대통령의 인사에 개입하였다는 것이어서 직권남용권리행사방해죄가 성립하기 어려운 점 등을 종합할 때 혐의 없음이 명백하다.

   ○ 각하한다.

2. 청와대 파견 경찰 인사 관련 직권 남용

   피의자 안봉근은 2013년 11월경 민정 수석실 소속 경찰관 10여 명을 한꺼번에 내보내고 후임을 단수로 받게 지시하여 홍경식·조응천의 인사 및 인사 검증에 관한 권리 행사를 방해

   ○ 언론 보도 내용 외에 별다른 수사 단서가 없는 점, 고발 내용에 의하더라도 직무상 영향력을 행사할 수 있는 상대방이 아닌 홍경식 민정 수석 등의 인사 업무에 개입하였다는 것이어서 직권남용권리행사방해죄가 성립하기 어려운 점 등을 종합할 때 혐의 없음이 명백하다.

   ○ 각하한다.

3. 김기춘 사퇴설 유포 관련 직권 남용 및 공무 집행 방해

피의자들은 2014년 12월경 언론 및 정보지에 김기춘 비서실장 사퇴설을 유포하여 서울신문 등에 보도되게 함으로써 김기춘 비서실장의 권리 행사를 방해, 이정현 홍보 수석으로 하여금 의무 없이 '사실 무근'이라고 백브리핑을 하게 하고, 김기춘 비서실장 및 이정현 홍보 수석의 공무 집행을 방해

- 언론 보도 내용 외에 별다른 수사 단서가 없는 점, 피고발인들이 모임을 갖고 국정에 개입하였다는 것은 실체가 없는 것으로 확인된 점, 구체적인 직권 남용 행위 등이 특정되지 않는 점 등을 종합하면 혐의 없음이 명백하다.
- 각하한다.

4. 김진선 사퇴 관련 직권 남용

피의자 이재만, 정윤회, 김종은 공모하여 2014년 7월경 표적 감사 등을 통해 김진선 평창동계올림픽 조직위원장으로 하여금 사퇴하게 함

- 언론 보도 내용 외에 별다른 수사 단서가 없는 점, 정윤회와 이재만 간 연락이 없었음이 확인된 점 등을 종합하면 혐의 없음이 명백하다.
- 각하한다.

5. 피의자들의 모임에서 국정 운영 상황 등 누설

피의자 이재만, 안봉근, 정호성, 김춘식, 성명 불상자들은 2013년 10월경부터 '십상시' 모임을 통해 청와대 내부 상황 및 정부 인사 동향을 정윤회에게 알려 줌

- 언론 보도 내용 외에 별다른 수사 단서가 없는 점, 십상시 모임은 실체가 없는 것으로 확인된 점 등을 종합하면 혐의 없음이 명백하다.
- 각하한다.

6. 정윤회 금품수수 의혹 관련 알선수재

피의자 정윤회는 고위층 인사에 개입하면서 7억 원 금품을 수수

- 언론 보도 내용 외에 별다른 수사 단서가 없는 점, 해당 의혹이 기재된 청와대 공직기강 비서관실 문건은 허위임이 확인된 점 등을 종합하면, 혐의 없음이 명백하다.
- 각하한다.

이 결정문에 의하면, 새정치민주연합 대표 문희상이 고발한 의혹 제기 사실은 전부 혐의 없음이 명백하거나 허위라는 것이다. 또 검찰은 언론 보도 외 별다른 수사의 단서조차 없다고 지적하고 있다. 심부장 검사가 단호하게 고발 사실이 명백히 혐의 없거나, 언론 보도 외 수사 단서조차 없고, 청와대 유출 문건 내용이 허위라고 밝히고 있음에도, 고발자에 대한 무고 혐의에 대해서는 아무런 언급조차 하지 않았다. 검찰 고소·고발 사건 처리 규정상 고소·고발 사건에 대해서는 무고 혐의를 엄정 조사하여, 무고 행위를 단죄해야 함에도 이러한 조치를 하지 아니하여 그 이유가 무엇인지 매우 궁금하다.

원내교섭단체를 구성하는 공당(公黨)이 신빙성이 떨어지는 언론의 의혹 보도에 현혹되어 자체의 사실 확인 작업 없이 정치 공세용 고소·고발을 하는 풍조는 정치 불신만 가져올 것이다.

〈 세계일보 기자 관련 사건, 새정치민주연합 문희상 무고 사건 〉

심부장 검사는 2015년 2월 정수봉 부장 검사 후임으로 양 사건을 배당받아 그대로 가지고 있다가 2년 7개월 지난 2017년 8월 14일 시사저널 사건과 같이 같은 날 모두 무혐의 처리했다. 이때는 박근혜 정부가 물러나고 문재인 정부가 출범한 2017년 5월 10일로부터 3개월이 지났다.

■ 세계일보 기자들에 대한 불기소 이유

세계일보 기자가 청와대 공직기강비서관실 작성 문건을 확인하고 보도했으므로 허위 인식이 없고, 알 권리 실현, 언론의 비판 기능의 일환이므로 비방의 목적을 인정키 어렵다.

■ 문희상에 대한 무고 사건 불기소 이유

여러 언론 보도와 같이 이 사건 무렵 의혹 내용이 대대적으로 언론에 보도된 사실에 비추어 보면 설사 고발 내용이 객관적으로 사실과 다르더라도 피의자(문희상)가 이를 진실이라고 믿는 데 상당한 이유가 있어 고발 내용에 대한 허위 인식이 있었다고 보기 어렵다.

위에서 살펴본 불기소 이유를 종합하면 세계일보가 제기한 정윤회 국정 개입 등 각종 의혹은 허위이나, 청와대 공직기강비서관실에서 작성한 문건을 기초로 보도하거나 고발한 것이어서 허위 인식을 인정키 어렵고, 언론의 공익적 보도로서 비방 목적이 있다고 할 수 없다는 것이다.

검찰의 이러한 결정과 불기소 이유의 논리는, 허위 낭설이나 의혹을 증권가나 여의도 정치권에 퍼뜨려, 언론에 보도되게 하고, 여기에 정치권이 가세한다면 허위 사실 여부가 가려지기도 전에 그 당사자는 되돌릴 수 없는 피해를 입어도, 법의 보호를 받을 수 없고 속수무책이라는 취지이다. 이 사건에서 피해의 전형적 모습을 볼 수 있었다.

박근혜 정부를 공격하는 이들은 1차적으로 세월호 7시간 의혹설을 제기해 민심을 흔들었으나 그 의혹이 벗겨지자, 2차로 정윤회 비선 실세 국정 개입설을 제기하였다. 시사저널은 의혹 제기자의 발설을 모아 보도했으나 큰 파장을 일으키지 못했다. 그러자 세계일보가 박관천 작성의 청와대 감찰 보고서 문건을 근거로 보도하여 나라를 온통 뒤흔들어 놓았다. 2014년 세월호 사건 이후 제기된 박근혜 정부 타격을 목표로 하는 의혹 제기는 사법적 판단으로 허위임이 규명되었다. 그러나 의혹 제기로 인해 박정부에 대한 신뢰성은 사법적 판단으로도 회복될 수 없을 정도로 훼손되었다. 정치권과 검찰 등 권력 기관에 대한 불신이 상승 작용을 일으켜 세간에서는 사법적으로 규명된 사실관계보다 의혹을 선호하는 경향이 넓고 깊게 자리 잡았다. 여기에는 온라인 공간의 SNS도 큰 몫을 했다.

◈ 말·말·말

 세월호 7시간 의혹 사건과 청와대 비선 의혹 사건의 발생, 전개, 수사·재판 과정에서 온갖 말들이 쏟아져 나왔다. 언론은 관계자의 입을 열게 하였고, 저널리즘 특유의 감각을 살려 상황과 의사를 적확(適確)하게 표현하는 '말'(wording)을 보도하는 데 열을 올렸다. 그 중 이 양대 사건의 진상을 이해하고, 그 당시 사회 분위기를 파악하는 데 도움이 되며, 이 사건 이후로도 자주 인용되는 말을 골라 그 말이 나온 배경과 의미를 살펴본다.

〈 '불장난'을 한 사람과 그 불장난에 춤춘 사람들이 누구인지 밝혀지기를 고대합니다(정윤회: 2014. 12. 10. 10:00 서울중앙지검 청사). 〉

 검찰은 청와대 문건 유출 사건 수사를 위해 의혹의 주된 대상인 정윤회를 소환했다. 필자는 정윤회의 변호인으로서 그와 상의하여, 검찰의 출석 요구에 따라 2014년 12월 10일 10:00 서울중앙지검에 출석했다. 정윤회는 최태민의 사위, 박 대통령의 비서실장, 비선 실세, 세월호 7시간 의혹설 등 의혹으로 둘러싸여 있어 대외 접촉, 특히 언론 노출을 회피해 왔다. 자신의 억울함을 참지 못해 일부 특정 언론사와 한두 번 인터뷰한 사실은 있으나, 사진 촬영에는 응하지 않았다.

그러나 이번 검찰 출석에서는 언론 노출을 피할 수 없었다. 필자가 담당 주임 검사에게 포토 라인[65]에 서지 않도록 배려해 달라고 요청했다. 필자는 정윤회가 온갖 의혹의 인물로 각인되어 있어 예상치 못한 돌발 폭행 등 사건이 일어날 염려가 있다는 점을 이유로 들었다. 그러나 검찰은 언론의 검찰 출석 취재 요청을 거절할 명분이 없고, 검찰 구내에서의 정윤회 신변 안전은 책임지겠다고 하여 검찰 방침에 따르기로 했다.

언론 기자들은 정윤회를 취재하려고 그의 동선을 추적했다. 일부 기자들은 정윤회의 거처에서 진을 치고 있을 정도였다. 기자들은 필자의 사무실에도 수시로 들려 정윤회의 동정을 파악코자 했다. 필자는 검찰 소환에 앞서 정윤회를 만나기 위해 필자의 사무실이 아닌 다른 빌딩의 사무실을 정해 두고 소환에 대비한 협의를 했다. 그 약속 장소 사무실 직원에게 정윤회의 신원을 밝히지 않으면서, 면담 자체에 대해 보안을 당부했다.

필자는 정윤회에게, 검찰은 이 사건을 공개 수사할 수밖에 없고, 언론이나 여론 자체도 우호적일 리가 없으며, 이 사건 내용의 본질인 의혹은 박근혜 정부를 겨냥한 것이므로, 일반 형사 사건과는 성격이 판이(判異)한 정치 스캔들 사건이라고 설명했다. 그런 만큼, 정윤회 자신이 언론이든, 검찰이든, 법원이든, 누구 앞에 서더라도 자연스럽고 당당하게 대처해야 한다고 조언했다. 'TV에 나오는 정 선생의 모습과 언동' 이미지가 바로 박근혜 대통령에 대한 신뢰도에 직접 영향을 줄 수 있다고 첨언했다. 취재진의 질문에 대한 코멘트에 대해서 상투적으로 "검찰 수사에 협조하고 성실히 답변하겠다.", "검찰에서 모

---

65) 포토 라인(photo line): 사진 촬영을 위해 정해진 장소, 검찰이 정한 장소는 아니고 법조 기자단이 검찰과 협의해 장소를 정했음. 대체로 서울중앙지검 현관 계단 위임.

든 것을 다 밝히겠다."고 할 수 있으나, 이 사건에는 걸맞지 않다고 했다.

　이 사건에 대해서는 정윤회의 입장을 은유적으로 선명하게 나타내는 코멘트가 요기하다고 생각했다. 사유나 경위는 여하튼 정윤회의 검찰 출석과 출석 때 코멘트는 언론의 집중 조명을 받기 마련이어서 코멘트의 내용이 더욱 중요하다고 인식했다. 필자가 의혹 제기를 '불장난'으로 보고 "불장난을 한 사람과 그 불장난에 춤춘 사람들이 밝혀지기를 고대한다."로 하면 적절하겠다고 조언했다. 정윤회는 '불장난'이라는 표현이 너무 강하지 않느냐는 의견이었으나, 필자가 밋밋하기보다는, 인상적인 요소가 보다 나을 것 같다고 하자, 정윤회가 이를 수용했다.

　정윤회는 이목구비가 잘 갖춰진 미남형이었고, 매우 침착하고 신중하며 말을 아끼는 편이었다. 대화 상대에게는 비교적 편안함을 주는 장점이 있었다. 그래서 당시 필자는, 정윤회는 비서역 수행에 특화된 사람으로 느꼈다. 2014년 12월 10일 아침 방송 때부터 정윤회가 출석한 10:00까지 거의 모든 방송사에서 실시간으로 정윤회 출석 상황을 보도했다. 필자는 기자들이 파악하지 못하는 장소에서 정윤회를 승용차에 태워 당일 10:00 서울중앙지검 앞에 도착했다. 차에서 내리자마자 현관 앞에 운집한 기자들의 카메라 플래시가 쉼 없이 번쩍이며 카메라 셔터 소리가 요란했다.

　필자는 정윤회와 동행했다. 정윤회는 포토 라인에서 기자의 질문에 침착하게 준비된 코멘트를 내놓았다. 운집한 기자와 카메라 플래시 앞에서 평정심을 유지한다는 것은 매우 힘들다. 변호인인 필자가 보기에 정윤회는 내공이 쌓인 인물로 다가왔다. 정윤회의 이 '불장난' 발언은 모든 언론에서 머리말로 채택했으며 각종 언론 매체에서는 '불장난'을 두고 그 의미를 분석하는 데 많은 시간을 할애했다.

불장난은 의혹 제기이고, 불장난의 주체는 의혹 제기자이며, 불장난에 춤춘 사람들은 별다른 확인과 검증 없이 이에 동조한 언론·사람들을 지칭한다. 불장난을 극복하지 못하면 큰 참화를 초래한다. 멀리까지 갈 것도 없이 IS 테러 활동, 홍위병 난동 등이 그 사례라고 할 수 있다. 아직도 불장난을 기획한 사람은 숨어 있다. 언젠가 밝혀지기를 기대한다.

〈 '피 보다 더 진한 물이 있다' (박지만. 2014. 12. 서울중앙지검에서 문건 유출 사건 수사 중) 〉

박지만 EG 회장은 2014년 12월 청와대 비선 실세 문건 유출 사건과 관련하여 검찰청에 출석하여 참고인으로 조사받으면서 수사관에게 누나인 박근혜 대통령에 대한 서운한 감정을 '피보다 더 진한 물이 있다.'고 에둘러 표현했다고 한다. 여기서 피는 박지만 회장을, 물은 정윤회·최서원(구명 최순실)을 지칭한다. 박회장의 이 같은 코멘트는 박근혜 정부를 공격하려는 세력에게는 효능이 뛰어난 조미료일 것이다. 실제로 박근혜 대통령과 정치적으로 반대 입장에 있는 인사들은 이 코멘트를 적절히 원용한다.

박관천은 2017년 3월 26일 JTBC와의 인터뷰에서 박회장의 이 말을 원용함과 아울러 박회장이 "누나가 최순실·정윤회 이야기만 나오면 최면이 걸린다."는 말을 했다고 한다. 물론 박관천의 이 전언은 신빙성 여부가 문제될 것이다. 추미애 더불어민주당 대표는 2016년 10월 24일 국회에서 이 워딩을 차용하며 박 대통령을 압박했다. 아이러니컬하게도 남매지간에서 남동생이 충정으로 한 말이 누나에게 화살로 날아가는 결과가 되었다.

〈 권력 서열 1위: 최순실, 2위: 정윤회, 3위: 박 대통령 (박관천. 2014. 12. 서울중앙지검에서 문건 유출 사건 수사 중) 〉

　박관천은 청와대 비선 실세 문건 유출 사건으로 조사를 받으면서 수사 담당자에게 권력 서열 1위는 최순실이고, 2위는 정윤회, 3위는 대통령이라고 말했다고 한다. 박관천은 2017년 3월 26일 방송된 JTBC 이규연의 스포트라이트에 출연하여 그와 비슷한 취지의 발언을 했다. 그런데 박관천은 이 같은 권력 서열 판단 근거를 제시하지 못하고 그저 "한 모임에서 그런 말이 나왔다", "친분 있는 고위 공직자로부터 들었다", "문고리 3인방 중 1인이다" 등 이라고만 한다. 박관천의 1심, 2심 판결에 비추어 볼 때 믿기 어렵다.

　박관천의 이러한 말은 박근혜 대통령을 조종한 사람이 '최순실'이라는 프레임 구축에 큰 역할을 했다. 이른바 국정 농단 사건에서 박근혜 정부를 공격하는 입장에 선 관련자들은 최순실을 비선 실세로 인식했다는 근거로서 박관천의 이 말을 자주 원용하기에 이르렀다. 권력의 순위를 매기고, 동메달을 박 대통령에게 안기는 언동은 의혹을 확대·증폭시키는 연료를 공급하는 일을 했다고 할 수 있다.

---

66) 동아일보 2015. 1. 7.자 박관천의 황당한 '권력 서열' 강의.

PART 3

사태의 전주곡들

과거에 있었던 사실을 완벽하게 현재에 재현하기는 매우 어렵다. 역사적 사실과 사건은 그대로 존재하지만, 그 사실과 사건을 인식하고 분석·평가하는 작업은 사람마다 다르기 때문이다. 인식의 한계, 인간적인 한계라고도 할 수 있다. 적대적 관계에 있는 쌍방은 동일 사실을 두고 정반대 해석과 주장을 하기 일쑤다. 객관적 진실의 기준이 무엇인지 철학적 질문에 봉착하게 된다.

박근혜 정부 붕괴 사태를 깊숙이 살펴보면 바로 이 문제로 고민에 빠지게 된다. 이곳에서는 최서원 게이트와 박근혜 정부 붕괴를 초래한 일련의 사건들을 객관적 중립적 입장에서 증거 자료에 입각해 설명하고자 한다. 특히, 군중 여론과 언론의 왜곡·과장 보도, 정치 선동과 공세로 생성·도색·확산된 의혹 덩어리를 걷어 내보고자 한다.

1
2016년 이화여자대학교 학생 시위 사건

◈ 시위 사건의 진행

 박근혜 정부의 교육부는 2015년 6월경 '산업 수요 맞춤형 고등 교육 인재 양성 방안' 시안을 발표했다. 교육 분야의 5대 개혁 과제 중의 하나였다. 이 가운데 '평생교육 단과대학 지원사업' 정책이 있었다. 대학이 성인 전담 평생교육 단과대학을 신설하는 사업을 지원하는 정책이다. 정부가 선정된 대학에 50억 원에서 100억 원을 투여하겠다는 정책이었다. 대학을 선취업 후진학 등 성인 학습자 교육 체제로 개편해 산업 수요 맞춤형 직업 교육과 재교육 역할을 확대하겠다는 정책 의도였다.[67]

---

67) 뉴스1. 산업수요 맞춰… 대학에 50억 지원, 2015. 6. 26. 기사.

인구 고령화와 노동 시장 유연화 추세에 따라 재교육·평생 교육 수요 증가에 대응한 대책이었다. 만학도와 취업 후 재교육을 원하는 성인들을 위해 대학 내에 특성화된 단과대학을 만들고, 입학과 수업 수준을 낮추어 이들의 수요에 부응한다는 취지다. 엘리트 교육을 지향하는 학생들이나 교수들 입장에서는 대학의 수준 저하나 평판 하락을 우려하여 이 정책에 반대하였다.

2016년 교육부는 평생교육 단과대학 지원 사업에 이화여대 등 6개 대학을 선정하였고, 이화여대는 일반 직장인들을 대상으로 하는 미용, 건강 관련 단과대학으로 「미래라이프대학」 신설을 추진했다. 이화여대 재학생들은 학생들의 의견 수렴 없이 사업을 강행한다는 이유로 반대 시위에 나섰다. 이어 사업 폐지를 요구했다. 학생들은 대학 본관을 점거하였고, 대학 교수 3명과 교직원 1명이 45시간 감금당했다. 대학 당국의 요청으로 2016. 7. 30. 1600여 명의 경찰력이 투입되어 본관 건물에 점거 농성 중인 학생 200~300명을 강제 해산시켰다.[68]

이후 학생 강제 진압 규탄 시위로 이어졌고, 대학 당국은 미래라이프대학 설립 추진을 중단하였지만, 학생들은 최경희 총장의 퇴진을 요구하며 농성을 벌였다. 교수들도 학생들에 동조해 총장 퇴진을 요구하기에 이르렀고, 언론은 물론 정치권에서도 이화여대 시위 사태에 관심을 가지고 국정 감사에서 현안 사건으로 다루었다.

---

[68] 한겨레신문, 2016. 7. 30. 기사 「학위장사 반대, 이화여대 교내 농성, 경찰투입 강제해산」.

◈ 정유라[69] 이대 특혜 입학 의혹 제기와 총장 퇴진

　이화여대의 학내 분규 와중인 2016년 9월 28일 국회 교육문화체육관광위원회의 교육부에 대한 국정 감사에서 더불어민주당 노웅래 의원이 박 정부 '비선 실세' 최순실의 딸 정유라가 이화여대 체육과학부에 특혜 입학하고 학점도 특혜를 받았으며 정유라 입학 대가로 이대가 교육부 사업을 따낸 것 아니냐는 의혹을 제기했다. 대학 당국은 극구 부인했으나, 정유라 특혜 의혹은 2016년 10월부터 총장 퇴진 시위의 주요 이슈가 되었다.

　2016년 10월 19일 최경희 총장은 사임했다. 이화여대 개교 130년 동안 초유의 일이었다. 최 총장은 정유라 입시와 학사관리 특혜 의혹을 부인하였다. 10월 23일 학생들은 86일간의 본관 점거 시위를 종료했다.[70] 이화여대 시위 사건과 관련한 언론의 보도와 정치권의 의혹 제기로 사회 일반에 정유라에 대한 특혜 입학 의혹과 최순실 비선 실세 의혹이 본격적으로 난무하게 되었다.

◈ 정유라 관련 의혹과 진상

　2016년 이화여대 학생 시위 사건은 학교 당국이 교육부의 정책에 따라 평생교육 목적의 단과대학인 「미래라이프대학」 설립을 추진하려다가 학생들이 반대하면서(학위 장사 하지 말라는 시위대 구호에 반대 이유가 압축되어 있다고 할 수 있음) 비롯되었다. 격렬한 점거 농성에 부닥친 대학 당국의 요청으로 1000

---

69) 정유라: 1996. 10. 30.생, 2015. 6. 18. 정유연에서 개명, 2014. 9. 인천 아시안게임 마장 마술 단체전 금메달.
70) 나무위키, 이화여대 미래라이프대학 신설 반대 시위 사건, 2019. 3.4. 수정.

명이 넘는 대규모 경찰력이 투입되어 농성 중인 학생들을 강제 진압함에 이르자, 이때부터는 시위 방향이 강제 진압 진상 규명과 규탄으로 전환되었다. 그런데 마침 이 시기에 비선 실세 의혹을 받던 정윤회의 딸 정유라가 이화여대 신산업융합대학 체육과학부에 재학 중이었다.

◀ 2016년 이화여대 시위

야당 일각에서는 떠도는 소문을 근거로 비선 실세라는 정윤회·최순실의 힘에 의해 이화대학이 정유라에게 특혜 입학을 해주고 그 대가로 평생교육대학 선정 등 교육부 지원 사업을 따냈다는 정치 공세를 폈다. 학생 시위는 총장 사퇴로 진정되었으나, 정유라 관련 의혹은 그 즈음 언론의 집중 조명을 받은 미르 재단·케이스포츠 재단 의혹과 함께 최순실 게이트의 양대 사건으로 부각되었다. 정유라 부정 특혜 입학 의혹은 10대와 20대의 젊은 세대와 학부모들의 정서에 분노 감정을 촉발시켰다. 이 같은 분노 정서는 이후의 사태 전개에 결정적 영향을 미쳤다. 심지어 어느 서울중앙지검 검사는 정유라에 대한 영장실질심사 법정에서 "정유라가 국정 농단의 출발점이자 종착역"이라고 단언하기도 했다. 과연 그러한가?

---

71) 최서원이 박 대통령 퇴임 후를 대비해 재벌들을 동원해 재단을 만들었다는 요지.

여기에서는 그 시점에서 제기된 정유라 관련 의혹의 주요 내용과 그 진상을 살펴본다.

정유라는 공부(公簿上) 1996년 10월 30일 출생했다. 원래 이름은 정유연인데 대학 진학 후에 정유라로 개명했다. 정윤회와 최순실 사이에 태어난 딸이고, 둘 사이에는 딸 하나뿐이다. 그래서 최순실은 딸을 끔찍이 아끼고 사랑했다. 최순실의 딸 사랑이 얼마나 지극했는지는 이화여대 학사 비리 사건 판결서[72]에도 나와 있다. 재판장은 판결을 선고하면서 피고인 최서원에게 이렇게 질책했다.
"주변의 모두가 자녀(정유라를 지칭)를 도와야 한다는 그릇된 특혜 의식 … 중략 … 삐뚤어진 모정이 결국 자신이 아끼는 자녀마저 공범으로 전락시켰다."
최서원의 딸에 대한 애정은 무조건적이었다고 평가하는 대목이다. 필자 역시, 이 사건을 수행하면서 최서원의 자식에 대한 애정이 지나치다고 생각하면서 모정의 깊이와 한계가 어디까지인지, 모정은 어떻게 절제되어야 하는지 반문해 보기도 했다. 우리나라 대부분의 어머니가 자녀들에게 절대적 사랑을 퍼붓는다는 실정에 미루어 보면, 최서원도 특별하다기보다 그 중의 평범한 하나의 사례 정도가 아닐까 선해(善解)해 보기도 했다.
정유라는 서울에서 초·중·고등학교를 졸업했다. 정유라는 중학교 때 성악을 전공(예술중학교)했으나, 4세 때부터 말과 말 타기를 좋아하여 승마 선수로 훈련을 받았다. 정유라가 승마 선수로 진로를 잡은 데에는 정유라의 이종 사촌인 장시호[73]의 권유와 영향이 있었던 것으로 추측된다. 장시호는 정유라보다 17세나 위였고, 승마 선수로 연세대학교 체육학과에 입학하여 졸업하였

---

72) 최서원에 대한 서울중앙지법 2017고합76호 업무 방해 사건.
73) 장시호: 최서원의 언니인 최순득의 딸, 승마 선수. 최순실 게이트 관련으로 형사 처벌받았음.

기 때문에 충분히 본받을 만한 인생 모델이었을 것이다. 정유라는 좋은 말과 훈련에 힘입어 국내 각종 대회에 입상하였다.

정유라는 2012년 3월 고등학교 1년 때부터 중급 이상 마장 마술에 참여하였고, 2013년 고등학교 2년 때부터는 가시적인 경기력 향상을 보였다. 각종 승마 대회의 마장 마술 부분에서 대부분 1위를 차지했다. 그와 같은 경기력으로 고등학교 3년 때인 2014년 3월 국가 대표로 선발되었다.[74]

국가 대표 선발은 전년도 성적을 종합한 통합 포인트 합계(전산 처리)에 따라 결정되는데, 정유라는 마장 마술 부분 순위 4위로 국가 대표가 되었다. 당시 야당이던 새정치민주연합 소속 안민석 국회의원은 2014년 4월경 "박근혜 대통령 최측근의 딸인 정유라가 승마 국가 대표로 선발되어 특혜를 누린다."고 주장했으나, 대한승마협회는 그런 사실이 없다고 반박했다.[75] 안민석 의원은 이후로도 최순실의 국외 비자금이 수십조 원에 이른다는 의혹을 제기하고 유럽 현지까지 찾아가 자료를 입수한다고 공공연히 외쳤으나 증거 자료나 수사 단서가 될 만한 어떠한 문건도 제시하지 못하고 있다. 최서원은 이러한 악의적인 의혹 제기에 대해 안민석 의원이 차라리 비자금을 찾아 줬으면 좋겠다고 냉소적 반응마저 보였다. 정유라는 고등학교 3년 때인 2014년 9월 인천 아시안게임 승마단체전 마장 마술 부분에 출전하여 금메달을 획득했다.

위와 같이 정유라는 고등학교 재학 시절 승마 선수로서 뛰어난 재능과 실력을 대회 성적으로 입증했다고 할 수 있을 것이다. 우리나라 승마계는 전문 선수들과 지도자, 승마행정관리요원 등이 사실상 장악하고 있으며, 선수 등 승마 인구가 매우 적어 특정 선수의 재능과 실력을 사실과 달리 **가장**(假裝)할 수

---

74) 대한승마협회, 정유라 선수 경기 실적 증명서, 2014. 4. 10.
75) 2014. 4. 9. 안민석 의원 기자 회견 보도 자료.

없게 되어 있다. 마계(馬界)에는 말(言)이 많은 법이다. 정유라의 승마 대회 성적이 조작되었다거나, 특혜 선발이 있었다는 의혹 제기는 모두 허위였다. 또 정윤회가 비선 실세로서 승마계를 좌지우지했다는 의혹 제기도 근거가 없었다. 정윤회가 비선 실세가 아니므로, 승마계 좌지우지는 논리적으로도 성립되지 않는다. 안민석 의원이나 시사저널에서 제기한 정유라 승마 관련 의혹은 이 사건, 즉 최순실 게이트 사건의 재판 과정에서 이른바 승마계 3인방으로 지칭되는 사람들이 항간의 풍설이나 의혹성 언론 보도를 오신하고 그게 사실인 양 부풀린 데 주요 원인이 있었음이 대부분 밝혀졌다.[76]

이제 최서원과 이화여대가 서로 담합 거래를 하여, 이화여대는 정유라를 특혜 입학케 하고, 그 대가로 교육부 지원 사업 학교로 선정되었다는 의혹을 살펴보자. 이 의혹은 세 가지로 나누어 검토해 보면 진상이 뚜렷이 드러난다.

첫째, 최서원이 박근혜 정부의 비선 실세로서 이화여대에 직·간접으로 딸 입시와 관련하여 영향력을 행사했는지 여부,

둘째, 정유라가 입시 전형에서 합격이 될 수 없는데도 부정·특혜 입학하게 했는지 여부,

셋째, 정유라 입학 대가로 이화여대가 평생교육 단과대학 등 지원 사업 대상학교로 선정되었는지 여부가 쟁점이다.

비선 실세(秘線實勢)의 개념이 어떤지, 실세의 요건이 무엇인지는 분명하지 않지만 통념적 개념은 외부에 나타나지 않는 권력자를 말하고 이 경우 공식적인 제1인자는 허세(虛勢)가 될 수밖에 없다. 즉 공적 지위에 있는 권력자는 허세이고, 그의 뒤에 숨어 있는 장막 속의 인물이 허세를 조종하는 실세다. 왕

---

[76] 이 점은 이 책 PART 4, PART 5의 삼성 승마 부분에서 자세히 언급함.

조 시대나 독재 체제에서 권력 행사 과정이 베일에 가려 있을 때 구중궁궐(九重宮闕) 같은 권부(權府)에서 권력을 행사하는 사람이 비선 실세라고 할 수 있다. 대한민국 헌정사에서 비선 실세가 있었던가? 강력한 리더십을 행사했던 이승만, 박정희, 전두환, 김영삼, 김대중 정부에서는 비선은 있었을지 모르지만, 비선 실세는 존재할 수 없었다. 그렇다면 장면, 노태우, 노무현 정부에서 비선 실세가 있었는가 하면 그 같은 약체 정부 때에도 비선 실세로 지목된 인물이 없었다. 있었다면 최고 권력자와 지근거리에 있던 비선들이 있었을 뿐이라고 하겠다. 그렇다면 유독 박근혜 정부에서만 '비선 실세' 의혹 제기가 빈번한 이유가 무엇인가? 박근혜 대통령을 대통령직 수행 무능력자로 인식케 하려는 선동·선전 전술이라고 할 수 있다. 박 정부 들어서 정윤회 비선 실세에서 최순실 비선 실세로 갈아탔고, 그 배경으로 최태민을 배치했다. 그런데 최 서원은 자신을 밖으로 드러내지 아니한다는 의미에서는 비선이라고 할 수 있었다. 그러나 그는 대통령을 좌지우지하는 실세는 아니었다. 실세라고 할 만한 호가호위(狐假虎威)도 없었다. 이러한 사실은 최순실 관련 재판 과정에서 모두 확인되었다고 할 수 있다. 최서원이 국회의원 공천에 개입한 사실도 없다(정치). 집권당 인사나 운영에 관여한 사실도 없다(정당). 경제 정책 수립이나 재정 운용, 예산 투입이나 국책 사업에 관여한 바도 없다. 금융 기관으로부터 거액의 자금을 투자받거나, 융자받은 바도 없다.

특검이나 일부 좌파 언론은 미르·케이스포츠 재단 모금을 들어 실세 행위라고 할 것이다. 그러나 재판 과정에서 최서원이 기금 모금이나 사용에 일체 관여하지 않았음이 누누이 확인되었다. 최서원은 김종덕 장관, 김종 차관이나 차은택 등을 추천한 사실은 있다. 그렇지만 그 방법은 정호성 비서관에게 이력서를 제출하여 참고하라는 정도에 지나지 않았고, 대통령에게 인사 관련 청탁을 한 사실이 없었다. 최서원은 박 대통령이 부정부패나 청탁에 대해 결벽증에 가까울 정도로 엄격하여, 만약 최서원이 추천·청탁했다는 사실을 알면, 될 수 있는 일도 오히려 성사되지 않는 역효과가 난다는 사정을 잘 알았기에 직접 추천·청탁을 할 엄두조차 못 내었다고 술회했다. 정호성 비서관의 진술도 취지는 같았다.

그렇다면 최서원의 역할은 무엇이었는가. 최서원이 누누이 진술했듯이, 그는 박근혜 대통령의 사적 영역에서 그를 도운 열렬한 자원봉사자라고 할 수 있다. 미혼 여성 대통령의 사생활에 누군가는 조력하는 사람이 요구되었고, 40년 세월 인연을 맺어온 최서원이 자연스럽게 그 역할을 해온 것이 전부라고 할 수 있다. 이 과정에서 박근혜 대통령 최근접 거리의 인사들 사이에 공개석상에 나타나지 않는 최서원의 존재에 대해 여러 가지로 가설이 세워졌을 것이다. 그런데 최서원 본인은 주변 사람들에게 박 대통령과의 관계에 대해 함구하고 극도로 보안을 유지해 왔다.

최서원은 2014년 9월경 딸 입시를 앞두고 이화여대 관계자와 접촉한 사실이 없었다. 이화여대 총장이나 입학처장·교수 등을 알지도 못했다. 문체부의 김종 제2차관이 딸의 대학 진학에 관해 관심을 표명하여 여러 대학에 승마 특기생으로 지원하려 한다고 하자, 김 차관이 "이대에 아는 교수가 있으니 알아보겠다."고 했다. 최서원은 이에 대해 알아봐 달라거나 부탁한다고도 하지 않았다. 의례적인 인사말 정도로 받아들였다. 몇 개 대학에 원서를 냈고, 그 중 이화여대도 있었다. 입시와 관련해서는 이것이 전부였다.[77] 김종 차관도 법정

---

77) 이대 사건 관련 재판에서는 최서원이 김종, 최경희와 공모하여 부정 입학케 했다고 판시하였으나, 실체적 진실과는 거리가 있음.

에서 이대 측에 부정 입학이나 특혜 제공을 부탁한 일이 없다고 증언했다. 정유라가 아시안게임 금메달리스트인 만큼 승마 특기생으로 이대에 입학할 적격이 있었다는 사실에 대해서는 이론(異論)이 없다. 같은 조건으로 정유라는 다른 대학에도 합격하였다. 그리고 최서원과 정유라가 대학 입학 전형에 개입하였다는 아무런 증거도 없었다. 셋째의 쟁점은 의혹 제기를 위한 그럴 듯한 스토리였다. 의혹 제기만 있었을 뿐 어떠한 근거도 없었다.

결국 의혹의 대부분이 걷혀지자 정유라에 대한 문제는 정유라가 제대로 학교에 출석·강의를 받지 않고도 학점을 취득했다는 데로 집중되었다. 스포츠나 예능 특기 학생들에 대한 우리 교육계의 오래된 학사 관리 관행이 도마에 오른 셈이다. 국위 선양을 목적으로 정부는 예체능 특기자를 육성하면서, 이들에 대한 수업 일수 충족·성적 등 학사 관리는 사실상 형식에 불과했던 불편한 진실이 있었다. 올림픽 등 국제 경기에서 우수한 성적을 올린 스타 선수들이 소속 대학에서 정상적인 수업 이행과 시험 성적을 거두고 대학을 졸업했다고 아무도 장담할 수 없었던 것이 저간의 사정이었다. 정유라도 승마 체육특기생으로 수업 출석·성적 취득 등에서는 여러 가지 잘못을 남겼고, 이 부분들이 이화여대 교수들을 형사 법정으로 가게 한 원인이 되었다.

다만, 오래된 관행으로 인한 학사 관리 잘못이 교육부 감사에서 수천 건이 적발되었는데도 정유라에게만 비난이 좁혀져 집중되었고, 균형적 기준에 의한 평가는 작동하지 않았다. 최서원이 징역 3년, 이대총장 최경희가 징역 2년, 남궁곤이 징역 1년 6월을 선고받았다.[78] 이 기준으로 다른 예체능 특기생들에 대한 학사 관리를 전수(全數) 조사해 사법 처리한다면 우리나라에 온전히 이 형풍

---

[78] 서울중앙지법 2017고합189호 최서원 등 사건 판결문, 2017. 6. 23. 선고.

(刑風)을 견뎌낼 대학이 있을지 우려된다. 독재 시절에도 대학 문제는 자율(自律)·자정(自淨)에 맡겨 왔다. 어느 특정 인물이나 정권을 타도하기 위해 균형을 상실한 잣대로 수사·재판하는 것은 공정하지도, 그 의도가 정의롭지도 않다.

정유라는 이후 이대 입학이 취소되었다. 정유라의 이화여대 입학 취소는 부정 특혜 입학 사유가 아니라, 고등학교 수업 일수를 채우지 못하여 고졸 학력이 취소되었다는 이유였다. 교육 당국이나 소속 학교는 체육 특기생이 수업 일수를 채우고 학업에 충실하기를 기대하지 않는다. 오히려 체육 기능 연습에 열중해 대회에서 우수한 성적을 거두는 것이 학교의 명예를 높이고 국위를 선양하는 길이라고 했을 것이다. 그런 체육 엘리트에 대한 오래된 관행을 근본 문제로 삼지 않고, 한 학생과 그 주변에게만 그 관행에 따른 모든 책임을 전가하는 속죄양 바치기 행태는 매우 비겁하고, 자기 기만적이다.

정유라 관련 의혹 사건에서 정작 정유라는 아직까지 기소도 되지 않고 있다. 이대 입시 등 사건에서 정유라는 공모공동정범으로 기술되어 있다. 정유라는 2017년 5월 31일 귀국하여 검찰에서 2차례나 구속영장을 청구했으나 기각되었다. 다른 공범이라는 정유라의 어머니 최서원, 최경희 총장 등 관련자에 대한 형사재판은 2018년 5월 16일 대법원에서 최종 확정되었음에도 정유라에 대해서는 미제 사건으로 남아 있다.[79] 좌파 시민 단체로 알려진 서민민생대책위원회 사무총장 김순환이 2016년 10월 21일 최순실, 정유라, 최경희 총장을 모욕, 횡령, 명예훼손 등으로 서울중앙지검에 고발장[80]을 접수한 때로부터 계산하면 무려 2년 반이 넘어서도 정작 정유라에 대한 검찰의 최종 사건 처리는 오리무중이다. 왜 그런가? 여러 이유가 있을 것으로 추측하고 있을 따름이다.

---

79) 서울중앙지검 2017형제15651호 정유라 업무방해 등 사건.
80) 서울중앙지검 2016형제98125호 사건.

2
미르 재단·케이스포츠 재단 설립과 의혹의 판도라

◈ 미르 재단·케이스포츠 재단 설립

이른바 최순실 게이트는 미르 재단·케이스포츠 재단 설립과 직결되어 있다. 미르 재단·케이스포츠 재단(아래에서는 양 재단, 미르·케이스포츠 재단 등으로 줄이기도 함)이 설립되지 않았다면 이 사건 최순실 게이트는 발생치도 않았을 것이다. 그런 만큼 정치적·사회적 의미와 비중이 큰 재단이었다.

먼저 미르·케이스포츠 양 재단이 설립하게 된 배경과 과정을 살펴보고자 한다. 필자가 이곳에서 서술하는 사실관계는 수사·공판을 거치며 검찰과 변호인, 관련자 상호간 법정에서 공방을 함으로써 어느 정도 검증된 내용이라고 할 수 있다.[81]

---

81) 어떤 사람의 진술을 신빙하느냐에 따라 사실 인정이 달라질 수 있으므로 신빙성 기준도 고려하였음.

박근혜 전 대통령은 대통령 취임 전부터 문화 융성·체육 진흥에 큰 관심을 가지고 있었다. 이 점은 박 정부의 경제수석·정책수석을 지낸 안종범도 검찰 수사 때나 재판에서 인정하고 있다. 박근혜 정부는 국민의 문화적 권리를 보장하고 문화의 가치나 위상을 제고하기 위해 문화 융성을 4대 국정 기조[82]의 하나로 정했다. 문화 융성 기조에는 문화 참여 확대, 문화 예술 진흥, 문화와 산업의 융합 3대 분야가 있고, 이 가운데 K컬쳐(K-POP도 이 중 하나임) 지원, 스포츠 활성화 등 세부 정책 대안이 있었다. 1인당 국민 소득 3만 불을 앞둔 우리나라 경제 수준에서 문화 향유를 보편화하겠다는 정책은 시의적절했으며, 국민의 지지를 받았다. 이 같은 국정 기조를 실천하는 방안으로써 문화·체육 진흥을 위한 재단 설립이 논의되었다.

▲ 미르·케이스포츠 재단

2015년 1월 초부터 문화체육진흥을 추진하는 추진체-사단 또는 재단-논의가 청와대 내부에서 시작되었다.[83] 안종범 당시 경제 수석이 경제수석실 수석행정관인 방기선에게 문화·체육 관련 비영리법인 설립 방안을 만들어 보

---

82) 4대 국정기조: 경제 부흥, 국민 행복, 문화 융성, 평화통일 기반 구축.
83) 방기선 행정관은 최순실 게이트 사건 수사 때 검찰에서 재단 설립 과정에 대해 실무자로서 객관·공정하게 진술하였음.

라고 지시하였다. 방 행정관은 사단 법인 설립으로 검토하던 중 안 수석이 재단 법인으로 방향을 바꾸어 검토하라고 하여 재단 법인 설립으로 방향을 바꾸어 설립 방안을 작성했다. 안 수석이 문화·체육 재단 출연금을 각 300억 원 기준으로 하자고 하여 그에 부응해 최종 설립 방안을 작성해 보고했다. 그 설립 방안은 검찰에서 증거 기록으로 법정에 제출했다. 이 문건[84]이 바로 그 방안이다.

문화 / 체육 분야 비영리 재단 법인 설립 방안

[목적] 문화 융성 실현을 위해 기업들의 자발적인 출연을 통해 문화 재단과 체육 재단 설립을 추진

○ 정부의 문화 융성 실현을 위한 노력에 부응하여 대기업들도 국민들의 '문화가 있는 삶' 실현을 위한 사회적 책임을 분담

  – 이념적으로 균형된 문화·체육계 인사 중심으로 남북간 문화·체육 교류 등을 대비

  – 국민들의 문화 향유 기회 확대, 인문학의 발전 등을 지원하여 개인과 사회의 정신적·육체적 건강에 기여

[설립 방안] 양 재단의 초기 출연금 규모는 각각 300억 원 수준으로 출범

○ 10개 그룹*이 양 재단에 각각 30억 원씩 총 60억 원을 출연하여 재원으로 활용

  *삼성, 현대차, SK, LG, 롯데, GS, 한진, 한화, 두산, CJ / 그룹 간 출연 규모 차등 여부 등은 추후 검토

  – 향후 사업 재원은 ① 출연금 이자 수익 ② 정부 재정 지원** ③ 대기업(법인) 및 기업 임원(개인)의 기부금 등을 활용

  **15년 문화·예술 부문 단체를 지원하는 민간경상보조 예산 0.8조 원

---

84) 방기선 행정관 작성. 문화/체육 분야 비영리 재단 법인 설립 방안.

- 문화·체육계 지원, 인재양성기금 등으로 활용
○ 민법상 비영리 재단 법인으로 설립하고, 일정 요건*을 충족토록 하여 지정기부금단체로 지정(기획재정부 고시)하고, 세제 혜택** 부여

  *비영리 민간단체지원법 §10: 사업의 직접 수혜자가 불특정 다수, 특정 정당 지지·지원 활동 금지 등

  **동단체에 대한 기부금 세액 공제 적용

○ 재단 산하에 문화/체육포럼을 신설하고, 법인 이사장(비상임)과 문화·체육계의 명망 있는 인사 1인이 공동 대표로 취임

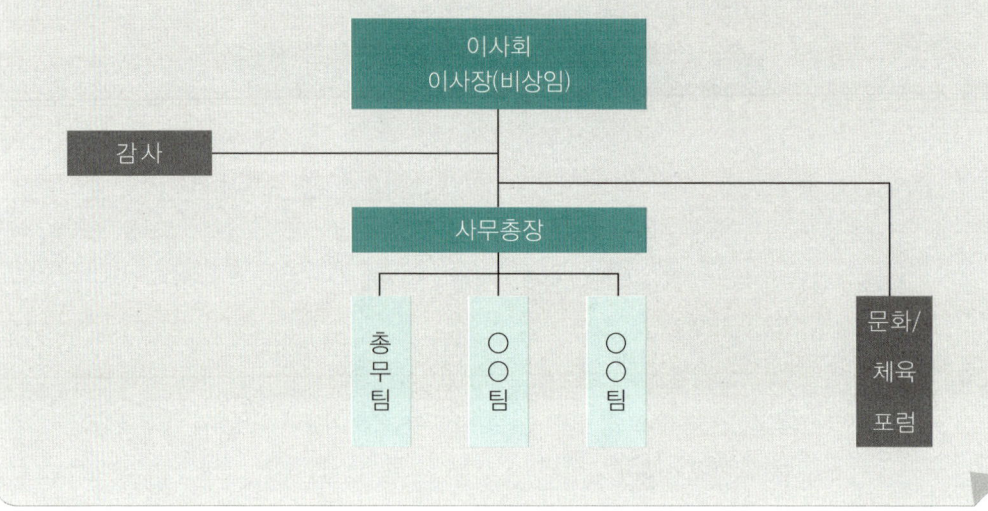

백 가지 말보다 한 줄의 기록이 훨씬 더 신빙성이 있다. 말은 시기와 장소에 따라 달라질 수 있기 때문이다. 심지어 동일한 사람이 때와 장소, 상황의 변화에 따라 동일 사항에 대해 말을 달리하는 사례는 너무나 흔하다. 때로는 종전에 했던 말을 한 적이 없다고 부인하는 경우도 적지 않다. 그의 말을 청취한 사람이 있는데도 부정하는 일도 있고, 그와 같은 진술을 한 사실이 없는데도 다수 청취자를 내세워 그런 진술이 있는 것으로 만들기도 한다.

위에 언급한 말에 관한 변화무쌍(變化無雙)한 사례는 이 사건 최순실 게이트에서 극단적인 모습을 보였다. 필자는 법과대학 재학 시절 형사소송법을 수강하면서, '자백(自白)은 증거의 왕'이라는 법언(法諺)을 알게 되었다. 자백의 위험성도 배웠다. 그래서 자백만으로는 형사 책임을 지워서는 안 된다는 원칙이 확립되었다. 필자는 그런 관점에서 이 사건과 관련해서는 사건 관련자 모두가 사활적 이해 관계가 걸려 있어서, 관련 인사들의 진술은 정교하게 분식되어 있다고 보고, 그들 진술에서 분식을 걷어내는 작업을 해야만 진상에 다가서는 길이 열릴 것이라고 판단했다. 서증(書證)은 그것이 위조(僞造), 변조(變造)되지 않는 한 그 증거 가치[85]가 매우 높다.

사건 관련 인사들의 진술이 엇갈리고 모순적일 때에는 증거 서류를 사실 인정의 주춧돌로 삼아야 한다. 그 증거 서류, 즉 서증을 어떻게 해석하느냐는 또 다른 문제이나, 서증은 그 서증에 기록된 그대로 객관적·합리적으로 해석해야 한다. 방기선 작성의 이 재단 설립 방안은 여러 기준에 비추어 이 사건 양 재단 설립에 관한 사실 인정에서 절대적 증명력을 가진다고 할 수 있다. 그가 청와대 경제수석실의 수석행정관이었다는 사실은 그 증명력을 더욱 배가하게 한다. 청와대 수석행정관의 이 설립 방안을 살펴보면, 그 목적은 문화 융성 실현에 있고, 설립 방안은 기업들의 자발적 출연을 통해 문화·체육 비영리 재단을 만든다는 것이다. 초기 출연금 규모는 각 재단별 300억 원 정도이고, 10개 그룹이 양 재단에 각 30억 원을 출연하고, 향후 재단 사업은 정부가 재정 지원을 하는 계획으로 짜여 있다. 이 보고서에는 2015년 문화 예술 부문 단체 지원 목적의 민간경상보조 예산을 8000억 원으로 적시하고 있

---

[85] 증거 가치를 증거법상 용어로 증명력(證明力)이라고 함.

다. 이 항목 기재의 함의(含意)는 양 재단이 목적 활동을 할 경우 정부가 충분한 재정 지원을 할 수 있다는 데 있다고 하겠다.

방기선 행정관은 이 보고서를 안종범 수석에게 보고했으나, 안 수석은 이 보고서를 박 대통령에게 보고하지 않았다.[86] 2015년 7월 24일과 그 다음날 박 대통령과 대기업 총수들 간의 단독 면담이 있었는데, 그때에도 박 대통령이 대기업 총수들에게 양 재단 설립 방안, 재단 출연 참여에 대해 언급한 사실도 없다. 박 대통령은 기업 총수들에게 문화와 체육 등에 통상적 의미의 관심을 촉구하는 정도의 발언만 하였다. 박 대통령은 정부가 주도하는 창조경제혁신센터[87] 개소식 등을 통해서 기업인들에게 "21세기는 문화가 대세다. 한류라는 소중한 자산을 통해 더 발전해 나갈 수 있도록 민간에서 관심을 갖고 호응해 달라."고 당부했다. 한류가 뻗어 가면 우리 기업 브랜드 가치도 올라가고 기업 수익 창출에 유익하여 기업 측에서도 호응하였다. 박 대통령은 기업 측에서도 전경련과 의논하여 자발적으로 재단 설립을 추진하고 있다는 보고를 받고 고맙게 생각하였다고 한다.[88]

안 수석은 방기선 행정관으로부터 재단 설립 방안 기본 요강을 보고받고도 구체 실행 계획을 마련하지 않았다. 실행 계획은, 전경련 소속 대기업이 자발적으로 추진하도록 유도하고, 그 경우 정부가 재정적 지원을 하겠다는 정책 방향을 고지하는 정도가 주 요지일 것이다. 즉 대통령이 국정 기조에 따른 기

---

[86] 안 수석은 재단 설립에 대해 보고했다고 진술하고 있으나, 정작 이 보고서를 박 대통령에게 보고한 바 없다고 증언하였음.
[87] 2013. 12. 민관합동 창조경제추진단 출범(공동 단장 관: 기재부 1급 공무원, 민: 전경련 부회장 이승철, 추진단 산하 지역별 창조경제혁신센터 설치.
[88] 서울중앙지검 박근혜 피의자 신문 조서 1회.

본 정책 방향을 정하면, 이를 정책으로 실현하는 것은 경제수석인 안종범의 몫이다. 그는 적법 절차에 따라 구체적인 실천 계획을 마련하고, 경제부처로 하여금 추진하게 하거나 또는 직접 전경련[89]으로 하여금 대통령의 뜻에 따라 자발적으로 재단을 설립하도록 설득·유도해야 할 임무가 있었다. 그런데 안 수석은 그와 같은 임무를 제대로 수행하지 않았고, 그로 인해 양 재단 설립과 관련한 심각한 법적 문제를 잉태하게 되었다. 그 과정을 보면 다음과 같다.

안 수석은, 2015년 7월 24일과 25일 대기업 총수들과 대통령의 독대 면담 시 재단 설립에 관한 구체적 논의가 없었음에도 그해 7월 하순 내지 8월 초경 전경련 부회장 이승철에게,

① VIP 관심 사항이고,

② 총수들과 대통령 간 재단 설립 합의가 되었고,

③ 출연 규모 300억 원 10개 기업, 1기업당 30억 원이라며 사실과 다른 내용을 전달하면서 전경련 주도로 양 재단 설립을 촉구하였다.

또 이승철 부회장에게 "재단을 설립하면 정부가 지원하고 한류 문화 창달·체육 육성에 기여한다."고 했다. 그런데 이승철은 이 내용을 기업 총수 측에 확인했으나, 대통령과 기업 총수들이 합의한 사실이 없다고 하여 양 재단 설립을 추진하지 않았다. 그러던 중 2015년 10월 하순경 리커창 중국 총리의 방한 계획이 있자, 안 수석은 대통령에게 그간 재단 설립이 잘 되어 간다고 구두보고했으나 실제로는 진행된 바 없자 리커창 총리 방한에 맞추어 한중 문화 재단 MOU 체결을 한다는 명분으로 전경련 측에 1주일 내에 재단을 시급

---

[89] 전국경제인연합: 대기업이 회원사로 가입하고 있는 경제인 단체. 우리나라 민간 경제의 중추역이라고 할 수 있음.

히 설립해야 한다고 독려하여 이례적 방법으로 재단 설립이 추진되었다. 안종범은 2015년 10월 19일경 전경련 이승철에게 "대통령의 지시를 받았다. 급하게 재단을 설립해야 하니 전경련 직원을 청와대로 보내라."라고 전화했다.

2015년 10월 21일 안 수석의 지시를 받은 경제금융비서관 최상목 주재 아래 청와대에서 청와대 행정관 이수영, 전경련 사회본부장 이용우, 사회공헌팀장 이소원이 참석하여, 1차 회의를 했다. 최상목은 전경련 측에 2015. 10월 말 예정인 리커창 총리 방한에 맞추어 300억 원 규모의 문화 재단을 설립해야 한다. 출연 기업은 삼성, 현대 등 9개 그룹이라는 등 출연 가이드라인을 제시했다. 2015년 10월 22일 청와대에서 최상목 비서관은 청와대 문화체육비서관, 행정관, 문체부 과장, 전경련 측 인사들을 모아 2차 회의를 주재했다.

이 자리에서는 전경련이 준비한 재단 설립안을 중심으로 논의하였고, 2015년 10월 27일까지 재단 설립을 완료키로 하고 업무를 분장했다. 전경련은 부회장 이승철 주도 아래 출연 기업을 확정하고 전경련의 사회공헌기금비율[90]에 따라 300억 원 출연금을 책정하려 했으나, 2015년 10월 24일 안 수석이 출연금을 500억 원으로 증액할 것을 요청했다. 전경련은 여기에 부응해 주요 대기업 집단 등으로부터 486억 원을 출연받아, 2015년 10월 26일 미르 재단 설립 신고를 하고, 그 다음날 문체부의 설립 허가를 받았다. 안 수석이 이승철 전경련 부회장에게 전화한 날로부터 9일, 최비서관 주재로 청와대 회의가 있었던 날로부터 1주일 만에 486억 원짜리 거대 문화 재단이 탄생한 것이다. 바로 미르 재단이다. 누가 보더라도 민간 주도 재단을 설립하는데 청와대

---

90) 전경련 회원사가 사회공헌 목적의 자금 소요를 충당하기 위해 회원사의 경제력에 비례하여 미리 정해둔 비율.

비서관이 회의를 주재, 독려하고 회의 1주일 만에 전경련의 호응을 받아 16개 대한민국 대표 기업 그룹이나 회사가 참여해 출연금 486억 원의 민간 문화 재단을 설립했다는 것은 비정상적이다. 이 같은 비정상적인 재단 설립과 참여 기업이 한국의 주요 대기업이므로, 향후 언론의 비판과 의혹 제기가 뒤따를 것임은 명약관화했다. 이 같은 조잡하고 독단적인 민간 주도 재단을 추진한 사람은 누구이며, 그 목적은 무엇이었을까? 박 대통령은 이 재단 설립에서 어떤 역할을 했는가가 문제될 것이다.

이 근원적 사항에 대해 박 대통령은 "중국 민간과 우리 민간이 MOU를 체결하면 좋지 않겠냐?"는 정도의 말을 했을 뿐 재단을 급히 만들어 MOU를 체결하라고 한 사실이 없다고 한다. 박 대통령은 재단 설립 과정에 관해서는 상세한 보고를 받지 못하였고, 만약 안 수석이 청와대에서 매일 회의를 하는 등 무리하게 설립 추진한다는 사정을 알았다면 절대 만류했을 것이고, 그렇게 급박하게 기업에 부담을 주고 재단을 만들 이유도 없다고 진술하고 있다. 박 전 대통령은 안 수석이 재단 설립이 잘 되어간다고 하여 그렇게 인식하고 있었고, 정호성 비서관으로부터 재단의 명칭안과 임원 추천 명단을 보고받아 보고, 재단 명칭은 미르가 좋겠다는 의견을 밝혔고 임원 인사에 대해서는 특별히 관여한 바 없다고 한다.

결국 박 대통령은 안종범 수석으로부터 재단 설립이 잘 되어 간다는 막연한 보고를 받아 재단 설립에 어떠한 무리가 있었는지 알지 못하였다. 미르 재단 설립 취지 자체에는 아무런 문제가 없으나 추진 방법상 심각한 위법성이 개재되었고, 추진 실행 주체는 안종범 수석이었으며, 그는 이와 같은 무리한 재단 설립 방법을 대통령에게 제대로 보고하지 않았다. 사회 상식에 비추어 보더라도 박 대통령이 임기 2년차에 국내의 대표적인 대기업 16개를 압박하여 1주일 만에 민간 주도 재단을 설립할 이유가 없다는 것은 충분히 납득할 수 있다. 나아가 박 대통령이 이런 안 수석의 추진 방식을 인지했다면, 정치적 공세를 고려해서라도 중단 조치했을 것임은 능히 짐작할 수 있다.

앞서 설명했듯이, 케이스포츠 재단은 처음부터 문화 재단과 함께 추진되었는데, 안 수석이 리커창 총리 방한을 명분으로 문화 재단을 화급하게 설립 추진한 나머지 설립 시기가 늦추어졌다. 전경련은 체육 재단이 곧 설립될 것으로 예상하고 있었다. 안 수석은 미르 재단이 설립된 지 1개월 여 지난 2015년 12월 중순경 전경련 이승철 부회장에게 "예전에 말한 대로 300억 원 규모 체육 재단도 설립해야 하니 미르 재단 때처럼 진행해 달라."고 요청했다. 전경련 측은 미르 재단 설립 선례를 따라 전경련 회원사 15개 대기업으로부터 288억 원을 출연받아 설립 절차를 밟고 2016년 1월 12일 설립 인가를 받았다.[91]

미르 재단과의 차이는 안 수석이 시한을 정해 두고 전경련에 촉구하지 않아, 안 수석과 이 부회장 간의 설립 요청 통화 후 1개월 정도의 상당한 여유가 있었다는 점이다. 청와대 비서관이나 행정관이 전경련 측 직원에게 압박하는 일도 없었다. 주된 이유는 미르 재단 때의 설립 업무 선례가 있었기 때문이다.

---

91) 서울중앙지법 2016고합1202호 직권 남용 사건 피고인 최서원에 대한 판결문 p.22, 2018. 2. 13. 선고.

◈ 양 재단 설립에서의 최서원의 역할

최서원이 양 재단 설립에서 어떠한 역할을 했는지에 대하여는 완전히 정반대의 두 가지 주장이 있다. 이곳에서는 필자가 최서원의 변호인이었다는 한계가 있음을 부정하지는 않지만, 법조인으로서 객관적 기록을 남긴다는 입장에서 기술하고자 한다.

최서원의 역할론에 대해, 최서원이 박 대통령을 제쳐두고 비선 실세로서 호가호위했다는 입장에 설 경우에는, 최서원은 공무원이 아니어서 공무원 신분[92]을 요구하는 직권남용권리행사방해죄, 뇌물죄가 성립되지 않는다. 현재 최서원에 대한 주된 범죄사실은 모두 최서원이 공무원인 대통령, 안종범 청와대 수석과 공모 범행한 것으로 구성되어 있는데, 그 이유는 최서원이 공무원이 아니어서, 신분을 갖춘 대통령 또는 안종범과 공모하지 않으면 이 또한 범죄를 구성하지 않기 때문이다. 박 전 대통령을 최서원의 꼭두각시로 극단적으로 매도하는 입장에 서면 역설적으로 형사 책임에서는 최서원과 박 대통령에게 가장 유리한 결과를 가져온다는 점을 지적하고자 한다.

박 전 대통령을 적극 지지하는 일부 인사들은 최서원 자신이 모든 걸 다 했다고 하면 될 터인데 자기 살 길을 찾아 시시비비를 따지다가 더 험로에 들어섰다고도 한다. 이 주장이 성립하려면, 전제 조건이 충족되어야 한다.

첫째, 최서원이 기소된 범행 일체를 단독으로 한 사실이 증거에 의해 뒷받침되거나,

둘째, 검찰이 최서원 단독 범행 진술을 그대로 받아 주어야 한다. 지금까지

---

92) 강학상 신분범이라고 함. 신분이 없으면 범죄를 구성하지 않음.

나타난 여러 증거나 정황들을 간단히 일별해도 최서원 단독으로 기소된 범행을 했다고 인정할 증거는 찾기 어렵다. 상식에 비추어도 기소된 사실관계에는 여러 사람이 관여하고 있다고 판단할 것이다.

검찰이 이 사건 수사·소추에서 겨냥한 목표는 최서원이 아니라 박 전 대통령이어서 최서원의 단독 행위 진술을 결단코 받아 주지 않을 것이다. 최서원 단독 행위 주장은 이래저래 박 전 대통령을 더욱 궁지로 몰아넣을 뿐이다. 그렇다면 최서원의 역할은 증거에서 나타난 부분으로 확인하고 그 사실관계에서 합리적 추론을 하는 것이 현책이라고 하겠다. 몇 가지로 나누어 최서원의 역할을 살펴보자.

① 최서원은 양 재단 설립의 기획 단계에서 참여한 사실이 없다. 즉, 설립 계획 작성이나 설립 절차(서류 준비 등)에 관여하지 않았다.

② 양 재단 설립은, 안종범 수석이 주도적으로 추진하고 전경련이 실무 작업(설립 신고·출연금 모금)을 했는데 최서원과 안종범은 이 사건 발생 이전 서로 알지 못하는 사이이다. 검찰은 최서원과 안종범 사이의 연결고리를 찾으려고 총력을 기울였으나 그 결과는 서로 모르는 사이를 확인했다는 것이 수사 수확이었다.

③ 최서원은 재단 출연금 모금에 일체 개입한 바 없고, 전경련 관계자나 출연 회사 임직원과도 알지 못했다.

④ 어떠한 경우에도 최서원은 박 대통령에게 직접 부탁하거나 요구 사항을 말한 적이 없었다.

⑤ 최서원은 박 전 대통령이 문화·체육 관련 재단이 만들어지는데, 밖에서 지켜보라는 말을 한 바 있어, 국외자로서 재단 설립과 운영이 잘 되어 가

는지 관심을 가졌고, 케이스포츠 재단의 임원 및 직원으로 몇 사람의 이력서를 받아 정호성 비서관에게 전달했다.

재단 설립과 관련하여 드러난 최서원의 행위는 위에 열거한 내용뿐이다.[93] 박 전 대통령은 최서원에게 국외자로서 지켜보라고 언급한 사실이 없다고 하면서 다만, 케이스포츠 재단 임원 중 일부(정동춘)를 최서원이 추천했다는 말을 들은 적이 있으나, 최서원이 대통령을 돕는다는 마음으로 주변에 알아보고 추천한 것으로 생각했다고 한다.

위의 사정을 모아 보면, 박 대통령과 최서원 사이에서는 양 재단 설립에 관해 개괄적 또는 구체적 어떠한 대화도 없었다. 다만 최서원이 스스로 정호성을 통해 양 재단이 설립된다는 사정을 알고 양 재단 가운데 케이스포츠 재단의 일부 임직원을 추천한 것이 그가 한 역할이었다고 할 수 있다. 실제로 미르 재단의 이사진은 차은택[94]과 관계있는 인사들이었다.

◈ 양 재단의 운영과 자금 유용

최서원이 양 재단을 지배했는지를 파악하기 위해서는 재단의 운영을 살펴볼 필요가 있다.

양 재단은 공익 목적의 비영리 법인이기는 하나 공익 법인의 설립·운영에 관한 법률에 의하여 설립된 공익 법인은 아니었다. 민법에 의해 설립된 재단

---

93) 공소장과 판결문 상의 역할 인정 부분은 다음 장에서 비판적으로 서술하였음.
94) 민관합동 창조경제추진단 산하 문화 융성본부 본부장.

법인이다. 따라서 민법의 법인, 특히 재단 법인에 관한 규정을 준수해야 한다. 문화 재단인 미르는 문체부의 허가를 받아야 하고, 엄격한 감독이 뒤따른다. 재단 법인의 활동은 이사가 대표 기관으로서 행한다(민법 제57조~59조). 복수의 이사 중 1인을 재단 이사장으로 선임하고 이사장이 재단 업무를 관장하는 것이 업무 실태이다. 재단 법인은 재산 출연(出捐)[95]으로 설립되는 만큼 출연자(통상은 설립자)가 재단에 영향력을 가지고 있지만, 법률상으로는 재단의 이사만이 재단 운영권을 행사할 수 있고, 출연자는 운영에 개입할 수 없다. 출연자는 자신의 의사를 반영할 이사의 선임으로 재단에 대한 영향력을 간접적으로 행사할 수 있을 뿐이다.

그런 만큼 재단에 대한 지배권은 이사 구성에 달려 있다. 미르 재단의 이사 구성을 살펴보자. 김형수 연세대 교수(이사장), 김영석, 조희숙, 송혜진, 이한선, 채미옥, 장순각 등이 설립 초기 이사였다. 김형수 이사장은 차은택과 사제지간(師弟之間)이다. 이들 이사진들과 최서원과는 알지 못하는 사이였다. 재단의 행정 업무를 총괄할 사무총장은 이성한이었는데 차은택의 지인이었고, 최서원과는 인연이 없다. 미르 재단 설립 당시 문체부 장관은 김종덕(교수 출신)인데, 차은택의 스승이었고, 당시 청와대 교육문화수석은 차은택의 외삼촌이었다.

위와 같이 미르 재단의 인적 구성은 차은택과 관계가 있는 지인들로 채워졌고, 최서원과 직접 인연을 가진 인사는 없었다. 인적 구성으로 보더라도 최서원이 미르 재단을 지배했다는 주장은 설득력이 없다.

케이스포츠 재단의 설립 당시 이사는 정동구, 김필승, 이철원, 정현식, 주종

---

95) 특정 목적을 위해 일정한 재산을 대가없이 제공하는 행위. 증여와는 다름.

미 등이고 정동구가 이사장으로 선임되었다. 체육 재단이 설립된다는 소문을 듣고, 여러 사람들이 자천·타천으로 최서원을 찾아 왔다. 최서원은 이들의 이력서를 받아 정호성에게 전해 주었다고 한다. 그러나 최서원이 이들을 평소부터 알고 있었던 것은 아니었다.

초대 이사장 정동구가 재단 출범 1개월여 만에 사임하여, 최서원이 정동춘을 후임 이사장으로 추천했다. 정동춘은 서울대학교 체육교육과 출신의 체육학 박사였고, 이사장 선임 당시 「운동 기능 회복 센터」를 운영하고 있었다. 이 사건 당시 언론에서는 이 운동 센터를 마사지 센터라고 하고 정동춘 이사장을 마사지사로 왜곡하여 비방했다. 최서원은 사업 관계로 알고 지내던 고영태[96]의 소개로 노승일, 박헌영(이들은 고영태와 같은 체육대학 동창임)을 만나보고, 이들이 체육인이어서 케이스포츠 재단의 직원으로 추천하였다. 노승일은 재단의 사업기획 본부장, 박헌영은 대외협력 본부장으로 일했다.

위와 같이 최서원은 케이스포츠 재단에 대하여는 그가 추천한 정동춘 이사장, 정현식 사무총장 등이 포진해 있어서 간접적으로 영향력을 행사할 수 있는 위치에 있었음을 부인할 수 없다.

양 재단은 재단 출범 직후부터 언론 등에서 권력형 비리 의혹 제기가 연이어 터져 나왔고, 급기야는 최서원이 박 대통령 퇴임 후를 대비해 재단을 만들었다는 의혹으로 확대되었다. 이로 인해 양 재단은 정상적으로 활동하지 못하였다. 2016년 10월부터 최순실 게이트 사건 수사가 본격화되고, 2017년 3월 10일 박 대통령 탄핵심판 선고가 있자, 문체부는 2017년 3월 22일 양 재단에

---

[96] 고영태: 펜싱 선수 출신, 아시안게임 금메달리스트

대한 설립 허가를 취소했다. 이후부터 재단 청산 절차를 밟았다. 미르 재단은 설립 후 1년 5개월, 케이스포츠 재단은 설립 후 1년 2개월 만에 청산되는 비운을 맞았다. 실제로 양 재단은 언론의 본격적인 의혹 제기 시점인 2016년 7월, 8월부터는 사업을 할 형편이 되지 못하였다고 하겠다. 초기 걸음마 단계에서 주저앉았다고 봐야 한다.

최서원은 양 재단에서 어떠한 자금도 수수한 바 없다. 나아가 최서원이 양 재단에서 자금을 빼내려 한 사실도 전무하다. 혹자는 양 재단이 정상 가동되었다면 최서원이 양 재단을 지배했을 것이라고 전망했으나, 이는 그야말로 미래 소설과 같이 고려할 가치가 없다.

위에서 살펴 본 것이 양 재단 관련 사실관계인데, 이를 두고 박 정부를 공격하는 측에서는 사실관계를 편향적으로 왜곡 해석하거나 마타도어성의 추리·추측으로 수많은 의혹을 생성시키고, 의혹을 근거로 또 다른 의혹을 만드는 의혹 재생산(疑惑再生産) 체제를 가동시켰다. 의혹의 판도라 상자를 만든 셈이다.

3
삼성의 국가 대표 승마 지원 정경 유착 프레임

◈ 삼성(三星) 그룹의 우리나라 승마계 지원

　대한승마협회는 협회장으로 선출된 인사가 소속된 회사의 재정적 지원으로 운영되어 온 것이 현실이었다. 협회장을 맡은 회사를 회장사(會長社)라고 부른다. 회장사는 거의 대부분 국내의 대기업에서 맡아 온 것이 관행이었다. 삼성 그룹은 창업주 이병철 회장, 2대 총수 이건희 회장 모두 승마에 관심이 많아 회장사를 맡았다.[97] 이건희 회장은 1988년 삼성 승마단을 창단해, 우리나라의 우수한 승마 선수를 길러냈다. 삼성가 3대에 해당하는 이재용 부회장은 승마 선수를 지낼 정도로 승마 애호가였다.

---

97) 1995. 2.~2010. 2. 안덕기 협회장 삼성그룹 고문.

삼성은 1988년부터 1996년까지 국제승마연맹(FEI)과 공동으로 FEI · 삼성 국제승마 대회를 개최했다. 삼성은 삼성 제품의 고급화 이미지 구축을 위해 1997년부터는 3년간 세계 최대 규모 승마 대회인 내이션스 컵(Nation's Cup)의 타이틀 스폰서 회사로 참여했다. 대회 명칭은 삼성 내이션스 컵이었다. 내이션스컵 대회는 1909년 런던에서 1회 대회가 열린 세계 최대 국가 단체전 경기 대회로서 명성이 높다. 삼성은 스포츠 마케팅 차원에서 거액을 투입했으며, 이로 인해 기업 이미지의 고급화에 성공했다. 삼성의 이미지 고급화는 시장 경제 체제하의 세계에서 한국의 이미지 고급화에도 순기능을 했음은 능히 짐작할 수 있다. 삼성은 2004년 아테네 올림픽 때 선수 훈련은 물론 우수한 말까지 제공하여 한국 승마 진흥에 남다른 공헌을 했다.

승마는 선수의 기량도 중요하지만 우량한 말과 조련이 선수 이상으로 중요시되는 경기라는 특성상 승마장 시설과 운영, 마필 구입 관리, 조련, 운반 등에 막대한 자금이 소요된다. 승마 선수나 애호가들로서는 감당할 수 없다. 결국 든든한 대기업 회원사의 재정적 지원에 의지하지 않을 수 없는 구조적 한계를 가지고 있다. 삼성이 대한승마협회 회장사를 맡는다면, 승마인 누구나 환영할 것이다. 실제 삼성이 승마 발전에 큰 기여를 하였다는 사실은 아무도 부인하지 못한다.

2010년 삼성그룹 고문인 안덕기 협회장 후임으로 김광원 한국마사회 회장이 협회장으로 피선되었다. 마사회는 자체 승마장과 승마단을 운영하고 있었기에 협회장으로 선임되었다. 2012년부터는 한화그룹이 회장사가 되었다. 2012년부터 2014년 4월까지는 한화생명 대표이사 신은철, 2014년 4월부터 2015년 2월까지는 차남규 한화생명 대표이사가 협회장을 맡았다. 한화그룹의 뒤를 이어, 2015년 3월 삼성전자 사장(대외협력 담당) 박상진이 협회장에 피선되었다. 삼성이 다시 승마 지원에 나선 것이다. 박상진 사장의 협회장 재지 기간 중 삼성의 승마 지원이 정경 유착으로 몰려 3대(代) 그룹 총수라 할 수 있는 이재용 삼성전자 부회장이 구속되는 삼성그룹 역사에서 가장 치욕적인 일이 벌어졌다.

◈ 2015년 삼성전자의 승마 지원 계획과 추진 실상

스포츠로서의 승마(乘馬)에 관한 이해 편의를 위해 승마에 관한 몇 가지 기초적 사항을 설명한다. 승마는 말과 사람이 일체가 되어 운동하는 스포츠다. 여기에서 승마는 경마나 기타 스포츠 이외 목적으로 말을 타는 활동을 제외한 개념이다.

인간은 빠른 속도를 추구해왔다. 신속하게 장소를 이동할 수 있는 수단으로서 승마는 최적의 방안이었고, 그래서 인류는 양질의 말을 확보하려고 국가적 노력을 기울였다. 더불어 말을 잘 타는 능력의 보급과 향상에도 힘을 쏟아 부었다. 근대 이전에는 최우량 말은 최고의 선물이었고, 어떤 종류의 말은 신화화되었다. 대표적인 말로 여포(呂布)와 관우(關羽)가 타던 적토마(赤兔馬)를 들 수 있다. 역사에서는 무수한 명마들이 등장한다. 세계 어느 나라에나 권력과 권위를 상징하는 조각·회화에는 어김없이 마상인물(馬上人物)이 있다.

인간과 말의 교감과 연대는 현대에까지 이어져 오고 있다. 말을 대체하는 이동 수단으로 자동차가 출현하고 보편화되자, 말은 의전, 스포츠, 경마용으로 용도가 축소되었다. 하지만 어느 국가, 어느 사회나 숭무(崇武)와 진취 기상을 고취하기 위해 말 산업을 발전시키고 승마 진흥에 정책적 배려를 해왔다. 다만, 승마가 그 특성상 고비용의 고급 스포츠라는 한계가 있어 대중화하는 데 어려움이 있고, 때로는 질시 대상이 되기도 했다.

승마 종목은 올림픽 기준으로 ① 마장 마술(Dressage) ② 장애물 비월(Jumping) ③ 종합 마술(Jumping & Eventing)[98]이 있고, 지구력 경기, 마차 경기, 마상 체조, 레이닝(Reining)[99] 등이 있다. 말 타기의 기본 동작에는 평보(平步, Walking), 속보(速步, Trot), 구보(驅步, Canter), 습보(襲步, Gallop) 등이 있다. 평보에서 속보, 구보까지 배우면 어느 정도 말을 탄다고 할 수 있다.

이상의 승마 관련 기본 정보를 알고 삼성이 대한승마협회의 회장사로서 승마 선수 지원에 나서게 된 경과를 살펴보자.

삼성전자의 대한승마협회 인수

박근혜 정부는 4대 국정 기조의 하나인 경제 부흥의 제1 전략으로 창조경제를 채택했다. 민간의 창의를 최대한 끌어내어 경제 부흥을 도모하겠다는 전략으로써 민간 창의를 정부가 적극 지원한다는 정책이다. 이를 추진하기 위해 지역별로 창조경제혁신센터를 설립했다. 대구에는 2014년 4월경 삼성이 중점 지원하는 창조경제혁신센터가 세워졌다.

2014년 9월 15일 대구에서 박 대통령과 이재용 삼성 부회장, 권영진 대구시장, 최양희 미래창조부 장관, 이승철 전경련 부회장 등이 참가한 가운데 대구창조경제혁신센터 크리에이티브 랩(Creative-Lab) 개소식이 열렸다.[100] 이

---

98) 마장 마술, 30킬로미터의 야외 달리기, 장애물 비월을 합친 경기로서 3일간 진행.
99) 미국 카우보이식 승마.
100) 2014. 9. 16.자 대구매일 「대구 시동 '창조경제 생태계' 전국에 확산」 기사.

자리에서 삼성은 대구시와 창조경제 업무협약(MOU)을 맺었다. 전국에서 처음이었다. 삼성은 대구의 옛 제일모직 터에 세워지는 대구창조경제 단지에 900억 원을 투자해 세계적인 창조경제 허브로 육성하는 데 기여하겠다고 약속했다. 이 개소식이 종료된 다음, 안봉근[101]이 이 부회장에게 대통령이 뵙자고 한다고 전언했다. 박 대통령은 주변에서 이 부회장을 따로 만나 격려하면 좋겠다고 건의하여 안봉근에게 지시한 것이다. 대통령과 이 부회장 간의 단독 면담은 약 5분 정도였다고 한다. 이때의 대화를 관련 진술 기록(박 대통령·이재용 부회장)에 의하여 구성해 보자.

박 대통령: 반갑습니다. 삼성이 창조경제혁신센터를 지원해 줘서 고맙습니다.

이 부회장: 감사합니다.

박 대통령: 요즘 이건희 회장님 건강은 좀 어떠신가요? 걱정이 많으시지요.

이 부회장: 관심 가져 주셔서 감사합니다.(추정)

박 대통령: 예전에 삼성이 승마협회 맡은 적이 있지요?

이 부회장: 예, 그렇습니다.(추정)

박 대통령: 삼성이 승마협회를 맡아서, 올림픽을 대비해 선수들의 전지 훈련도 도와주세요.

이 부회장: 알겠습니다. 잘 검토해 보겠습니다.(추정)

※ 검찰은 대화 중 "박 대통령이 좋은 말도 사주고"라는 말을 했다고 하나, 이 부분은 검사의 질문 내용이고 박 대통령, 이재용은 그런 사실이 없다고 한다.

---

101) 안봉근: 대통령 청와대 비서관, 측근으로 알려져 있음.

※ 박 대통령이 승마 지원을 화제에 올린 것은 당시 체육계 비리, 승마협 운영 문제 등에 대한 보고를 받은 생각이 나서, 삼성이 회장사를 맡은 경험이 있으니, 이 부회장을 만난 기회에 화제에 올렸다고 한다.[102] 5분 정도 대화임을 감안하면 박 대통령과 이 부회장 사이에 이 대화 내용 이상의 내용이 끼여 들 여지가 없었다.

이 부회장은 박 대통령과의 면담이 처음인데다, 그간 부친인 이건희 회장이 대외 교섭을 다 맡아 처리하여 정부로부터 요청이 올 경우 어떻게 해야 하는지 경험이 없었다. 그래서 먼저 삼성그룹 미래전략실[103] 최지성 실장에게 연락하여 박 대통령의 요청 사항인 승마협 인수 및 지원 문제를 상의했다.

최지성은 1977년 서울대 무역학과를 졸업하고 그해 삼성물산에 입사하여 삼성반도체, 삼성전자 전무를 거쳐 2004년 삼성전자 디지털 미디어 시장 등을 역임했고, 2012년 6월 7일부터 삼성그룹 미래전략실 실장(부회장)을 맡고 있던 그야말로 삼성그룹의 최고위급 핵심 인물이다. 한 회사에서 40여년 봉직한다는 것은 회사에 대한 충실성이 남다르다는 것을 보여주는 증거다. 미래전략실에는 6개의 팀이 있었다. ① 인사 ② 전략 ③ 기획 ④ 홍보 ⑤ 경영 진단 ⑥ 금융일류화팀 등 6개의 팀제로 운영했다.

미래전략실(약칭 '미전실') 차장은 장충기(사장급)였다. 장충기 차장도 서울대 무역학과를 졸업하고 1978년 삼성물산에 입사하여 회장 비서실, 구조조정본부, 전략기획실 등 그룹 지휘부에서 경력을 쌓은 삼성맨이다. 장 차장은 기획·홍보 업무 그리고 이른바 대관(對官) 업무를 관장했다. 이러한 업무에 능

---

102) 이런 사실관계에 대해 특검은 전혀 다르게 사실 구성을 하고 있음.
103) 삼성그룹 계열사 통할·조정하는 지휘부라 할 수 있음.

력을 발휘하려면 넓은 인간관계와 빠른 판단력 그리고 정보 수집 능력이 요구됨은 불문가지다. 그는 삼성에서 이 업무에 적합한 경력을 쌓아왔다. 이재용 삼성전자 부회장은 미래전략실과 공식적인 업무상 연계 관계는 없으며, 미전실에서 자체 판단으로 이 부회장의 위상을 고려해 정보를 전달하고 업무 협의를 했다고 한다. 즉, 상하 관계가 아니었다.

이 부회장은 2014년 9월 15일 대구창조경제혁신센터 행사를 마치고 상경하여 삼성전자 서초사옥에서 최 실장을 만나, 박 대통령의 요망 사항을 설명했다. 이 부회장의 설명을 듣고, 최 실장은 대통령이 협회 하나 맡아 달라는데 인수를 추진하겠다고 답했다. 최 실장은 당시 대통령의 요청은 부탁이라기보다 승마 등 비인기 종목들을 재계에서 나누어 맡아야 하는데 삼성이 옛날에도 승마협회를 맡은 적이 있고, 돈이 많이 소요되는 만큼 능력이 있으니 협조해 달라는 취지로 생각했다. 최 실장은 승마협회를 인수키로 결정하고, 실무 작업은 대관 업무를 관장하는 장충기 차장에게 맡겼다. 장충기는 삼성전자 이영국 상무를 일선 실무자로 지정하고 협회 인수 작업을 추진했다. 당시 승마협회 회장사는 한화그룹이어서 한화 측과 협의를 해야 하고 한편으로는 승마협 실무진과도 협의를 해야 한다. 이재용 부회장은 2014년 9월 15일 이후 협회 인수에 대해서는 관심을 갖고 있지 않았고, 미전실에서 처리할 것으로만 생각했다.

장충기는 2014년 9월 18일 제일기획 대표 이사 임대기에게 제일기획이 삼성그룹 스포츠 구단을 맡고 있으니, 담당 문체부 2차관 김종을 만나보라고 권고하였다. 임대기는 김종을 처음 만나 서로 상견하고 안면을 트게 되었다. 삼성 미전실은 2014년 11월경 대한승마협 부회장으로 이영국 상무를 내정하고 승마협에 파견했다.

이영국 상무는 당시 승마협 회장사인 한화그룹 소속 부회장이던 김효진 전무와 접촉하여 삼성전자가 승마협의 회장사를 맡는 작업을 진행했다.[104] 당시 회장사인 한화의 차남규 승마협회장의 임기는 2016년 7월까지였으나, 대한승마협의 내부 갈등 문제로 승마협회 살생부 파문이 일어나고 국회에서 안민석 의원이 정치 문제화하여 문체부와 승마협이 해명 보도 자료를 냈을 정도로 문제가 복잡해지자 회장사를 계속 맡는 데 부담을 느낀 한화그룹은 삼성전자가 회장사를 맡는 데 반대할 이유가 없었다.

12월경 삼성전자는 박상진 사장을 승마협 회장으로 내정 발령하여 인수 작업을 본격화했다. 2015년 3월 박상진 삼성 사장은 대한승마협회 회장으로 피선되었다. 승마협 협회장은 이사회에서 의결을 거친 다음 승마협 대의원 총회의 선거를 통해 협회장으로 선출하는 절차를 밟는다. 박상진은 단독 후보로서 과반 이상의 찬성으로 당선되었다. 박상진은 1977년 서울대학교 무역학과를 졸업하고 그해 삼성전자에 입사하여 2010년 1월 삼성디지털 이미징 대표이사, 같은 해 12월 삼성 SDI 사장을 지냈다. 미전실 실장인 최지성과 대학 동기이자 삼성의 동료였다. 2014년 12월부터 최지성 실장은 박상진을 삼성전자 대회협력 사장으로 발령 내고 승마협회를 맡겼다. 매우 공교롭게도 삼성승마 지원 관련 사건은 서울대학교 무역학과 출신의 대표 삼성맨을 자처하는 최지성, 박상진, 장충기에 의해 전개되었다. 이들 간의 의사소통과 업무 협조는 매우 원활했을 것이다. 그러나 이들의 협력이 대외적으로 어떻게 평가될 것인지, 또 이들이 모두 최순실 게이트에서 한 역(役)을 맡아 법정에 서게 될 것이라고는 예측하지 못했을 것이다. 2015년 8월경 회장사인 삼성전자는 승마협 부회장은 이영국에서 황성수로, 총무이사는 권오택에서 김문수로 교체하였다.

---

104) 서울중앙지검, 2016. 11. 20.자 이영국에 대한 진술조서(2회).

삼성전자의 승마 지원 계획과 추진 실상

이재용 부회장은 승마협 인사에는 관여하지 않았다. 최지성 미전실 실장이 삼성전자 측 승마협 인사를 결정하고 사후 고지하는 정도였다. 이 부회장은 2015년 7월경 최 실장으로부터 2015년 7월 24일 청와대에서 대통령 주관 창조경제혁신센터장 간담회가 열린다면서 전경련의 참석 요청이 있다는 연락을 받았다. 대통령, 비서실장, 각 수석비서관, 창조경제혁신센터 참여 대기업 총수들이 참석할 예정이라고 했다. 이 부회장은 매우 중요한 회의에서 처음으로 10분 정도 발표하고 질의 응답해야 하는 상황을 대비해 준비를 충분히 해야 할 필요가 있었다. 최 실장, 장충기 차장, 아나운서 경력의 이인용 커뮤니케이션 팀장 등이 참석해 회의를 대비하는 점검과 예행 연습을 했다. 이 부회장은 카메라 앞에 서면 긴장하여 조리 있게 말하기가 어려워 연습을 많이 했다고 한다.[105]

2015년 7월 21일경 미전실에서 7월 25일 청와대에서 단독 면담을 갖고자 한다는 통보가 왔다. 7월 25일은 창조경제 관련 청와대 간담회 바로 다음 날이다. 이 부회장이 미전실의 도움을 받아 간담회와 단독 면담을 준비하던 중 최 실장이 7월 23일 10:00경 승마협회에 대한 업데이트가 필요하니 보고 받으라고 하여 회의를 잠시 미루고, 박상진 승마협회장, 최 실장, 장충기를 만났다. 최 실장은 미리 박상진에게 승마협의 올림픽 대비 준비 상황을 보고해 달라고 지시해 두었다.

박 대통령이 삼성이 승마협을 맡아 달라고 요청한 적이 있었던 만큼 관심 사항에 대한 답변 자료나 정보를 숙지해야 했다. 이 자리에서 이 부회장과 박

---

[105] 2017고합194호 삼성 승마 사건 이재용 피고인 진술 녹취서(2017. 8. 3.자) 해당 부분.

상진 신임 승마협 회장 등 사이의 대화를 재구성해 보면 다음과 같다고 할 수 있다.[106]

최 실장: 대통령이 혹 물어 보기라도 하면 무안하니 승마협에 대해 얘기 듣고 필요한 부분을 물어보시지요.

박 협회장: 협회장이 된 지 4개월 되었습니다. 협회 내에 파벌이 있어서 내부 정리를 하고 있는 중입니다. 골치 아픕니다. 아시아승마협회 회장 선거에 나가려고 하는데, 회장이 되면 올림픽 준비에도 도움이 될 것으로 생각합니다.

이 부회장: 아시아승마협 선거 나가는 것보다 올림픽 준비가 더 중요하지 않습니까? 파벌은 어느 협회나 다 있는 것 아닌가요. 그런 것에 너무 신경 쓰지 마세요. 실질적으로 승마협 운영을 제대로 해야 되지 않겠습니까?

박 협회장: (질책을 받은 심경에서) 아시아승마협회 회장 선거 출마 어떻게 할까요?

이 부회장: 굳이 아시아승마협 회장에 출마할 필요가 있나요?

이재용 부회장은 평소 '대책 없이 문제점 나열'하는 보고를 가장 싫어 했는데, 박 협회장이 파벌 운운하며 골치 아프다고 하고 올림픽 준비는 언급도 없었으면서 아시아승마협회 회장 출마에 더 관심을 두는 듯하여 박 협회장에 대한 인상이 좋지 않았다고 술회하고 있다. 삼성의 비극이 맹아를 보이는 장면이라고 할 수 있다. 이 대화 후 삼성맨들의 행보는 이해하기 어려운 부분이 너무 많았다.

---

106) 이 대화 재구성은 삼성 사건의 관련자 이재용, 최지성, 박상진, 장충기 등의 진술 녹취서의 기재를 종합한 것임. 서울중앙지법 2017고합194호 삼성 사건 관련 녹취서의 원음 녹음 파일이 현존하고 있음. 녹음은 법원에서 직권으로 시행하여, 변호인들의 요청에 의해 녹음 사본을 교부하였음.

이 부회장의 질책을 받은 박상진 사장은 아시아승마협 회장 출마보다 시급히 올림픽 대비 계획을 추진해야 할 입장에 놓였다. 아시아승마협 회장 출마를 권유한 사람은 김종 차관이어서 장충기 차장과 의논하여, 김종 차관에게 재차 의견을 구했다. 김 차관은 올림픽 대비 차원에서도 아시아승마협 회장 당선은 중요하다는 의견을 제시했다. 최지성 실장은 장충기를 통해 김 차관의 의견을 듣고 이 부회장에게 정부 쪽 의견을 들어 아시아승마협 회장 출마를 진행하는 게 좋다고 하면서 맡겨 달라고 하자, 이 부회장도 더 이상 반대하지 않았다. 최 실장은 이 부회장이 더 이상 관여하는 것은 좋지 않다는 첨언도 했다.

이 부회장은 2015년 7월 24일 청와대 창조경제혁신센터장 간담회에서 다른 대기업 총수들과 같이 분주한 하루를 보냈다. 그 다음날인 2015년 7월 25일 10:00 청와대 인근 삼청동 안가(安家)[107]에서 이 부회장은 박 대통령과 단독 면담을 했다. 이 부회장은 단독 면담을 준비하면서 보고 문건을 작성하지는 않았고 관련 통계 숫자를 몇 가지 챙겨갔다고 한다. 이 단독 면담은, 특검에서 가장 중요시하는 면담이며 특검이 기소한 삼성뇌물 사건을 판단하는 기초 사실관계이므로 관련자들의 법정 진술[108]을 중심으로 재구성해 본다. 면담은 30~40분 정도 걸렸다.

⟨2015. 7. 25. 10:00 단독 면담⟩

박 대통령: (반갑게 인사를 하며) 이건희 회장님 건강은 어떠신지요?

---

107) 대통령의 비공식적 활동에 공여할 목적으로 마련된 청와대 부속시설. 보안이 된 집이라는 의미에서 안가로 통칭.
108) 이재용 등 삼성 관련 피고인은 특검이 기소한 2017고합194호 사건에서 피고인 신문에 진술을 하였고, 증인으로 증언하지는 않았음.

이 부회장: 관심 가져 주셔서 감사드립니다. 별다른 차도가 없습니다.

박 대통령: 최근 출시한 갤럭시S6 판매 상황은 어떤가요?

이 부회장: 비교적 잘 되고 있습니다.

박 대통령: 지역 창조경제혁신센터 가운데 삼성이 선도적으로 뒷받침해 주셔서 감사하게 생각합니다.

이 부회장: 저도 대구센터에서 대통령님을 영접할 수 있어 감사드립니다.

박 대통령: 2014. 6. 카자흐스탄을 국빈 방문했어요. 현지 발하쉬 화력발전소 사업에 삼성물산이 투자했는데 국내 중소 기업이 해외 진출할 때 이 사업이 긍정적 효과가 있기를 기대합니다. 저와 카자흐스탄 대통령이 참석한 가운데 발하쉬 발전소 준공 후 생산전력을 KEGOC가 구매하는 계약이 체결되었습니다.

이 부회장: 수고하셨습니다. 거듭 감사드립니다.

박 대통령: 문화와 산업의 융합이 미래 성장의 동력이고, 우리 경제 발전에 많은 도움이 될 것으로 생각합니다. IT와 제조업에 문화 산업을 융합하고 한류 문화 확산과 스포츠 분야를 지원하는데도 삼성이 적극적 관심을 기울여 주시기 바랍니다. 국내에 투자를 확대하여 일자리 창출에도 삼성이 적극적으로 협조해 주시길 당부 드립니다.

이 부회장: 투자 확대와 일자리 창출을 위해 열심히 노력하겠습니다.

박 대통령: 평창동계올림픽에 도움이 될 것 같은데, 삼성에서 빙상협회도 맡고 있고 올림픽 메인 스폰서이니 동계올림픽 메달리스트를 활용하는 사업에 삼성이 지원할 수 있나요?

이 부회장: 검토해 보겠습니다.

박 대통령: 승마협회는 잘 되고 있나요? 삼성이 승마협회 운용을 잘 못하고 있다고 합니다. 한화보다 못하다고도 합니다. 올림픽에 좋은 성적 거두려면 해외 전지 훈련도 보내고 좋은 말도 사주어야 하는데 그것을 안 하고 있다고 합니다. 승마협 지원을

제대로 해 주세요. 승마협에 나가 있는 삼성 사람들 교체하면 어떤가요?

이 부회장: 승마협 문제를 누구와 상의할까요?

박 대통령: (묵묵부답)

※ 박 대통령은 이 부회장을 질책했다는 주장에 대해 "제가 제의를 해 삼성이 승마협회를 맡았는데, 제가 고맙게 생각해야 하지 않겠습니까?"라며 극구 부인했다. 또 승마협회 임원인 이영국, 권오택은 알지도 못하는데 어떻게 교체 운운할 수 있는지 어이없다고 진술했다. 그런데 이 부회장은 검찰의 첫 번째 진술에서는 위와 같은 내용을 부인하다가 특검에서 진술을 변경했다. 결국, 양자 간 누구의 진술이 진실인지 가려져야 하지만 그 작업은 지난한 과정을 거칠 수밖에 없다. ※

안종범 수석은 단독 면담에 배석하지 않았다. 이 부회장은 단독 면담이 끝난 후 상황을 법정에서 자세히 진술했다.

"박 대통령은 먼저 안가를 떠나셨습니다. 일이 있으신지 먼저 떠나고 저와 안종범 수석이 옆 대기실로 들어갔습니다.", "안종범 수석과 전화번호를 교환한 후 안 수석에게 대통령이 갑자기 승마협 문제로 짜증을 내신다. 누구와 상의하면 되겠느냐고 물었으나 아무 말씀 안 하신다고 말했으나 안 수석은 별다른 대답을 하지 않은 것으로 기억합니다.", "청와대에서 회사로 돌아오던 중 안 수석에게 통화 가능할 때 연락 달라는 문자를 보냈는데, 얼마 지나지 않아 안 수석의 전화가 걸려 왔으나 안 수석은 그때도 승마협에 대해 말이 없었고, 저녁 식사나 한번 하자고 했다."

그런데도 안종범 수첩에는 2015년 7월 25일 자에 「1. 제일기획 스포츠 담당 김재열 사장 → 빙상협회 후원, 메달리스트 지원」, 「2. 승마협회 이영국 부회장, 권오택 총무이사, 김재열 직계 전무로 교체?」라고 기록되어 있다. 이와 같은 내용을 알고 있던 안 수석이 이 부회장의 승마협 관련 질문(승마협 문제를 누구와 상의할까요?)에 아무런 답이 없었다는 것도 이해하기 어려운 미스터리다. 안 수석의 수첩은 즉시성(현장 작성, 수정 등)과 정확성, 사실성에서 모두 문제를 안고 있었다. 이 같은 수첩의 흠결은 법정에서 줄기차게 제기되었으나 검찰과 법원은 속칭 스모킹 건(Smoking Gun)[109]의 증거 가치가 있다고 판단했다.

이 부회장은 단독 면담 후 전화로 최지성 미전실장에게 "대통령이 승마협회 문제로 화를 내셨다."고 전했다. 뒤이어 오후 4시경 서울 강남 삼성빌딩 최미전실장 사무실에서 이재용 부회장, 최 실장, 장충기 차장, 박상진 승마협회장 등이 모여 단독 면담 후속 대책 회의를 했다. 이 부회장은 단독 면담의 내용을 전달하면서 "삼성이 승마협을 맡고 한 일이 없고, 한화보다 못하다고 합니다. 승마협 인사를 교체하라고도 합니다. 대통령 눈빛이 레이저 쏘는 것 같았습니다. 왜 이렇게 대통령한테 야단맞게 합니까? 앞으로 야단맞지 않게 승마 지원을 제대로 준비해 주세요."라고 언성을 높였다.

이 부회장은 그 당시 대통령과 첫 단독 면담이었고, 여성(女性)분으로부터 싫은 소리를 들은 것도 처음인데다, 다른 회사보다 못하다는 데 자존심마저 손상되어 실제 상황보다도 감정 표현에서 과도(over)한 부분이 있었다고 해명했다. 이 부회장은 이 같은 강도 높은 발언으로 박상진 협회장에게 긴장감을 불어 넣코자 하는 의도가 있었던 것으로 추측할 수 있다. 이 자리에서 승마협 파견 삼성 직원의 교체를 결정하였고, 승마협 문제를 상의하기 위해 장충기 차장이 안종범 수석에게 연락했다. 장 차장은, 안 수석이 김종 문체부 차관,

---

[109] 총을 발사한 직후의 연기라고 볼 수 있을 수준의 직접 증거를 비유적으로 표현한 속어.

김종찬 승마협 전무와 이야기하면 된다고 말했다고 보고했다.

이로써 삼성전자 사장인 박상진 승마협 회장과 김종찬 협회전무, 김종 문체부 차관, 청와대 안종범 수석 간의 연결고리가 설계되었고, 이후 이 연결선에서 삼성 승마 지원 문제가 논의되었다.

이 단계에 이르기까지 대통령을 제외한 청와대 관계자, 삼성 이 부회장, 최 미전실 실장, 장 미전실 차장, 박상진 승마 협회장까지 어느 누구도 당시 비선 실세로 가끔 일부 언론에 오르내린 정윤회, 최순실, 정유라에 대해 알지 못하였고, 대통령을 포함한 위 사람들 중 어느 누구도 정윤회 일가에 대해 거론한 사실도 없었다.

〈 박상진 협회장과 박원오 전(前) 협회 전무 〉

박상진은 미전실 실장인 최지성과 대학 동기이자 삼성 입사 동기이다. 그는 1953년생이어서 2014년에는 삼성그룹 회사 내규상 60세 이상은 CEO에서 물러나야 하므로 삼성 SDI 대표이사를 끝으로 은퇴가 예정되어 있었다. 그럼에도 그가 삼성전자 대외협력 담당 사장으로 전보 발령 나고, 승마협 회장을 맡게 된 것은 그의 능력이 높게 평가되었겠지만, 미전실 최 실장의 배려를 배제하기도 어려울 것이다. 은퇴해야 할 박상진을 발탁하거나, 사장 전보 인사를 하는 데 이 부회장은 관여하지 않았다.[110]

박상진은 2014년 12월 1일 삼성그룹 사장단 정기 인사에서 삼성전자 대외담당 사장으로 발령을 받았다. 최지성 미전실장은 미리 인사 내용을 알려주며 승마협 회장도 맡아야 된다고 귀띔해 주었다. 삼성전자 대외협력 담당 사장은

---

110) 서울중앙지법 2017고합194호 2017. 8. 3.자 위 이재용 녹취서 pp.20~21 참조, 변호인 신문 부분 pp.5~6 참조.

삼성전자를 대표해서 전경련, 대한상의, 동반성장위원회, 한미경제인연합회, 한러 대화 등에서 8개의 대외 타이틀을 갖고 있었다. 스포츠 단체장은 퇴임한 삼성그룹 사장이 명예직으로 맡는 자리여서 박상진은 승마에 대하여 문외한(門外漢)인데다 승마협회 일에 크게 관심도 갖고 있지 않았다. 승마협회장은 비상근이어서 협회 일에 신경 쓰지 않았고, 승마계 인사들과도 만나지 않았다. 그는 협회의 의전용 회장역을 하면 되는 것으로 인식하고 있었고 개인적으로도 승마에 관심이 없었다고 진술했다.[111] 실무는 삼성에서 파견된 이영국 부회장 등에게 맡겼다. 심지어 박상진은 승마협회 사무실에도 나가본 적이 별로 없다고 진술할 정도였다.

박상진은 2015년 3월경 승마협회장 취임 후 승마협 현황을 파악하면서, 승마협이 전(前) 전무였던 박원오[112]파와 반 박원오파로 나뉘어져 있는 것을 알게 되었다. 박상진은 박원오가 승마협에서 오랜 기간 전무이사를 지냈고, 국내외 승마계에 지인들이 많아 승마계에 상당한 영향력을 발휘하는 것으로 나름의 평가를 했다. 그래서 박 협회장은 박원오를 개별로 만나, "파벌로 나뉘는 것은 바람직하지 않다. 협회를 깨끗하게 운영하겠다. 반대쪽 인사들의 이야기도 듣고 탕평책으로 조직을 운영할 방침."이라고 말하면서 협조를 구했다. 박 협회장이 박원오를 만난 것은, 협회 김종찬 전무가 승마협을 원활하게 끌고 가기 위해서는 박원오의 협조를 얻어야 한다고 조언했기 때문이었다. 박원오와 김종찬[113]은 승마계에서 상호 긴밀한 관계에 있는 것으로 정평이 나 있었다.

---

111) 서울중앙지법 2017고합194호 피고인 박상진 진술 녹취서 pp.3~6, 2017. 7. 31.자
위 사건, 피고인의 녹취서 변호인 신문 부분 p.1, 2017. 8. 1.자.
112) 박원오: 학생 시절 승마 선수를 지냈고, 승마협 전무를 지낸 사람으로 승마협에 깊히 관여하였음. 추후 상술.
113) 김종찬: 승마 선수 출신으로 승마협의 전무, 협회 실무 전반을 관장하였음.

이 자리에서 박원오는 미리 준비한 메모지를 보며 승마 발전에 대한 자신의 비전을 설명하면서, 박상진 협회장에게 아시아승마협회 회장과 세계승마협회 FEI G그룹 회장을 하면 좋다고 출마 권유를 했다. 출마하면 적극 돕겠다고 했음은 물론이다. 한국은 세계승마협회 구분상 G그룹에 속한다.

2015년 6월 초 박원오가 승마협 부회장 이영국(삼성전자 상무)에게 면담을 요청해 이영국 부회장은 박상진 협회장에게 사전 보고하고, 2015년 6월 5일 박원오를 만났다. 그 자리에서 박원오는 2015년 10월 아시아승마협회 회장 선거가 있을 예정인데, 박상진 사장이 출마하는 것이 좋겠다고 권고하며 자신이 적극 나서서 하겠다고 말하고 문체부 지침에 따라 승마협과 생활체육 승마연맹이 통합해야 하는데, 양측에서 추진위원회를 구성한 후 통합하는 방안을 제시했다. 이영국 부회장이 박원오에게 우리나라 승마가 올림픽에 나가기 위해 삼성이 어떤 지원을 해야 하느냐고 의견을 구했다. 박원오는 브라질 리우 올림픽(2016년)은 시간이 촉박해 힘들지만, 도쿄올림픽(2020년)을 목표로 지원하면 좋겠다고 하며, 구체적 계획안은 김종찬 협회 전무 편으로 보내겠다고 말했다.[114] 또 박원오는 이영국 부회장에게 김종찬 협회 전무를 월급제로 해주길 희망하고, 삼성 측 권오택 총무이사가 협회 업무에 편향적인 면이 있다고 지적하기도 했다. 이영국은 이날 면담 결과를 요약하여 박상진 협회장에게 문자로 보냈다.[115]

박원오는 2015년 6월 10일 「승마 중장기 로드맵」이라는 제목으로 승마협 이름으로 된 올림픽 플랜을 작성하여 email로 승마협 직원 한세웅에게 보내

---

114) 서울중앙지법 2017고합184호 사건, 특검의 박원오 진술 조서 pp.9063~9066, 2017. 1. 9.자.
115) 위 진술 조서 p.9063.

면서, 김종찬 전무에게 교부하도록 했다. 이 로드맵은 한국마사회의 승마진흥원장 안계명이 2015년 6월 3일 작성하여 마사회에 보고한 「한국 승마 선수단 지원방안 검토 도쿄올림픽 출전 준비를 위한」 문건을 주로 참고하여 만들어졌다. 박원오는 안계명으로부터 사전에 이 문건을 확보해 두고 있었다. 박원오의 2015년 6월 10일 자 승마 중장기 로드맵에는 선수단 구성 계획 항목이 있고, 마장 마술 선수로 아시안게임 금메달리스트인 김균섭, 황영식, 정유연 등이 기재되어 있는데, 이들은 모두 금메달리스트여서 계획 대상에 포함한 것일 뿐 다른 이유는 없었다.

박원오는 2015년 6월 11일 그 전날 보낸 계획안을 수정한 「승마 중장기 로드맵」 문건 2개(마사회용, 삼성용)를 다시 보냈다. 내용은 6월 10일 자와 대동소이하나 후원 주체를 삼성과 마사회 공동으로 하고 지원 규모도 320억에서 270억으로 변경한 것이다. 김종찬 전무가 예산을 더 줄여 달라고 요청하여, 마사회와 삼성 공동인 경우는 140억, 삼성 단독의 경우는 100억으로 변경하는 안을 또 만들어 보냈다. 이 박원오의 「승마 중장기 로드맵」 계획은 박상진 협회장에게 그때 즈음 보고되었다.

박원오는 승마협 전무 재직 당시 협회의 자금을 횡령하는 등 물의를 일으켜 복역한 전력이 있었다. 이런 전력을 파악하고 있었던 박상진 등 삼성 측 인사들이 박원오의 도움으로 승마협을 이끌어가려 했다는 점은 좀체 이해하기 어려웠다. 박원오는 2015년 7월 10일 자로 삼성전자와 2018년까지 매월 자문료로 1250만 원을 지급받기로 하는 자문 계약을 체결했다. 당시 박원오는 이혼한 처 명의로 계약을 맺었으며 이 계약은 김종찬 전무가 대행해 주었다. 이와 별도로 박상진 협회장은 박원오에게 삼성전자 자금으로 아시아승마협회 회장 선거 비용으로 1억 5000만 원을 지급했다. 이 용역 계약은 실제로는

2015년 7월 29일 이후 체결되었으나, 소급 날짜를 기재해 용역 금액을 더 얹어주었다. 박상진 협회장은 올림픽 훈련 계획도 세우고, 아시아승마협회 회장 선거도 도우라고 박원오를 파격적으로 대우했다. 경제적으로 곤궁에 처해 있던 박원오에게 활로(活路)가 열렸다. 물을 만난 물고기 같이.

 박상진 협회장은 박원오에 대해 매우 부정적 인상을 갖고 있었는데도 승마협 현안 문제에서는 왜 박원오에게 의존하게 되었는지 의문이다. 박원오는 승마계에서 「박퓨터」(박+computer의 약어)라는 별칭을 얻을 정도로 머리 회전이 비상하고 컴퓨터로 문건을 잘 만들어 냈다고 한다. 변호사가 법정에서 "올림픽 대비 승마계획을 승마협 내의 전문 인력으로도 입안할 수 있을 터인데 굳이 나선 이유가 무엇인가?"라는 질문에, 박원오는 단호하게 그럴 능력 있는 자원이 없다고 증언했다. 승마협 김종찬 전무가 할 수 있지 않느냐고 재차 질문하자 박원오는 그는 그런 능력이 없다고 답했다.[116]

 박원오는 위와 같이 자신이 작성한 승마 로드맵을 승마협에 보낸 다음 승마협 측에서 별다른 반응이 없자, 2015년 6월 22일 최서원이 제안한 사업에 동참키 위해 독일로 출국하여 독일 프랑크푸르트에서 최서원 일행과 합류했다.

박원오가 최서원 사업에 동참키 위해 독일로 가게 된 경위를 살펴보자.
2005년경 박원오가 서울승마훈련원 원장으로 있을 때 정윤회, 최순실, 이들의 딸 정유연(당시 초등학교 5학년)이 서울승마협의 뚝섬 승마장(현 서울숲에 마장이 있었음) 회원으로 가입하여 서로가 알게 되었다. 정유연은 승마 코치로부터 지도를 받았다. 박원오가 지도한 사실은 없었다. 정윤회 가족과 박원

---

116) 이에 대해, 김종찬 전무는 박원오의 진술이 사실이 아니라고 반박 증언함.

장은 친밀한 사이가 아니었고, 면식 정도 인지하는 상태였다. 그러다 박원오가 2008년경 승마협 공금횡령 등 범죄로 재판을 받아 복역하고 2010년 2월경 출소했다. 박원오는 승마계에 스스로 나타나지 않았다. 그러다 박원오는 2013년 초(初) 봄 경기 일죽에 있는 금안회 승마장에서 우연히 국가 대표급 선수인 신창무 코치의 승마 지도를 받는 정유연과 정윤회 부부를 만나게 되었다. 그 자리에는 승마협 감사 홍성택도 있었는데, 홍 감사가 정윤회가 박근혜 대통령 비서실장을 지냈다고 알려줘 이들 부부가 박 대통령과 관계가 있다는 것을 알게 되었다. 최서원은 형기 복역을 마치고 특별한 수입 없이 지내던 박원오를 따뜻하게 대해 주면서 가끔 용돈으로 100만 원 내지 300만 원을 주기도 했다.

2014년 12월경 최서원이 박원오에게 가출한 유연(최서원의 딸, 그 후 개명하여 유라)이를 찾아 달라고 부탁하여 박원오가 정유라를 찾아냈다. 최서원이 박원오에게 혼외 임신 중인 정유라를 데리고 제주에 내려가 돌봐 달라고 하자 박원오도 이를 승낙했다. 그 후 최서원이 딸을 계속 국내에 두면 면목이 없을 것 같다며 독일로 보내서 승마 선수로 키우고, 이 기회에 독일에서 승마장을 구입해 말 사업을 같이 해보자는 제의를 하여, 박원오가 이를 받아들였다.

박원오는 2014년 4월 11일부터 4월 18일까지 최서원과 같이 1차 독일 현지 답사를 하고, 독일 거주 한국 교민인 데이비드 윤(한국명 윤영식)과 접촉했다. 데이비드 윤은 독일 헤센주[117] 승마협 회장 알베르트 쿠이프스와 교분이 있는 사람이었다. 박원오는 개인적으로 독일의 승마 코치, 선수 등에 대해 상당한 정보를 가지고 있어서 최서원에게 도움을 줄 수 있는 위치에 있었음은

---
117) 헤센주(Hessen주): 프랑크푸르트(Frankfurt)가 있는 독일의 주, 교통 중심지.

부인하지 못한다. 박원오가 삼성 측에 승마 로드맵 안을 던져 주고, 2015년 6월 2차로 독일로 출국한 것은 독일에서 장기체류하며 최서원과 말 사업을 본격적으로 시작할 목적에서였다. 승마협과는 업무상 결별할 생각이었다고 할 수 있다. 박원오는 최서원에게 삼성 측 승마협 인사들과의 접촉에 대해 말하지 않았다. 2015년 6월 30일에는 정유라 일행이 독일에 도착했다. 2015년 9월 19일경 독일 비블리스시에 있는 예거호프(Jägerhof) 승마장을 임차해 독일 사업이 본격적으로 시작되었다. 한국에서 정유라가 타던 말 4마리도 독일로 반입되어 왔다.

승마장 경영과 말 사업은 전문성이 요구되어, 박원오가 전적으로 맡을 수밖에 없었다. 최서원은 딸이 승마 선수로서 성장하는 데 헌신하였지만 승마에 관한 전문 지식은 없었다. 독일에서 말 사업은 자금·재정은 최서원이, 마장 운영·선수 관리 등은 박원오가 분담하는 구조였다. 최서원은 박원오에게 매월 3000유로 정도의 월급을 지급했다고 한다. 숙식 제공이 있었으므로 3000유로는 온전히 박원오의 가처분 소득이 된 셈이다.

이렇게 해서 진행된 최서원과 박원오의 독일 동행은 불과 5개월 만에 박원오의 일방적 파기로 파탄에 이르렀다. 2015년 12월 초 독일에서 일방적으로 약속을 파기하고 귀국한 박원오는, 승마협 삼성 측 간부에게 최서원을 떼내라고 하는 등 비난에 주력하여 박근혜 정부를 붕괴시키는 데 결과적으로 큰 역할을 했다. 박원오와 독일 승마장에서 1개월 정도 함께 있었던 노승일이 귀국하여 박원오보다 더 강렬하게 최서원을 비난했다.

〈 삼성전자와 독일 코어스포츠 사이의 올림픽 대비 승마 지원 용역 계약 체결 〉
승마협 회장 박상진은 위와 같이 2015년 7월 25일 청와대 단독 면담 후속 대책 회의에서 이재용 부회장으로부터 질책을 받은 나머지, 시급히 올림픽 대비 승마 지원 계획을 수립하고 추진해야 할 처지에 놓였다. 삼성그룹 후계자가 질책했다는 사실은 박상진에게 진퇴가 걸린 경고 신호였다. 박상진은 이 문제를 풀기 위한 해법을 박원오가 가지고 있다고 생각했다. 후속 회의를 마친 박상진은 바로 승마협 부회장 이영국, 김종찬 전무를 서울 강남 일식집으로 불러, 박원오 근황을 파악하고 화급하게 박원오와 면담을 약속하라고 지시했다. 김종찬 전무를 통해 독일에 체류 중인 박원오의 전화번호를 입수했다. 박상진 협회장의 동정은 김종찬 전무에 의하여 독일에 있는 박원오에게 전달되었으리라 넉넉히 짐작할 수 있다.

2015년 7월 29일 궁지에 몰린 박상진 협회장이 독일 프랑크푸르트로 날아가 박원오와 만났다. 박상진 협회장이 올림픽 지원 계획을 세워야 하니 도와달라고 요청하자 박원오는 "왜 이제 오느냐 삼성에서 찾아 올 것이라는 최순실의 말을 들었다."고 했다. 박원오는 삼성 측에서 독일로 그를 찾아와야 하는 상황에 있다는 사정을 김종찬·이영국 부회장으로부터 들어 알고 있었다. 최서원이 알려 주었다는 말은 사실과 다르다.

박원오는 박상진 협회장에게,

"최순실은 최태민의 딸인데, 박 대통령이 야인 시절, 어렵고 힘들었을 때 최순실이 계속 옆에 있으면서 친자매처럼 돌봐주었고, 대통령이 된 이후 최순실은 청와대에 수시로 드나들면서 박통의 옷, 귀걸이 등 여성용품 등을 개인 수발 들면서 현재까지 매우 절친한 관계이다. 최순실은 VIP와 친자매처럼 무척 가깝게 지내면서 큰 영향력을 미치고 있기 때문에 최순실의 말 한마디가 바로 VIP에게 전달된다. …… 중략 …… 최순실은 딸을 생명처럼 매우 소중히 생각하는데 정유라 자체가 정신 상태가 불안하여 엄마가 정유라를 이기기 어렵다.

그래서 정유라를 독일로 보냈고, 내가 독일에서 밥해 먹이고 식료품 사다 주고 하는 등 수발을 다 하고 있다. 정유라가 맘을 잡고 정상인으로 활동할 수 있는 것은 승마밖에 없다. 정유라의 승마 훈련을 지원해 달라. 최순실의 생명과도 같은 정유라가 지금 독일에 있으니 삼성이 도와달라."
라고 했다. 박원오는 이와 같이 최순실과 자신과의 관계와 정유라에 대한 지원을 직접적으로 요청하면서 2018년 자카르타 아시안게임 및 2020년 도쿄 올림픽에 대비한 장기 지원 방안으로 2014년 아시안 게임 금메달리스트를 포함(정유라 포함)하여 해외 전지 훈련을 지원해 달라고 했다. 박상진은 그때 대통령이 승마협회를 지원하라고 한 것이 이것 때문이구나 생각했다.[118]

박상진은, 박원오의 말은 공손해도 엄청 심각한 상황을 설명하는 내용으로 알아들었고 박원오 본인이 경험하고 확실하게 체험한 게 아니면 나올 수가 없는 이야기라고 생각했다. 박상진 협회장은 비즈니스를 오래 한 경험에 비추어 진실성이 있다고 판단하고 디테일한 이야기를 파악하려면 실무자를 불러야 되겠다는 생각에 박원오와 같이 있으면서 국내에 있는 황성수 전무(승마협 부회장 겸임)에게 전화해서 독일로 오라고 했다.
박상진 협회장은 황성수 부회장에게 박원오와 올림픽 대비 승마 지원 계획에 관한 구체적 협의를 진행하라고 지시했다. 박상진·황성수는 박원오와 면담을 마치고 2015년 8월 3일 귀국해서 최지성·장충기에게 박원오가 독일에서 박상진 등에게 말한 내용을 그대로 전했다. 박원오가, 최순실은 비선 실세라 하며 자신이 최순실의 대리인인 양 호가호위하였음에도 그의 허장성세를

---
118) 박원오의 증언과는 다르나, 재판부에서는 삼성 측 승마협 간부의 진술을 받아들여 사실 인정했으며, 그 판단은 합리적이라고 할 수 있음.

이들은 그대로 믿었다. 서울중앙지법 형사27부 배석 판사가 최지성에게 박원오 말이 맞는지, 최서원의 영향력이 어느 정도인지 조사해 보지 않았느냐고 질문하자,「박상진 사장 귀국 후 말을 듣고 쇼크받았다. 알아보는 게 조심스러웠다. 해 볼 엄두를 못 냈다.」라고 진술하고 있다. 이는, 독일에서 박원오를 만나고 온 박상진이 박원오의 교언영색과 허장성세에 그대로 빠져들었고, 세간의 의혹까지 겹쳐서 박원오 말의 진정성에 대해 최소한의 검증도 하지 않았음을 자복하는 진술이다. 박상진·황성수는 승마를 모르고 제일 잘 아는 박원오가 독일 현지에서 마장도 확보해 두고, 각종 승마 훈련 등 역할을 할 수 있는 회사를 소개해서 프로그램 짜놓고 호응하겠다고 하니 그 이상 더 좋을 것이 없었다. 정유라를 끼우는 건 부담이지만 선발 자격도 있다고 하니, 재차 대통령의 질책을 받기보다 빨리 지원 결정하기로 했다고 한다.

결국, 최지성 등 미전실 간부들은 독일 현지에서 박원오를 접촉하고 보고한 박상진의 말을 아무런 검증 없이 그대로 받아들여, 최서원이 마치 박원오를 대리인으로 내세워 비선 실세로 영향력을 과시하고 다른 한편으로는 최서원이 대통령을 통해 삼성에 승마 지원을 압박하고 있다고 보았다. 삼성에 대한 승마 지원 질책을 최서원의 해코지였다고 독단하였고, 만약 박원오의 요구를 들어 주지 아니하면 또 다시 해코지 당할 위험이 있어 지원하게 되었다고 한다. 그러나 최서원은 대통령에게 삼성 승마 지원 부탁을 한 적이 없고, 박원오에게 자신이 비선 실세라고 위세를 부린 적도 없다. 박원오는 오히려 매월 삼성에서 1250만 원씩 컨설팅 비용을 받고 박상진을 위해 일해 왔다. 박상진은 박원오의 말에 넘어가, 미전실에 잘못된 보고를 하고, 미전실 역시 박원오의 말을 검증하지 아니한 나머지 착각에 빠져, 나름대로 상상력과 추리력을 동원해 최서원을 세간의 의혹과 같이 비선 실세로서 삼성을 해코지하는 인물로 단정하는 큰 상황 오판으로 낭패에 이른 것이다.

박원오는 황성수 승마협 부회장과 실무적 협의를 거쳐 2015년 8월 26일 독일 프랑크푸르트에서 최서원이 인수한 코어스포츠 회사와 삼성전자 사이에 용역 계약이 체결되는 데 결정적 · 핵심적 역할을 했다. 코어스포츠가 승마협에서 파견한 국가 대표급 승마 선수의 유럽 전지 훈련 등 올림픽 대비 훈련 계획을 용역받아 수행한다는 요지의 계약이었다. 올림픽 대비 계획은 박원오가 작성했다.

삼성전자와 독일 코어스포츠 사이의 2015년 8월 26일 자 삼성전자 승마단 해외 전지 훈련 용역 계약의 요지는 다음과 같다.

① 승마단 선수(장애물 3명, 마장 마술 3명)의 독일 전지 훈련 지원, 국제대회 참가 지원, 전지 훈련 관련 제반 인프라(infra) 제공, 마필 및 현지 운영용 차량 구매 대행
② 용역 기간: 2015. 8. 1. ~ 2018. 12. 31.
③ 용역 총액(예상액): 213억 원

이 용역 계약은 박원오가 입안한 승마 선수 해외 전지 훈련 계획에 따라 시행되는 독일 현지에서의 용역을 코어스포츠가 수행한다는 내용이었고, 선수 선발은 마장 마술 3명, 장애물 3명으로 하였다. 선수 선발은 삼성에서 하되 승마협의 도움을 받는 것으로 했다. 정유연과 마사회 소속 박재홍은 당시 현지에서 훈련 중이고, 자격(아시안게임 메달리스트)이 되므로 먼저 선발하고 추

후 4명을 선발키로 했다. 정유연 선수 한 사람을 위한 용역 계약이거나, 1인 선수를 지원하기 위한 가장 계약은 아니었다.

이 용역 계약에 따라 코어스포츠는 삼성전자로부터,

① 2015. 9. 14. 10억 8687만 원(81만 520유로)

② 2015. 12. 1. 8억 7935만 원(71만 6039유로)

③ 2016. 3. 24. 9억 4340만 원(72만 3400유로)

④ 2016. 7. 26. 7억 2522만 원(58만 유로)

합계 36억 3484만 원을 용역 대금으로 받았다.

훈련용 마필, 마필 운송 차량 구입비 및 부대 비용 합계 41억 6251만 원은 용역 계약상 삼성전자 소유이고, 자산 장부에도 기록되어 있었고, 이 사건 수사·재판 과정에서 삼성전자에서 전부 처분하였다. 따라서 코어스포츠가 용역 대금으로 수령한 금액은 36억 원에 한정된다.

위와 같이 삼성전자의 해외 전지 훈련 계획과 독일 코어스포츠 사이의 훈련 용역 계약의 기획·추진은 박원오에 의하여 이루어졌다고 해도 과언이 아니다. 국제 대회 대비 승마 대표 선수 해외 훈련에 관해 지식과 경험이 전무한 최서원이 지시하여 박원오가 실행했다는 특검 등의 사실관계 전제는 너무나 기초가 허약하다.

◈ 정경 유착 프레임으로 의혹 제기

위에서 설명한 경과와 같이 이재용 부회장은 최지성 미전실장, 장충기 차장, 박상진 승마협 회장이 2015년 7월 29일 독일 현지에서 박원오를 면담하고 숙의 끝에 삼성전자가 국가대표급 승마 선수를 선발하여 해외 전지 훈련을 지원하고, 그 현지 용역은 코어스포츠가 맡으며, 우선 선수 2명(정유라와 박재홍)을 선정 지원하고 추후 4명을 더 선발 지원키로 했다는 저간의 경과에 대해 이 사건으로 언론에 본격 거론되기 이전(2016. 10월)까지 알지 못했다. 최지성 실장은 상세한 경위나 내용을 이 부회장에게 알려주지 않았다. 이 부회장은 정윤회 이름 정도는 언론을 통해 접했으나 최순실, 정유연은 전혀 인지하지 못했다고 한다. 더구나, 박상진이 미전실에 보고했듯이, 최순실이 비선 실세이고, 그가 대통령께 부탁해 삼성에게 승마협을 맡기게 했다는 등은 이들 사이에서만 공유한 논의였을 뿐 이 부회장 등 다른 외부에 알리지 않았다. 이재용 부회장은 삼성전자가 선수 훈련용으로 어떤 마필을 구입했는지도 알지 못했다.

박영수 특검은 2017년 2월 28일 최서원을 삼성뇌물죄 등으로 기소할 때, 공소장에 박근혜 대통령이 2016년 2월 15일 대통령 안가에서 이재용 부회장을 단독 면담하며, 그에게 "정유라를 잘 지원해 주어 고맙다. 앞으로도 계속 지원해 달라."고 했다고 적시하고 있으나 이는 터무니없는 내용이다. 그날 안가에서의 면담 내용에 대해 이 부회장은 법정에서 검찰 측 신문이나 변호인 신문에서 상세히 진술했다. 박 대통령은 이건희 회장의 건강, 출시 예정인 갤럭시S7에 대해 언급했다. 이 부회장은 "기능·디자인 모두 혁신 제품이어서 시장 반응이 양호합니다. 중소협력업체 인력난이 심각합니다. 외국인 노동자 공급이 불가피합니다. 노령화 문제의 근본 대책이 강구되어야 합니다."고 응대했다. 그러다 박 대통령이 약 10분간에 걸쳐 JTBC와 홍석현 회장[119]에 대해

---
119) 홍석현: 중앙일보·JTBC 회장, 주미대사 등 역임, 이재용 부회장의 외숙부.

강한 불만을 토로해 당황했다고 진술했다. 이날 면담에 승마 얘기는 전혀 없었다고 누차 확인 진술했다. 박 대통령의 진술도 이와 같다. 그런데 어떤 증거 자료로 「정유라 지원 감사 발언」을 공소장에 넣었는지 매우 의아스러우나 특검이 이렇게라도 해야 할 이유가 어렴풋이 드러났다.

즉, 삼성전자와 코어스포츠간 용역 계약은 2015년 8월 26일인데, 계약 이후 박 대통령과 이 부회장 사이에 계약 이행 등에 관한 아무런 대화가 없었다면, 이재용 부회장이 승마와 관련하여 박 대통령에게 부정한 청탁을 했다고 하기에는 사리에 맞지 않고, 대통령도 승마 지원을 알지 못한 것으로 추정되어 결국 삼성 승마 지원으로 양자를 형사 사건으로 몰고 갈 수 없는 난관에 빠질 것이다.

앞서 언급했듯이, 박원오는 2015년 12월 초 최서원과 결별하고 귀국하여 최서원을 비방하면서 삼성전자 측에도 최서원을 돕지 말라고 했다. 이때 이후 일부 언론에서는 삼성전자가 코어스포츠를 통해 정유라 선수 훈련을 돕는다는 기사를 내보내면서 정경 유착으로 몰고 갔다. 박 대통령이 나서서 정유라를 돕게 했다는 억측마저 나돌았다.

삼성전자와 코어스포츠 최순실이 계약한 사실이 세간에 노출됨으로써 최순실은 점차 박 대통령을 움직이는 비선 실세로 만들어져 갔다. 온갖 횡행한 의혹은 국회에서 탄핵 사유로 활용되었고, 급기야 특검에서는 삼성전자의 승마 지원을 삼성그룹 이재용 부회장의 승계를 돕기 위한 대통령에 대한 뇌물 사건으로 구성하는 극적인 연출을 해냈다. 이른바, 정경 유착 구조였다. 사민 계열 세력의 반(反) 대기업 정서와 논리는 정경 유착 의혹을 증폭·확산시켜 민심을 박 정부로부터 떠나게 했다. 이들의 이 사건과 우리나라 대표 대기업에 대한 왜곡된 인식의 일단을 잘 보여주는 문건을 제시해 본다.

〈 박영수 특별 검사의 항소 이유서 중에서(서울고법 2018노723호 사건) 〉

XII. 결어

이처럼 이 사건은 최고 권력자인 대통령 및 배후 실세인 피고인과 재벌 후계자가 장기간 유착 관계를 형성하여 서로에게 편의를 제공한 **'전형적인 정경 유착' 사건**이라고 할 수 있습니다.

※ 피고인은 최서원임.

〈 김상조[120] 경제개혁연대 소장의 박영수 특검 진술 조서 중에서 〉

- 신문 조서 말미의 문답

특검 파견 검사 문○○의 질문:

2016년 11월 23일 자 경제개혁연대 논평(국민연금의 삼성물산 합병 결정, 최순실 개입보다 기금운용본부의 권한 남용 수사가 핵심이다)에는 "삼성은 우리 사회의 모든 사람을 회유할 수 있는 힘을 보유한 유일한 주체이며, 그 힘을 오남용하는 삼성의 후진적 지배 구조를 개혁하는 것이 우리 사회의 핵심 과제다."는 문장이 있는데, 이는 어떤 의미인가요.

김상조의 답변:

말 그대로 삼성은 우리 사회의 모든 사람을 로비하여 삼성에 유리한 방향으로 결정을 이끌어낼 수 있는 힘을 실제 보유하였고, 역설적이게도 이것 때문에 삼성그룹이 후진적인 지배 구조를 갖게 되었다는 말입니다.

제가 오늘 조사를 받으면서 삼성의 로비력이 이 정도인 줄은 몰랐고, 이에 대한 특검 수사도 잘 밝혀진 것으로 생각됩니다. 2008년 삼성비자금 특검에서 제대로 단죄하지 않아 현 상황까지 이른 것으로 보이고, 이번에 제대로 단죄를 해야만 **정경 유착**의 고리를 끊을 수 있을 것으로 생각됩니다. **개인적으로는 이재용 부회장이 이번에 구속되는 것이 이재용 본인에게나 삼성그룹 전체에도 좋지 않을까** 생각하고 있습니다. **정경 유착**을 근절하고 삼성그룹이 더 글로벌한 기업으로 성장할 것으로 확신합니다.

김상조는 법정에 출석하여 증인으로 위와 같은 취지의 증언을 하였다.

---

120) 김상조: 이 사건 이후 공정거래위원장에 임명되었다가 2019. 6. 청와대 정책실장에 임명됨.

4
JTBC의 태블릿 특종 보도

이른바 '최순실 게이트 사건'에서 가장 드라마틱(dramatic)한 몇 부분을 꼽아 보라고 하고,

① 이 사건에서 차지하는 비중(중요도)

② 파급성·영향력

③ 의외성

④ 숨겨진 부분 등 미스터리성 등을 그 선정 기준으로 삼았다고 한다면, 필자는 JTBC가 2016년 10월 24일 20:00경부터 뉴스룸에서 특종 보도로 내보낸 「최순실 태블릿 PC」를 제1순위에 올려야 한다고 생각한다.

국회·증권가·일부 언론의 무차별 의혹 제기 → 이에 추동된 민노총 등 좌파 시민 단체의 대규모 군중 동원 시위 → 언론의 군중 영합성 보도 경쟁 →

시민 단체 등 명의의 박 대통령·최서원 등에 대한 고소·고발 → 여론 영합한 특별수사본부 수사 활동 → 수사 결과에 편승한 국회의 탄핵 소추 → 탄핵 소추에 맞춘 박영수 특검의 정치성 수사·기소 → 헌재의 전격적인 탄핵 심판 선고 → 박근혜 정부 붕괴와 박 대통령 구속 → 재판부에 의한 20년 이상의 중형 선고로 이어지는 일련의 정변 사태 과정에서, 사태 진압과정 초기에 JTBC의 선동성 태블릿 보도는 이후의 여론의 방향을 결정한 치명적 파괴력을 가졌다. JTBC의 보도에 대한 합리적 반론은 있었지만, 쓰나미에 휩쓸린 초라한 외마디에 그칠 정도였다. 이 보도가 있은 지 3년이 되어가는 시점에서 돌아볼 때 JTBC의 태블릿 보도가 박 정부 붕괴의 기폭제였다는 데 대부분 동의할 것이다.

JTBC 스스로도 JTBC 태블릿 보도 1주년 기념 방송에서 자화자찬하는 내용을 온 천하에 알리는 데 한 치도 주저하지 않았다. 이곳에서는 현재까지 재판정을 거쳐 확인된 사실관계에 터 잡아 JTBC의 태블릿 보도의 진상을 설명하고자 한다.[121]

◈ JTBC 태블릿 보도 전후의 정치·사회 상황

2016년 4월 15일 실시된 제20대 국회의원 총선거에서 여당인 새누리당(대표 김무성)은 122석을 얻는 데 그쳐 과반의석(151석, 재적 300석)을 상실했을 뿐 아니라 원내 제1당을 야당인 더불어민주당(비상 대표 김종인, 의석 123석)에

---

121) JTBC 태블릿 보도는 최순실 게이트 사건과 변희재 미디어 워치 고문 사건의 법정에서 치열한 논란이 있었음. 변희재 사건은 아직도 재판 계속 중임.

게 내주었다. 안철수가 이끄는 신생당인 국민의당이 38석(비례대표 득표율 2위)을 확보하는 돌풍을 일으켰다.

총선 전 정치권에서 여론 조사 자료를 근거로 여당인 새누리당의 압승을 예상하는 의견이 지배적이었고, 개헌선인 200석(200/재적 300석)도 가능하다는 전망도 있었다. 이에 비하여 야권은 선거 직전 분열되어 70~80석에 그치는 참패가 예상되었다. 그런데 총선 직전 새누리당 공천 파열음과 당대표인 김무성이 대표 직인을 가지고 당사를 이탈하고, 일부 지역에는 당 공천을 하지 않는 등 상식 밖의 내부 정쟁으로 자유 민주 지지층의 민심을 떠나게 했다. 여당을 지지하던 유권자들은 안철수의 국민의당에 투표한 것으로 분석되었다.[122] 박 정부의 실정보다는 선거를 앞두고 자초한 공천 실패로 총선 패배를 가져왔다. 이 선거 결과는 여권의 분열로, 그리고 박 대통령을 탄핵으로 인도하는 결정적인 정치적 여건을 만들어 주었다.

김정은[123] 치하 북한은 김씨 공산 왕조 체제 보존을 지상의 목표로 삼고, 아버지 김정일의 2차례 핵 실험을 이어받아 2013년 2월 12일 3차 핵 실험, 2016년 1월 6일 4차 핵 실험, 2016년 9월 9일 5차 핵 실험을 강행했다.[124] 북한은 핵탄두를 장착할 장거리 미사일(광명성1호 로켓 ICBM)을 발사했다. 박근혜 정부는 김정은의 4차 핵 실험과 장거리 미사일 발사에 대응하여 2016년 2월 10일 개

---

122) 구글 나무위키, 2016년, 2019. 4. 9. 최근 수정.
123) 김정은: 1984년생, 2011. 12. 김정일 사망 후 추념 기간을 거쳐, 2012. 4. 조선 노동당 제1비서, 국방위원회 제1위원장에 취임. 북한 최고지도자. 스위스 베른 공립중학교 9년 중퇴, 김일성 종합대학 학사, 김정일과 고용희 사이의 둘째, 동복형 김정철, 동복 여동생 김여정. 이복형 김정남은 살해되었고, 그의 아들 김한솔은 피신 망명.
※ 위키백과, 김정은 참조.
124) 김정은 2017. 9. 3. 6차 핵 실험을 마치고, 핵무력 완성을 선언하고 핵·경제 병진노선을 천명하였음. 그에 따라 2018년부터는 평창올림픽을 구실로 위장된 비핵화 평화 전략을 구사하고 있음.

성공단 가동을 전면 중지한다고 발표했다. 2005년부터 시작한 개성공단 사업이 전면 중단되기에 이르렀다. 이는 남·북 간의 극단적 대치이지만 다른 면에서 보면, 김정은이 체제 유지를 위해 북한 내의 민심 이탈을 막기 위한 막다른 선택의 귀결이기도 했다.

한편 박근혜 정부는 시진핑 중국 주석과 배우 좋은 관계를 만들어 갔다. 박 대통령은 2015년 베이징에서 개최된 중국의 제2차 세계대전 승리 기념식에 미국의 반대를 무릅쓰고 참석하여 친중국이라는 비난마저 일게 했다. 그러다 주한 미군이 사드(THAAD, 고고도 미사일 방어체계) 국내 배치를 밝히고 박 정부가 이를 승인하자 한중 관계는 급냉으로 돌아섰다. 중국 정부는 사드 배치에 항의하면서 한한령(限韓令)[125]을 발령했다. 한국과의 모든 협력을 중단했다. 심지어 중국인의 한국 관광을 사실상 금지했다.

2016년의 박 정부는 정치·국제 관계에 있어 내우·외환의 곤경을 맞고 있었다. 자연 재해도 뒤따랐다. 2016년 7월 울산 지진(진도 5.0), 2016년 9월 경주 지진(진도 5.8) 등 사상 최대 규모의 지진으로 피해가 막심했다. 2016년 초부터 미르·케이스포츠 재단과 관련한 여러 의혹들이 일부 언론에 게재되다가 TV조선에서 2016년 7월 26일 미르 재단의 기금 모금에 안종범 경제수석이 주도했다는 취지로 보도했다. 뒤이어 2016년 9월 20일 한겨레신문은 최순실의 얼굴 사진을 싣고 대기업 돈 288억 원을 걷은 「K스포츠 재단 이사장은 최순실 단골 마사지 센터장」이라는 제목으로 의혹성 기사를 내보냈다.[126] 이후 최순실 관련 의혹들이 On·Off line 불문하고 넘쳐났다. 이런 의혹들은

---

125) 한한령의 한(限)은 금(禁)과 동의어임.
126) 최순실 게이트, 한겨레 특별 취재반, pp.55~57, 돌배게, 2017. 4.

모두 박근혜 대통령을 겨냥하고 있었다.

　JTBC의 2016년 10월 24일 보도 전후의 우리 사회의 분위기는 매우 뒤숭숭하고 음모가 넘쳐났으며, 양식 있고 이지적인 시민조차 옥석을 가리기 어려운 상황이었다고 할 수 있다. 특히 언론 보도가 감성적·자극적이어서 사회 불안감을 부채질하고 있었음은 당시 기사를 보면 누구나 고개를 끄덕일 것이다.

◈ JTBC 태블릿 보도와 반(反) 박 정부 여론 쓰나미

　박근혜 대통령은 2016년 10월 24일 오전 국회에 나가 2017년 예산안에 대한 시정 연설을 하면서 "30년간 시행해 온 1987년 헌법 체제를 극복하고 새로운 대한민국으로 도약시킬 2017년 체제를 만들어야 한다. 임기 내 헌법 개정을 완수하기 위해 정부 내 헌법 개정을 위한 조직을 설치해 국민의 여망을 담은 개헌안을 마련하겠다."고 개헌 의지를 밝혔다. 여당인 새누리당(대표 이정현)은 개헌은 국가적 문제라며 환영했으나, 야당인 더불어민주당(대표 추미애), 국민의당(비대위원장 박지원)은 정권 연장음모, 최순실·우병우 이슈를 덮기 위한 정략적 블랙홀 만들기라며 비판했다. 시기적으로도 대통령 임기가 1년여 밖에 남지 않아 부적절하다고 주장했다.[127] 이날 오전의 개헌 추진 선언은 정계에 돌풍을 몰고 올 기세였다. 그런데 이날 오후 20:00부터 JTBC는 뉴스룸에서 대통령의 개헌 추진 선언을 휴지화시킬 의도로 비칠 만큼「최순실 PC에서 대통령 연설문 의혹 확인」 타이틀 제목으로 최순실 컴퓨터 파일을 입수·분석했다고 하면서 대통령 연설문 등 공식 발언 형태 파일이 44개라고 보도했다.

---

127) 조선일보 등 언론사 2016. 10. 25.자 관련 뉴스 참조.

이 정도만 해도 가히 메가톤급 충격이었다. 이어지는 보도 내용은 최순실이 2014년 3월 28일 자 대통령의 드레스덴 연설문을 미리 받아 보고 수정했다. 국무회의 회의록을 받아 보았다는 등 최순실을 비선 실세라고 추정할 수 있게 하는 내용들이었다. 이날 JTBC는 최순실 관련 5건의 기사를 단독 특종으로 집중 보도하였다.[128] JTBC 보도 이후 충격에 빠진 정치권에서 개헌 논의는 중단되어 물 건너 간 상태가 되어 버렸다. 박 대통령은 이 보도 다음날 사과 성명을 냈다.

방송 보도의 위력은 그 내용에 있을 것이다. 먼저 주요 보도 내용을 표현 그대로 객관적으로 요약해 보자.

2016. 10. 24. 20:00 JTBC 뉴스룸의 최순실 관련 보도 요약[129]

앵커: 손석희 (JTBC 사장)

앵커: 주요 뉴스에서 전해드린 대로 오늘(24일) 뉴스룸이 집중할 내용은 최순실 씨의 것으로 확실시 되는 개인 컴퓨터에서 확인한 최 씨의 대통령 연설문 개입 의혹들입니다. 파장이 크게 드리울 문제들입니다. 그러나 그에 앞서 오늘 박근혜 대통령이 제시한 개헌 문제부터 전해드려야 할 상황이 됐습니다.

[단독] 최순실 PC 파일 입수 … 대통령 연설 전 연설문 받았다

앵커: 손석희, 기자: 김필준

앵커: 지난주 JTBC는 최순실 최측근이라는 고영태를 취재했다. 고영태는 "최순실 씨가 유일

---

128) JTBC 2016. 10. 24. 이후 최순실 태블릿 관련 보도 영상 참조. JTBC의 최순실 관련 보도는 2016. 10. 19. 「최측근의 증언 "최순실, 대통령 연설문 고치기도"」가 최초임.
129) 방송 보도 기사와 영상은 JTBC 뉴스룸 다시보기에서 그대로 인용한 것임.

하게 잘 하는게 대통령 연설문 수정하는 것이다."라고 했다. JTBC 취재팀이 최순실 컴퓨터 파일 입수·분석했다. 연설문 44개 파일은 대통령이 연설하기 전이다.

기자: (PC에 저장된 파일과 파일 목록을 종이에 출력하여 이를 화면에 등장하게 하면서)

* 최순실 사무실 PC에 저장된 파일들이다.
  파일은 모두 200여개. 최 씨 보관 파일은 대부분 청와대 관련 내용
* 고영태가 "최 씨가 연설문을 수정했다"는 진술에 주목했다. 연설문 또는 공식 발언 형태 파일은 44개
* 최 씨가 문건을 열어 본 시점은 대통령의 실제 발언보다 길게는 사흘이나 앞섰다. 비선 실세 논란에 큰 파장을 낳을 것.

[단독] 발표 전 받은 '44개 연설문' … 극비 '드레스덴'까지

앵커: 손석희, 기자: 김태영

앵커: 최 씨가 무려 44개 연설문을 대통령 공식 발표 전에 받은 것으로 드러났다. 어떤 연설문인지 하나하나 보자. 먼저 '드레스덴 연설문'이다. 박 대통령 국정 철학이 녹아 있다고 평가 받는 연설문이다.

기자: 2014년 1월 6일 신년 기자회견 때, 통일대박 언급 장면, 2014년 3월 28일 독일 드레스덴 연설 장면을 방영하며)

* 오바마 대통령도 지지하는 등 국내외에 반향을 일으켰던 만큼 극 보안 속에 연설문을 작성한 것으로 전해짐.
* 취재팀은 최 씨가 연설문 파일을 3. 27. 19:20 열어본 것을 확인했다. 연설은 그 다음 날인 3월 28일 18:10에 시작했다. 최 씨가 받아 본 원고 곳곳에 붉은 글씨가 있고, 이 부분은 박 대통령 실제 연설문에서 일부 달라지기도 했다.

[단독] 국무회의 자료 · 첫 지방자치 업무 보고도 사전에…

앵커: 손석희, 기자: 박병현

앵커: 최 씨는 연설문만 받은 게 아니고 대통령 주재 국무회의 자료도 사전에 받아 보았다.

기자: 2013년 7월 23일 오전 10시 대통령 주재 국무회의가 있었고, 최순실은 회의 시작 2시간 전에 대통령 모두 발언 문서를 받았다. 2013년 7월 24일 새정부의 첫 지방 업무 보고가 강원도에서 열렸는데 최 씨는 그 전날인 23일 오전 10:17 '강원도 업무 보고' 파일을 받아 보았다.

[단독] '비서진 교체'도 사전 인지 … 작성자는 대통령 최측근 참모

앵커: 손석희, 기자: 손용석

앵커: 2013년 8월 청와대 비서진 개편은 전격적이었다. 비서실장, 정무, 민정 등 대거 교체. 비서진 교체 후 국무회의 대통령 발언 자료 역시 최순실이 먼저 받았다.

기자: 최순실 파일에 담긴 '국무회의 말씀 자료'다. 2013년 대통령 여름 휴가 직후 열릴 국무회의 대비해 대통령 발언을 사전에 작성한 것이다. 대통령 최측근 참모가 작성한 문건이 왜 최 씨에게 건네졌는지 파장이 예상된다.

[단독] 최순실 측 '청와대 핵심 문건 수정' 정황 포착

앵커: 손석희, 기자: 이희정

앵커: 취재진은 최 씨 측이 공개도 안된 일부 청와대 핵심 문건을 수정한 정황도 포착했다.

기자: 〈21차 수석비서관 회의〉 문건이다. 곳곳에 밑줄이 쳐져 있고, 순서 바꾸는 등 수정 흔적이 역력하다. 비서관 회의는 2013년 10월 31일 10:00인데, 이 문건 마지막 수정은 당일 08:19이다. 회의 전 수정이다. 문건이 작성된 PC의 아이디는 '유연'이다. 최순실의 딸 정유라의 개명 전 이름이다. 최 씨가 수정한 파일은 받은 사람이 다시 최 씨에게 보낸 것이다.

JTBC는 이날 특종보도에서 「최순실 파일」의 입수 경위에 대해 먼저 밝히지 않았다. JTBC 취재팀이 최순실 컴퓨터 파일을 입수했다고 결과만 밝혔다. 그러다 내용의 심각성과 컴퓨터 파일이라는 전자 정보 자료의 특성으로 그 입수 경위와 절차에 여러 가지 문제의 소지가 있다고 판단하여 뒤늦게 입수 경위를 보도했다. 입수 경위 보도 요지는 다음과 같다.

[단독] 최순실 파일 입수 경위

앵커: 손석희, 기자: 서복현

앵커: 취재 과정은 기자가 밝히지 않는 것이 관례이지만, 여러 가지 오해 소지를 없애기 위해 일부분이라도 공개해야 될 것 같다. 최순실 파일 입수 경위는?

기자: 저희 취재팀은 최 씨의 행적을 추적했다. 최 씨는 곳곳에 사무 공간을 갖고 있었는데, 대부분 최 씨와 최 씨 측근이 황급히 이사 가고 아무것도 남아 있지 않은 상태였다. 그 중 한 곳에서 최 씨 측이 건물 관리인에게 처분해 달라고 하며 두고 간 짐이 있었다. 양해를 구하고 그 짐을 확인하는 과정에서 최 씨의 PC를 발견했다.

앵커: 쉽게 말하면 버리고 갔다는 얘기지 않나?

기자: 그렇다.

앵커: 소유권을 포기한 상황이죠.

기자: 일단 두고 간 물건이다.

앵커: 처분해 달라고 했으니까?

기자: 예. 곧 처분되거나 혹시 유실될 수 있는 상황이었다.

그런데 JTBC는 이후 입수 경위에 대해 여러 번 말을 바꾸는 해명을 했다. 최종적으로는 형사 법정에서 겨우 입수 경위가 규명되었지만, JTBC가 처음 밝힌 입수 경위와는 전혀 달랐다.

박 대통령의 사과 성명 발표

2016년 10월 24일 JTBC의 뉴스룸 집중 보도가 있자, 박 대통령은 그 다음 날인 2016년 10월 25일 15:43 청와대 춘추관 브리핑룸에서 사과 성명을 발표했다. 사과 성명서의 전문을 인용한다.

> 존경하는 국민 여러분.
> 최근 일부 언론 보도에 대해 국민 여러분께 제 입장을 진솔하게 말씀드리기 위해 이 자리에 섰습니다. 아시다시피 선거 때는 다양한 사람들의 의견을 많이 듣습니다. 최순실 씨는 과거 제가 어려움을 겪을 때 도와준 인연으로 지난 대선 때 주로 연설이나 홍보 등의 분야에서 저의 선거 운동이 국민들에게 어떻게 전달되는지에 대해 개인적인 의견이나 소감을 전달해 주는 역할을 하였습니다. 일부 연설문이나 홍보물도 같은 맥락에서 표현 등에서 도움을 받은 적이 있습니다. 취임 후에도 일정 기간 동안은 일부 자료들에 대해 의견을 들은 적도 있으나 청와대 보좌 체계가 완비된 이후에는 그만두었습니다. 저로서는 좀 더 꼼꼼하게 챙겨 보고자 하는 순수한 마음으로 한 일인데, 이유 여하를 막론하고 국민 여러분께 심려를 끼치고, 놀라고 마음 아프게 해 드린 점에 대해 송구스럽게 생각합니다. 국민 여러분께 깊이 사과드립니다.

필자는 당시 최서원의 변호인으로 검찰에 변호인 선임서를 제출한 상태여서, 사태 추이를 지켜보고 있었다. 청와대 측이 왜 사실관계를 제대로 파악하지도 않은 채 먼저 대통령을 전면에 세워 '사과 성명'을 내게 했는지 이해하기 어려웠다. JTBC의 보도 내용을 좀 더 차분히 보다 세세한 부분까지 분석해 보면 어렵지 않게 많은 허점이 곳곳에 있다는 점을 파악할 수 있었기 때문이다. 위기 대처가 화급하더라도 바늘허리에 꿰어 쓸 수 없을 터인데 지금도 매우 아쉽게 생각하는 대목이다.

JTBC 보도에 대해 당시 독일에 있던 최서원의 대응을 살펴보자.

최서원은 2016년 10월 당시 독일에 체류하고 있었다. 이때는 이미 최순실과 관련한 여러 의혹이 한꺼번에 터져 나와 최순실 게이트로 확장되고 있는 상황이었다. JTBC의 태블릿 PC 의혹 보도와 연이어 박 대통령이 사과 성명을 발표하기까지 이르자, 최서원은 더 이상 언론에 얼굴을 숨길 수 없다고 판단했다. 박 대통령이 직접 자신의 실명을 밝히고, 역할까지 언급했기 때문이었다. 최서원은 박 대통령과의 긴 인간관계에서 지나칠 정도로 과민하게 다른 사람이나, 특히 언론에 노출되는 것을 금기시(禁忌視) 해 왔다. 이 사건이 본격적으로 언론에 보도되기 이전에 최서원과 가까이 지내 온 주변 사람들조차 최서원이 박 대통령과 관계를 맺고 있는 민간인인 줄 알지 못했다고 한다. 최서원 본인이 철저히 함구하였고, 보안을 지켜왔기 때문이다.

최서원은 2016년 10월 26일(독일 현지 시간) 세계일보 기자와 인터뷰를 했다. 이 인터뷰 기사는 2016년 10월 27일 세계일보에 보도되었다.[130] 이 단독 인터뷰에는 최순실과 관련한 여러 의혹에 대해 답변한 내용이 실려 있는데, JTBC 태블릿 부분만 추려보자.

최서원의 JTBC 태블릿 관련 인터뷰 요지

* 박 대통령은 나라만 생각한 분인데 사과까지 해서 가슴 아프다. 그런 분에게 심적 물의를 일으켜 사과드리고 죄송하다.

기자: 구체적으로 대통령 연설문의 무엇을 어떻게 수정한 것인가.

---

130) 세계일보, 「최순실 단독 인터뷰」 "연설문 수정, 신의로 한 일인데…국가 기밀인줄 몰랐다" 2016. 10. 27.자 기사.

답변: 대선 당시인지 그 전인가 했다. 대통령을 오래 봐 왔으니 심정 표현을 도와달라고 해서 도와드리게 됐다. (박 대통령의) 마음을 잘 아니까 심경 고백에 대해 도움을 줬다. 그게 큰 문제가 된다고 생각하지 않았다. 국가 기밀인지도 몰랐다. (문제가 된다는 걸) 알았다면 손이나 댔겠느냐.

기자: 지금 잘못했다고 생각하는지.

답변: 왜 그런 것을 가지고 사회 불의를 일으켰는지 박 대통령에게 머리를 숙이고, 숙고 싶은 심정이다. 국민 여러분들의 가슴을 아프게 해 정말 죄송하다. 제가 신의(信義)로 뭔가 도와주고 싶었고, 제가 무슨 국회의원이 되거나 권력을 잡고 싶은 게 아니었다. 물의를 일으켜 송구하기 짝이 없다. 너무 잘못됐다. 대통령에게 폐를 끼친 것은 정말 잘못했다. 신의 때문에 했는데 이를 어떻게 하면 좋으냐.

기자: 청와대의 대통령(VIP) 자료를 받았다는데.

답변: 기억이 가물가물한데, 당선 직후 초기에는 이메일로 받아본 것 같다. 민간인이어서 그것이 국가기밀이나 국가기록인지 전혀 몰랐다.

기자: 특히 당선자시절 이명박 대통령의 면담 내용이나 외교 안보 관련 문서 등도 봤다고 하는데.

답변: 전혀 기억이 없다. 뭐가 진실인지 잘 모르겠다.

기자: 서울 강남 사무실에서 대통령의 보고서를 매일 봤다는 주장도 나왔는데.

답변: 말도 안 된다. (그런 주장을 하는 사람은) 미친 사람(이성한 전 미르 재단 사무총장 지칭하는 듯)이다. 저를 죽이려고 하는 것이다. 협박도 하고 5억(원)을 달라고 했다.

기자: 태블릿 PC를 통해 VIP보고서를 사전에 받아봤다는 주장도 있다.

답변: 나는 태블릿을 가지고 있지도 않고, 그것을 쓸지도 모른다. 제 것이 아니다. 제가 그런 것을 버렸을 리도 없고, 그런 것을 버렸다고 하는 것이 상식적으로 맞지 않다. 남의 PC를 보고 보도한 것 아닌지 모르겠다. 어떻게 유출됐는지, 누가 제공한 지도 모른다. 검

> 찰에서 확인해 봐야 한다. 취득 경위를 분명히 밝혀야 한다.
>
> **기자:** 국내에서 빨리 들어오라는 여론도 있는데.
>
> **답변:** 현재 비행기를 탈 수 없을 정도로 신경쇠약에 걸려 있고 심장이 굉장히 안 좋아 병원 진료를 받고 있어서 돌아갈 상황이 아니다. 더욱이 딸아이가 심경의 변화를 보이고 있어 두고 가면 어떤 일이 일어날지 몰라 지금은 들어갈 수 없는 상황이다. 건강이 회복되면 용서를 구하고, 죄가 있다면 받을 것은 달게 받겠다.

이 인터뷰에서 최서원의 진술 핵심은,

① 대선 전후 연설문 작성 과정에서 개인적인 오랜 인간관계상 박 대통령의 마음을 잘 파악할 수 있어서, 박 대통령의 연설문 중 '심정 표현' 부분에 한정해 조언을 했다(이런 일이 국가 기밀과 관련된 것이라는 걸 알지 못했다).

② 서울 강남 사무실에서 매일 대통령 보고서를 봤다는 건 말도 안 된다. 자신에 대한 음해다.

③ 태블릿 PC를 가지고 있지도 않고, 사용할 줄도 모른다. JTBC의 태블릿은 내 것이 아니다. 남의 PC를 보고 보도한 것 아닌지, 검찰에서 취득 경위를 밝혀야 한다. 등이다.

다시 좁혀 JTBC 관련 쟁점 부분만 추출해 보면,

JTBC가 최서원의 강남 사무실에서 입수하여 그 개인 PC, 즉 태블릿에 저장된 자료를 분석하여 최서원이 드레스덴 연설문 등을 미리 받아 수정하는 등 국정 개입했다는 보도 내용에 대하여, 최서원은 그 태블릿은 자신의 소유 내지 사용한 것이 아니라고 극력 부인하고 있다. 그래서 최서원은 인터뷰 당시 JTBC 보도 태블릿의 취득 경위를 검찰에서 밝힐 것을 요망하고 있을 정도였다.

최서원은 이 인터뷰에서 자신이 박 대통령의 대선 전후 연설문 등에 대해 감정 표현 부분에 조언한 사실을 인정하지만, JTBC 보도와 같이 드레스덴 연설문을 보도된 태블릿으로 접속 열람하고 수정한 바는 없다는 점을 분명히 하고 있다. 이 사건 수사·재판 과정에서 명확하게 밝혀졌듯이 최서원이 청와대 정호성 비서관으로부터 받은 청와대의 공무상 비밀 문건 47건 중 정식 비밀로 분류된 문건은 3급 비밀 1건에 불과하였다. 이 문건은 2013년 3월 8일경 작성된 한미정상회담 및 해외 순방 일정에 관한 것이다.

최서원은 자신이 박 대통령 부속비서관 정호성에게 이 같은 문건을 보내라고 요청한 바도 없다고 한다. 정호성 비서관 역시 자신이 스스로 판단하여 최서원에게 선별해 보냈다고 진술하고 있다. 최서원이, 정호성이 보낸 문건을 열람했는지조차 수사 단계에서 밝혀져 있지 않았다. JTBC의 태블릿 보도 전후의 상황 전개에서 JTBC의 일방적·왜곡 보도와 그 자극적 보도의 파괴력으로 최서원의 항변은 격량에 밀린 한 조각 널판에 지나지 않았다.

필자는 세계일보 인터뷰 기사를 읽고 인터뷰 내용의 진정성을 확인할 필요가 있었다. 당시는 사태가 워낙 급박하게 진전되어 가고 있었고, 2016년 10월 마지막 주말인 29일 대규모 촛불 집회가 예고되는 등 사회적 긴장이 극도로 치솟고 있었다. 필자는 독일 현지의 최서원과 통화하여 태블릿 관련 등 인터뷰 내용이 사실이냐고 확인하는 질문을 했다. 최서원에게 특히 태블릿은 누구 것이냐, 사용자가 맞느냐고 물었는데, 그는 자신은 태블릿을 쓸 줄 모르고 사용한 적도 없다고 거듭 말했다. 그래서 필자는 외국에 체류하며 문제를 풀 수 있는 형편이 아니니, 용기를 내어 귀국해서 의혹을 해소해야 한다는 조언을 했다. 최서원은 귀국할 경우 자신의 신병이 어떻게 될지(구속될지 어떨지), 박 정부에 어떤 영향이 미칠지 걱정했다. 당연한 두려움일 것이다. 최서원은 이제껏 수사 기관에서 조사 받은 적이 없을 정도로 준법에 철저했다고 할 수 있다. 세무 조사도 많이 받아 세금 등 공과금 납부에 철저했다. 최태민의 어두운 그림자가 배경으로 있는 최서원이 비선의 국정 농단자가 되어 대중 앞에 나간다는 것은 죽음보다 더한 심리적 고문이었으리라 짐작했다.

최서원은 곧 귀국해 모든 걸 밝히고 검찰 조사를 받겠다는 결심을 굳혀가고 있었고, 필자도 그런 방향에서 변론 준비를 했다. JTBC 태블릿 부분과 미르·케이스포츠 재단 모금 관련 뇌물·강요 등에 대해서는 충분히 승산이 있다는 필자 나름의 분석과 향후 전망이 있었다. 다만 그 예상 결과를 현실화하기 위해서는 전제 조건이 요구되었다. 포퓰리즘에 흔들리지 않는 검찰과 법원, 검사와 판사가 굳건히 자리를 지키고 있어야 했었다. 정치판은 여야를 불문하고 반 박근혜 정부 포퓰리즘 쓰나미에 휩쓸려 갈피를 찾지 못하고 각자 도생에 나서고 있었다. 정치권과 사회 분위기의 급변과는 달리 최서원의 JTBC 관련 인터뷰 진술은 지금까지도 흔들리지 않고 일관되어 있다.

◆ JTBC의 태블릿 진상과 밝혀져야 할 것들(미스터리)

법의 일반 원칙(공정, 정의, 형평, 예측 가능성)이나 이보다 한 단계 위에 있는 규범인 도덕률(道德律), 법보다 한 단계 아래인 언론의 보도 관행, 일반 사회의 통상적 생각인 사회 통념에서부터 'JTBC의 태블릿 보도[131]'의 허실(虛實)과 왜곡·날조·보도상 고의 또는 중대한 과실을 살펴보고자 한다.

---

131) 「JTBC의 태블릿 보도」라는 표현이 가장 중립·객관적이어서 이 약칭을 사용함.

먼저 흔히 말하는 법과 원칙에 따라 JTBC가 이 사건 태블릿 관련 보도를 한다면 어떤 기준을 준수하고 절차를 밟아야 하는지가 문제다. 「JTBC의 태블릿 보도」는 우리 사회 여론에 미치는 영향이 충격적이고 때에 따라서는 제대로 된 반론의 기회조차 잡을 수 없는 상황이 올 염려가 있어 더욱 보도의 기준과 절차가 엄격히 준수되어야 한다. 'JTBC의 태블릿 방송 보도'에 필수적으로 요구되는 기준과 절차는 대법원 판례에서도 여러 번 나타난다. 일본 산케이 신문 가토 타쓰야가 세월호 사고와 관련하여 박근혜 대통령의 7시간 의혹을 보도한 사건의 판결이 최근의 대표적인 사례라고 할 수 있다.

'JTBC의 태블릿 보도'는 그 구조면에서 산케이 신문의 '세월호 사고 당시 대통령 7시간 의혹' 기사와 매우 흡사하다. ① 보도의 주체를 산케이 신문에서 JTBC 방송으로 ② 보도의 내용을 「세월호 사고 당시 박 대통령 7시간 의혹」에서 「최순실 태블릿 PC로 박 대통령 연설문 등 수정」으로 ③ 보도 기관의 국적이 일본에서 대한민국으로 ④ 취재원(取材源)을, 산케이 신문은 한국 내 풍문으로 JTBC는 태블릿 저장 정보로 대체한 기본 구조를 갖추었다.

따라서 가토 타쓰야 사건에서 우리나라 재판부가 판결문으로[132] 제시한 기준과 절차에 따라 'JTBC 태블릿 보도'가 허위 사실에 의한 명예훼손죄가 성립되는지를 살펴보는 것은 모의 재판적 성격을 가질 수 있어 대단히 효율적 접근법이라고 하겠다. 이 재판부의 판결 이유 전개 논리와 법리를 그대로 차용하여 기술해 보자.

---

132) 서울중앙지법 2014고합1172호 가토 타쓰야의 명예훼손 사건 판결문.

JTBC의 태블릿 보도 내용이 명예훼손죄를 구성할 만한 구체적 사실 적시가 있었는지

① 법리[133]

정보통신망을 이용한 명예훼손죄에서 말하는 '사실 적시'를 반드시 사실을 직접 표현한 경우로 한정할 것은 아니다. 간접적이고 우회적인 표현에 의하더라도 그 표현의 전 취지에 비추어 그와 같은 사실의 존재를 암시하고, 또 이로써 특정인의 사회적 가치 내지 평가가 침해될 가능성이 있을 정도의 구체성이 있으면 족하다(대법원 2003. 1. 24. 선고 2000다37647 판결, 2008. 7. 10. 선고 2008도2422 판결 등 참조).

객관적으로 보아 피해자의 사회적 평가를 저하시키는 사실에 관한 보도 내용이 소문이나 제3자의 말, 보도를 인용하는 방법으로 단정적 표현이 아닌 전문(傳聞) 또는 추측한 형태이지만, 그 표현 전체의 취지로 보아 그 사실이 존재할 수 있다는 것을 암시하는 이상, 정보 통신망 이용 촉진 및 정보보호 등에 관한 법률 제70조 제2항에서 규정하는 '사실의 적시'는 있는 것이다. 이러한 경우 특별한 사정이 없는 한 보도 내용에 적시된 사실의 주된 부분은 암시된 사실 자체라고 보아야 하므로, 암시된 사실 자체가 허위라면 그에 관한 소문 등이 있다는 것 자체는 진실이라 하더라도 허위의 사실을 적시한 것으로 보아야 한다(대법원 2008. 11. 27. 선고 2007도5312 판결 등 참조).

② JTBC의 태블릿 보도 내용

JTBC는 최순실(개명하여 최서원임에도 개명 전 성명을 의도적으로 사용한 것으로 추정)이 태블릿 PC를 통해 청와대의 연설문 등 기밀 문건을 받아보았

---

[133] 가토 사건 판결문 p.7.

고, 그 중에는 극 보안 속에 작성된 2014년 3월 28일 자 독일 드레스덴 연설문을 하루 전 받아 보고 수정했다. 최순실은 국무회의 자료도 회의 전 받아보고, 수정한 정황도 포착됐다고 보도 하면서 최순실이 국정에 개입한 증거가 태블릿에 저장된 정보 자료에 있다는 취지로 보도했다.

JTBC의 구체적 사실 적시는 의문의 여지가 없고, 적시된 사실은 진위를 떠나 최서원이 대통령의 국정에 개입했다는 취지이므로 최서원과 박 대통령의 명예를 심대하게 침해하는 내용이었다. 이 점은 JTBC 보도가 박 정부 붕괴로 이어진 역사적 사실로서도 입증이 됐다고 할 수 있다. JTBC의 태블릿 보도는 가토 타쓰야 기자의 기사와는 비교할 수 없는 충격적 내용을 담고 있었다. 일개 민간인 중년 여자가 감히 박 대통령의 연설문을 미리 받아보고 내용까지 수정했다는 것인가? 놀라지 않을 사람이 없다. JTBC의 방송 보도 내용은 우회적이지도 간접적이지도 않고 단정적으로 최서원이 국정을 농단했다는 취지로 보도했다.

따라서 「JTBC의 태블릿 보도」는 일단 명예훼손죄의 요건 중 일부인 「공연히 사실을 적시하여 타인의 명예를 훼손」한 행위에 해당한다.[134]

허위 사실에 대한 인식

① 법리[135]

명예훼손죄에 있어 사실을 적시한 행위자가 그 사항이 허위라는 것을 인식하였는지 여부는 성질상 외부에서 이를 알거나 증명하기 어렵다. 공표된

---

134) 허위의 인식이나 비방 목적 그리고 위법성 조각 사유는 별개의 문제임.
135) 가토 사건 판결문 p.28~29.

사실의 내용과 구체성, 소명 자료의 존재 및 내용, 피고인이 밝히는 사실의 출처 및 인지 경위 등을 토대로 피고인의 학력·경력·사회적 지위, 공표 경위와 시점 및 그로 말미암아 예상되는 파급 효과 등 여러 객관적 사정을 종합하여 판단할 수밖에 없다. 범죄적 고의는 확정적 고의뿐만 아니라 결과 발생에 대한 인식이 있고 그를 용인하는 의사인 이른바 미필적 고의도 포함하므로 허위 사실 적시에 의한 명예훼손죄 역시 미필적 고의에 의하여도 성립한다(대법원 2014. 3. 13. 선고 2013도12430 판결 등 참조).

② 허위성 관련 사실과 사정

　보도 내용의 허위성 인식 여부는 취재 기자와 방송 보도 편집진의 사실 확인 의무 준수 여부에 달려 있다. 여기에는 반론의 기회 부여도 필수적 사항일 것이다. 한 나라의 국가 원수의 국정 운영과 관련한 사항이어서 보도 내용의 파급력을 고려하여 필요·충분한 수준의 사실 확인과 제3자에 의한 검증 그리고 정당한 반론권 부여가 요구될 것이다. 가토 사건 판결 이유에서는 소문의 존재 여부를 확인하는 것은 사실 확인이 아니라고 판시하고 있다. JTBC 방송 기사의 많은 부분은 고영태 등 다른 사람의 말을 인용하는 방식으로 작성하였다. 이를 고려하면 JTBC가 소문 내용이 허위임을 명백히 인식한 상태에서 이 사건 보도 기사를 작성한 것으로 쉽게 단정할 수는 없다. 그러나 JTBC가 아래에서 설명하는 바('JTBC 태블릿은 누구의 것인가' 기술 부분)를 종합하면, JTBC는 이 방송 기사를 작성할 당시 방송 내용이 허위임을 미필적으로나마 인식하고 있었던 것으로 판단할 수 있는 개연성이 매우 농후하다.

　JTBC는 자체의 취재 기자 윤리강령에서 문서로써 이를 선언하고 임직원들에게 준수할 의무를 부여하고 교육해 왔다.

JTBC 윤리강령[136] 중 취재 보도와 관련한 부분을 살펴보자.

JTBC 윤리강령 관련 부분

총 강

○ 방송의 공정성

  우리는 공정성, 정확성, 객관성을 바탕으로 진실만을 전달한다. 방송은 균형을 유지해야 하며, 우리사회 모든 계층의 다양한 의견이나 주장, 요구 등을 고루 반영할 수 있는 민주 여론의 장이 되도록 한다.

○ 인권의 존중

  우리는 인간의 존엄성과 국민의 기본권을 존중하며 개인의 명예를 침해하지 않는다. 또한 방송이 국민의 정서에 미치는 영향을 고려하여 미풍양속을 해치는 일이 없도록 한다.

○ 정정

  우리는 정확성만이 방송이 갖는 공신력의 근원임을 인식하여 방송 내용의 명백한 잘못에 대하여는 신속하게 이를 정정한다. 특히, 명예훼손 및 권리 침해 등 정당한 이유로 이의를 제기하는 사람에게는 반론의 기회를 준다.

제 작

○ 제5항: 방송은 개인의 명예와 사생활을 최대한 존중 보호해야 한다. 공공의 이익과 관계없거나 또는 호기심 등으로 개인의 명예와 사생활을 침해하지 않는다.

○ 제7항: 다른 사람의 말을 인용 보도하는데 있어서는 그 말이 사실인지와 제 3자의 명예를 훼손하는지를 확인하는 데 최대한 주의를 기울인다.

○ 제32항: 취재를 위해 개인의 주거나 집무실에 무단 출입하지 않으며, 취재 대상자의 의사에 반하여 인터뷰 등을 강요하지 않는다.

○ 제35항: 모든 방송 자료는 정당한 방법으로 취득하며, 위장이나 속임수로 취재나 촬영 협조를 받지 않는다.

---

136) JTBC 홈페이지 JTBC 윤리강령 참조.

취 재

- 제45항: 공정보도 – 우리는 진실을 존중하며 정확한 정보만 선택해 보도하며, 보도의 객관성을 유지한다.
- 제48항: 정당한 취재 – 우리는 정당한 방법으로 취재하며 기록과 자료를 조작하지 않는다.
- 제49항: 사생활 보호 – 우리는 개인의 명예와 권익·사생활을 최대한 보호한다.
- 제50항: 오보의 정정 – 우리는 잘못된 보도를 신속하게 인정하고 바로잡으며, 반론권을 보장한다.

공정 보도

- 제68항: 모든 기사는 출처를 분명히 밝혀야 한다. 취재원의 안전을 위해 익명으로 처리할 경우에도 데스크, 국장 단에 취재원을 밝혀야 한다. 그러나 어떠한 경우에도 취재원을 보호할 책임이 있다.
- 제70항: 취재원의 말은 어법에 맞지 않은 경우를 제외하면 원래의 말을 그대로 인용하는 것을 원칙으로 한다. 직접 인용이 어려우면 간접 화법을 쓰지만 기자 자신의 생각을 마치 취재원이 말한 것처럼 보도해서는 안 된다.
- 제71항: 오보나 기타 실수가 발견됐을 때는 지체 없이 정정기사를 내고, 당사자가 반론을 요구할 때는 성의 있게 반영해야 한다.

앞서 기술한 방송 보도에 관한 판결례와 JTBC 자체의 윤리강령에 비추어 「JTBC의 태블릿 보도」가 사실 확인 의무를 다했는지 살펴보자.

JTBC는 태블릿 입수 경위를 사실과 다르게 보도했다

JTBC는 2016년 10월 24일 보도에서 JTBC 취재팀이 '최순실 컴퓨터 파일'을 입수 분석했다고 주장했다. 앵커인 손석희는 오프닝 멘트(opening ment)로 "오늘 뉴스룸이 집중할 내용은 최순실 씨 것으로 확실시 되는 개인 컴퓨터에서 확인한 대통령 연설문 개입 의혹들입니다."라고 말하며 이 사건 태블릿을 최서원의 것으로 단정 보도했다. JTBC는 당일 보도에서 '태블릿 PC'라고 언명하지 아니하고 '개인 컴퓨터', '최순실 사무실 PC', 'PC'라고 표현했으나, 이 날 보도 대상이 된 개인 PC는 JTBC 자체의 후속 보도에서 '태블릿 PC'(이하 '태블릿'으로)라고 자인하고 있다.

취재팀의 일원인 김필준이 2016년 10월 18일 서울 강남에 있는 너블누K 사무실에서 책상 서랍에 있는 태블릿 PC를 가져간 사실이 최서원 관련 형사 사건 재판에서 명확하게 규명되었다. 취재팀은 태블릿 PC로 컴퓨터 기종(데스크 탑, 노트북, 태블릿 등 종류가 다양하여 실제로는 구분하여 지칭함)을 분명히 해 두어 명확성과 구체성을 추구할 터인데, 왜 기종의 구분이 어려운 개인 PC 등 애매한 표현으로 방송했는지도 밝혀져야 할 부분이다.

취재원을 비밀로 하고 보호하는 것은 언론 자유의 범위에 속한다고 할 수 있으나, 취재의 근거와 취재 자료의 입수 경위는 진실하게 해야 한다. 특히 영상 자료(연설문 등)일 경우 출처를 밝히는 것이 일반적 보도 관행이다. 공중 파급력이 절대적인 영상 방송의 경우는 더욱 출처를 명시하여, 잘못된 뉴스(이른바 fake news)를 시청자들이 어렵지 않게 판별할 수 있게 해야 한다. 이건 보도에 있어서는 최소한 태블릿의 소유·사용·보관 권한이 있는 사람(WHO)으로부터 어떠한 경위로(HOW) 입수했다는 정도는 밝혀야 했다. 출처 불명의 태블릿을 두고 막무가내로 '최순실의 태블릿'이라고 방송하면, 시청자 대부분은 최순실 측근에 있는 사람이 JTBC에 넘긴 것으로 추측할 것이다. 방송 내용의 신빙성과 파급력의 증가를 가져올 것임은 불문가지(不問可知)다.

JTBC는 2016년 10월 24일 특종 보도 후반부에 태블릿의 입수 경위가 중요한 쟁점으로 부상(浮上)할 우려에 대비해 몇 가지 말을 바꾸며 해명성 보도를 했다. JTBC가 입수 보도한 태블릿이 불법 취득한 자료로 밝혀지면, 그 보도 내용의 진정성은 물론이고, 불법 취득 자체가 범죄 행위에 해당하여 증거로 쓸 수도 없고, 자체 윤리강령에도 정면 위배되어 국민 앞에 사과해야 하는 처지로 떨어질 것이다. JTBC는 이런 점을 잘 알고 입수 경위 해명에 많은 노력을 했다. 그 해명은 이러하다.

〈 입수 경위 해명 보도의 말 바꿈 〉

○ 1차 해명: 2016년 10월 24일 보도에서는 앞서 기술한 JTBC의 입수 경위 보도와 같이 "최 씨 측근이 황급히 이사 가면서 건물 관리인[137]에게 처분하라고 맡긴 짐이 있는데, 그 짐 중에 태블릿이 있어서 관리인의 양해 아래 입수했다."고 했다.

1차 입수 경위 해명은 완전히 허위라고 할 수 있다. 더블루K 회사의 어느 누구도(회사 대표, 임직원) 건물 관리인 노광일에게 짐을 맡기고 처분해 달라고 한 바 없다. 노광일은 법정에 나와 태블릿이나 태블릿이 들어 있던 책상을 처분해 달라는 부탁을 받은 적도 없고, JTBC 측 취재 기자인 김필준에게 처분하라고 했다는 등 말을 한 사실이 없다고 증언했다. 노광일은 법정에서 자신이 회사 관계자의 사전 동의 없이 회사 사무실의 물건을 JTBC가 가져가게 한 행위는 건물 관리인으로서 잘못된 것임을 인정했다. 다만, 그는 JTBC가 진실 보도를 할 것으로 신뢰하여 협조했다고 변명했다.[138]

---

137) 수사·재판 과정에서 건물 관리인은 노광일로 밝혀졌고, 건물은 서울 강남구 압구정로 72길 21에 있는 부원빌딩이다. 지하 2층 지상 5층이고 더블루K 주식회사는 2016. 1. 14. 이 빌딩 5층에 입주하였고, 2017. 1. 13.까지 1년간 임차함.
138) 서울중앙지법 2016고합1202호 사건 증인 노광일 증언 녹취서.

○ **2차 해명**: JTBC는 2016년 12월 8일 최순실 게이트의 검찰특별수사본부 수사로 최서원이 2016년 11월 20일 구속 기소되었고, 국회의 국정조사특위의 활동으로 대통령에 대한 탄핵 소추안에 대한 표결을 앞둔 시점에서 '태블릿 PC 입수 경위'가 논란에 오르자 해명성 보도를 했다. 보도 내용을 요약해 보면 아래와 같다.

[단독 공개] JTBC 뉴스룸 '태블릿 PC' 어떻게 입수했나

앵커: 손석희, 기자: 심수미

앵커: 보신 것처럼 저희가 최순실 태블릿 PC로 밝혀낸 내용들은 최순실 국정 개입의 주요 단서가 됐다. 지금부터는 이 태블릿 PC를 어떻게 입수했는지 또 어떤 검증 과정을 거쳤는지를 자세하게 설명해 드린다. 우선 태블릿 PC를 '누군가 의도적으로 JTBC에게 줬다'라는 것이 일부 극우 사이트 이용자들의 주장인 것으로 알고 있다. 일부 정치인들도 같은 주장을 폈지 않았나?

기자: 하지만 누군가 줬다는 건 정말 전혀 사실이 아니다. 이는 아마도 저희 보도에 정치적인 배경을 연결시키려는 의도가 있는 걸로 보인다. 처음 태블릿을 발견한 건 지난 10월 18일이다. 더블루K는 최순실 씨의 개인 사업체라고 보도를 해 드렸다. 케이스포츠 재단 설립 하루 전에 만들어진 개인 사업체이다.

앵커: 더블루K는 18일에서야 찾아간 이유는 뭐냐?

기자: 지금 보시는 게 더블루K의 독일 등기이다. 최순실 씨와 또 그 딸 정유라 씨가 주주로 올라와 있는 것도 확인이 됐다. 그 길로 더블루K 강남 사무실로 취재 기자가 달려간 거다.

앵커: 더블루K 강남에 있는 사무실에 다른 사람들은 없었나?

기자: 사무실은 이미 이사를 가고 텅 비어 있었다. 책상 하나만 덩그러니 놓여 있었다. 지금 보시는 이 책상이다. 당시 건물 관리인은 다른 언론사에서 찾아온 기자가 1명도 없었다고 밝혔다. 저희는 건물 관리인의 허가를 받고 빈 사무실에 들어갔다. 취재진은 지난 9월 초까지도 거의 매일 최순실 씨가 이곳에 출퇴근했다는 증언과 정황을 확보한 상태였다. 역시 고영태 씨도 마찬가지이다. 최 씨와 고 씨가 황급히 떠나면서 놓고 간 집기, 자료, 이런 부분들은 매우 의미가 크다고 봤는데, 책상에서 태블릿 PC가 있었다.

앵커: 누구의 책상인지는 지금 알 수가 없나?

기자: 그 부분에 대해서는 추정 가능한 대목들이 여러 부분들이 있는데, 나중에 또 기회가 있을 것 같다.

앵커: 최순실 씨도, 고영태 씨도, 그런 중요한 게 있다면 버렸을 리가 없다. 태블릿 PC의 존재를 부인하고 있다. 왜 그곳에 그 태블릿 PC가 남겨져 있을까?

기자: 그건 정말 주인이 아마도 밝혀야 할 부분이다. 현재 검찰은 태블릿 PC를 최순실 씨가 2012년부터 14년까지 쓴 걸로 보고 있다. 말하자면 최종 사용기간으로부터 현재까지 한 2년 동안의 시간이 있는 거다.

앵커: 최순실 씨 회사 사무실에서 대통령 자료가 나왔다면 의혹은 커지는 상황이기는 한데 그걸 모두 현장에서 확인을 했나?

기자: 현장에서는 그럴 수가 없었다. 처음 태블릿 PC를 열었을 때 볼 수 있었던 파일은 6가지 종류에 불과했다. 일단 거기까지만 취재를 하고 그 자리에 두고 나왔다. 그런데 최 씨가 이 사무실을 떠날 때 문을 열어두고 간 상태였고 또 아직 임차인을, 이후에 임차인을 구하지 못해서 부동산 중개인 등 아무나 드나들 수 있는 상황이었다. 누군가 훔쳐갈 가능성도 있을 뿐더러 또 최 씨가 사람을 보내서 증거 인멸을 할 수 있다라는 의혹들이 계속해서 불거진 상황이었다. 은닉되거나 파기할 우려가 너무나 컸던 상황이다.

앵커: 고영태 씨는 국정 조사에서 태블릿 PC를 쓰는 걸 본 적이 없다. 그렇게 얘기하지 않았나?

기자: 저도 어제 그 화면을 봤다. 하지만 고 씨는 분명히 저와 있었던 그 자리에서 최순실이 태블릿 PC 수정과 관련해서 말을 하면서 최순실이 하도 많이 고쳐서 화면이 빨갛게 보일 지경이라는 표현도 했었다.

2차 해명과 1차 해명의 근본적인 상이점은 더블루K 측에서 건물 관리인에게 처분하라고 버린 짐에 든 태블릿인지 여부에 있다. 1차 해명에서는 더블루K가 관리인에게 처분하라고 맡긴 짐이라고 했으나 2차 해명에서는 이 같은 내용이 없고 관리인의 협조를 얻어 태블릿을 가져 왔다고 한다. 관리인 노광일에게 태블릿을 넘긴 책임을 전가하는 모양이다. 그렇게 하기 위해 2차 해명에서는 심수미 기자가 의도적인지 아닌지는 알 수 없지만, 여러 사항에 대해 사실과 다르거나 제대로 사실 확인을 하지 아니한 채 추측·추정 보도를 했다. 몇 가지 중요 사항을 들어보자.

① 이 방송 보도는 직접 현장을 취재한 심수미 기자가 보도하는 형식을 취했고, 그 내용도 '저희', '저희들'이라는 주어를 사용하여 직접 취재한 장본인으로서 신뢰성을 높이려고 했다. 심수미 기자는 이 현장 취재로 여성기자상[139]까지 받았다. 그런데 정작 심수미 기자는 더블루K 사무실에 가서 노광일을 만나고 태블릿을 가져온 장본인이 아니었다. 그 현장 출동과 태블릿 입수 등은 모두 신입 기자인 김필준이 한 일이었다. 노광일 관리인도 이 법정에서 이 사실을 분명히 하고 있다. 이런 사정이 밝혀지자 심수미 기자

---

[139] 한국여기자협회 2016년 올해의 여기자상.

도 이를 인정할 수밖에 없었다. 그렇다면 심수미 기자는 왜 이 중차대한 문제에 대해 만인 앞에 나와 자신이 직접 취재한 현장 기자 연(然)했는지, JTBC 측에서 밝혀야 한다. 직접 현장 취재를 하지 아니한 나머지 심수미 기자의 보도 내용에는 사실 확인 의무에 문제 있는 점이 다수 노출되었다.

② 더블루K는 독일의 더블루K의 자회사가 아니다. 더구나 더블루K는 최서원의 개인 회사가 아니다. 이 사실은 회사 등기부만 확인해 보면 알 수 있는데, 공부인 등기부의 신빙성을 배척할 만한 자료가 있었던가 묻고 싶다. 아마 심수미 기자는 그가 접촉했던 이성한·박헌영 등의 진술이 근거라 할지 모르지만 그들의 진술만으로 개인 회사라 할 수는 없다.

③ 최서원이 사무실에 거의 매일 출근했다는 것도 허위 내용이다. 건물 경비원인 노광일은 이 건물에 출입하는 사람들을 볼 수 있는 위치에서 근무했다. 그런 그가 법정에서 최서원은 1개월에 한두 번 왔다 갔다고 증언했다. 다른 관계자들 진술도, 최서원이 독일로 출국한 기간도 있어서 거의 매일 출근했다는 심 기자의 보도는 근거 없는, 그러나 자신이 기대하는 내용으로 보도했다고 할 수 있다.

④ 최서원이 드레스덴 연설문을 수정했고, 수정한 붉은 부분이 너무 많았다는 보도 내용은 과연 심 기자가 태블릿을 열어 보고 그 기본 기능에 대해 이해했는지 의심스럽다. 이 태블릿은 삼성 초기 출시 제품이었고 문서의 수신 기능은 있었지만, 수신한 메일의 수정 기능은 없었다. 기자 윤리가 있었다면 이런 태블릿으로 드레스덴 연설문 등 대통령 말씀 자료를 리뷰(review)하고 수정했다는 취지로 방송할 수는 없을 것이다. 그렇지 않다면 심 기자는 제대로 사실 확인을 하지 않고 추측에 기하여 보도했다고 할 수밖에 없다.

⑤ 심수미 기자는 태블릿 입수 후 당연히 태블릿 개통자가 청와대 행정관인

김한수라는 사실을 확인했을 것이다[140]. 개통자도 확인하지 않고 우격다짐으로 최순실 태블릿이라고 할 수는 없다. 사실 확인 과정에서 최순실이 개통자로 드러나면 속된 말로 '대박'이었을 것이다. 그런데 개통자는 김한수였다. 개통자는 김한수이고, 태블릿이 있던 장소는 이사 가고 책상만 남겨둔 더블루K 사무실이었고, JTBC가 파일을 열어 보아도 최서원이 직접 문건을 열람했다는 정보를 찾기 어려운 상태였는데 어떻게 이건 태블릿이 최순실의 것이고, 최순실이 사용했다고 보도할 수 있는지 묻고 싶다. 논리적으로나 객관적 자료상으로 이해 불가한 추정과 논리 비약을 했다.

이런 정도면 취재 기자는 JTBC 윤리강령이 준수를 명한 사실 확인 의무를 다했다고 도저히 강변할 수 없다. 심수미 기자는 궁여지책으로 검찰이 태블릿은 최순실의 것이고, 최가 사용했다는 것을 인정했다고 보도하고 있다. 그러나 검찰은 JTBC가 제공한 태블릿을 그때까지는 제대로 분석조차 하지 못하고 있었고 태블릿 상의 위치 추적에만 매달려 있었다. 자신들의 주장을 공정한 감정기관에 의해 입증하려는 방도를 찾지 않고, JTBC 측이 넘긴 태블릿을 받아 수사하는 검찰에게 원군을 요청하는 격(格)이어서 안타까웠다.

⑥ 심 기자는 최 씨가 문을 열어 두고 부동산 중개인이 아무나 드나들 수 있었다고 하나 이 역시 사실과 한참 거리가 멀다. 건물 관리인 노광일은 더블루K 사무실은 시정되어 있었고, 개문하려면 보안키와 비밀번호가 있어야 하며, 중개인이 연락하면 자신이 열어주었다고 증언했다. 즉 건물 관리인의 관리 하에 있으므로 건물 관리인이나 더블루K 관계자가 가져가지 않는 한 없어질 위험이 없었다. 김필준 기자는 2016년 10월 18일 11:00경

---

140) 심 기자가 직접 태블릿을 열어 보는 데 관여하지 않았다면 별개 문제이나, 방송으로는 참여했다고 함.

태블릿을 가져갔다가 당일 퇴근 무렵인 18:00경 태블릿을 건물 관리인에게 반납하여 건물 관리인 노광일은 더블루K 사무실 책상에 다시 넣어두었다. 그리고 이틀 후인 20일 노광일을 찾아와 태블릿을 달라고 하자 노광일은 이 태블릿을 다시 김필준이 가져가게 협조했다.[141]

JTBC의 태블릿은 누구의 것인가?

JTBC는 이건 태블릿이 '최순실의 것' 또는 '최순실이 사용한 것'이라고 보도해 왔다. 과연 그러한가? 최순실 게이트 사건의 재판에서 나타난 자료와 증거들을 종합하면 결론적으로, 이 태블릿은 '최순실 소유'라고 할 수 없고, '최순실이 사용했다'고 단정할 자료나 증거도 없다. 일반 국민들은 최순실 게이트 사건 형사재판에서 최서원이 JTBC 제출 태블릿을 소유·사용했다는 주장이 합리적 의문 없이 명백하게 밝혀진 것으로 오해할 소지가 있어서 관련 판결을 살펴보고자 한다.

우선 'JTBC 태블릿의 소유·사용 쟁점'을 정면으로 다룬 판결은 없다는 점을 알려 두고자 한다. 필자가 '정면으로 다룬 판결은 없다'라고 한 것은 소유·사용자로 지목되어 국정 농단자로 매도된 피고인 최서원 사건에서 주요 쟁점으로 삼고, 검찰과 변호인 사이의 공방을 거쳐 재판부가 판단한 판결이 없다는 취지다.

이 쟁점을 간접적으로 다룬 판결은 있다. 바로 박 대통령에 대한 서울중앙지법(재판장 김세윤) 형사22부의 1심 판결이다.[142]

---

141) 노광일 위 녹취서 pp.27~30. 이러한 행위는 동기 여하를 차치하고 타인의 재물을 절취하는 행위에 해당함.
142) 서울중앙지법 2017고합364-1 특가법 위반(뇌물)등 사건, 2018. 4. 6. 선고.

김세윤 재판장은, 박 대통령 측 변호인이 태블릿에서 발견된 문건 3개

① 대통령 취임 전인 2013. 1. 15. 중국특사단추천의원 관련

② 2013. 8. 4. 국무회의 말씀 자료

③ 2014. 3. 27. 드레스덴 연설문은 디지털 정보 자료의 무결성 결여, 위법 취득 등으로 증거 능력이 없으며 최서원이 태블릿을 사용치 아니하였으므로 공무상 비밀누설죄가 성립하지 않는다는 주장에 대해 위 3개 문건은 증거 능력이 있고, 박 대통령의 부속비서관 정호성이 최서원에게 문건을 전달한 기간에는 최서원이 태블릿을 사용한 것으로 봄이 상당하다고 판시했다.[143] 재판부가 설시한 판단 이유는 아래와 같다.

판단 근거

- 김한수 전 청와대 행정관이, 최서원이 2013. 1.초 전화하여 "태블릿 PC는 네가 만들어 주었다면서?"라고 진술한 점
  최서원이 이 태블릿을 사용하는 등 자신과 관련 있기 때문에 김한수에게 이 같은 이야기를 했다고 보는 게 일반 경험칙에 부합한다.

- 정호성 비서관이 검찰·법원에서 "태블릿 PC에서 나온 문건들을 최서원과 공유하던 이메일을 통해 최서원에게 전달했다."고 진술한 점
  ①+②를 합쳐보면 정호성이 태블릿 PC에서 발견된 문건을 최서원에게 전달한 기간에는 최서원이 태블릿을 사용했다.

- 공익 실현상 태블릿 PC 입수·보도 과정상 법적 문제나 이익 침해가 있다 해도 수인(受忍) 범위 내의 기본권 제한에 해당한다.

그러나, 재판부의 이 판시 이유는 사실에 부합하지도 아니하고 증거법의 원칙에도 어긋난다.

---

143) 위 박 대통령 1심 판결문 pp.141~144, pp.285~286.

〈 형사22부 재판부 판단의 위헌 및 위법성 〉[144]

① 먼저 김세윤 재판장은 형소법의 전문법칙을 이 사건에서 간과했다. "누구의 말을 듣고 그 들은 말을 검찰 법원에서 진술할 때" 그러한 진술을 전문진술(Hear-Say 듣고 말함)이라고 한다. 이러한 진술은 들은 사람이 수사나 재판 기관에서 진술했지만 그 진술은 '다른 사람이 말한 내용'을 사법 기관에 전하는 것이다. 즉 이러한 경우 이른바 '카더라' 방송이 되어 책임 소재나 진실 규명에 혼란이 올 위험이 있다. 그래서 형소법에서는 전문 진술은 '원진술자'가 법정에 나와 이에 대해 증언하지 않는 이상 증거 능력(즉, 증거가 될 자격)이 없다고 하는 것이 형소법의 핵심적인 대원칙이다(형소법 제310조의2 전문 증거와 증거 능력의 제한). 소문이 사람 잡는 참화를 막기 위한 인류의 지혜가 담겨 있는 형소법 규범이다. '입을 벌린 사람은 그 말에 책임지라'는 경구라고 봐도 된다. 원진술자가 전문 진술을 부정하거나 법정에서 증언하지 않으면 전문 진술은 증거로 사용하지 못하는 것이 증거법의 원칙이다.

그런데 김세윤 재판장은 김한수 행정관이 최서원과 통화할 때 최서원이 말한 내용(최서원이 태블릿 사용자라는 사실 인정에 있어)을 유력한 증거라고 판시했다. 재판부의 착오 기재라고 생각하고 싶다. 이는 전형적 전문 진술(최의 진술이 아닌 김한수의 진술임)이고, 최서원은 1년 6개월 이상 검찰·법원에서 김한수와 이러한 통화를 한 사실, 나아가 태블릿의 소유, 사용을 부인해 왔다. 김한수의 이 전문 진술은 전문증거법칙상 증거 능력이 없다. 전문증거법칙 적용에 예외가 있으나 여기에도 해당되지 않는다. 김세

---

[144] 변호사 이경재, JTBC 등 태블릿 관련 보도 등에 대한 입장문, 2018. 4. 9.

윤 재판장은 형소법의 전문증거법칙 규정을 간과하거나 잘못 해석하는 판결을 했다고 할 수 있다.

② 재판부는 "태블릿 PC는 네가 만들어 주었다며?"라는 발언은 경험칙상으로 보아 최서원이 태블릿을 사용했기 때문에 할 수 있는 말이라고 판단했다. 진술이나 문장을 해석할 때 1차적으로 문리적(文理的) 해석에 충실해야 하고, 논리칙에 합치하는지가 그 다음이며, 이후 합목적적 해석이 적용될 수 있다. 추리, 유추, 확장 해석은 원칙적으로 금지되거나 불가피한 최소한에 그쳐야 한다. 이러한 해석론은 법규범 해석이나 사실 인정 추론의 기초 중의 기초다. 대표적인 오류가 논리 비약, 논리 모순, 확장, 과장, 축소해석 등이다.

가령 "태블릿을 네가 만들어 주었다며?"라는 진술을 인정하더라도 그 발언은 그야말로 최서원이 김한수에게 '태블릿을 그가 만들었는지(개통), 누구에게 주었는지'를 질문한데 지나지 않는다. 여기에는 이 사건의 태블릿인지 아닌지도 구분되어 있지 않았다. 삼성 태블릿인지, 애플 태블릿인지도 구분되지 않고 있다. 김한수가 "2012년 가을경 최서원이 이건 태블릿과 같은 흰색 태블릿을 가방에 넣는 것을 봤다."는 진술도 이건 태블릿인지 아닌지 특정할 수준은 아니다. 그런데도 경험칙상 최서원 사용자라고 해석한다면 재판부의 경험칙과 우리 사회 일반에 통용되는 경험칙이 다르다고 할 수밖에 없다. 논리 비약 정도가 아니라 논리 부재이며 선입견, 편견의 다른 표현으로 보인다.

재판부는 2017. 9. 29. 시행한 김한수의 증인 신문에서 나타난 증언을 간과했거나 잘못 오인했다는 비난을 면키 어렵다. 이날 김한수는 검찰 및 대통령 측 변호인으로부터 촘촘한 질문을 받으면서 아래와 같이 증언했다.

증언 요지[145]

- 증인(김한수)은 최서원의 조카인 이병헌과 같은 고등학교 동창으로 친분이 있다.

- 이병헌을 통해 박근혜 의원(당시 직위) 보좌관이던 이춘상[146]을 소개 받았다. 이 보좌관이 2012년 2월~3월경 박근혜 대선 캠프 일을 도와 달라고 하여 합류했다. 증인은 캠프 미디어본부의 미디어 팀장이었다. 2012년 대선 캠프에 있을 때 이춘상이 최서원을 소개했다.

- 이 사건 태블릿(SKT 010-4080-5783)은 2012년 6월경 증인이 마레이컴퍼니(주) 대표로 있을 때 증인이 개설했고, 2013년 2월 청와대 홍보수석실 뉴미디어 정책비서관실 행정관으로 들어가면서 회사를 떠나게 되어 개설자를 회사에서 증인 개인 이름으로 변경했다. 통신요금은 증인이 계속 납부했다.

- 2012년 6월경 태블릿 개통 이후 태블릿을 이춘상 보좌관에게 사용하라고 건네주었다. 이 보좌관이 이 태블릿을 최서원에게 사용하라고 주었는지는 모른다. 이 보좌관도 다른 사람에게 선물로 줬다고 이야기한 적 없다.

- 2012년 9월경 최서원이 흰색 태블릿을 가방에 넣는 것을 봤는데, 그때는 생각이 없었지만, 이 사건 발생 후 진술 과정에서 그 태블릿이 동일한 것일 수 있다고 추론한다.

- 증인은 이춘상 보좌관이나 최서원이 태블릿을 사용하는 것을 본 적이 없다. 검찰 조사받으며 최서원이 사용한 것으로 추론했을 뿐이다.

---

145) 서울중앙지법 2017고합184호 김한수 증언 녹취서.
146) 이춘상은 2012. 12. 대선 운동 기간 중 교통사고로 사망하였음.

■ 증인이 태블릿 개통하여 L자 잠금 패턴[147] 설정하고 이춘상 보좌관에게 줬는지 아닌지는 기억나지 않는다.

위와 같은 증언의 취지는 김한수가 2012년경 태블릿을 개통해 이춘상에게 교부해 주었고, 우연히 최서원이 흰색 태블릿을 가방에 넣는 것을 봤는데 그 태블릿이 자신이 개통해 준 것과 같은 모델이어서, 그러면 최서원이 이건 태블릿을 사용한 것으로 추론한다는 것이다. 김한수의 증언은 추론 의견에 지나지 않는다. 그가 한 증언 중 사회 경험칙상으로나 상식 기준에서 채택할 만한 부분은 그가 이춘상에게 이건 태블릿을 개통해 건네줬다는 부분뿐이라고 하겠다. 김한수 증언의 실상이 이러하고, 재판부는 장시간에 걸쳐 김한수 증언을 청취했을 터인데, 그의 추정 의견 그것도 합리적이지도 않고 논리비약인데도 이 중차대한 쟁점에서 사실 인정 핵심 증거로 삼았다는 데에 개탄하지 않을 수 없었다. 만약 김한수에 대한 증인 신문 녹음이 일반 공중에 공개된다면, 김한수 증언의 실상을 더욱 체감할 기회가 될 것이다.

③ 김한수는 JTBC의 보도 직후인 2016년 10월 29일 특수본1기 수사 때 "이건 태블릿은 자신이 만들어 이춘상 보좌관(2012. 12.경 사망)에게 드렸다." "최서원은 본 적은 있으나 모른다.", "이춘상에게 태블릿 사용법을 설명드렸을 수 있다."라고 진술하였다. 그리고 김한수는 2017년 1월 4일 다시 검찰에서 최서원이 태블릿 사용자라고 진술을 압박하자 묵묵부답하다가 견디다 못해 조사 끝 무렵 '최서원이 사용했다'고 답하고 그

---

[147] 이건 태블릿에는 L자 잠금 패턴이 설정되어 있어 L자 암호를 알지 못하면 태블릿을 열어 볼 수 없음.

근거로 김세윤 재판장이 판결 이유에서 제시하는 두 가지를 진술했다. 그가 든 두 가지 근거는 설득력이 없다.

첫째, 이 조사 당시, 김한수는 검찰로부터 이건 태블릿을 제시받아 확인했다고 진술했지만, 정작 최서원에게는 1심 결심 때까지 실물을 제시하지 않았다. 검찰의 의도가 의문이 아닐 수 없다.

둘째, 또 사용자가 된 최서원과 언제든 대질할 수 있음에도 원진술자이자 사용자로 둔갑한 최서원과 김한수 사이의 대질 조사를 하지 않았다. 검찰은 최서원에게 태블릿 사용자임을 자백하라고 강요하였다.

이런 수사 상황에 처한 사람의 진술을 믿는다면, 거짓이 진실을 이길 수밖에 없을 것이다.

④ 정호성 부속비서관은 법정에서 자신은 최서원이 태블릿을 쓰는지 어떤지 알지 못하고 본 일도 없다고 증언했다. 이건 태블릿의 소유, 사용에 대해 알지 못한다는 취지이다. 그런데 재판부는 이런 명료한 증언을 왜곡해서 최서원을 태블릿 사용자로 인정하는 증거로 내세우고 있다. 재판부가 정호성의 증언을 다시 살펴보길 강추한다. 재판부의 사실 인정은 자유 재량에 속하긴 하나 재판부의 독단 재량은 사법 정의에 반한다.

⑤ 재판부는 공익 실현상 입수 경위 문제는 태블릿 관련자들의 수인 범위 내의 기본권 제한이라고 한다. JTBC의 선정적인 태블릿 보도가 기폭제가 되어 박근혜 정부 붕괴에 심대한 영향을 미친 것이 공지의 사실인데 태블릿 입수 과정과 보도가 기본권 제한 수인 범위 내라는 재판부 판단은 다분히

파당적인 재판부의 기조를 보여주고 있다고 할 수 있다. 이 태블릿 보도로 인해 최서원 등이 입은 인격 침해, 사회적 혼란 등을 전혀 도외시한 불공정한 판결이다.

⑥ 재판부는 태블릿 PC의 검증 감정을 채택하고 국과수의 철저하고 방대한 포렌식분석자료(약 2만 5천 쪽)와 감정보고서를 제출받았고 증거로 채택했다. 재판부가 과학적으로 분석 검토되었고, 스스로 채택한 감정보고서 결과를 도외시하고 그와 달리 태블릿이 최서원이 사용한 것이라고 판단한 데 대해 아연하지 않을 수 없었다(국과수감정보고서 35쪽, 156쪽에는 「2016. 10. 18.자 이후 태블릿 PC의 전체에 대해 무결성이 유지되지 않음」으로 명시하고 있다).

JTBC 태블릿은 최서원 아닌 다른 사람들이 소유·사용했다

① JTBC 제출 태블릿의 소유자는 김한수 전 청와대 행정관이다.

검찰은 이 사건 태블릿을 '최서원의 것'이라고 주장해 왔다. '누구의 것'은 소유·사용·소지·보관 등을 포함하는 비법률적 용어다. 검찰은 다분히 모호한 입장을 펴서 용어의 혼란 전술로 태블릿 쟁점을 명확하게 규명하는 데 장애물을 설치했다고 할 수 있다. 사회 일반의 상식으로는 「누구의 것」은 「누구의 소유」를 의미하는 것으로 인식하고 있다. '누구의 것'을 '누구의 소유'로 전제한다면, JTBC 제출 태블릿은 청와대 전 행정관인 김한수[148]가 소유자다.

앞서 기술한 바와 같이 김한수가 2012년 대선 캠프에 참가해 이건 태블릿을 직접 매입·등록·개통했고, 태블릿의 카카오톡 계정을 개설했다. 태블릿의 전화번호 '010-4080-5783'도 김한수가 가입한 것이다. 국립과학수사연

---

[148] 김한수: 2013. 2.부터 2016. 11.까지 청와대 뉴 미디어 정책 비서관실 행정관.

구원의 태블릿 감정회보서[149]를 보면 2012년 6월 22일 통신 개설 때 구매 장착한 유심 칩(USIM CHIP, 개설자 개인 및 통신정보 저장장치)이 포렌식 감정 때까지 교체되지 않았다는 사실을 확인할 수 있다. 유심 칩이 교체되지 않았다는 사실은 유심 칩을 구매·장착한 사람이 소유·사용자라는 강력한 증거다.

김한수는 이건 태블릿의 통신요금을 통신 개통시부터 2017년 9월 27일 법정에서 증언할 때까지 자신이 지불해 왔다(개통시부터 2013. 2.까지는 김한수가 대표로 있던 마레이컴퍼니 회사 비용으로, 이후는 김한수 개인 자금에서 지급). 김한수가 소유하다가 다른 사람에게 소유권을 양도했다는 주장이나 증거가 없다. 김한수는 태블릿 개통 후 고(故) 이춘상 보좌관에게 건넸다고 하나, 그에게 소유권을 양도했다고 진술하지 않았다. 소유권을 넘겼다면 유심 칩을 변경했을 것이나 그런 사실이 없음은 이미 기술하였다.

이상의 사실들에 의하면 JTBC 제출 태블릿은 법적으로 김한수 소유라고 해야 마땅하다. 그런데도 김한수는 이 태블릿 행방에 대해 모호한 태도를 보여 왔다. 밝혀져야 할 중요한 대목이 아닐 수 없다.

② JTBC 제출 태블릿에 걸려 있는 보안 패턴 L자의 설정자와 L자 패턴을 공유한 사람들이 사용자다.

이 태블릿의 보안 잠금 암호는 문자 L이다. 보안 패턴 L을 알지 못하면 태블릿을 입수·습득해도 사용할 수 없다. JTBC 김필준 기자는 2016년 10월 18일 더블루K 사무실에서 태블릿을 가지고 나와 충전(완전 방전 상태였음)하

---

[149] 국립과학수사연구원이 재판부의 위촉으로 이건 태블릿의 포렌식 결과를 회보한 감정서. 2017. 11. 27.자.

고 바로 태블릿을 열어 보았다. 그는 어떻게 보안 패턴 L을 알았는가? 철저히 조사하여 규명해야 할 핵심적인 사항이다. L자 패턴으로 태블릿을 사용한 사람들이 국과수의 감정보고서[150]에 나와 있다. 감정보고서는 태블릿에 다수의 구글 계정으로 접속한 점, 태블릿에 등록된 구글 계정이 다수 기기에 등록 사용된 점 등으로 보아 '다수'가 사용하였을 가능성도 있고, 단수일 수 있어 명확한 판단을 할 수 없다고 적시하고 있다.

태블릿에 접속한 이메일 계정
① zixi9876@gmail.com(chul 이름으로 가입)
② greatpark1819@gmail.com(이상미 이름으로 가입)
③ kimpa2014@gmail.com(송파랑 이름으로 가입)

카카오톡 사용자 정보 이름은 '선생님' 전화번호는 010-4080-5783으로 나와 있어 '선생님'은 전화 개설자 김한수와 관계있음을 알 수 있다. 위치 정보와 사진 정보도 있다. 위와 같은 정보를 단서로 태블릿 사용자를 철저히 규명해 내야 하며, 할 수 있는데도 검찰은 사용자 수사에 미온적이었다. 앞으로 이 부분에 대해 철저한 재수사가 요청된다. 검찰은 JTBC 태블릿에 나와 있는 최서원의 셀카 사진 1장(2012년 6월 25일 촬영)을 두고 최서원이 이 태블릿을 지배적으로 사용했다고 주장했으나 이 태블릿에는 최서원 외에도 많은 인물 사진이 있다. 그렇다면 그들은 태블릿의 지배적 사용자인가 물론 아니다. 셀카 사진이라고는 하나, 그 사진을 최서원이 직접 촬영했다는 사실을 입증하는

---

[150] 위 감정보고서 pp.36~51.

것도 아니다. 다른 사람이 셀카 기능으로 촬영할 수도 있기 때문이다. 태블릿에 들어있는 최서원 사진 2장에는 가족모임 식사에 자리를 함께한 어린이가 있는데, 이 어린이의 셀카 사진이 연속 6개가 발견된 것으로 보아 어린이를 촬영한 사람이 최서원을 촬영한 것으로 보아야 상당하다 할 것이다. 검찰은 태블릿의 위치 정보를 들어 최서원이 사용했다고 주장하나, 이는 시험 응시자가 응시 문제의 답을 시험관 앞에 내놓고 이것이 정답이라고 우기는 격이다. 검찰은 누가 이 태블릿을 그 시점에 소유·사용했는지, 왜 태블릿을 가지고 갔는지 등을 정밀 수사했어야 하는데 최순실 것이라고 완고하게 주장하는 데 그쳤다.

③ 관련자의 증언들

어떤 사실관계를 규명하려 할 때 직접 관련자의 진술은 매우 중요하고, 그 진술의 신빙성을 따져 보는 방법으로 사실 규명을 효율적으로 할 수 있다. 태블릿 쟁점도 이와 같다. 최서원은 1956년생이어서 그 세대 대부분이 그러하듯 컴퓨터에 익숙하지 못하다. 당시 최서원은 50대 후반 여성이라서 더욱 그랬을 것이다. 최서원은 데스크 탑 정도만 사용할 수 있었고 때론 노트북도 사용했다고 한다. 그러나 신종 기기인 태블릿 PC는 그 기기 자체에 대해 알지 못하였고, 사용한 적도 없다고 한다. 태블릿까지 들고 다니는 정보통신기기에 능통한 최첨단 50대 후반 여성이 아니었다. 필자를 비롯한 최서원 변호인들은 최서원과 접촉한 인사들이 법정에 나와 증언 등 진술을 할 때 마다 어김없이 "최서원이 태블릿을 사용하는 장면을 본 사실이 있나요?라고 질문했다. 한결 같이 태블릿 사용하는 것을 본 적이 없다는 증언 일색이었다.

검찰은 2016년 10월 31일부터 최서원을 긴급 체포해 수사했는데, 거의 매일 최서원에게 "JTBC 태블릿을 사용했다."고 자백하라고 강요했다. 조사 검사는 정작 JTBC 제출 태블릿을 보여 주지도 않아, 조사에 입회한 필자가 조사하는 고형곤 검사에게 "절도범에게도 절취품이 있으면 보여주고 이 물건 훔쳤냐라고 추궁하는데, 태블릿을 보여주고 질문하면 좋겠다."고 항의했다. 고형곤 검사는 태블릿을 제시하지 못했다. 그 이유를 묻자, 태블릿에 대한 포렌식 검사를 진행 중이어서 가져오기 곤란하다고 설명했다. 그러나 이 설명은 사실과 달랐다. 이때는 검찰이 포렌식 분석[151]을 마친 상태였다. 조사 검사가 포렌식 분석이 이미 끝난 사실을 알지 못했다고 하기에는 언뜻 수긍이 가지 않는 변명이었다. 알아보지도 않고 이 중차대한 수사 상황에서 변호인 항의에 대해 적당히 둘러댔다고 할 수 있을까?

고형곤 검사가 왜 그렇게 사실과 다르게 변명하며 태블릿을 제시하지 않았는지 의문이다. 필자는 고형곤 검사에게 태블릿에 대한 공정한 제3기관의 감정을 요청하기도 했다. 수사 단계에서 정리할 것은 정리하고 다음 단계로 가야 수사·재판의 능률을 기할 수 있다. 검찰의 일방적인 포렌식 검사 자료를, 그것도 입수 경위가 극히 불투명한 태블릿이므로, 변호인이 증거 동의할 리 만무하므로, 재판부에 의해 제3 전문 기관에 감정 의뢰하기 마련이었기 때문이다. 이 또한 받아들여지지 않았다.

필자는 1심 재판 내내 태블릿 감정을 요청했고, 검찰은 반대했다. 검찰의 반대 이유는 최서원은 공무상비밀누설죄로 기소되지 않았다는 데 있었다. 그러나 이 주장은 옹색하고 사건의 본질을 살펴보려 하지 않는 극히 형식주의적인 견해다. 태블릿 보도로 인한 정치·사회적 파장으로 보나, 검찰이 최서원

---

[151] 서울중앙지검, 디지털 증거획득 결과 보고서(분석관 중앙지검 송지관), 2016. 10. 25.

을 국정 농단자로 매도하는 결정판 증거라는 점에서 보나 태블릿의 진상 규명은 최순실 게이트 재판에 있어 기본 사실관계의 핵심 사항에 해당한다. 양형에 있어서는 말할 나위도 없다.

검찰의 입장은 차치하고라도 김세윤 재판부가 태블릿에 대한 감정 신청을 재판 초기에 접수했음에도 1심 재판 결심이 임박한 2017년 11월 9일에야 감정 신청을 채택하여 검찰이 압수 중인 JTBC 제출 태블릿을 법정에 내놓게 했다. 최서원은 이날 법정에서 처음 태블릿을 봤다. JTBC 태블릿 방송으로부터 1년을 넘겨 실물을 처음 본 것이다. 그렇다면, 재판부는 왜 그렇게 검찰의 의견을 존중해 감정 채택을 약 1년간이나 보류해 왔는가? 이 또한 추후 밝혀져야 할 중요한 의문 사항이다. 필자가 보기에 재판부의 감정 채택이 신속히 이루어졌다면, 즉 박영수 특검의 중간 수사 결과 발표[152] 전에 태블릿 감정이 성사되어, 태블릿 진위 논쟁이 전개되었다면 이는 이후에 벌어진 탄핵심판과 박 대통령 구속 등에 결정적 영향을 끼쳤으리라 확신한다.

필자는 검찰이 집요하고 지속적으로 최서원에게 태블릿 사용자 자백을 요구하여 최서원이 괴로움을 당하는 사정을 파악하고, 최서원에게 "공무상비밀누설죄는 누설한 공무원만 처벌하고 비밀을 받은 사람은 처벌 대상이 아니다. 그러니 태블릿을 사용했다고 해도 이 상황에서는 아무런 득실이 없다."고 설득했다. 그러자 최서원은 "차라리 내가 사용했다면 좋겠다. 그런데 사용한 적도 없고, 쓸 줄도 모르는데 어떻게 거짓말 하겠느냐."고 오히려 답답해했다. 진상을 밝혀 달라는 호소다. 최서원은 검사에게도 사용자를 밝히라고 요구했다고 한다.

---

[152] 2017. 2. 28. 최서원을 박 대통령과 공범으로 구성해 삼성뇌물죄 등으로 기소.

④ 2014. 3. 27. 드레스덴 연설문 수정은 최서원과 아무 관련이 없다

감정보고서 회보에 의하면 태블릿에는 2013년 11월 이후 인터넷 사용이 중단되었다가 약 5개월 지난 2014년 3월 27일 웹 브라우저를 통해 구글 메일에 접속하여 드레스덴 연설문을 받았다. 이 일자 이후부터 2016년 10월 18일까지(JTBC 김필준 기자가 태블릿을 가져간 날) 인터넷 사용 기록이 없다.

이 드레스덴 연설문 7개는 'kimpa2014@gmail.com' '송파랑' 계정에 접속하여 첨부된 파일을 다운로드 한 것이다.

kimpa2014@gmail.com, 송파랑은 김휘종의 구글 계정으로 밝혀졌다. 최서원은 kimpa2014 계정을 알지 못한다. 그렇다면 드레스덴 연설문은 2014년 3월경 독일 순방중인 박 대통령 공식 수행원 중에서 이 태블릿으로 연설문을 사전에 받아 봤다고 추정함이 상당하다고 할 것이다. 독일 현지 청와대 직원은 다음 날 연설 준비상 연설문 최종본을 받아 두어야 마땅할 것이다.

2016년 10월 18일 JTBC 김필준이 태블릿을 가져가기 전에 누가 고영태 책상에 태블릿을 넣어 두었는가?

이 사건 태블릿에서 가장 큰 미스터리는 '누가 이 태블릿을 고영태 책상에 넣어두었는가?'이다. 포렌식 조사에서 밝혀졌듯이 이 태블릿은 2012년 6월 22일 개통하여 2013년 11월 1일까지 사용되다가 이후에는 2014년 3월 27일 이메일(드레스덴 연설문) 확인 기록만 있다. 그 이후 인터넷 사용 기록이 없다가 2016년 10월 18일 JTBC 김필준 기자가 가져가 JTBC에서 대량의 파일 생성, 삭제 수정이 있었다.[153] 시간의 역순으로 살펴보자.

---

153) 국과수, 위 감정회보서 pp.35~36.

2016년 10월 18일 김필준 기자가 태블릿을 가져갔다. 김필준 이전(以前) 누군가 서울 강남에 있는 더블루K 사무실의 고영태 책상 서랍에 태블릿을 넣어 두지 않으면 사실관계 흐름이 성립되지 않는다. 그가 누구인가? 태블릿을 가져간 JTBC 김필준도 모른다고 하고, 건물 관리인 노광일도 모른다고 하고, 책상 주인인 고영태조차 태블릿을 모른다고 한다. 다만, 류상영·전지영 등 더블루K 관계자는 책상 서랍에 태블릿이 있는 것을 봤다고 한다.

이 정도면, 검찰에서 누가 이 태블릿을 고영태 책상에 넣어 두었는지, 그 목적이 무엇인지 그는 이 태블릿을 어떤 경로로 입수했는지 충분히 밝힐 수 있었을 것이다. 그런데도 검찰은 이 의혹을 더 이상 조사하지 않았다. JTBC 측을 통해서도 태블릿 반입자를 알아내는 수사 자료를 얻을 수도 있었다. JTBC 태블릿 보도 이후 태블릿을 둘러싼 많은 공방이 있었다. 그 중 2012년 대선 기간 중 이 태블릿을 캠프에서 사용했다는 주장도 있었다. JTBC 태블릿 보도의 문제점을 날카롭게 지적해 온 인터넷 신문 미디어 워치(Media Watch)의 대표 고문 변희재, 대표 황의원 등이 문제점을 널리 알리려 했다는 사유로 명예훼손죄로 1심에서 2년, 1년 실형 선고를 받았고, 기자 2명은 집행유예, 벌금을 선고받았다.[154]

이 판결은 공소장을 그대로 인용했다. 그 판결 이유를 보면,

「 … JTBC 김필준은 2016년 10월 18일경 고영태 사무실 책상 서랍에 있던 최순실이 사용한 태블릿을 … 입수하여 … 」이 진실인데

---

154) 서울중앙지법 2018고단3660호 정보통신망법위반(명예훼손)등 사건 판결문 pp.2~4, 2018. 12. 10. 판결.

미디어 워치 측에서 「JTBC에서 최순실과 무관한 이 사건 태블릿을 … 불법 취득하여 … 최순실 것으로 … 조작 방송하여 허위 사실을 유포했다」라고 판시하고 있다.

필자가 보기에는 완전히 흑이 백이 되고, 백을 흑으로 처벌한 것은 아닌가 극히 염려된다.[155] 이 재판부는 최서원을 증인으로 소환하지도 않았다. 미디어 워치는 인터넷 언론으로서 최서원 변호인 측에서 'JTBC 제출 태블릿의 문제점'을 수사·재판에서 줄기차게 주장하고, 국과수 감정을 통해 입증해 나가는 과정을 보며, 이 점에 주목하여 다각도로 취재해 보도한 것이다. 검찰의 미디어 워치 기소와 재판부의 판결은 필자를 비롯한 최서원 변호인의 변론을 받아들이지 않는 데에 그치지 않고, 이를 형사적으로 접근하려 한다는 비난을 면키 어렵다.

이러한 재판부의 판단은 시대적(時代的) 쟁점에 대한 법정 공방을 제약할 우려가 있고, 헌법상 변호인 조력권에 우회적으로 위협을 가하는 결과를 가져올 것이다. 검찰은 왜 '태블릿 반입자'을 찾지 못했는지(혹은 않았는지) 의문이다. 차후 특검 등 방법으로 진상을 밝혀야 태블릿의 진실이 온 세상에 드러날 것이고 그때, 국민들은 어떤 평가를 할 것인지 지켜 볼 일이다. 필자가 태블릿 의혹에 자세히 기록을 남기는 이유도 여기에 있다.

---

[155] 미디어 워치(황의원), 태블릿 PC 조작 진상 규명 백서, 2018. 8. 24.

PART 4

게이트 주역의 입국과 국가 공권력의 합동 공세

최서원이 2016년 10월 30일 독일에서 국내로 돌아오자, 검찰 특별 수사 본부 1기(期)를 필두로 박영수 특별 검사, 검찰 특별 수사 본부 2기(期), 국회, 헌법재판소 등 국가 공권력이 합동하여 순차 또는 동시에 최서원을 수사·조사·신문 등 갖가지 방법으로 몰아 세웠다.

총공세의 최종 표적은 박 대통령이었고, 최서원은 중간 표적이었다. 우리 현대사에서 유사한 선례를 찾을 수 없다. 공산 독재 국가나 폭압 독재 체제가 아닌 현대 문명 국가에서는 그 사례를 찾을 수 없을 것이다. 여기에서는 국가 공권력이 당시 어떻게 작동해서 최서원을 수사하고 기소하였는지 서술하고자 한다.

1
최서원 입국과 검찰의 축차 공세

◆ 최서원의 입국(2016. 10. 30.)

최서원은 2016년 10월 26일(독일 현지 시간) 세계일보 기자와 인터뷰할 때 귀국하는 방향으로 가닥을 잡아가고 있었다. 국내 주요 방송·신문 등 언론사에서 특파된 기자들이 최서원을 쫓고 있어서 이들을 피하는데도 힘겨울 지경이었다. 세계일보 인터뷰 후 필자는, 최서원과 통화해 그의 귀국 의사를 확인하였다. 앞서 서술했듯이 필자도 귀국해서 해법을 찾아야 한다고 조언했다. 귀국 시기는 하루가 멀다 하고 최서원 관련 의혹들이 터져 나와 상황이 급변하고 있어서 딱히 시기를 정하자고 할 수 없었다. 그러나 2016년 10월 29일 (토) 민노총·전교조 등 좌파 민중 단체들이 총동원되어 광화문에 집결 대규모 야간 촛불 시위를 예고하고 있었다. 10만 명 이상, 시위 주동 측에서는 통칭 100만 명의 시민이 집결하여 야간 촛불 시위를 하고 군중의 물결이 청와대 쪽으로 행진한다면 어떤 물리적 충돌이나 불상사가 발생할지 아무도 장담하지 못한다. 그때의 사회 분위기는 긴장이 팽배하여 터지기 일보 전이라고 할 수 있었다. 당시의 긴장도를 피부로 감지해 보려는 독자는 그 즈음의 주말 촛불 시위 영상을 공중파 TV 방송에서 손쉽게 확인할 수 있다. 최서원은 필자에게 언론 노출을 피하기 위해 귀국 비행기 티켓을 구입하고 바로 연락하겠다고 했다. 필자는 최서원의 입국 시기가 언제든 만반의 준비를 해야 했다. 최서원은, 박 대통령이 자신에게 귀국해서 직접 잘잘못을 밝히라고 했다고 술회했다. 최서원이 이에 대해 사실과 다르게 말할 아무런 이유도 없다. 필자가 최서원에게 '귀국 후 의혹 해명' 안(案)을 권고한 데에는 몇 가지 고려가 있었다.

첫째, 김씨 왕조 공산 독재 집단은 적화통일에 도움이 된다고 판단하면 어떤 공작도 서슴지 않았고, 김정은이 결단하면 바로 실행하리라는 우려가 첫째 고려 사항이었다. 38세의 김일성은 스탈린과 모택동을 유인해서 한반도에서 가장 처절한 희생을 치룬 국제 전쟁을 감행했다. 김정일도 아비 못지않게 테러 공작을 쉼 없이 자행했다. KAL기 폭파, 아웅산 테러, 천안함 폭파, 연평도 포격, 최은희·신상옥 감독 납치 등이 뇌리에 생생하다. 30대 초반 권좌에 오른 3대 김씨 왕(王) 김정은도 선조들 못지않다. 4차례 핵 실험을 강행했다. 고모부 장성택을 총살하고, 이복형 김정남을 해외에서 독살했다.

이런 김씨 왕조 집단이, 우리 국내가 정쟁에 매몰되어 있고 사회적 혼란이 극에 치닫고 있는 상황에서, 최서원을 공작 대상으로 지목할 가능성을 배제할 수 없다고 생각했다. 북측 공작조가 은밀히 최서원을 납북했다고 가정하면 어떤 상황이 벌어질까? 전율을 금치 못했다. 북측 공작조는 1967년의 동백림 사건 때부터 요인들의 유인·납북 공작에 능한 것으로 정평이 나 있다. 북측이 마음만 먹으면 언제든 현실화시킬 수 있었을 것이다. 필자는 검사로서 남파 간첩과 고정 간첩을 수사·기소한 경험이 있다. KAL 858기 폭파 사건의 북측 공작원 김현희를 신문하기도 했다.[156]

필자가 대검찰청 공안 3과장(직무 대리)으로 재직 중일 때인 1989년 제13차 세계청년학생 축전이 평양에서 열렸다. 이때 전국대학생 대표자협의회 의장은 임종석(한양대학교 총학생회장)[157]이었다. 전대협은 임수경을 전대협 대표로 평양에 파견했다. 이 또한 김씨 왕조 집단의 공작 성과였다. 김일성 종합대학은 임수경[158]에게 명예 졸업장을 수여했다.[159] 필자의 경험과 판단에 비추어 북의 공작 조직이 최서원에게 접근할 위험이 매우 높다고 분석했다. 필자는 이념 성향을 떠나 나라와 우리 사회의 안정을 위해서는 북의 이런 위험한 공작 기도 유혹을 사전에 막는 데 변호사로서 역할을 해야 한다고 생각했다.

둘째, 급진·극렬 조직이나 개인에 의한 테러를 걱정하지 않을 수 없었다. 박근혜 대통령에 대해 절대적 지지를 보내는 세력이나 단체에서 볼 때 그 당시의 상황에서는 최서원은 박 대통령을 구렁텅이에 빠뜨린 요물과 다름없게 인식되고 있었다. 원리주의적·교조적인 정의·원칙들을 추종하는 단체나 개인 중 과격한 측에서는 최서원을 우리 시대 만악의 근원으로 처단해야 한다고 목소리를 높이는 경우가 더러 있었고, 이 극렬 주장이 인기를 얻기도 했다.

---

156) KAL 858기 이라크 바그다드 출발 서울로 가던 중 1987. 11. 29. 인도양 상공에서 폭파되었음. 당시는 직선제 대선 기간 중이었음. 1987. 12. 16. 대선 전날 입국(압송) 당시 서울지검 공안 1부에서 대공 담당이던 필자와 이상형 검사가 공안부장 최환의 지시로 안기부로 가서 최초로 김현희를 면담 조사함.
157) 임종석(任鍾晳, 1966년생): 국회의원, 문재인 대통령 비서실장 역임. 위 방북사건으로 징역 5년 선고
158) 임수경(林秀卿, 1968년생): 민주통합당 비례대표 국회의원 역임.
159) 위키백과, 임수경.

여기에 영웅 심리까지 끼어들면, 최서원은 돌발 테러로 제대로 변명의 기회조차 가져 보지 못할 우려도 있다고 생각했다.

셋째, 외부 요인만이 문제가 되는 것은 아니다. 외부 요인이 최서원 개인의 심리 상태에 지속적으로 영향을 미칠 것이다. 필자는 최서원이 앞날에 대한 희망이 없다고 잘못 생각하면 스스로 극히 불행한 선택(自盡: 자진)을 할 가능성도 생각해 봤다. 필자는 엄중한 사건을 수사·기소하기도 하고, 변론하기도 하면서 신경이 예민하고 내적 수련이 충분치 아니하면 계속되는 외부 압박과 비난 여론을 이기지 못해 자살(自殺)이라는 극단 선택을 한 사례를 여러 번 보아 왔다.

독자들도 대형 사건 수사에서 사건의 주(主)된 인물이 세상을 하직하는 안타까운 뉴스를 봐왔을 것이다. 이른바 최순실 게이트 관련 수사에서도 몇 분은 자살을 택했다. 최서원도 필자에게 "죽고 싶은 심정이다. 무슨 희망이 있느냐?"고 하소연했다. 자살까지는 감행하지 않더라도 자기보호를 포기하는 자포자기(自暴自棄)가 더 위험하다. 이 경우, 정신적으로 공황 상태에 빠질 수 있고, 사리를 분별하고 기억을 쫓아 진술하는 것이 아니라, 검사가 유도하는 대로 "예·예"라고 답할 수 있기 때문이다. 검사나 수사관의 장시간 신문에 시달리면, 대부분 자신의 입장을 지켜 내지 못하는 게 일반적이다. 더 이상 시달리기 싫고, 자신의 말을 들어줄 여지가 없다고 예단하고, 검사나 수사관의 질문에 가급적 협조하는 진술을 한다. 이 사건의 경우, 박 대통령을 최서원과 공동체(경제, 이익 등)로 엮어가는 수사 방향이어서 더욱 위험천만한 일이었다.

이런 고려 끝에 최서원이 더 이상 정신적·육체적으로 피폐해지기 전에 조속히 귀국해, 변호인의 도움을 받으며 검찰의 조사를 받는 것이 그 상황에서의 택할 수 있는 득책이라는 판단에서 **조속 귀국**을 권고했다.

필자는 2016년 10월 28일(금) 서울 서초구 서초동에 있는 필자의 사무실(법무법인 동북아)에서 법조 출입 기자들과 간담회를 하면서 기자들에게 아래의 보도 참고 자료를 배포했다.

세칭 최순실 의혹 관련 사건에 대한 참고 사항

법무법인 동북아 변호사 이 경 재

○ 세칭 최순실(최서원으로 개명) 의혹과 관련하여 검찰에 고발 접수된 사건은 3건입니다(서울중앙지검 2016형제90143호 특경법위반 등).
투기자본감시센터가 2016년 9월 29일 최서원(이하 '최원장'으로) 등 73명을 고발했습니다.
– 변호인은 2016년 10월 13일 최원장 변호인으로 선임 신고서를 검찰에 제출하였고, 다른 고발사건에 대하여도 사건번호와 배당을 확인하는 즉시 변호인 선임서를 제출하였습니다.

○ 최원장은 현재 독일에 체류 중이며, 정신적 충격으로 건강이 매우 나쁜 상태여서 병원의 치료를 받고 있습니다.

○ 최원장은 자신을 둘러싼 의혹으로 인한 사태의 엄중함을 잘 알고 있으며, 검찰에서 소환하면 출석하여 사실대로 진술하려고 합니다. 현재까지는 검찰로부터 출석 통지를 받지 못하였습니다. 또한, 자신에 대한 사회적·도덕적 질책 역시 깊이 가슴에 새기고 있으며, 실정법상 위법이나 범죄 행위가 있으면 달게 받고자 하는 각오입니다.

○ 최원장은 도피·잠적하거나 그렇게 하려 할 의사는 추후도 없다고 말하고 있습니다.

○ 최원장은 자신의 큰 잘못으로 사회적 혼란을 일으키고 국민들께 심려를 끼친 데 대해 깊이 사죄하고 있습니다. 다만 자신의 처신과 행동으로 이제 20세밖에 안 된 자신의 딸이 세상에서 모진 매질을 받게 된 것에 대해 딸을 둔 어미로서 가슴 아파하고 있으며, 딸 유라에 대해서만은 관용을 베풀어 주시길 고대하고 있습니다.

법조 기자들은 법원·검찰의 업무에 상당한 수준의 전문 지식을 갖추고 있는 만큼 모호하거나 일시 모면적인 발언은 통하지 않는다. 기자들의 관심은 최서원이 과연 입국하는가에 있었다. 기자들 다수는 최서원 입국에 회의적이었다. 필자는 기자들에게 입국 의지는 확고하나 시기는 확정키 어렵다고만 답변했다. 최서원이 귀국행 비행기에 오르기 전에는 귀국 일정을 확정적으로 알릴 수 없었고, 일정이 알려질 경우 입국장에서 불상사를 염려하지 않을 수 없었다.

2016년 10월 29일(토) 최서원으로부터 영국 런던에서 브리티시 에어웨이(British Airways) 항공편으로 입국한다는 연락이 왔다. 탑승 직전에 연락한 것이다. 국내 도착은 2016년 10월 30일(일) 07:35경 예정이었다. 필자는 평소 잘 알고 있고 믿을 수 있으며 연부역강(年富力强)한 이진웅(사법연수원 34기) 변호사에게 공동 변론 참가를 제의해 승낙을 받아 두었다. 이 변호사에게 사태의 엄중함과 여론의 역풍에 있어서 어려움이 있다는 점은 미리 고지해 주었다. 제안을 받아 준 이 변호사가 고마웠다. 경험이 풍부한 검찰 출신 변호사들은 모두 공동 변론 제안에 거부 의사를 분명히 했다. 공동 변호인을 물색하는 데도 어려움이 있다니 앞으로 다가올 일을 걱정하지 않을 수 없었다.

필자는 최서원의 국내 사업체(업무용 빌딩으로 임대업) 직원에게 입국장에서 언론의 취재 과열이나 과격분자에 의한 예기치 못한 사고가 있을 수 있으니, 전문 보안요원 2~3명을 공항 입국장에 배치해야 한다고 권고했다. 입국장에서 바로 대기한 차에 승차하여 신속히 공항을 빠져나와 미리 예약해 둔 서울 강남구 청담동 한강변에 있는 E호텔로 직행하라고 했다. 이 변호사도 그 E호텔에서 최서원과 면담하도록 계획했다. 입국장의 현장 지휘는 필자 사무실의 법무실장 정동식이 맡기로 했다. 필자는 언론에 노출되어 있어서 입국장 출구에서 보이지 않는 위치에서 상황을 지켜보며 즉시 대처하기로 했다.

2016년 10월 30일(일) 07:35경 최서원이 탑승한 항공기는 예정 시간에 인천공항에 도착했다. 입국 절차를 마친 최서원은 신속하게 입국장 출구를 빠져나왔다. 예정한 계획대로 대기하던 최서원 측 사람들이 최서원을 데리고 나가, 예약해 둔 E호텔로 향했다. 필자도 공항에 나가, 먼발치에서 상황을 지켜보며 정 실장과 연락을 유지했다. 한편 필자는 공항에서 최서원의 도착·입국이 움직일 수 없게 되었다고 판단하고 서울중앙지검 한웅재 형사8부장 검사(최서원 관련 사건의 주임검사)에게 전화를 했다. 기자들이 입국 사실을 알기 전에 주임 부장 검사가 알지 못했다면 그가 낭패를 당할까 우려해서였다.

필자는 한웅재 부장 검사에게 최서원의 입국 사실을 알리고 "소환하면 언제든 응하겠다. 다만 최서원이 건강이 좋지 않고, 장시간 비행·시차 등으로 매우 지쳐 있다. 하루정도 몸을 추스를 수 있는 시간을 달라."고 요청했다. 최서원의 소재에 대해서는 함구했다. 한웅재 부장 검사는 검토해 보겠다고 했다. 최서원 게이트 사건과 관련하여 이때까지 검찰로부터 서면, 구두 등 어떤 방식이든 소환 통지를 받은 적이 없었다.

최서원과 변호인들이 만나 검찰 출석에 대비할 수 있는 시간은 고작 하루, 여기에 식사·취침 시간을 빼면 10시간도 채 안 되었다. 필자는 시간의 제약으로 변론 업무를 초스피드로 처리해야 했다. 정동식 실장을 E호텔로 보내, 이진웅 변호사를 만나 최서원을 면담하게 했다. 정동식 실장은 2014년 정윤회 문건 사건 때부터 최서원을 알고 있었다. 극도로 보안에 민감한 최서원을 안심시키고, 이진웅 변호사를 공동 변호인으로 선임하게 하는 절차도 만만치 않은 일이다. 이 엄악한 상황에서 평소 신뢰 관계가 쌓여있지 않은 변호사를 선임할 수는 없었다. 이진웅 변호사는 선임 신고서를 받고 그때부터 E호텔에서 최서원과 사건에 관해 상담을 시작했다. 당연히 철야 작업이었다.

필자는 공항에서 자동차로 사무실로 이동 중 법조 기자실에 09:30 서초동의 필자 사무실에서 기자 회견을 하겠다고 통지했다. 1시간 정도 시간이 있었다. 자동차 안에서 사무실에 대기 중인 윤영선 주임에게 전화로 기자 회견문을 불러주고 문건을 작성하게 했다. 사무실에 도착하자, 일요일인데도 서초동 정곡빌딩 현관을 취재진과 카메라가 꽉 메우고 있었다. 4층 사무실에서 기자 회선분을 가시고 내려가 최서원 귀국을 공식식으로 알렸다. 당시 밝힌 회견 내용은 다음과 같다.

- 최서원(개명 전 최순실)은 검찰 소환에 응하기 위하여 2016. 10. 30. 07시 35분경 브리티시 에어웨이 항공편으로 런던에서 인천공항으로 도착하였습니다.
- 최원장은 변호인과 상의하여 검찰 수사팀과 소환 일정 등에 대해 연락하고 있습니다.
- 변호인은 수사 담당자에게 최원장이 건강이 좋지 아니하고 장시간 여행, 시차 등으로 매우 지쳐 있으므로 하루정도 몸을 추스릴 수 있는 시간적 여유를 달라고 요청하였습니다.
- 최원장은 변호인을 통해 밝힌 바와 같이 검찰 수사에 적극 순응하겠으며, 있는 그대로 진술하고자 합니다. 자신으로 인하여 국민 여러분들께 좌절과 허탈감을 가져온 데 대하여 깊이 사죄드리는 심경을 표하고 있습니다.

기자 회견을 마치자, 방송 뉴스는 온통 '최서원 급거 귀국', '기습 입국' 등으로 도배를 했다. 입국 때 검찰 수사관들이 보호했다는 악성 추측 기사가 힘을 얻을 정도였다. 검찰은 필자가 최서원 입국을 알리기 전 최서원의 동정을 알

▲ 촛불 집회

지 못했다. 검찰 수사 요원들의 '공항 영접' 등은 선동적인 가짜 뉴스였다.

필자가 뉴스의 중심에 있게 됐다. 이때부터 필자는 취재진의 포위망에 갇히어 일거수일투족(一擧手一投足)이 보도되었다. 이런 상황을 예상하고 공동 변호인 이진웅 변호사와 정동식 실장이 팀이 되어 필자를 대신해 E호텔에서 검찰 출석을 대비한 변론 준비에 박차를 가했다. 필자는 한웅재 부장 검사가 최소한 하루정도는 시간적 여유를 주리라 예상했다. 입국 당일은 일요일이어서 월요일(2016. 10. 31.) 하루가 최서원이 검찰 출석에 대비해 신변 정리를 할 수 있는 유일한 날이었다. 더 이상의 여유시간은 허용되지 않을 것으로 전망했다.

실제 검찰은 최서원을 소환 조사할 준비가 되어 있지 않았다. 최서원이 귀국하자 기습당한 느낌이 들 수 있는 상황이었다. 그러나 필자가 기습 귀국·검찰 출석으로 검찰의 허(虛)를 찌르거나, 형사적인 이득을 노리려 한 것은 아니었다. 최서원의 귀국이 늦어질 때 일어날 예측 불가한 상황을 최우선으로 고려한 것뿐이었다. 일부에서는 검찰이 '최서원을 즉시 긴급 체포'하지 않는다고 아우성이었고, 박지원 국민의당 비상대책위원장 겸 원내 대표는 페이스북에서 "시나리오에 따라 움직이는 느낌이 있다."며 사전 모의 가능성을 제기

했다.[160]

서울중앙지방검찰청에 설치된 최순실 관련 특별수사본부(본부장 이영렬, 중앙지검 검사장)는 여론의 악화와 즉시 소환 조사치 않는 데 대한 정치권의 의혹 제기가 가세하자, 필자에게 다음날 오후 3시(15:00) 서울중앙지검에 출석하라고 고지했다. 귀국 당일 심야에 전화로 통지했다. 특별수사본부가 정치권과 여론의 압박을 견디기 못하는 첫 장면이라고 할 수 있었다.

최서원이 월요일 오후 3시 검찰에 출석하면 그때부터 최서원은 기약 없이 영어(囹圄)의 몸이 될 개연성이 높았다. 그런데 신변 정리를 위한 시간은 고작 월요일 09:00부터 15:00까지 6시간 남았다. 얼마나 귀중한 시간인가? 일각여삼추(一刻如三秋) 바로 그런 시간 개념이었다. 이 사건 수사·재판에서 이 시간을 두고 증거 인멸과 조작, 말 맞추기를 했다는 의혹 제기가 많았지만 모두 모해성 억측에 지나지 않는다. 당시 최서원은 외부 접촉이 사실상 차단되어 있었고, 주임 변호사인 필자와 대면 상담조차 불가능했다면, 증거 인멸 등 주장의 허구를 이해할 것이다.

필자는 최서원과 대면 상담할 기회를 잡기 위해, 그리고 공동 변호인 이진웅 변호사와 최서원의 위치 노출을 막기 위해, 서울을 떠나 청평으로 갔다. 필자와 평소 호흡을 잘 맞추는 베테랑 전문 운전기사[161]가 기자들을 따돌리고 그 틈에 동서울터미널에서 청평행 고속버스를 탔으나 취재진 일부는 필자보다 먼저 좌석을 잡고 기다리고 있었다. 필자는 취재진을 대하는 기준을 세울 필요가 있다고 생각했다. 취재진 회피와 노코멘트가 능사는 아니라는 판단에 서다. 오히려 취재진 대표와 상의해, 상호 협조하는 방향을 택하기로 했다.

---

160) 한국 경제,「최순실 극비 귀국」2016. 10. 31.자 기사.
161) 필자가 '손오공'이라는 별칭으로 불렸음.

취재진은 최서원의 '실물 사진'을 요청했지만, 최서원이 거부해 이루어지지 않았다. 청평에서 취재진과 실랑이 끝에 밤늦게 집으로 귀가했다. 필자의 옥수동 아파트에서도 기자들이 곳곳에 진을 치고 있었다.

이날부터 필자는 대(對)언론 브리핑 다른 한편으로는 최서원 변론, 2중의 일을 했다. 어떤 이는 필자가 공명심으로 세상에 자기선전을 한다고 또는 변호사가 변론만 하면 되지 왜 언론 앞에 나서냐고 비방하기도 했다. 그러나 이 사건은 다른 형사 사건과 격(格)·급(級)·질(質)이 전혀 다르다. 여론과 국민 정서에서 밀리면 법치는 허울뿐이었고, 그냥 낭떠러지로 던져진다. 언론도 대부분 객관·중립을 지키지 못하고 감정의 격랑에 출렁이고 있던 그때에 변호인마저 입을 닫고 있어야 하는가?

합리적·객관적·법리적 변론을 하고 국민들에게 알리고 잘못됨과 악성 선동은 그게 사실이 아니라고 해야 하고, 그래도 제대로 된 언론·기자들이 있다는 믿음을 가져야 한다고 생각했다. 지나오면서 그런 믿음은 매우 가치 있었다는 걸 깨달았다. 이날 이후 필자는 대한민국 변호사 가운데 유명한 인물로 떠올랐다. 추락하는 것에는 날개가 있다는데. 그런데 세상은 최순실을 변호하는 변호사는 최순실과 같다고 여겼다. 마피아 변호사는 마피아 요원이 되듯이 말이다. 일부러 **최순실 변호사 이경재**'라고 불렀다. 최순실이 변호사가 된 것인가? 웃지 못할 일이다. 대학 동기 모임에서 어느 친구가 일부러 "최순실 변호사 오늘 참석했냐?"고 농담을 했다. 농담인 줄 알지만 불쾌했다.

필자는 "문재인 대통령을 누가 만들었냐? 최순실이 만들었다. 그럼 최순실 대통령 문재인"이라고 응수하려고 했다. '최순실로 인해 대통령이 된 문재인'이나 '최순실을 변호하는 변호사 이경재'나 같은 어법으로는 그렇게 할 수도 있을 것이다.

2016년 10월 31일 15:00 최서원, 이진웅 변호사, 정동식 실장이 승용차에 동승하여 검찰과 약속한 대로 서울중앙지검 정문 현관에 도착했다. 필자는 상황을 파악하고 지휘하기 위해 중앙지검을 훤하게 육안 관찰이 가능한 필자 소속 법무법인 동북아 4층 회의실에서 출석 광경을 지켜봤다.

◀ 최서원 씨 검찰 출석 현장

수백 명이 족히 넘는 초유의 취재진과 카메라, 일반 시민들이 운집한 상태에서 최서원이 차에서 내렸다. 검찰 직원의 안내로 포토 라인까지 갔다. 이때부터는 무질서한 취재 경쟁 기자와 검찰 직원 간의 신체 접촉으로 난장판을 이루었다. 최서원은 "죄송합니다. 죽을 죄를 지었습니다."는 말을 하는데, 신발도 벗겨지고, 안경도 떨어졌다. 일부 시민들은 최서원 구속과 박 대통령 하야 피켓을 들고 소리를 질러댔다.[162] 분뇨를 준비해 현관에 던지기도 했다. 최서원은 이날 광경에 겁을 먹었다. 최서원이 형사8부 705호 검사실로 들어가 김민형 검사를 만나고 조사가 시작되었다.

필자는 최서원이 검사실로 들어갔다는 연락을 받고, 검사실에서 최서원과 접견하기 위해 검찰청으로 갔다. 기자들에게도 최서원을 검찰청 내에서 접견

---

[162] 유튜브에 최서원 검찰 출석 장면을 손쉽게 접할 수 있음.

한다고 알려줬다. 최서원은 어떤 운명에 처할까? 머리가 너무 복잡했다. 잘한 것인가? 필자가 최서원을 험지로 끌고 간 건 아닌가? 이때부터 필자를 비롯한 변호인들과 검찰과의 치열한 싸움, 백병전(白兵戰)이 시작되었다. 변호인 측은 적수공권(赤手空拳)이나 마찬가지였다.

◈ 긴급 체포·구속영장 심사

2016년 10월 31일 오후 3시 검찰에 출석하고, 오후 3시 20부터 김민형[163] 부부장 검사실에서 조사를 시작했다. 김민형 부부장은 유능한 검사로 인정받는 경력 14년의 배테랑이었다. 안정감이 있어 보였다. 감정을 내보이지 않고 추궁하는 장점을 가지고 있었다. 이진웅 변호사가 조사에 참여했다. 필자는 조사 중간에 최서원과 면담하여 검찰 신문에 대비한 조언을 했다.

첫날 조사는 2016년 10월 31일 15:30경 본격 시작하여 신문을 계속 하다가 23:57경 최서원을 긴급 체포[164]했다. 조사는 그 다음날인 11월 1일 00:53 종료되었고, 조서 열람을 마치자 새벽 01:35분이 되었다. 새벽 02:30경 최서원은 서울구치소에 인치되었다. 이 날은 최서원의 인생에서 가장 긴 하루였을 것이다. 김민형 검사의 추궁 요지는 최서원이 안종범 청와대 수석과 공모하여 미르·케이스포츠 재단을 만들기 위해 재벌 기업으로부터 거액의 기금을 모았다는 데 있었다. 검사는 "현재까지 수사 결과에 따르면 강제 모금이 인정된다."고 하면서 자백하라고 압박했다. 최서원은, 안종범은 이름만 들

---

163) 사시 41회, 연수원 31기 2002년 검사 임관. 2016. 1. 부부장 승진.
164) 도주·증거 인멸의 우려가 있을 때 검사가 먼저 체포하고, 48시간 이내에 정식 구속영장 청구(사후 영장). 최서원은 자진 출석하였고, 증거 인멸의 여지가 없어 긴급 체포 요건을 충족하지 않음.

은 사람이지 만나 본 적도 없다고 진술했다. 대기업을 압박하여 미르·케이스포츠 재단 설립을 주도했다는 것은 터무니없다고 부인했다.

필자는 최서원에게 검사의 질문을 잘 이해하고 사실대로 진술해야 한다고 강조했다. 이후 조사에서 진술이 납득할 수 없는 이유로 변경되거나, 다른 증거에 의해 허위 진술임이 드러나면, 전체적으로 진술의 신빙성이 떨어져, 형사재판에서 매우 불리한 입장에 놓일 위험이 있다고 주의를 환기했다. 다만, 자신에게 불리한 진술은 하지 않거나 간단히 '아니다'라고 답하면 되며, 그러나 적극적·의도적으로 허위 진술은 하지 않는 게 좋다고 했다. 1회 조사에서 최서원이 전면적으로 부인하자 특수본 1기 검사들은 취침과 약간의 휴식 시간만 허용하고 매일 최서원을 소환해 조사했다. 특수본이 당시 수사에 임하는 자세가 어떠했는지는 검사의 신문 내용을 보면 생생히 알 수 있다.

검사의 2회 피의자 최서원 신문 조서 2016. 11. 1.자 중 관련 부분[165]

문: 검사, 답: 최서원

문: 현재까지의 조사 결과를 보면 피의자는 안종범 청와대 수석 등과 공모하여 민간 기업으로부터 약 774억 원을 강제로 모금하여 재단 법인을 설립하고, 그 재단 법인의 운영 과정에서도 재차 롯데, SK, GKL 등에게 부당한 압력을 가하여 기부금을 내거나 계약을 체결하도록 부당한 압력을 가하였음이 인정됩니다. 피의자의 이러한 비리로 인하여 청와대를 비롯한 공권력의 사유화 문제가 제기되어 전 국민에게 허탈감을 주고 있는 등 국가적, 사회적으로 너무나도 큰 손해를 발생하였는데 어떤가요?

답: 저로 인하여 국가와 사회에 큰 혼란이 발생한 점에 대하여서는 죽을죄를 지었다고 생각하고 있습니다.

---

165) 조서 내용은 중앙지법 2016고합1202호 사건 공개 법정에서 증거 조사를 한 것임.

문: 그럼에도 불구하고 피의자는 부하 직원들에게 책임을 전가하거나 권한 남용 사실을 부인하는 등 반성하는 태도를 보이지 않고 있는데, 지금이라도 범행을 반성하고 온 국민에게 용서를 구할 의사는 없는가요?

답: 재단은 모두 이사회 등이 존재하는데 제가 어떻게 좌지우지 할 수 있는가요. 무슨 일이 있었는지 그 내용도 잘 모르겠고 자기들끼리 알아서 한 일을 지금 와서 제가 뒤에서 지시하고 그렇게 했다고 하는 것은 이해가 되지 않습니다.

문: 피의자가 속칭 '비선 실세'로서 청와대 수석을 동원하여 대기업으로부터 자금을 모집하고, 개별 기업들로부터 수십억 원의 기부금을 받아 내는 등 권력을 남용함으로써 국가 기강이 문란해짐을 알지 못하였는가요?

답: 정말 저랑 상관이 없습니다. 저는 '비선 실세'라는 것의 의미도 모르겠고 제가 그런 역할을 한 적도 없습니다. 그리고 제가 청와대 수석을 동원할 능력도 없습니다. 안종범 수석은 잘 알지도 못합니다.

문: 피의자가 그와 같이 청와대 수석을 동원할 수 있는 배경에는 또 다른 힘이 존재하고 있는 것은 아닌가요?

답: 그런 구도 자체가 성립되지 않습니다.

비선 실세, 국정 농단, 강제 모금 등 결론을 내려두고 이를 자백하라는 강압적 신문 방식이었다. 이제 겨우 수사 초기인데도.

형사8부 김민형 검사가 2회 피의자 신문을 마치자, 곧이어 오후 16:25부터 특수 1부 부부장 고형곤[166] 검사가 조사를 했다. 특수 1부(부장 이원석)는 청와대 비밀 문건이 최서원에게 넘어간 사안의 조사를 맡았다. 검사 중에서도 수

---
166) 김민형 검사와 사시·연수원·임관 동기. 2016. 1. 부부장 승진.

사 능력을 인정받아야 – 선배 검사나 상사로부터 – 특수부에 배치될 수 있다. 부부장이니 10년 이상의 경력의 중견 검사다. 조사 참여한 이진웅 변호사가 지쳐 있어서 이날 17:05부터는 필자가 조사에 직접 참여했다. 고 검사의 질문에 대하여는 별다른 어려움이 없었다. 다만 JTBC 태블릿 보도만 서로 어긋나는 문답이 있었다. 당시 작성된 조서 기록을 보면 다음과 같다.

2016년 11월 1일 자 검사의 최서원에 대한 3회 피의자 신문 조서 중 해당 부분[167]

문: 검사, 답: 최서원

[JTBC에서 보도한 태블릿 PC 관련]

문: 피의자는 대통령 취임 이후 대통령 연설문 작성을 도와줄 당시 집 또는 사무실에 있는 컴퓨터를 이용하여 메일로 문서를 주고받았다고 하는데, 그 과정에서 태블릿 PC를 사용한 경우도 있었나요?

답: 저는 태블릿 PC를 사용한 적도 없고, 사용할 줄도 모릅니다.

문: 피의자는 현재 스마트폰을 사용하고 있지요?

답: 네, 그렇습니다.

문: 피의자는 2012년 대선 캠프 당시 태블릿 PC를 사용하여 대선 캠프 담당자들과 서로 문서나 메일을 주고받았던 것 아닌가요?

답: 저는 태블릿 PC를 사용한 적이 없습니다.

문: 피의자는 태블릿 PC를 사용한 적이 없다고 하나, JTBC에서 확보한 태블릿 PC에 피의자

---

167) 이 부분도 위 사건의 공개 법정에서 제출되어 증거 조사하였음.

의 사진이나 피의자의 가족 사진이 저장되어 있는 점에 비추어 피의자가 위 태블릿 PC를 사용한 것으로 보이는데 어떤가요?

답: 저는 태블릿 PC를 사용한 적이 없습니다.

문: 피의자는 태블릿 PC를 사용한 적이 없다고 하는데, 그럼 어떻게 태블릿 PC 안에 피의자와 피의자의 가족 사진이 저장되어 있는 것인가요?

답: 저도 잘 모르겠습니다. 그 부분이 앞으로 밝혀야 할 부분인 것 같습니다.

이때 잠시 휴식을 위해 조사를 중단함(20:40).

이 신문 당시 필자는 고 검사에게 JTBC가 제출했다는 태블릿 PC를 최서원에게 제시하고 신문해 줄 것을 요청했다. 고 검사가 태블릿을 보여주지 아니하고 태블릿에 저장된 최서원 영상을 프린트해 보여 주면서 추궁했는데, 필자는 그 영상 출력 사진은 셀카 사진일 수 없다[168]고 문제점을 지적했다. 필자가 태블릿 제시를 재차 요구하자, 고 검사는 포렌식 검사 중이어서 어렵다고 했으나 이는 앞서 기술했듯이 사실이 아니었다. 이때는 검찰에서 벌써 자체 포렌식 검사를 완료하고 보고서까지 작성되어 있었다. 태블릿에 대한 검사의 신문 조사 중단은 이러한 연유로 일어난 하나의 사건이었다.

이후에도 고 검사는 법정에서 태블릿의 현출·감정을 요청하는 변호인 주장에 대해 이런저런 이유를 대며 반대해 왔다. 태블릿 현출·감정을 완강하게 반대해 온 고 검사의 속내는 무엇이었던가. 이제 공은 그에게로 넘어갔다.

---

[168] 두 손으로 얼굴을 받치고 있는 영상이어서 물리적으로 직접 셀카 촬영이 불가능함.

〈 구속영장 실질 심사 공방 〉

특수본 1기의 검사들이 최서원을, 최서원이 입국한 다음날인 2016월 10일 31일 23:57 긴급 체포하였으므로 형사소송법 제200조의4(긴급 체포와 영장 청구 기간)에 따라 48시간 이내에 구속영장을 청구해야 한다. 검찰의 당면 최대 숙제는 최서원을 구속하는 데 있었다. 검찰은 2016년 11월 2일 서울중앙지법에 최서원에 대한 구속영장을 청구했다. 영장 실질 심사[169]는 그 다음날인 2016년 11월 3일 서울중앙지법 영장 심사 법정에서 진행되었다. 영장 담당 판사는 한정석[170]이었다.

◀ 서울법원 청사

검찰의 영장 청구 범죄사실은

① 최서원이 안종범 청와대 정책 수석과 공모하여 전경련 회원 대기업들에게 미르 재단·케이스포츠 재단에 기금 774억을 출연하게 하여, 직권을 남용해 의무없는 일을 하게 하고,

② 최서원이 안종범, 김종 문체부 2차관과 공모하여 최서원이 이권 확보 목

---

169) 형소법상으로는 「구속전 피의자심문」이라고 하나 통상 영장 실질 심사라고 함.
170) 부장 판사. 사시 41회, 연수원 31기.

적으로 설립한 (주)더블루K가 문체부 산하 공기업인 GKL의 스포츠단 창단·운영 에이전트를 맡는 용역 계약을 체결토록 하여 직권남용권리 행사방해를 하고,

③ 최서원은 안종범과 공모하여 롯데그룹으로 하여금 케이스포츠 재단에 70억 원을 지원하게 해 직권남용권리행사방해를 하고,

④ 최서원은, 더블루K 회사는 연구용역할 의사·능력이 없음에도 케이스포 츠 재단으로부터 연구 용역 2건, 대금 7억을 편취하려다 미수에 그쳤다.

등 4개로 대별되었다.

영장 범죄사실 중 ④번 사기 미수 행위는 애초부터 사기죄의 의사인 편취(사취)의사가 없어서 누가 봐도 영장을 받아 낼 목적으로 범죄사실을 부풀리는 것으로 보였다. 검찰은 이 사기미수 범죄사실을 기소했지만, 1심 이래 모두 무죄 선고되었으니 더 이상 설명은 사족일 것이다.

나머지 3개 범죄사실은 직권남용권리행사방해죄[171](형법 제123조)를 적용했다. 공무원이 범행의 주체가 되는 신분범(身分犯)이어서 민간인 최서원에게는 적용되지 않는다. 그래서 검찰은 공무원인 안종범 정책수석비서관과 공모한 것으로 범죄를 구성할 수밖에 없었다. 그런데 최서원과 안종범과의 공모가 인정되지 않거나 소명되지 못하면 영장은 어떤 판사가 심사하든 그의 성향이 친 검찰인지 아닌지 여부를 떠나 기각하지 않을 수 없을 것이다.

영장 심사 법정에서 필자는 최서원과 안종범은 서로 알지 못하는 사이이고, 대면하거나 통화한 사실조차 없다며 공모 부존재에 변론을 집중했다. 검찰은

---

171) 형법 제123조(직권 남용) 공무원이 직권을 남용하여 사람으로 하여금 의무없는 일을 하게 하거나, 사람의 권리 행사를 방해한 때에는 5년 이하 징역, 10년 이하 자격 정지, 1천만 원 이하 벌금에 처한다.

2016년 11월 2일 15:00경 안종범이 검찰에 출석하였고, 최서원의 신병도 확보되어 있어 양자에 대해 공모 여부를 추궁·확인할 수 있는 충분한 시간적 여유가 있었음에도 조사하지 않았다. 필자는, 이는 검찰이 공모 부존재 증거가 드러날까 우려했기 때문이라고 주장했다.

검찰은 재단 설립의 숨은 목적이, 안종범 수석 등이 대통령 수석 비서라는 직위를 이용해 기업으로부터 양 재단의 기금을 모으고, 그 다음 그 기금을 각종 부정한 방법으로 빼내려 했다고 단정하고 있었다. 그러나 최서원, 안종범 또는 설립 관련자 어느 누구도 재단 설립 자체가 범죄 목적 또는 범죄 의사에서 출발했다고 진술한 사실이 없었다. 아무리 부패한 공직자라도 53개 한국 대표 기업을 범죄 목적에 이용하려는 생각은 할 수 없었을 것이다. 검찰이 주장하는 공모관계는 증거가 없을 뿐 아니라 사회 경험칙에도 전혀 맞지 아니한 희화적인 구성이라고 강조했다.

형사8부장 한웅재, 김민형 부부장, 고형곤 부부장 등이 영장 심사 법정에 나와서 위세를 과시했다. 한웅재 부장은 최서원이 700억 내지 800억에 달하는 해외 자금이 있다는 낭설까지 입에 올렸다. 검찰 측은 증거가 차고 넘친다고 하면서 이 사건은 국가 기강을 송두리째 뒤흔든 비선 실세의 국정 농단이라고 논고문 같은 의견을 쏟아냈다. 또 최서원이 재력 및 비선 실세로서 권세, 영향력이 큰 주변 인물을 이용해 도주할 수도 있고, 심리적 불안정으로 극단적인 선택을 할 가능성도 있다는 등 구속 필요성을 열거했다.

필자는 최서원의 말이라며 한웅재 부장 검사에게 "해외 비자금이 있다면 찾아 달라. 찾아서 국가에 헌납하겠다." 한다고 되받았다. 필자는 최서원은 음지에서 박 전 대통령을 도운 조력자일 뿐 비선 실세가 아니라고 반박했다. 특히 JTBC 보도는 사실이 아니라고 강조했다. 필자는 철저한 조사·규명 후 구속 여부를 결정하는 것이 타당하고 성급한 구속 결정은 사법부조차 여론과 의혹에 밀려 났다는 의구심을 불러올 위험이 있다고 주의를 환기시키면서 대한민국 국민이라면 어느 누구에게나 무죄 추정의 원칙, 불구속 수사의 원칙이 지켜져야 한다고 변호했다.

한정석 영장 담당 판사는 장시간 심리를 마치고 검찰이 제출한 기록을 검토하고서 자정 가까운 시간에 구속영장을 발부했다. 발부 사유는 매우 건조했다. 「범죄사실이 소명되고 구속의 사유와 필요성이 인정된다.」였다. 최서원에게 발부된 최초의 구속영장이었고, 당일 집행됐다.

판사의 구속영장 발부 여부는 예측불허다. 특히 사회적 이목을 집중하는 사건에서는 불가 예측성이 더욱 높아지는 경향이 있다. 영장 담당 판사 1인이 짧은 시간(길어야 하루) 내에 심리와 기록 검토를 거치고 결정하는 절차인 만큼 독단적인 경우가 빈번한 것이 영장 실무 현실이었다. 영장 단계에서는 영장 담당 판사가 통제받지 않는 절대 권력자다. 그래서 영장 담당 판사의 평소 성향(정치·경제·사회·인생·철학 등 가치관)에 주목하지 않을 수 없다. 법원장이 영장 담당 판사를 선정할 때도 그런저런 사정을 충분히 고려할 것이다. 체포·구속 재판의 절대 권력자 1인에게 온 나라의 미래가 걸린다는 것은 결코 바람직하지 않은 제도다. 1인 영장 독재관의 훌륭한 인격과 덕망, 영명한 결단을 학수고대하는 현상은 법치와 민주주의에도 어울리지 않는다.

검찰도 영장 발부를 자신하지 못했을 것이다. 최서원과 안종범의 공모를 소명할 자료가 그 당시까지 전무했기 때문이다. 거꾸로 공모가 인정되지 않는다는 직접 증거가 더 많았다. 필자 역시 영장 발부 여부에 자신 있는 입장이 아니었다. '법리상으로는 기각일 것이다.', '영장 담당 판사가 강골이 아니면 여론과 검찰의 압박을 이기기 어려울 것이다.', '영장 판사가 영장을 기각할 경우 그에게 닥쳐올 거센 후폭풍을 견딜 맷집이나 법치주의 수호 의지를 가지고 있을까?', '영장은 강제 수사 수단의 허용이지 실체 판단은 아니라는 구실로 현실과 타협하지 않을까?' 등등 여러 생각에 판단을 내릴 수 없었다.

필자는 영장 발부 여부를 떠나 영장이 기각될 경우를 대비해 최서원을 어디에 기치하게 하여 신변 보호 아래 검찰 수사에 협조하는 방안을 강구해야 했다. 영장 기각시 다수 군중에 의한 신체적 공격도 예상해야 했다. 그러나 이는 기우였다. 조선 왕조에 훌륭한 임금은 세종·정조 등 몇 안 되듯이 용기 있는 법관·법치 수호 의지를 실행하는 법관 역시 많지는 않았다. 그 당시 영장 담당 판사가 영장을 기각했다면 이 사건 전체의 수사와 탄핵 그리고 정치 지형에 전혀 다른 모습이 나타났을 것으로 확신한다. 영장 담당 판사는 역사적이고 중차대한 결과가 야기될 수 있다는 점에 대한 문제 의식과 사실 천착의 고민을 했는지, 언젠가 스스로 밝혀야 한다. 이 결정이 그 후 전직 대법원장을 구속하는 '사법 농단'으로 이어졌다고도 할 수 있기 때문이다. 박 정부의 붕괴를 막을 수 있었던 1차 법적 장치가 유감스럽게도 불리하게 작동했다.

필자는 법무부 검찰 4과장 재직시[172] 「구속영장 실질 심사 제도」도입 형사소송법 개정안을 초안하는 등 이 제도 수립·정착에 기여했다고 자부하고 있다. 형사 절차의 대단원은 바로 구속영장 발부 단계다. 아무리 무죄 추정의 원칙이라도 이는 이성적·관념적 개념에 지나지 않는다. 구속되면, 구속된 사람은 죄인의 그물 안에 들어가게 마련이다. 석방이 되면 교묘하게·돈을 써서·운이 좋아 형벌을 면했다고 생각하는 것이 일반 국민의 정서다. 구속되면 사회로부터 관계가 단절되어 일상적인 삶의 기본 조건이 송두리째 제약을 받는 치

---

[172] 1989년~1990년.

명적 피해를 입는다. 그래서 구속 여부는 검사가 청구하고, 판사가 심사하지만, 대면해서 구속 여부에 대해 실질 조사를 해봐야 한다는 게 현대 형사 절차의 인권옹호 기본 장치다.

이런 훌륭한 문명 장치가 여론이나 이념 성향에 의해 좌지우지된다면 인권 역사의 후퇴다. 편의적 구속영장 발부, 여론 영향 영장 발부가 횡행하면 국민 모두가 피해자가 될 것이다. 용기 있는 법치 수호·인권 수호 판사가 요청되는 소이(所以)다. 특히 한국 사법부는 권위적 의식의 잔재를 떨쳐 버리지 못하고, 판사가 직접 구속한 사람에 대해서는 석방을 하는 데 매우 인색하다. 필요적 보석이 형소법(제95조)에 버젓이 있는데도 보석을 판사의 시혜로 여겨 보석을 허가하는 데 주저한다. 나아가 멀쩡히 불구속 재판을 받아 온 피고인에 대해 법정 구속[173]을 하기도 한다. 최순실 게이트 사건에서 신동빈 롯데 회장이 전형적인 그 피해자라고 할 수 있다. 필자는 최서원의 구속을 곁에서 지켜보며 여러 가지 상념에 잠기지 않을 수 없었다.

◈ 특수본 1기, 2기의 수사와 기소

검찰은 검찰총장 김수남의 지시에 따라 2016년 10월 27일 서울중앙지검에 최서원 관련 사건을 수사할 목적으로 특별수사본부(이하 '특수본')를 설치했다. 본부장은 당시 검사장이던 이영렬이었다. 이미 최서원 사건을 배당받아 있던 형사8부에 특수 1부를 투입했다. 대검(大檢)은, 특수본은 독립적으로 수사하

---

[173] 재판을 담당하는 판사(재판장)가 직접 구속영장을 발부하여 피고인을 구속하는 절차. 검사의 청구를 요하지 아니함.

고 총장에게는 결과만 보고하도록 했다고 발표했다.[174]

2016년 10월 26일 여야 합의로 특별 검사 도입이 가시화된 상황이어서 뒤늦은 조치였다는 비판을 받았다. 특수본은 수사 진전 상황에 따라 특수본의 인력을 보강했다. 최서원이 구속된 후인 2016년 11월 4일 김수남 총장은 전국 검찰청에서 선발한 10명의 검사를 특수본에 배치한다고 밝혔다. 추가 배치로 특수본의 검사는 32명에 이르러 역대급 특수본이 되었다.[175] 검찰은 이 사건 수사에 명운을 걸었다. 특수본은 이후에도 계속 검사 인력을 증원했다.

특수본은 수사 활동 중 2016년 11월 22일 박영수 특검 법률(이하 '특검법'으로)이 제정·시행되자, 서둘러 수사를 마무리하고 2016. 12. 11. 수사 결과를 발표했다. 박영수 특검이 2016년 12월 21일부터 공식 수사에 나서자 관련 수사자료를 특검에 인계하였다. 이때의 특수본을 통칭 특수본 1기라고 한다. 박영수 특검이 2017년 2월 28일 3개월의 수사 업무를 종료하고 관련자들에 대한 공소권을 행사하고, 잔여 수사 부분과 수사 자료를 다시 검찰에 인계했다. 검찰은 2017년 3월 6일 특수본을 재편하여 가동했다. 이 기간의 특수본을 특수본 2기라고 한다. 아래에서는 특수본 1기, 특수본 2기로 나누어 살펴보자.

특수본 1기의 최서원 관련 수사 활동

특수본 1기는 박영수 특검을 앞두고 있었고, 국회의 탄핵 소추가 임박해 있어서 정치권의 움직임과 반정부 민심의 향배에 무관할 수 없었을 것이다. 외부의 영향, 격랑이 있더라도 대처하는 자세와 방법은 천차만별일 것이다. 특

---

174) 한국일보, 「특검 앞두고, 특별수사본부 꾸며」 기사, 2016. 10. 27.자 등 동일자 관련 언론 기사.
175) YTN 뉴스, 「검사 32명 역대 최대 특수본 등장」 기사 2016. 11. 4.자.

수본 1기는 박근혜 정부를 탄핵하거나 하야를 요구하는 정치권과 여론에 편승하려 했던 것은 아닌가 하는 비판을 면하기 어려울 것이다. 특수본 1기 소속 검사들은 최서원을 체포·구속하고 기소할 때까지 15번에 걸쳐 피의자 신문 조서를 작성하였고, 기소한 후에도 수시로 불러 진술 조서라는 형식으로 신문을 했다. 최서원은 거의 매일 검찰에 불려나가 늦게까지 조사받는 것이 일과였다고 할 수 있다.

최서원 변호인들은 장기간의 빈번한 소환과 추궁은 인권 침해(피구속자에게 허용되어야 할 최소한의 인간적인 삶의 시간 제공 차단)라며, 그 증거를 수집키 위해 최서원의 검찰청 출정 시간과 구치소 귀소 시간에 대한 사실 조회를 신청할 정도였다. 재판부가 사실 조회서를 보냈으나, 구치소 측은 그런 자료가 없다고 회보했다. 구치소의 수감자 호송 차량 운행 일지를 조사하면 충분히 자료를 입수할 수 있을 텐데도 말이다. 자료를 제출하지 않겠다는 의사표시와 같았다.

특수본 어느 여검사

특수본 소속 최영아 검사(여성 검사)가 2016년 11월 9일 최서원을 소환·조사했는데, 필자가 조사에 참여했다. 최 검사의 신문 방법에는 문제가 많았다. 최 검사는 최서원을 검사실로 불러서 변호인이 없는 상태에서 면담이라는 형식으로 신문을 하고서는 최서원에게 자필로 진술서를 작성하라고 했다. 이러한 방식은 변호인의 조사 참여권을 의도적으로 배제시키는 술수였다. 최서원이 필자에게 이런 사실을 알려줘, 필자가 최 검사에게 진술서 작성은 진술 강요에 해당하고, 면담 형식의 피의자 신문을 지양해 달라고 시정을 요구했다. 최 검사는 이렇게 1:1 면담 형식에 치우쳐 조사하려다 정식으로 피의자 신문 조서를 작성할 시간이 부족하게 되자, 피의자 신문조서 작성량이 10쪽에 지나지 않게 되었고, 조서 작성은 2016년 11월 9일 22:47 시작, 23:42 종료되었고(1시간이 채 안 됨), 조서 열람은 2016년 11월 9일 23:43 시작, 2016년 11월 10일 00:18 종료되었다.

이같이 자정 가까운 시간에 조서를 작성하고 자정이 지나 구치소로 귀가하게 하는 것은, 신문 검사나 검찰 직원들, 구치소 교도관들, 참여 변호인 모두를 힘들게 할 것이고 피조사자는 말할 나위도 없다. 이날 필자는 최 검사의 신문방식에 대해 항의했다. 때마침 한웅재 부장 검사가 최 검사의 방에 들어와 최서원에 대해,

"조사할 필요도 없다. 죄를 인정하고 반성하라. 증거가 충분하다." 등 강압적인 언사를 쓰며 신문에 가세했다. 최 검사는 최서원이 완강하게 진술을 거부하자 "분위기가 달라질 수 있다."고 은연중 압박하여, 필자가 "분위기가 어떻게 달라지는가"라며 항의했다. 검사의 신문에 대해 최서원이 변호인의 조언을 구해 변호인과 상의하려 하자, 검사가 제지했다. 필자는 이런 상태라면 "변호인 입회를 할 수 없다. 조서 작성의 들러리가 될 수 없다."며 퇴실하겠다고 말했다. 최서원이 오히려 변호인인 필자를 만류했다. 그의 절박한 심정이 그대로 다가왔다. 만일 퇴실한다면 변호인 참여 없는 조서 작성의 위법성이 부각될 수 있어서 감정을 억제하고 신문에 참여했으나, 곧 조사가 종료됐다. 변호인인 필자는 이날 상황에 대해 최 검사의 입장과 역사적 기록이 될 것을 고려에 두고 조서 말미(末尾)에 변호인 의견을 자필로 기재했다.[176] 의견 표현은 감정적 언쟁 부분을 제외하고 에둘러 객관 상황만 기술하는 쪽을 택했다. 이 조서의 「임의성(任意性)」[177]을 탄핵하기 위해서다.

---

176) 진술자가 자의에 따라 자유롭게 진술하는 경우 임의성이 인정됨.
177) 최서원에 대한 검찰 4회 조서 중.

〈 변호인 의견 〉

위 조서를 진술자에게 열람하게 하였던바 진술한 대로 오기한
것이나 증감 변경할 것이 전혀 없다고 말하므로 간인한 후 서
명날(무)인케 하다

진 술 인   최 서원 (인)

신문참여 변호인 변호사 이경재
피의자가 2016.10.31. 체포되어 10일이 경과
할 때까지 오전부터 심야까지 계속하여
조사받고 있어, 2016. 11. 9.의 진술의 임의성에 문제가
있다고 생각합니다.

서울중앙지방검찰청

검 사   최 영 아 (인)

검찰주사보   김 주 연 (인)

11311

〈 수사 과정 확인서 〉[178]

구분	내용
1. 조사 장소 도착 시각	22:45
2. 조사 시작 시각 및 종료 시각	☐ 시작 시각 : 22:47 ☐ 종료 시각 : 23:42
3. 조서 열람 시작 시각 및 종료 시각	☐ 시작 시각 : 23:43 ☐ 종료 시각 : 00:15
4. 기타 조사과정 진행경과 확인에 필요한 사항[조사장소의 도착시각과 조시시작 시각에 상당한 시간적 차이가 있는 경우 그 이유, 조사종료 이유, 중단시각, 재개시각 등(검찰사건사무규칙 제13조의4 ②항)]	없음
5. 조사과정 기재사항에 대한 이의제기나 의견진술 여부 및 그 내용	없음

2016. 11. 9.

검사 최잉아은 최서원을 조사한 후, 위와 같은 사항에 대해 최서원으로부터 확인받음.

확인자 : 최서원

검사 : 최잉아

11312

---

178) 심야 조사를 자인한 검사 작성 확인서.

특수본이 최영아 검사에게 최서원 신문을 하게 한 저의는 최서원을 회유·설득하는 데 있었다. 최 검사는 여성 검사로서 장점을 살려 전면적으로 부인하거나 진술을 하지 않던 최서원으로부터 '일부 유용한 진술'을 받아내는 수사 성과를 거두었다. 최 검사의 조사 후 일부 언론에서는 최서원이 입을 열기 시작했다는 보도를 하기도 했다. 최 검사는 이 조사 이후에도 5회부터 9회, 11회, 12회 피의자 신문조서를 작성했다.

① 5회 피의자 신문 및 조서 작성
  조사 시간: 2016. 11. 10. 22:50~23:59(심야 1시간)
  조서 열람: 2016. 11. 10. 24:00~2016. 11. 11. 00:25
  입회 변호사: 진종한

② 6회 피의자 신문 및 조서 작성
  조사 시간: 2016. 11. 11. 18:30~19:12
  조서 열람: 2016. 11. 11. 19:20~19:48
  ※ 11일 자정을 넘겨 최서원을 구치소로 귀소시키고, 잠시 수면과 식사를 하게 하고는 당일 바로 소환해 조사한 것이다.
  입회 변호사: 진종한

③ 7회 피의자 신문 및 조서 작성
  조사 시간: 2016. 11. 13. 15:30~23:30
  조서 열람: 2016. 11. 13. 23:30~2016. 11. 14. 00:17
  ※ 연일 장시간 조사·심야 조사 강행
  입회 변호사: 진종한

④ 8회 피의자 신문 및 조서 작성
  조사 시간: 2016. 11. 14. 10:40~23:20
  조서 열람: 2016. 11. 14. 23:20~23:55

※ 연일 심야 · 장시간 조사

입회 변호사: 진종한

⑤ 9회 피의자 신문 및 조서 작성

조사 시간: 2016. 11. 15. 20:40~23:16

조서 열람: 2016. 11. 15. 23:20~23:55

※ 연일 소환 · 심야 조사

이날 수사에 대한 수사 과정 확인서[179]에는 당일 21:40~21:46간 휴식하였다고 기재되어 있다. 6분간 휴식 시간을 주었다는 의미가 무엇을 함축하는지, 검사는 6분 정도 휴식하게 했다고 기재해 두면 인권 침해적 수사에서 면책되는 묘수를 냈다고 생각했을까⋯ 필자는 씁쓸한 기분을 떨치지 못했다.

⑥ 10회 피의자 신문 및 조서 작성

2016. 11. 16.에는 특수본의 유경필 검사가 청와대 문건 유출에 대해 조사했다.

조사 시간: 2016. 11. 16. 19:00~23:10

조서 열람: 2016. 11. 16. 23:10~2016. 11. 17. 00:23

※ 계속된 연일 소환 · 심야 조사

입회 변호사: 윤석진

⑦ 11회 피의자 신문 및 조서 작성

조사 시간: 2016. 11. 17 15:00~2016. 11. 18. 00:20

조서 열람: 2016. 11. 18 00:21~01:13

※ 최영아 검사가 조사하였고, 계속 연일 심야 조사 강행이었다.

입회 변호인: 필자, 윤성진(상호 교대)

---

[179] 최서원에 대한 피신 조서(9회) 2016. 11. 5.자 수사 과정 확인서.

⑧ 12회 피의자 신문 및 조서 작성

조사 시간: 2016. 11. 18 15:40~18:10

조서 열람: 2016. 11. 18 18:11~18:35

※ 최영아 검사가 연일 소환 조사하였음.

최서원을 기소하기 전 마지막 조서 작성이었다.

앞서 기술했듯이, 최 검사는 최서원을 무려 9회에 걸쳐 피의자로서 신문을 하고 조서를 작성하였다. 이 사건 게이트의 주역의 조사를 담당한 여성 검사였던 만큼 실력을 인정받았을 것이다. 그런데 그는 여성 검사임에도 거의 매일 피의자를 소환하고, 심야 조사를 밥 먹듯 했다. 누구를 위한 심야 조사인가? 국가나 민족, 우리 사회, 정의를 위한 것인가? 아니면 조직 내에서의 인정과 입지를 노린 것인가? 법무부의 인권보호수사준칙[180] 규정을 보자. 심야 조사를 금지하고 있다. 이 준칙 제33조에는 여러 차례 출석 요구를 제한하고, 특히 자백 강요 수단의 반복 출석을 금지하고 있다. 그런데도 최서원에 대해서는 이런 자체 인권 규정 준수가 예외로 적용되었다. 우리가 가입한 유엔 인권 규약 B를 살펴봐도, 최 검사의 수사 방식은 형사소송법의 이념인 인권 옹호와 진실 규명에 부합하지 않는다고 생각한다.

필자가 최 검사에 대해 자세히 기술하는 것은, 최 검사 개인에 대한 감정에서가 아님은 물론이다. 다른 검사들은 어떠했던가, 거의 마찬가지였을 것이다. 최 검사는 자신의 이름으로 「피의자 신문 조서」를 남겼다. 그렇다면 이 문건의 작성자는 자신의 이름을 걸고 그곳에 기재된 수사 상황에 대해 당당히 답하고 비판받아야 한다. 최 검사가 '나는 특수본 본부장 지시에 따랐다.'고

---

[180] 법무부 위 준칙 제40조는 자정 이후 조사를 금지하고 있음. 자정 이후 조사는 인권보호관 허가를 받아야 하나, 허가 받았다는 자료가 없었음.

면책될 수는 없다. 본부장은 형사 기록에서 남긴 자료가 없다. 그는 다만 훈수꾼에 지나지 않는다고 볼 수 있다.

2자 공모에서 3자 공모로 구조 변경

특수본이 총력을 기울여 최서원을 신문·추궁했지만, 얻은 소득은 극히 미미했다. 최서원 진술 가운데 박근혜 대통령과의 공모 범행 인정 증거 자료가 된 것은 앞서 기술한 박 대통령이 최서원에게 "문화·체육 재단이 만들어지면 국외자로서 살펴보라."고 했다는 부분이다. 가사 이러한 진술이 사실이라고 하더라도 이 막연한 진술 속에 박 대통령이 최서원에게 재단 설립·운영을 맡겼다거나, 재단 설립·운영에 참여하게 했다고 추론할 수 없을 것이다. 그보다는 재단이 출범하면, 성공적 운영을 위해 제3자로서 관찰하여 도움을 주라는 취지로 해석함이 마땅할 것이다. 최서원과 안종범 간의 공모관계 자료를 백방으로 샅샅이 뒤졌으나 양자가 서로 아는 사이라거나 서로간 연락을 한 사실이나 면담 등 소통한 사실 등에 관해 아무런 자료도 찾지 못했다. 특수본은 양자가 서로 알지 못했다고 인정하지 않을 수 없었다. 이 사실 전제에 서게 되면, 특수본이 구속영장 범죄사실에서 구성한 최서원·안종범 2자(二者) 공모 범행은 성립할 수가 없었다. 검찰은 공모 구조를 2자 공모 구조에서 다음 표와 같이 3자 공모 구조로 변경시켰다. 대통령 탄핵의 도화선을 심은 것이다.

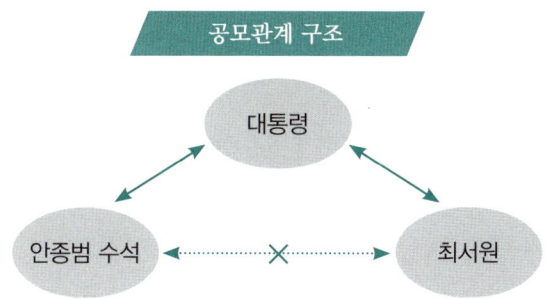

분노에 찬 여론과 정치권의 요구를 수용해야 하는 특수본은 청와대 주요 인사들을 소환 조사했다. 박 대통령을 중심에 두고 최서원과 안종범이 서로 간접 연락·공모하는 3자 공모(三者共謀) 관계 기본 구조에 맞추어 수사했다.

공모의 기본 구조를 2자 공모에서 3자 공모로 바꾸어 범죄를 구성해 보려고 해도, 공모 인정 직접 증거 자체가 없는데 어떻게 기소할 것인가? 특수본은 궁지에 몰렸다. 특수본은 이를 타개하기 위해, 광범위한 투망식 수사로 잡다한 정황 증거를 수집하고, 개별적으로 분리되어 있는 여러 사실과 정황을 모아서 목표한 범죄를 구성하는 방향으로 확대·왜곡·상상하여 스토리, 즉 공소 범죄사실을 만들어 내는 수법을 궁여지책으로 채택했다. 이에 따라 특수본은 흔히 언론에서 스모킹 건(Smoking Gun)으로 보도하는 안종범 수첩에 주목하고, 수첩 기재 사항을 금과옥조로 삼아 최대로 확대 해석했다. 그렇지만 안종범 수첩 57권 어디에도 최서원 또는 최순실 관련 기록은 없었다.[181]

대기업 총수에 대한 일제 수사

특수본 수사 과정에서 있었던 일들 중 유례가 없었고, 향후 형사재판에서 지대한 영향을 끼쳤던 수사 활동을 들라고 한다면, 특수본이 우리나라 대표 대기업 총수들을 일제 단속하듯 소환 조사한 것을 꼽지 않을 수 없다.

최서원 관련 사건의 모태(母胎)는 투기자본 감시센터(이하 '투기본')[182]가 2016년 9월 29일 서울중앙지검에 안종범, 최서원 등 81명을 특정범죄가중처벌에 관한 법률 위반(뇌물) 및 특정경제범죄가중처벌에 관한 법률 위반(배임)죄

---

181) 안종범 수첩은 형사재판에서 자세히 기술함.
182) 좌파 단체로 민노총 서울지부에 사무실을 두고 있었음.

로 고발한 사건이다. 이 고발장[183]에는 고발인을 투기자본 감시센터 공동대표 오세택, 김영준, 윤영대로 내세우고, 감시센터의 직인이 날인되어 있고, 개인 윤영대가 고발인으로 또 기명되어 있다. 이 점은 윤영대가 고발을 주도했다는 사정을 시사한다.

피고발인은,

1. 안종범,

2. 최서원,

3. 재단 법인 미르 임원:

   3-1. 김형수 대표, 3-2. 김영석, 3-3. 조희숙, 3-4. 송혜진,

   3-5. 이한선, 3-6. 장순각, 3-7. 채미옥, 3-8. 이성한 전 사무총장

4. 재단 법인 케이스포츠 임원:

   4-1. 정동춘 대표, 4-2. 김필성, 4-3. 이설원, 4-4. 정현식,

   4-5. 주종미

5. 전경련 회장단:

   5-1. 허창수 회장, 5-2. 이승철 부회장

6. 뇌물 제공 그룹회장 및 대표이사

   6-1. 삼성그룹 회장을 비롯하여 SK, LG, 현대차, 포스코, 롯데, GS, 한화, KT, CJ, 두산, 대림, 금호아시아나, 아모레퍼시픽, 신세계 등을 비롯하여,

   6-64. 그 외 재단에 금전을 납부한 회사의 대표이사 및 관련자로 되어 있다.

숫자상으로 81명이다. 우리나라 민간 경제의 주요 주체를 모두 고발했다고 할 수 있다. 고발 요지는 "피고발인 안종범, 최서원 등은 공모하여 전경련 회

---

183) 고발장(서울중앙지검 2016형제90143호) 2016. 9. 29. 접수.

원사의 인허가 이득, 범죄 행위 은폐, 적발되어 형 확정 때의 사면·복권 편의, 원샷법·노동 개혁 5법의 제·개정, 인수 합병, 손쉬운 해고와 임금 삭감 등 특혜 이익을 극대화하기 위해, 전경련 회원사로부터 미르 재단 출연금으로 486억, 케이스포츠 재단 출연금으로 380억, 합계 866억 원의 뇌물을 받아 박근혜 대통령에게 제공하였다."는 데 있었다.

고발인은, 위와 같은 뇌물의 대가로 박 대통령은 기업활력제고법(일명 원샷법), 서비스 산업 발전 기본법, 노동 개혁 5법의 제·개정을 추진하여, 기업은 종업원을 맘대로 해고하고, 급료를 삭감하여, 박 대통령이 받은 뇌물액의 수십 배 이익을 넘겨주려 했다고 적시하고 있다. 이어서 개별 기업별로 뇌물 제공의 대가로 기업 현안 해결 목적의 청탁이 있었다며,

① 롯데그룹: 비자금 수사 중지, 3천억 원 상속세 포탈 건

② 한진그룹: 대한항공에 22조 원 공적 자금 제공 건

③ 삼성그룹: 메르스 사태 책임, 삼성물산 합병 관련 건

④ CJ, SK, 기타: 이재현 CJ 회장 사면, 최태원 회장 특별 사면, 최재원 부회장 가석방 건

⑤ 피고발 대기업은 모두 상습적으로 뇌물 제공하고, 수십 배 특혜 제공받았다고 설시하고 있다.

그런데 이러한 반기업적이고 선동적인 고발 사실의 입증 내지 소명 자료로는 고작 언론에 보도된 미르·케이스포츠 재단 관련 기사 4건이었다. 정작 그 언론 기사에서 전경련 회원사들이 대통령에 대한 뇌물로 미르·케이스포츠 재단에 출연했다는 기재 부분을 찾을 수 없다. 결국 투기본은 시중에 나돌아 다니는 억측과 의혹의 최대치를 잡아, 특가법상 뇌물, 특경법상 배임죄를

만들어 고발했다. 박 대통령을 뇌물의 종착역으로 명시하면서도, 피고발인으로 고발하지 못한 것은 혹여 고발 사실이 무혐의 처리될 경우를 대비한 일종의 출구 전술로 보였다. 그런데 정치적 선동성에 치우치고 육하원칙(六何原則)이나 최소한의 형법상 구성요건 사실조차도 구비하지 못한 이 고발장이 최서원 관련 사건의 수사에서 수사 주체가 어디냐를 막론하고 결과론적으로는 수사의 지침 역할을 했다는 엄연한 현실을 어떻게 분석하고 해석해야 하는가?

필자는 2년여 동안 관찰하면서, "이것이야말로, 한국형 포퓰리즘 수사·기소·재판"이라는 결론에 이르렀다. 특수본 1기의 포퓰리즘 수사의 클라이막스는 한국 주요 대기업 총수에 대한 소환과 조사였다. 특수본 검사들은 대기업 총수(이른바 재벌 그룹 총수)들을 소환하여, 그룹 전체에 대한 소유·경영·현안에 대해 신문했다. 그룹 자체가 수사 대상일 수 없는데도 총체적 수술을 할 듯이 조사 범위·대상을 확대했다. 신문 사항을 항목만 열거해 본다. ① 가족 관계 ② 학력 ③ 경력 ④ 그룹 지배 구조(지분율까지 표시) ⑤ 그룹 회장의 업무 ⑥ 그룹 총괄 조직(미전실, 경영조정위 등) ⑦ 언론에서 문제 제기한 그룹 현안 ⑧ 최서원·안종범·박 대통령과의 관계 ⑨ 재단 출연 경위 ⑩ 창조경제혁신센터 간담회 ⑪ 대통령과의 독대 ⑫ 뇌물 등 범죄 행위 관련성 추궁 등이다. 그룹 실무진에서는 조사에 대비해서 참고 자료로 그룹 현황 등을 미리 만들어 소환 때 지참해서 검찰에 제출했다.

기업 총수들은 검찰 소환 때 '포토 라인'에 서는 것을 힘들어 했다. 일부 언론이나 과격 여론에서는 그룹 총수들을 뇌물을 제공한 사람으로 매도했다. 자칫 검찰의 칼에 의해 그룹 기업 전체가 수사 대상이 되거나, 신병의 자유가 박탈되지 않을까 우려해서였다. 미르·케이스포츠 재단에 출연한 대기업 집단의 총수들은 한결같이 재단 출연에 관여하지 않았다고 진술했다. 검찰은 안종범 수석이나 박 대통령이 직권을 남용하여 출연 기업 대표 등을 압박하거나, 강요[184](폭행·협박의 수단을 사용하여야 함)한 사실이나 정황 진술을 받아내야 했다. 어떤 수법으로 이에 대한 진술을 받아 냈는지 살펴보자. 대기업 총수들은 뇌물성, 즉 정책 편의나 현안 해결 등 대가를 바라고 미르·케이스포츠 재단에 출연한 것은 아니라고 답했다. 그런데 특수본 검사들은 이들로부터 유도된 답변을 신문 조서 마지막에 기입하는 데 일부 성공했다. 이 진술 부분이 재판부가 직권남용권리행사방해나 강요죄를 인정하는 결정적 증거 자료가 됐다. 그룹 총수들에 대한 진술 조서에 따라 관련 진술을 살펴본다.

한화그룹 김승연 회장 진술[185]

문: 검사, 답: 그룹 총수

문: 그룹에서 위와 같이 미르 재단 및 케이스포츠 재단에 25억이라는 거액의 출연금을 납부한 것은, 사실은 미르 재단 및 케이스포츠 재단이 대통령이 관심을 가지고 청와대 경제수석실이 추진하는 재단이므로 사실상 정부와 동일하다고 할 것이고 그 출연금 납부를 통하여 한화에 대한 정책적 결정에 배려를 받으려고 한 것임을 부인할 수 없어 보이는데 아닌가요?

답: 그런 것은 아닙니다. 사면이야 저가 항상 희망은 하고 있지만 저희가 위 금원을 출연한다고 해서 사면을 받을 수 있다고 생각해 본 적도 없습니다.

문: 특히 케이스포츠 재단에 대한 출연금 10억 원의 경우 케이스포츠 재단을 실질적으로 관리하고 있는 청와대 또는 대통령에게 사면에 대한 청탁 목적이 있었던 것이 아닌가요?

---

184) 형법 제324조 (강요)·폭행·협박으로 사람의 권리행사를 방해하거나 의무없는 일을 하게 한 자는 5년 이하의 징역, 직권남용권리행사방해죄 징역형은 동일함.
185) 검사 작성 김승연 진술 조서 2016. 11. 13.

답: 특별한 이유가 있어서 보낸 것은 아니라고 하였습니다.

문: 케이스포츠 재단의 경우 현재까지의 수사 결과에 따르면 속칭 '비선 실세'인 최순실이 이를 실질적으로 지배하고 있음이 확인되는데, 최순실을 통해 청와대에 청탁을 넣고자 하였던 것은 아닌가요?

답: 우선 최순실이라는 사람 자체에 대하여 그 사람이 비선 실세에 해당한다는 사실을 최근 언론 보도를 보고서야 알았고 케이스포츠 재단이 최순실이 지배하고 있다는 사정도 저희는 몰랐습니다.

문: 케이스포츠 재단의 경우 최순실이 자신들의 지인을 임원진으로 임명한 다음 그 운영에 대하여 전권을 행사하고 있었고 안종범 청와대 경제 수석을 통하여 GKL, 롯데, SK 등에 자금을 지원하도록 압력을 행사한 것으로 확인되고 있는데 진술인은 그러한 사정을 알지 못하였는가요?

답: 저희는 전혀 몰랐습니다.

문: 그룹에서 25억에 이르는 출연금을 납부한 것은 위와 같이 향후 막대한 이권이 걸려 있는 사업과 관련하여 청와대 등 정부로부터 유리한 결정을 받아 내기 위한 청탁과 함께 이를 제공한 것으로 보이는데 어떤가요?

답: 아닙니다. 저희가 그런 의도로 출연금을 납부한 것은 아니라고 알고 있습니다.

문: 본건 미르 재단과 케이스포츠 재단은 사실상 청와대가 주도하는 재단으로 당시 그러한 현안에 대하여 막강한 영향력을 가지고 있는 청와대를 상대로 한화 그룹에 유리한 결정을 얻어 내기 위하여 사실상 뇌물의 성격으로 출연금을 납부한 것은 아닌가요?

답: 아닙니다. 저희가 당시 청와대에서 급박하게 전경련을 통하여 출연금을 내도록 하여 <u>저희만 거절할 경우 예상되는 불이익을 피하기 위하여 출연금을 낸 것은 사실이지만 저희가 그로 인하여 어떠한 대가를 바라고 청와대나 대통령에게 청탁한다는 생각을 가지고 출연금을 내었던 것은 아닙니다.</u> 이러한 점을 잘 참작해 주시기 바랍니다.

SK 최태원 회장 진술[186]

문: 전경련이 대통령 뜻으로 재단 설립할 것이라며 출연을 요구했을 때 … 거부하기 어려웠을 것으로 보이는데 어떤가요?

답: 거부할 특별한 하자를 찾지 못하는 한 따랐을 것입니다.

한진 조양호 회장 진술[187]

한진 조양호 회장은 2016년 11월 13일 14:00부터 24:00경까지 10시간 조사를 받았고, 조서량은 무려 A4 59쪽에 이른다. 한진그룹과 관련된 모든 의혹 현안에 대해 망라식으로 조사했다.

문: 문화체육관광부 등에서 얘기하는 것보다 국가 기업과 관련된 각종 경제 정책을 좌우하는 '청와대 경제 수석'이 직접 나서 전경련을 통해서 모금을 하였기 때문에 각 기업들로서는 그와 같은 지시를 거부할 수 없었던 것 아닌가요?

답: 예, 아무래도 청와대 쪽에서 나온 얘기고, 제가 보고받은 바는 다른 기업에서도 그렇게 따르겠다고 하여 저희도 출연하기로 하였던 것입니다.

문: 청와대, 그리고 대통령이 재단을 설립하라고 지시하고, 모금 금액도 대통령이 500억 원으로 증액하라고 하였다는 말을 들었을 때 기업들로서는 그와 같은 모금 지시에 대하여는 거부하거나 반대의견을 내기 어려웠을 것 같은데 어떤가요?

답: 기업들로서는 그랬을 것입니다.

문: 당시 위 미르 재단이 사실상 '최순실'이라는 사람이 설립을 주도하였고 의사 결정을 하고 있다는 것을 알았거나 들어본 사실이 있는가요?

답: 그런 말을 들어본 적이 없습니다.

---

186) 검사 작성 최태원 진술 조서 2016. 11. 13.
187) 검사 작성 조양호 진술 조서 2016. 11. 13.

LG그룹 구본무 회장 진술[188]

LG그룹 구본무 회장은 2016년 11월 13일 15:16부터 23:05경까지 8시간 검찰에서 조사받고 조서 열람을 했다. 그는 검사 질문에 거침없이 답변하는 보기 드문 특별한 사례를 남겼다. 그 중 일부를 들어보자. 검사의 신문은 검사의 질적 수준과 능력을 보여준다고 할 수 있다. 신문 검사는 특수본의 김태겸이었다.

문: 대통령의 국정에 관한 의사 결정 및 정책은 기업 경영에 많은 영향을 미치고, 때로는 대통령의 국정 철학과 국정 과제에 맞추어 기업의 경영 방식이 조정되어야 할 때도 있지요?

답: 네, 그렇습니다.

문: 그것은 그간 정부와 대통령이 복지보다 성장을 우선시하고, 기본적으로 친기업적인 태도를 보였던 것으로 보이는데, 이에 대한 진술인의 생각은 어떠한가요?

답: 저는 그렇게 생각하지 않습니다. 제가 볼 때는 특별히 특혜를 받은 것이 없다고 생각합니다.

문: 당장 금년 8. 13.부터 시행되고 있는 '기업활력제고를 위한 특별법' 일명 「원샷법」만 하더라도 신속한 사업 재편을 가능하게 하고 기업의 합병과 분할, 주식의 이전과 취득 등에 필요한 절차 및 규제를 최소화하는 등 기업을 경영하는 진술인과 같은 입장에서는 아주 큰 도움이 되는 정책 아닌가요?

답: 우리하고는 관계가 없습니다. 저희 회사들이 특별히 합병 절차를 진행하고 있는 것이 없고, 저희는 합병 등을 진행하는 과정에서 불법적인 일을 하거나 법에 저촉되는 일을 하지도 않고 그럴 필요도 없습니다. 그리고 지금 저희가 진행 중인 합병 건이 1건 있는데 이는 소액 주주들의 동의까지 다 얻어서 진행하고 있는 것이고, 정부가 도와준다거나 부정한 방법으로 진행하고 있는 것은 아닙니다.

문: 진술인은 최순실을 알고 있나요?

---

188) 검사 작성 구본무 진술 조서 2016. 11. 13.

답: 전혀 알지 못합니다. 이 사건이 나고 나서 TV에서 보았습니다.

문: 진술인은 박근혜 대통령을 알고 있나요?

답: 예, 대통령이시니까 당연히 알고 있으며 학연이나 지연도 없습니다.

문: 진술인은 2015. 10. 27. 설립된 미르 재단, 2016년 1월 13일 설립된 케이스포츠 재단을 알지요?

답: 네, 알고 있습니다. 이번에 사건이 언론을 통해 알려지면서 그런 재단이 있다는 것을 알게 되었습니다. 그리고 그 재단들에 저희 회사가 출연금을 냈다는 것도 이번에 알게 되었습니다.

문: 진술인이 운영하는 회사에서 78억 원이라는 거금이 불과 3개월 사이의 단기간 내 지급이 되었는데 그룹의 회장으로서 이와 같은 사실을 알지 못하였다는 말인가요?

답: 네, 그렇습니다. 저희 LG그룹이 한 해 지출하는 수재 의연금, 각종 기부금, 협찬금 등이 약 500~600억 원 가량 되고, 하현회 사장이 사실상 결정은 하고 있습니다. 이 건도 그렇지만 기부금을 내야 할 일이 생기면 계열사 간에 금액 조정도 있어야 하고 그 시기도 정하여야 하는 문제가 있기 때문에 계열사 간 조정을 거쳐 이를 결정할 필요가 있습니다. 그리고 이와 같은 결정에 대해서는 하현회 사장 선에서 결정이 이루어지는 것으로 알고 있습니다.

문: LG그룹이 미르·케이스포츠 두 재단에 78억 원을 출연해서 얻은 이익은 무엇인가요?

답: 특별히 특혜를 입는 것은 없다고 생각합니다.

문: 그와 같이 생각하게 된 이유가 무엇인가요?

답: 저는 평소 정치에 대해서는 '불가근불가원'이라고 생각합니다. 위와 같은 돈을 냈다고 어떤 특혜를 입더라도, 다음 정권이 되면 불이익을 받는 사례를 봐왔기 때문에 저는 저희 회사가 위와 같은 돈을 낸다고 하더라도 뭔가를 바라지도 않습니다.

기업 총수와 대통령의 독대시 나눈 대화 내용

※ 2015. 7. 25. 단독 면담

문: 진술인과 대통령의 독대는 어디에서 진행되었나요?

답: 아까 말씀드린 것처럼 삼청동에 있는 안가에서 진행되었고, 배석자 없이 저하고 대통령 두 명만 있는 자리에서 이루어졌습니다. 사각 테이블 상석에 대통령께서 앉으시고 제가 대등경 오른쪽 지과에 앉아 말씀을 나누었습니다. 대통령은 1인용 소파에 앉으셨고, 저는 2-3인용 소파 자리에 앉았던 것으로 기억하는데 정확한 것은 아닙니다.

문: 독대는 약 몇 분간 진행되었나요?

답: 제가 현장에 도착한 시간은 오전 11시 정도였으며 대통령을 뵙고 직접 독대한 시간은 한 30분가량 되었던 것으로 기억합니다.

문: 구체적인 내용이 어떻게 되는가요?

답: 먼저 정부정책에 대한 저희 그룹 차원에서의 지지 의사를 밝히고, 창조경제와 관련하여 벤처 기업들에 대한 적극적인 투자 지원이 이루어지고 있다는 점과 경제 활성화와 관련하여 중국 관광객 유치를 위한 한류스타 팬 사인회 등의 아이디어와 함께 저희들도 적극 참여하겠다는 뜻을 밝혔습니다. 그리고 앞으로 기술적인 발전 등을 위해서라도 이공계 대학들에 대한 정원을 많이 넓혀 달라는 요청을 하였습니다.

문: 진술인은 그 자리에서 LG 그룹이 겪고 있는 무슨 애로 사항 전달하신 것이 있나요?

답: 특별한 애로 사항을 말씀드린 것은 없습니다.

문: 대통령과의 대화에서 문화, 체육 준비에 관한 대화를 나눈 사실이 있나요?

답: 대통령께서 "K팝이나 한류드라마 등의 한류, 스포츠를 통해 국가 브랜드 이미지를 높여서 국가 경제에 도움이 되게 하고 싶다"고 하셨고, 구체적으로 정확한 표현은 기억나지 않으나 "앞으로 국가에서 이에 대하여 적극 추진할 계획인데, 민간 차원에서 협조를 바란다."고 말씀을 하셨습니다.

문: 대통령과의 독대에서 문화 및 체육 분야 지원, 재단 법인 설립 등에 대하여 대화를 나눈 사실이 있나요?

답: 제2의 김연아 이야기를 하시며 스포츠를 통한 국위선양 등을 위해 문화 및 체육 분야에서의 지원이 필요하다는 말씀은 하셨는데, 재단 이야기는 들은 바가 없습니다.

문: 지원이라는 것이 민간 차원에서의 지원을 요청한다는 의미인가요. 국가가 정책적으로 지원을 하겠다는 말로 이해하였나요?

답: 국가가 정책적으로 추진을 하고, 거기에 대해 민간 차원에서 관심과 협조를 바란다는 취지였습니다.

문: 당시 상황을 확인해 보면, 대통령이 진술인을 비롯한 기업 회장들에게 문화, 체육 각 분야에 대하여 30억 원씩, 10대 기업 합하여 한 분야 당 300억 상당의 기금 마련을 제안한 적이 있는 것으로 보이는데 어떤가요?

답: 기금 이야기도 없었고, 돈 이야기도 나온 바가 없습니다.

문: 그 이외 대통령과의 독대에서 나눈 대화가 더 기억나는 것이 있나요?

답: 30분이라는 시간이 짧아서 제가 준비해 간 자료들을 이야기하고 나니 저에게 주어진 시간을 거의 다 쓴 거 같았습니다.

문: LG그룹이 미르·케이스포츠 재단에 거액을 출연한 이유는 정부 내지 청와대가 주도적으로 진행하는 재단 설립 사업에 응하지 않을 경우 향후 LG그룹의 자체 사업 진행에 불이익이 예상되고, 정부 주도적인 사업에 참여할 기회가 제한되거나 탈락될 우려가 있어서 불가피하게 응하게 된 것 아닌가요?

답: 저는 모르겠습니다. 일단 제가 기금 출연 과정에 전혀 개입을 하지 않았고, 이를 결정한 하현회 사장도 관례에 따라 전경련이 분배한 금액을 낸 것으로 보입니다.

문: 더 하고 싶은 말이 있는가요?

답: 저희 그룹은 정도경영의 경영 방침을 가지고, 정정당당하게 실력으로 승부하는 정신을 가지고 있습니다. 따라서 저희가 정부로부터의 특혜를 바라거나 편승하려고 하지 않습니다.

– 이 조서에서 간파할 수 있듯이 구본무 회장은 객관적·중립적으로 사실에 입각해 진술했다고 할 수 있다. 그런데 이 같은 진술 내용조차 이 사건 재판에서 채용되지 않았다면 제대로 된 기소와 재판이라고 할 수 없을 것이다.

CJ그룹 손경식 회장 진술[189]

문: 결국 CJ그룹은 대통령의 협조 요청에 따라 합계 13억 원의 기금을 출연하였는데, 이러한 기금 출연은 적어도 정권 실세의 비위를 건드리지 않으면서 이재현 회장의 사면, 국세청 및 공정위의 조사 등과 관련된 CJ그룹의 현안 문제 등의 원만한 해결을 바라는 마음에서 이루어진 것으로 보이는데 어떤가요?

답: 저희가 대통령으로부터 재단 지원 요청을 받았고, 제가 대통령께 이재현 회장의 석방을 건의 드린 것 등은 모두 사실이며, 저희 그룹과 현 정부와의 관계가 좋지 않았던 것은 사실입니다. 그러나 저희들은 구체적인 청탁의 대가로 이 사건 재단에 출연을 한 것은 결코 아니고, 전경련 차원에서 다른 기업들이 모두 출연을 한다고 하여 저희도 참여하였다는 사실을 꼭 말씀드리고 싶습니다.

– 손회장은 재단 출연은 청탁 대가가 아니고, 전경련 차원에서 진행하여 동참했을 뿐이라는 취지로 진술했다. 모든 출연기업의 출연 의도는 이와 같았다.

삼성그룹 이재용 부회장 진술[190]

– 이재용 삼성 부회장에 대하여는 2016년 11월 13일 13:40부터 20:44까지 7시간 2명의 검사가 신문했다. 작성된 조서는 A4용지 42장이다. 형식은 참고인 진술 조서이나 실질적으로는 피의자 신문 조서였다. 삼성그룹의 기업 현황과 각종 현안(합병), 특히 3차례에 걸친 독대 경위와 면담 내용을 철저히 추궁했다. 이 부회장의 진술 요지는 삼성그룹이 특별히 현안 관련하여 청탁한 사항은 없으며, '박 대통령은 삼성이 한류 문화 확산과 스포츠 분야 지원에 적극적 관심을 가져 달라고 했다.'는 데 있었다.

---

189) 검사 작성 손경식 진술 조서 2016. 11. 13.
190) 검사 작성 이재용 진술 조서 2016. 11. 13.

현대자동차그룹 정몽구 회장 진술[191]

정회장은 부회장 김용환과 동석하여 동시에 조사받았다. 박 대통령과의 독대에 관해 집중 신문했으나 특별한 진술이 없었다.

롯데그룹 신동빈 회장 진술[192]

신동빈 회장은 2016년 11월 15일 14:00부터 그 다음날인 16일 05:15까지 철야 신문을 받았다. 그 당시 롯데그룹의 여러 분쟁과 현안에 관해 철저한 신문이 진행됐다. 검사의 결론적 핵심 질문과 신 회장의 답변은 아래와 같다.

문: 롯데그룹이 2016년 5월 말경 케이스포츠 재단에 70억 원을 지원했던 것은 당시 롯데그룹에 대한 위와 같은 사정 및 향후 청와대 및 정부에서 세무조사, 사업 규제, 검찰 수사 등으로 진술인이 경영권을 공고히 하기 위해 추진하는 사업에 각종 제한을 초래할 것을 우려하였기 때문이 아닌가요?

답: 아닙니다.

위에서 나타난 바와 같이 출연 기업들은 전경련이 배분하는 바에 따라 미르·케이스포츠 재단에 출연했다. 어느 그룹 총수도 청탁이나 대가를 생각하고 출연했다고 진술하지 않았다. 또 이들이 박근혜 대통령으로부터 직접 재단 출연을 요구받지도 않았다. 최순실은 이 사건 이전 존재 자체도 몰랐다. 사실이 이러한데 박 대통령과 최서원에 대하여 어떻게 직권남용권리행사방해죄, 폭행·협박이 행위 수단인 강요죄가 성립될 수 있는가? 특수본은 이 사실관계를 외면할 수 없어 공소사실을 기재할 때 "출연 대기업 대표 및 담당 임원들은 출연 요구에 불응할 경우, 세무 조사·인허가상 어려움 등 기업 운영 전

---

191) 검사 작성 정몽구 진술 조서 2016. 11. 13.
192) 검사 작성 신동빈 진술 조서 2016. 11. 16.

반에 직·간접으로 불이익을 받을 것을 두려워하여 출연하였다."라고 설시하였다. 이러한 설시 내용은 수사에 의해 수집된 증거에 터 잡은 게 아니라 특수본이 바라는 대로 사실을 왜곡한 것이었다. 필자는 이러한 특수본의 사실인정과 법리 구성이 초법적이고 추상적이며 모호하여 법정에서는 바로잡을 수 있다는 자신을 가졌다.

특수본 1기의 사건 처리

특수본 1기의 어느 검찰 수사관은 우리는 목숨을 걸고 수사한다고 했다. 특수본 1기의 검사들과 수사관들 중 일부는 필자와 함께한 최서원 공동 변호인들[193]에게 노골적으로 적대감을 나타냈다. 심지어 어느 검사는 검찰에서 더 좋은 변호사를 소개해 줄 수 있다고 하는 등 변호인단과 최서원 사이를 이간하는 간교함을 보이기도 했다. 무엇 때문에 목숨 걸고 수사해야 하는지 이해하기 어려웠다. 결국 '현명수사'(懸命搜査)는 자신들이 목표로 하는 수사 성과를 내지 못하면 그 자리를 보전하지 못할 것이라는 강박 관념을 나타낸다고 할 수 있다. 두말할 것도 없이 수사의 주된 목표는 박근혜 대통령 기소였다. 광화문 광장에서 열리는 촛불 집회의 과격한 주장과 정치권의 박 정부 공세가 특수본에 고스란히 전달되었다. 특수본은 이제 쓰러져가는 박 정권과 결별하고 태동하려는 새로운 권력의 첨병으로 나선 것으로 비쳐졌다. 이제 믿을 기관은 그나마 사법부뿐이었다.

2016년 11월 20일 특수본 1기 본부장 이영렬 서울중앙지검 검사장은 최순실, 안종범, 정호성을 구속·기소한다고 발표했다.[194] 죄명은 직권남용권리행

---
193) 최서원 변호인단: 필자, 권영광, 최광휴, 오태희.
194) 검찰 특수본 수사 결과 발표문, 2016. 11. 20.

사방해, 강요 등(최서원·안종범), 공무상비밀누설(정호성)이었다. 핵심 공소사실은 미르·케이스포츠 재단 설립과 관련하여, 직권을 남용하여 전경련 53개 회원사에 774억 원을 출연금 명목으로 내도록 강요했다는 것이었다. 미르·케이스포츠 재단 설립 관련 외의 공소사실은 부수적인 최서원 관련 행위로서 특이할 만한 내용은 없었다.[195]

이날 특수본 본부장은 대통령에 대하여, "현재까지 확보된 제반 증거 자료를 근거로 최순실·안종범·정호성의 범죄사실과 관련하여 상당 부분이 공모관계에 있다고 판단했으나 헌법 제84조의 현직 대통령 불소추 특권 때문에 기소할 수 없다."고 밝혔다. 추후 대통령에 대한 수사를 계속하겠다고 공언했다.

그러나 최서원의 공소장을 보면, 2016년 11월 20일 수사 결과를 발표할 때에는 최서원 관련 공소사실의 거의 대부분을 대통령, 안종범과의 공동정범으로 구성하여 기소했다. 사실상, 현직 대통령을 기소한 것과 다름없다. 대통령과의 공모관계 입증 자료가 직접적으로 전무하고, 간접 사실이나 정황으로도 공모 인정하기에 태부족인데도 특수본은 사실상 현직 대통령을 공범으로 명시한 공소장을 접수하였으므로, 추후의 대통령에 대한 수사는 사실이나 증거를 수집하기 위한 수사가 아니라 기소하기 위한 형식적 통과 의례가 될 것을 예고하였다.

특수본 1기는 2016년 11월 22일 박영수 특검 법률이 제정되고 2016년 12월 1일 박 대통령이 당시 야당이 추천한 박영수 변호사를 특별 검사로 임명하여 특검이 가동하기에 이르자, 최서원 관련 사건의 수사를 마무리했다. 특수본은 2016년 12월 12일「최순실 국정 개입 사건 수사 결과」를 발표했다. 이때

---

[195] 서울중앙지검 2016형제99473호 등 사건 공소장, 2016. 11. 20. 기소.

는 최서원 국정 개입 사건이라고 했다. 국정 농단까지 나가지 않았다. 수사 발표 주요 내용은, 최서원이 김종 문체부 2차관, 조카 장시호와 공모하여 삼성그룹이 (사)한국동계스포츠 영재센터에 16억 원을 후원하게 하여, 직권남용권리행사방해, 강요죄를 범했다는 것이다. 그 외 김종, 청와대 수석비서관 조원동, 차은택, 송성각, 김영수, 김홍탁, 김경태, 장시호 등을 기소했다고 발표했다.

이상에서 살펴 본 바와 같이 특수본 1기는, 민간자본투기센터가 미르·케이스포츠 재산 설립·출연을 두고 고발한 특가법 위반(뇌물), 특경법 위반(배임) 사건을 수사하여, 뇌물죄·배임죄로는 정작 기소하지도 못하고 기껏, 대통령·안종범 청와대 수석, 김종 문체부 차관 등이 최서원과 공모 공동하여 직권을 남용하고 폭행·협박까지 하면서 미르·케이스포츠 재단에 774억 원을 출연·강요했다고 기소했다.

특수본 1기 검사들이 대통령과 안종범 등 청와대 근무 공직자를, 대기업의 총수들을 은연중 위협하고 돈을 뜯어내어 재단을 만드는 조폭 수준으로 인식한 게 아닌가 놀라지 않을 수 없었다. 대통령이 민간 기업에 어떠한 제안을 했을 때, 제안을 받은 기업이 자유로운 의사표시를 할 수 없거나 의사 결정에 억압적 영향 요인으로 작용하지 아니한다면, 대통령이나 청와대 경제 수석의 제안이나 요청 자체로 제안이나 요청을 받은 상대방이 두려움을 가져온다고 유추할 수는 없다. 특수본 1기의 공소사실은 정상 궤도를 이탈했다. 특수본 1기의 공소사실은 곧바로 국회의 탄핵 소추안 중 법률 위배 행위로 원용되었다. 특수본과 탄핵 추진 정치 세력 간의 연계 고리를 생각하지 않을 수 없었다.

특수본 2기의 수사 활동

박영수 특검은 2016년 12월 1일 임명장을 받고 20일간의 준비 기간에 들어갔다. 국회에서는 2016년 12월 3일 박 대통령 탄핵 소추안을 발의하였고, 12월 9일 탄핵 소추안을 의결했다. 대통령의 권한이 정지되었고, 황교안 총리가 대통령 직무 대행이 됐다. 박영수 특검이 20일간의 준비 기간을 보내고 2016년 12월 21일부터 본격 가동했다. 정치적 공백 상태에서 특검은 최고의 권력 기관이 되었다. 검찰은 특검에 밀려, 특수본이 기소한 사건의 공소 유지에 급급했다. 당시 국민 여론의 압도적 지지를 받았던 박영수 특검은 삼성그룹 부회장 이재용, 이화여대 총장 최경희, 대통령 비서실장 김기춘 등을 구속 기소하는 결과를 내고, 2017년 2월 28일 3개월의 수사 활동을 종료했다.

검찰은 특검으로부터 특검이 처리하지 못한 박 대통령에 대한 수사를 떠맡게 됐다. 2017년 3월 6일 특수본 2기가 구성됐다. 본부장 이영렬(검사장), 부본부장 공보관 노승권(1차장), 부공보관 정순신(형사7부장), 부장 한웅재(형사8부), 이원석(특수1부), 이근수(첨단범죄수사2부) 등이 지휘부를 형성했다. 공보관을 두 명이나 둘 만큼 여론, 즉 정치 동향에 과도한 관심을 두고 있었다. 특수본 2기는 2017년 3월 10일 헌법재판소에서 헌정사상 초유로 박 대통령에 대해 탄핵[196]을 결정하자 2017년 3월 15일 박근혜 대통령을 검찰로 소환하여 조사했다. 박 대통령은 혐의를 모두 부인했다.

2017년 3월 30일 서울중앙지법 영장 담당 판사 강부영[197]은 박 대통령에 대한 구속영장 청구에 대해 8시간 이상 심리를 마치고 2017. 3. 31. 새벽 구속영장을 발부했다. 판사는 구속 이유로 혐의가 소명되고 증거 인멸의 염려가 있다고 했다. '혐의 소명'은 영장 판사가 영장을 발부할 때 면피용으로 상투적

---

196) 헌법재판소 2016헌나1호.
197) 강부영: 사시 42회, 연수원 32기, 2006년 판사 임관.

으로 사용하는 어귀에 지나지 않는다. '증거 인멸 염려'가 있다는 이유는 도저히 납득할 수 없다. 박 대통령은 사실상 연금 상태나 마찬가지 상황에 처해 있었고, 권력 상실 후 공권력으로부터 무방비로 집중 공격을 받고 있었는데 60대 여성 전직 대통령이 증거 인멸을 어떻게 할 수 있는지 영장 담당 판사에게 모든 상상력을 발휘하여 가능한 방법을 제시해 보라고 한다면 할 수 있을까?

이 영장 담당 판사 역시 노도와 같은 여론 물결과 탄핵 정치 세력, 여기에 앞장서 저돌적으로 움직이는 검찰의 주장을 배척할 수 없었을 것이다. 그는 영장 담당 판사였지만 법치를 수호하는 용기 있는 법조인의 길을 택하지 않았다.[198] 특수본 2기는 박영수 특검이 2017년 2월 28일 최서원을 이른바 삼성뇌물 사건으로 기소한 공소사실에 맞추어 2017년 4월 17일 박 대통령을 특가법 위반(뇌물) 등으로 기소했다. 이 기소 때 최서원, 신동빈 롯데그룹 회장도 공동 피고인으로 기소됐다.

2017년 4월 26일 특수본 2기는 최서원이 국회 국정 조사에 출석하지 않았다는 이유로 국회에서의 증언 감정에 관한 법률 위반으로 마지막 기소를 했다. 최서원에 대해서는 검찰·특검 합하여 6건이 기소되었다. 특수본 2기는 특검의 연장이나 다름없었다. 특수본 2기 수사 때 최서원은 구속된 박 대통령과 대질 조사받는 상황을 가장 우려했다. 박 대통령에게 닥친 모든 일이 자신의 처신 때문이라는 자책감에서였다. 필자는 그러할 경우 출석을 거부하도록 권고했다. 그런 일은 벌어지지 않았다.

---

198) 강부영 판사 발부 구속영장으로는 구속기간 내에 재판을 완료할 수 없었기 때문에 형사재판부가 편법으로 다른 영장을 또 발부함.

2
박영수 특별 검사의
거친 공세

최서원 게이트 의혹을 수사하기 위하여 탄핵 추진 국회의원들에 의해 2016년 11월 22일 소위 최순실 특검법이 제정되었다. 특별 검사로 임명된 박영수 변호사[199]는, 1999년 국내에 미국식 특별 검사(Special Counsel 또는 Independent Counsel) 제도가 도입된 이래 가장 강력한 권한을 행사했다. 가히 무소불위(無所不爲)였다. 삼성 부회장 이재용, 박 대통령 등을 구속에 이르게 한 박영수 특검 활동을 문제점 중심으로 반추해 본다.

---

[199] 박영수(朴英洙, 1952): 서울대 종교학과, 사시 20회, 연수원 10기, 1983년 검사 임관, 2009년 변호사.

◈ 박영수 특검(特檢)의 출범(정치성과 위헌성)

　우리나라는 1948년 정부 수립 이래 헌법과 법률에 의하여 강력한 수사·소추 권능을 가진 검사 제도를 운영해 왔다. 검찰이 대한민국의 법치 질서를 수호하는 초석의 역할을 해온 것도 역사적 사실이다. 대한민국 건국 초기의 혼란, 연이은 초대형 한국 전쟁, 4·19 혁명, 5·16 군사 정변, 1980년대의 민주화 항쟁 등 역사의 격랑에서 국가 기본 질서를 지키고, 민생 치안 정착에 기여하여, 한국 경제의 고도성장을 뒷받침했다고 할 수 있다. 법질서가 흔들리고 치안이 유지되지 않는 나라가 경제 건설에 성공한 예가 없다. 대한민국은 일본과 더불어 국제 사회에서 가장 치안이 양호한 나라로 평가받는다. 검찰의 공헌이자 영광이다.

　검찰에도 어두운 그림자가 있다. 검찰의 정치 권력에 대한 복속이 늘 커다란 문제점이었다. 막강한 사정 권력 기관인 검찰과 집권 권력 집단은 서로 공생하는 관계를 유지해 왔다. 공생이라고 하지만 상하 관계적 공생이었다. 검찰의 정치화다. 최고 권력자에게는 어느 조직보다도 유능하고 잘 다듬어져 있는 검찰은 권력 행사의 보검(寶劍)이었다. 검찰은 검찰 고위직 인사들의 빈번한 정치권 진입 등으로 검찰 공화국이라는 말을 들을 정도였다.

　이런 검찰이 권력형 부패, 특히 살아 있는 권력 내부나 그 심장부에 대한 수사를 제대로 할 리가 없었다. 야권과 국민들은 독립된 검사가 수사해야 한다는 강력한 열망을 표출했다. 그 대안으로 검토된 제도가 미국식 특별 검사였다. 미국식 특별 검사 제도가 도입만 되면 만능 열쇠같이 권력형 비리, 대형 부정 부패를 낱낱이 적발하여 속시원히 처단하리라는 기대를 가지고 있었다.

　1999년 9월 30일 「한국조폐공사 노동조합 파업 유도 및 전 검찰총장 부인에 대한 옷로비 의혹 사건 진상 규명을 위한 특별 검사의 임명 등에 관한 법률」이 제정되었다.[200] 세칭 옷 로비 특검, 조폐공사 특검으로 알려졌다. 이 특검 이후 2012년 9월 21일 제정 공포된 내곡동 사건 특검법[201]까지 10차례 특검법이 제정·시행되었다. 13년 여간 특검 제도를 시행·경험해 본 결과 특검의 정치성과 당파성이 뚜렷하게 부각되었고, 제도의 비능률과 특검 개인의 능력 부족도 지적되었다. 이러한 문제점을 해결하려는 입법적 반성의 결과물로 2014년 6월 19일 「특별 검사의 임명 등에 관한 법률」을 제정·시행하였다. 상설특검법이라고 부른다.

2016년 11월 당시 최순실 특검 법률의 제정에 대해 의회 내 3개 교섭 단체(새누리당, 더불어민주당, 국민의당)가 여야 합의로 처리키로 했다면, 그 법률안의 구체적 모습은 상설특검 법률이 참고 모델이 되어야 마땅했을 것이다. 그런데 최순실 특검법은 상설특검법을 의도적으로 외면하고, 상설특검법의 규정과 어긋나도록 성안(成案)했다. 상설특검법은 특별 검사의 정치적 중립성·공정성 확보를 목적으로 특별 검사후보추천위원회[202]가 추천해 대통령이 임명하도록 했다. 그런데 최순실 특검법에서는 야당 교섭단체인 「더불어민주당과 국민의당」이 합의하여 추천하도록 규정했다.

특별 검사를, 탄핵 추진 정파인 「더불어민주당과 국민의당」의 소속 검찰로 만들었다는 정치적 이유를 명시하였다. 한 치의 주저함도 없었다.[203] 이 법률안 검토 보고서에는 상설특검 법률과 비교하면서, 상설특검법이 시행되고 있

---

200) 김유향, 기본강의 헌법, p.1321, 2017.
201) 정식 명칭: 이명박 정부의 내곡동 사저부지 매입 의혹 사건 진상 규명을 위한 특별 검사의 임명 등에 관한 법률.
202) 각 상설특검 법률 제4조 위원: 법무차관, 법원행정처 차장, 변협회장, 국회 추천 4명, 위원장은 호선
203) 국회 법제사법위원회 수석 전문위원 남궁석, 최순실 특검 법률 검토 보고, pp.7~8, 14, 2016. 11.

음에도 그 법률의 취지를 배제하기 위해 야당 교섭 단체에게 특검 추천을 하도록 했다고 설명하고 있다. 박영수 특검은 출발 때부터 당파성의 산물이었고, 그 내용에 있어서도 위헌성을 안고 있었다.

특검의 위헌성

필자를 비롯한 최서원 변호인단은, 특검 출발 때부터 시종일관 박영수 특별검사는 위헌인 특검 법률 제3조[204]에 의해 임명된 기관이므로 특검 자체가 위헌이라는 주장을 펴왔다. 이곳에서는 특검의 위헌성에 대한 필자와 형사재판부, 헌법재판소의 이론 공방을 설명하여, 앞으로 기형적이고 위헌성이 있는 특검이 나타나지 않는 데 도움을 주고자 한다. 특검 위헌성 공방은 헌정사에서 초유의 일인 만큼 그 의미도 적지 않다. 변호인의 논지는 아래와 같다.

① 특검 법률 제3조에 의하면 대통령은 더불어민주당과 국민의당이 합의 추천한 변호사 중에서 특검을 임명해야 한다. 당시 여당(새누리 126석)과 정의당(6석), 무소속(7석)은 추천에 참여하지 못한다. 의석 300석 중 100여 석이 넘는 여당의 의견은 애초부터 배제되어 있다. 특검은 국민의 특검이 아니라 더불어민주당과 국민의당의 특검이라고 하지 않을 수 없다. 이러한 특검은 위 양당의 요구사항을 특검 수사에 반영치 않을 수 없게 되어 있다. 법률이 어느 특정 정파에게 배타적·전속적 수사·공소권을 행사하는 검찰 기구를 창설케 하는 권한을 부여하는 것은 국민주권주의(헌법 제1조 제2항)·평등권(헌법 제11조 제1항 정치적 차별금지)·공정한 재판을 받을 권리(헌법 제27조 제1항), 의회주의 원칙(국민의 이익을 위해 국민의 대의기구로서 기능하여야 함. 다수결 원칙과 소수자 보호의 조화)에 위배되어 위헌이다.

---

204) 박근혜 정부의 최순실 등 민간인에 의한 국정 농단 사건 규명을 위한 특별 검사의 임명 등에 관한 법률 제3조 제2항, 제3항.

② 이러한 위헌 법률에 기한 특검의 수사와 공소 유지는 외견상 법률의 외피를 쓰고 있지만 무효라고 해야 한다. 이러한 문제점은 특검 출범 때부터 제기되어 왔다. 우리 역사에서 이 같은 헌법과 법률을 위배한 특검이 다시는 대두하지 않도록 경종을 울릴 필요가 있다.

③ 특검 위헌성은 법의 일반 원칙이나 일반적으로 인정되는 일반 상식인, 즉 평균인의 법 감정에 비추어도 명백히 증명된다. 예를 들어, 의회의 과반수 이상 의석을 점하는 2개의 정당이 야합(野合)하여 현행 검찰청법의 검찰총장 임명에 관한 규정을 다음과 같이 개정하였다고 가정해 보자.

※ 현행 검찰청법 제27조 제1항: 검찰총장은 15년 이상 판사·검사·변호사 등 직위에 재직한 사람 중에서 임명한다.

※ 개정 조항: 검찰총장은 15년 이상 법조경력이 있는 사람 중에서, 더불어민주당 및 국민의당에서 합의 추천한 2명 중 한 사람을 대통령이 임명한다.

위와 같은 검찰총장 임명 규정은 누가 보아도 위헌일 것이다. 이 검찰총장은 국민의 총장이 아니라, 위 양당의 총장이기 때문이다. 특검 법률 제3조에는 특별 검사는 15년 이상 판사·검사의 직에 있었던 변호사 중에서 더불어민주당 및 국민의당이 합의한 2명의 특검 후보자를 위 양당이 대통령에게 추천하고 대통령은 3일 이내에 그 중 1명을 임명하여야 한다고 명시되어 있다. 앞서 예시한 개정 내용과 완전히 일치한다. 따라서 그 위헌성이 분명해진다.

만약 국가의 중요 기능을 수행하는 국가 기관(상설이든 특설이든)을 창설하고 전권을 행사하는 그 기구의 책임자를 이번 특검 법률과 같은 방법으로 임명하는 법률을 허용하거나 방치하면 국가적 환란을 초래할 수 있다. 의회를 장악한 정파가 서로 야합하여 국가 권력을 할점하여 국정을 극도의 혼란으로 몰고 갈 현저한 위험이 있다. 이른바 4대 권력 기관, 즉 검찰청, 국세청, 경찰청,

국정원의 수장을 어느 특정당의 추천에 의하도록 담합한다면 그 폐해는 명백하고 현저하며 중대할 것이다. 이런 야합을 한 정파는 각 당이 합의하였으므로 의회 다수결 원칙에 따라 합헌이라고 강변하고 있다. 국회의원은 국민의 대의 기구이지 정파의 대리인이 아니며, 이같은 밀실·야합은 정당의 당리·당략의 산물이므로 국회의원의 의결이라고 할 수 없다.

④ 법률은 법률이 제정·공포된 때에는 입법과정과는 별개로 법률 규정 자체로서 효력 여부를 다투어야 함이 마땅하다. 법에 명시된 특정 정당들의 독점 추천권과 사실상 특검 임명권 부여라는 위헌적 요소가 여야 합의로 의회를 통과했다는 이유로 희석될 수는 없다.

⑤ 해외에서도 특검 법률의 기이성에 대해 관심을 표하고 있다. 도대체 국민적 의혹 사건을 수사·소추하는 전권을 특정 정파에게 일임하는 법률이 제정·시행될 수 있게 해서는 법치원칙이 살아있는 나라라고 할 수 없다(더구나 우리나라는 OECD에 가입한 선진국이고, 민주주의와 법치주의가 아시아에서는 모범국이라고 자부하면서). 덴마크의 변호사도 이 점에 대한 자료를 요청해 부끄럽기 그지없었다.

특검 위헌 주장에 대한 법원과 헌법재판소의 판단

필자는 최서원의 변호인으로서 2017년 3월 7일 서울중앙지방법원에 특검 법률의 위헌을 주장하는 위헌심판제청신청(2017초기 제613호)을 하였고, 위 법원은 2017년 4월 7일 위헌심판제청신청이 이유 없다는 사유로 기각하였다.[205] 필자는 이에 불복하여 2017년 4월 21일 헌법재판소에 헌법소원심판청구를 했다(2017헌바196호). 헌재는 1년 10개월이 지난 2019년 2월 28일 뒤늦

---

205) 위헌심판제청사건 결정문(서울중앙지법 2017초기 제613호).

게 소원을 기각한다는 취지의 결정을 했다. 서울중앙지법의 기각 결정 이유나 헌재의 이유가 동일한 취지였다.

결정 요지는 아래와 같다.

- 특검 법률은 국회 내 여당과 야당의 합의에 의하여 다수결에 따라 가결되었다.
- 대통령이 추천된 특검 후보자 2명 중 1명을 임명하였다.
- 특검제도 창설은 본질적으로 국회의 폭넓은 재량에 속한다. 따라서 특검 후보자를 누가 추천할 것인지에 대한 판단도 국회의 폭넓은 재량이 인정되고, 명백히 자의적이거나 현저히 부당하다고 단정할 수 없다.[206]

헌재의 위와 같은 결정은 위법할 뿐만 아니라 자유 민주주의 헌정 질서를 위험에 빠뜨릴 수 있다.

① 우선 의회 다수결에 의한 결과여서 합헌이라는 이유는 극히 부당하다. 헌법은 다수결 원리를 채택하고 있지만, 소수자 보호를 그 핵심 사항으로 하고 있으며 헌법의 기본 원칙과 기본적 인권·정의·형평에 어긋나는 법률 조항은 다수결의 결과라 하더라도 위헌을 면치 못한다. 헌법재판소의 존재 이유가 바로 여기에 있다.

대통령이 2명의 특검 후보 중 1명을 임명하게 되어 있는 점을 위헌이 아니라는 이유로 들고 있으나 이는 피상적 관찰이다. 더불어 민주당과 국민의당이 합의 추천한 2명은 어느 누구를 임명해도 임명된 특검은 양당의 요구를 수용할 수밖에 없다. 정치적 중립 기관에서 추천한 2명이

---

[206] 헌법재판소, 2017헌바196호, 청구인 최서원 2019. 2. 28. 결정.

아니라, 최근의 정치 상황에서 이해를 같이 하고(이념, 강령과 정책 그리고 인적 구성에서 같은 정파로 인식할 수 있음) 있는 정파의 연합이 합의 추천한 2명의 특검 후보는 동전의 앞뒤와 다름없는 인물이라고 할 수 있다. 특히 탄핵의 찬·반을 두고 국론이 극단으로 양분된 상황에서 탄핵 추진 진영에서 나온 2명의 특검 후보는 누굴 임명해도 마찬가지일 것이다. 따라서 대통령의 2명 중 1명의 선택권은 형식적 결정 내지 절차적 단계에 불과하다. 이를 들어 대통령에게 약간의 재량이 있는 듯 판단한 것은 착오이거나 현실 상황을 파악하지 못한 데 기인한 오류라고 하겠다.

② 헌법·법률에서 어떤 정당이나 정파에게 국가가 수행하는 중요 임무를 배타적·독점적으로 수행하도록 하는 권한을 부여하는 규정을 두는 입법 예가 전혀 없는 건 아니다. 대표적으로 조선민주주의인민공화국 헌법이며 그 인공헌법의 전문에는 『조선로동당』의 영도를 명시하고 같은 헌법 제11조에는 조선민주주의인민공화국은 조선로동당의 영도 밑에 모든 활동을 한다고 명시하고 있다. 이런 규정은 북한이 1당 독재 전체주의 국가이기 때문에 가능하다.

③ 입법 독재 위험

자유 민주주의 헌법 질서를 규범으로 삼는 우리 법체계에서는 「어느 특정 정당에서 국민의 생명·신체를 결정적으로 제한하는 수사·소추 특권부여를 명시하는 규정」은 창설해서도 안 되고, 설령 그러한 법이 제정되더라도 사법심사에서 '무효로 선언' 되어야 한다. 이른바 의회를 장악한 정파가 '입법 독재'의 길로 나아가는 횡포를 삼권 분립 제도의 견제 균형 장치와 법치주의 정신에 의해 차단하고 그 폐해를 미리 막아야 한다. 만약 이 같은 위헌 법률의 효력을 방치해 둔다면 다수 의석을 점한 정략가들은 특권적 법률을 양산하는 유혹에서 벗어나지 못할 것이다.

이러한 사례가 이어진다면, 그에 따른 피해는 국민들이 고스란히 안게 되며, 사법부의 역할과 정의감에 대해 국민적 비판이 쏟아질 것이다. 우리나라 정치사를 조감해 보면, 각 정파의 당리당략과 당쟁으로 국가적 혼란과 분란이 지속되어 왔고, 앞으로 그 도가 더해질 조짐(정치적 대중 영합주의 경향과 군중 선동)이 있는 오늘의 우리 현실에 비추어 보아 포퓰리즘에 지배당하는 의회에 방만하게 재량권을 부여하는 헌재의 태도는 권력 분립과 법치주의 원칙을 근본에서 허무는 중대한 결과를 가져올 위험이 있다.

박근혜 대통령 탄핵 사건을 8인 전원 일치로 인용한 헌재의 획일·집단주의 경향에 비추어 헌재는 탄핵으로 이루어진 질서를 지킬 수밖에 없다는 사정은 이해한다. 그러나 3권 분립 원칙에 따라 사법부의 일원인 헌재가 입법 권한을 견제하고 헌법을 수호하는 임무를 져버린 것이 아닌지 우려된다. 나아가 헌재의 이번 결정은 국회에서 다수당에 의해 정파적 특검을 속출하게 하고 나치(Nazi)식 입법 독재를 가능케 하는 길을 터주었다는 비난을 면치 못할 것이다.[207]

---

207) 필자, 특검 위헌 소원심판 사건 결정에 대한 입장문, 2019. 2. 28.

◆ 박영수 특검의 수사와 기소(저돌성)

〈편성〉

박영수 특검은 2016년 12월 1일 박 대통령으로부터 임명장을 받고 특별 검사팀을 꾸렸다. 특별 검사보 4명, 파견 검사 20명, 특별 수사관 31명(변호사 26명, 세무사 1명, 의사 1명 등), 파견 공무원 40명(검찰 수사관 32명, 경찰 2명, 국세청 2명, 금감원 2명, 서울시청 1명, 출입국 관리소 1명), 행정지원요원 26명 등 총 122명의 초대형 수사 조직을 편성했다. 특검보, 파견 검사만 24명이라면 현행 검찰청 기준으로 보아도 중간급 지방검찰청 규모라 해도 무방할 것이다.

특검의 조직 편성은 아래 표와 같다.[208]

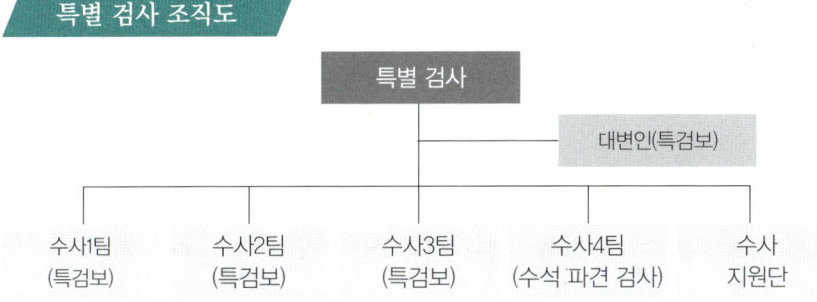

특별 검사 조직도

조직도를 보면 특이한 점이 눈에 띈다. 수사4팀(수석 파견 검사)이다. 특검보 4명 중 1명은 대변인을 맡고, 나머지 3명이 각 수사팀 1개씩을 맡게 되어 있다. 파견 검사는 특검, 특검보의 지휘하에 있는 것이 상례인데 수사4팀 수석 파견 검사는 다른 특검보와 동급 대열로 배치했다. 그가 윤석열 검사[209]다. 특

---

208) 박영수 특검 수사 결과 발표문, p.4 2017. 3. 6.
209) 윤석열(尹錫悅, 1960): 서울법대, 1991년 사시 33회, 연수원 23기, 1994년 검사 임관, 2016. 1.~2017. 5. 대전 고검, 5. 22. 서울중앙지검 검사장, 2019. 7. 검찰총장.

검은 고등검사장, 특검보는 지검검사장으로 예우를 했다. 특검은 서울 강남구 테헤란로 408 대치빌딩 17~19층 771평을 임차·사용했다. 탄핵 추진 국회가 아낌없이 예산 지원을 한 증거물이라고 할 수 있다.

특검은 특별 검사로 임명된 개인의 역량에 무게를 두고 활동하는 특별 검찰 기구이므로, 특검과 특검이 지명한 특별 검사보가 지휘부를 형성해서 움직이는 것이 정상적인 운영이다. 그런데 박영수 특검은 윤석열 검사를 수석 파견 검사라 칭하고 그에게 별도의 수사 4팀의 팀장을 맡겼다. 이 팀에 전국에서 차출한 20명의 파견 검사가 윤석열 검사의 손에 의해 일사불란하게 움직이게 조직 설계를 했다.

특검보는 대변인 역만 제대로 하였지, 수사 활동에서는 그 역할이나 존재감을 찾기 어려웠다. 박영수 특검은 박영수 특별 검사 → 윤석열 수석 파견 검사 2인 체제였다고 할 수 있다. 이런 박영수 특검의 실상은 공판정에서 그대로 드러났다. 필자는 공판정에서 최순실 특검 법률에 의한 특별 검사는 박영수인데, 실제 수사는 윤석열 파견 검사가 도맡아 했다. 그렇다면 윤석열 특검이 아니냐고 특검 조직과 운영의 문제점을 지적했다.

박영수 특검은 김대중 정부 때인 2001년 청와대 사정비서관을 거쳐, 노무현 정부 때인 2004년 검사장으로 승진하였고, 2005년 검찰 핵심요직인 대검찰청 중앙수사부장을 역임했다. 윤석열 검사는 2006년 박영수 중앙수사부장 밑에서 검찰 연구관을 지냈다. 2006년 당시 노무현 청와대의 민정 수석 비서관이 문재인이었다. 민정 수석과 대검의 중수부는 어느 정권 때나 긴밀한 관계였다. 이 같은 인간관계가 박영수 특검의 행보에 어떠한 영향을 미쳤는지, 아니면 박영수 특검은 하늘을 우러러 한 점 부끄럼 없이 임무를 수행했는지 향후 스스로 밝히고, 객관적 평가를 받아야 할 것이다.

⟨수사⟩

특검팀은 20일 동안 준비를 마치고, 2016년 12월 21일 본격 수사에 들어갔다. 국내의 모든 언론의 최우선 뉴스원(源)이 되었고, 국민 다수의 절대적 성원을 받았다. 특검이나 특검 대변인의 말 하나조차 주요 방송 뉴스 시간대에 톱의 위치를 차지했다. 이런 사회적 과열 분위기에서 특검에 소환되는 사람은 특검 사무실 빌딩 입구에 늘어서 있는 취재진 앞, 포토 라인(Photo Line)에 서거나 그 선(線)을 지나갈 때 수사·재판과는 상관없이 '국정 농단 관련자'가 되어 그 수렁에서 빠져 나오기가 거의 무망(無望)할 정도였다.

특검법 제12조는 「특검은 특검 수사 대상 사건에 대하여 국민의 알 권리 보장을 위하여 피의사실 외의 수사 과정에 대하여 언론 브리핑을 실시할 수 있다」고 규정하고 있다. 특검에게 자신의 수사 활동을 맘껏 선전·홍보할 수 있는 유례없는 권한을 부여한 것인데, 박영수 특검의 대변인 이규철[210] 특검보는, 자체 설치한 언론 브리핑룸에서 매일 수사 브리핑을 했다. 특검은 정의를 실현하는 화신(化身)이었고, 특검의 수사 대상자는 처단·청산해야 할 국정 농단 세력이 되었다. 특검의 지속적 언론 플레이와 이에 영합한 언론 보도 그리고 탄핵 추진 세력의 정치적 공세가 묘한 시너지적인 조화를 이루어 우리 사회를 한 방향으로 몰아갔다고 할 수 있었다.

특검이, 탄핵 추진 세력이 지배한 의회로부터 막강한 권한을 부여받고, 풍부하고 넘칠 정도의 인력과 예산 지원을 받아 내놓은 결과물이 어떤지 살펴보자. 특별 검사의 수사 대상은 다음 표와 같다.[211]

---

[210] 이규철: 변호사, 사시 22회, 판사, 원주지원장 역임.
[211] 특검 수사 결과 발표문 pp.8~9 2017. 3. 6.

Ⅳ. 특별 검사의 수사 대상

【특별 검사법 제2조 각호로 15개 사항의 수사 대상 특정】

1. 이재만·정호성·안봉근 등이 최순실 등에게 청와대 문건 유출, 외교·안보상 국가 기밀 등을 누설하였다는 의혹 사건

2. 최순실 등이 정부의 주요 정책 결정과 사업에 개입, 정부부처·공공 기관 및 공기업·사기업의 인사에 불법적으로 개입하는 등 의혹 사건

3. 최순실 등과 안종범 등이 재단 법인 미르와 케이스포츠에 출연금과 기부금 출연을 강요, 기업의 현안 해결 등을 대가로 출연을 받았다는 의혹 사건

4. 최순실 등이 재단 법인 미르와 케이스포츠로부터 사업을 수주하는 방법 등으로 국내외로 자금을 유출하였다는 의혹 사건

5. 최순실 등이 자신들의 법인·단체의 운영 과정에서 불법으로 정부 부처·공공 기관 및 공기업·사기업으로부터 사업 등을 수주하고 씨제이그룹의 연예·문화 사업 등의 이권 개입, 그와 관련된 재산을 은닉하였다는 의혹 사건

6. 정유라의 청담고등학교 및 이화여자대학교 입학, 학사관리 등에 특혜 및 각 학교와 승마협회 등에 대한 외압 등 불법·편법 의혹 사건

7. 삼성 등 각 기업과 승마협회 등이 정유라를 위하여 최순실 등이 설립하거나 관련 있는 법인에 금원을 송금하고, 정유라의 독일 및 국내에서의 승마 훈련을 지원하고 기업의 현안을 해결하려 하였다는 의혹 사건

8. 제5호~제7호의 사건과 관련, 안종범, 김상률, 이재만·정호성·안봉근 등 청와대 관계인, 김종덕, 김종, 송성각 등이 최순실 등을 위하여 불법적으로 개입하고 관련 공무원을 불법적으로 인사조치하였다는 의혹 사건

9. 제1호~제8호까지의 사건과 관련, 우병우가 청와대 재임 기간 중 최순실 등의 비리 행위 등을 감찰·예방하지 못한 직무 유기 또는 그 비리 행위에 직접 관여하거나 이를 방조 또는 비호하였다는 의혹 사건

10. 이석수 특별 감찰관이 재단 법인 미르와 케이스포츠의 모금 및 최순실 등의 비리 행위 등의 내사 과정에서 우병우가 영향력을 행사, 해임되도록 하였다는 의혹 사건

11. 최순실 등과 안종범, 이재만·정호성·안봉근, 재단 법인 미르와 케이스포츠, 전국경제인 연합·기업 등이 조직적인 증거 인멸을 시도하거나 이를 교사하였다는 의혹 사건

12. 최순실과 그 일가가 불법적으로 재산을 형성하고 은닉하였다는 의혹 사건

13. 최순실 등이 청와대 뉴미디어 정책실에 야당의원들의 SNS 불법사찰 등 부당한 업무지시를 하였다는 의혹 사건

14. 대통령 해외 순방에 동행한 성형외과 원장의 서울대병원 강남센터 외래교수 위촉과정 및 해외 진출 지원 등에 청와대와 비서실의 개입과 특혜가 있었다는 의혹 사건

15. 제1호~제14호 사건의 수사 과정에서 인지된 관련 사건

특검법에 명시된 수사 대상 사건 항목만 해도 15개이고, 항목 하나하나 매우 중대한 사안들이다. 이러한 항목 중 한 항목, 예를 들어 법 제2조 제1호를 살펴보자.

제2조 제1호) 이재만·정호성·안봉근 등 청와대 관계인이 민간인인 최순실(최서원)과 최순득·장시호 등 그의 친척이나 차은택·고영태 등 그와 친분 있는 주변인 등(이하 '최순실 등')에게 청와대 문건을 유출하거나 외교·안보상 국가 기밀 등을 누설하였다는 의혹 사건.

이 의혹 사건만 하여도 관련자가 이재만 등 명기된 사람만 8명이고 이들의 친척, 주변인 등으로 확대하면 적어도 수십 명은 넘어갈 것이다. 박근혜 정부의 청와대 문건이 수백만 건이 넘을 터이고 외교·안보상 국가 기밀의 범위와 수준이 어떠한지도 알 수 없지만, 방대한 국가 기밀이 존재할 것이 분명하다. 이러한 수사 대상을 제대로 수사하려면 적어도 1년은 최소 기간일 것이다. 이와 유사한 비중의 수사 대상 항목이 15가지인데, 어떻게 급조된 특검에서 3개월, 연장하여 4개월 내에 수사·처리할 수 있겠는가? 불가능을 요구하거나 아니면 선언적 요청이라고 해석할 수밖에 없다.

탄핵 추진 국회 정치 세력들은 대통령 탄핵을 염두에 두고 최서원과 관련한 모든 의혹을 옥석 구분하지 아니하고 수사 대상으로 법제화하였다. 특검에 의해 조사 결과 의혹이 공허했다고 밝혀지더라도, 일반 국민의 의식 속에서 의혹이 사실이 아니라는 인식을 씻어 내기는 어렵다. 오히려, 특검의 수사가 미진했다거나 용케 수사망을 빠져 나왔다며 비판·비난할 게 뻔했다. 이러한 정치적 복선이 있었던 것으로 추정할 수 있다.

결국, 특검법 입법자의 의도와 규정 자체로도 특검의 활동성과는 태산명동 서일필(泰山鳴動鼠一匹)이거나, 요란한 기적 소리에 비해 승객과 화물을 제대로 실어 나르지 못한 채 중도에 멈춘 열차가 될 예정으로 되어 있었다. 그 실제 결과를 살펴보자.

특검의 주요 수사 성과는 다음 표와 같다.[212] 다음 표는 특검이 스스로 발표문에서 제시한 내용이다.

---

212) 위 수사 결과 발표문 p.13~15.

주요 사건 수사 내역

순번	사건번호 (중앙지검)	피고인	죄명	기소일자	비고
삼성그룹 부회장 뇌물 공여 사건					
1	2016-5 (중앙17-8388)	문형표	직권남용권리행사방해, 국회에서의 증언·감정등에관한법률위반	2017. 1. 16.	구속
2	2017-5, 15, 17 (중앙17-19020, 19023)	1이재용 2박상진 3최지성 4장충기 5황성수	1. 뇌물공여, 특정경제범죄가중처벌등에관한법률위반(횡령), 특정경제범죄가중처벌등에관한법률위반(재산국외도피), 범죄수익은닉의규제및처벌등에관한법률위반, 국회에서의증언·감정등에관한법률위반 2. 뇌물공여, 특정경제범죄가중처벌등에관한법률위반(횡령), 특정경제범죄가중처벌등에관한법률위반(재산국외도피), 범죄수익은닉의규제및처벌등에관한법률위반 3. 뇌물공여, 특정경제범죄가중처벌등에관한법률위반(횡령), 특정경제범죄가중처벌등에관한법률위반(재산국외도피), 범죄수익은닉의규제및처벌등에관한법률위반 4. 뇌물공여, 특정경제범죄가중처벌등에관한법률위반(횡령), 특정경제범죄가중처벌등에관한법률위반(재산국외도피), 범죄수익은닉의규제및처벌등에관한법률위반 5. 뇌물공여, 특정경제범죄가중처벌등에관한법률위반(횡령), 특정경제범죄가중처벌등에관한법률위반(재산국외도피), 범죄수익은닉의규제및처벌등에관한법률위반	2017. 2. 28.	1구속 2불구속 (판사기각) 3구속 4불구속 5불구속

순번	사건번호 (중앙지검)	피고인	죄명	기소일자	비고
3	2016-1 2017-11, 12, 22 (중앙17-15651, 19021, 19022, 19026)	최순실	특정범죄가중처벌등에관한법률위반(뇌물), 범죄수익은닉의규제및처벌등에관한법률위반, 직권남용권리행사방해, 특정범죄가중처벌등에관한법률위반(알선수재)	2017. 2. 28.	불구속
4	2016-2 (중앙17-19019)	홍완선	특정경제범죄가중처벌등에관한법률위반(배임)	2017. 2. 28.	불구속
5	2017-16, 18 (중앙17-19024, 19030)	이영선	의료법위반방조, 위증, 국회에서의증언·감정등에관한법률위반, 전기통신사업법위반	2017. 2. 28.	불구속 (판사기각)
문화계 블랙리스트 사건					
6	2016-3, 2017-3, 8 (중앙17- 11436, 11437, 11438)	1김종덕 2신동철 3정관주	1. 직권남용권리행사방해, 강요, 국회에서의 증언·감정등에관한법률위반 2. 직권남용권리행사방해, 강요 3. 직권남용권리행사방해, 강요, 국회에서의증언·감정등에관한법률위반	2017. 1. 30.	각 구속
		4김기춘 5조윤선 6김상률 7김소영	4. 직권남용권리행사방해, 강요, 국회에서의증언·감정등에관한법률위반 5. 직권남용권리행사방해, 강요, 국회에서의증언·감정등에관한법률위반 6. 직권남용권리행사방해, 강요 7. 직권남용권리행사방해, 강요	2017. 2. 7.	4구속 5구속 6불구속 (판사기각) 7불구속
입시 및 학사 비리 사건					
7	2016-6, 2017-23 (중앙17-7528, 19032)	유철균	가. 업무방해, 사문서위조교사, 증거위조교사, 위조사문서행사, 위조증거사용, 위계공무집행방해 나. 국회에서의증언·감정등에관한법률위반	가. 2017. 1. 19. 나. 2017. 2. 28.	가. 구속 나. 불구속 (추가기소)

순번	사건번호 (중앙지검)	피고인	죄명	기소일자	비고
8	2017-1 (중앙17-9828)	남궁곤	가. 업무방해, 국회에서의증언·감정 등에관한법률위반 나. 위계공무집행방해	가. 2017. 1. 29. 나. 2017. 2. 28.	가. 구속 나. 불구속 (추가기소)
9	2017-2 (중앙17-12224)	김경수	업무방해, 국회에서의증언·감정등 에관한법률위반	2017. 2. 6.	구속
10	2017-6 (중앙17-12225)	이인성	업무방해	2017. 2. 8.	구속
11	2016-1 2017-4, 7, 24 (중앙17-11692, 15651, 17453, 19033)	1최순실 2최경희 3이원준 4이경옥 5하정희	1. 업무방해, 뇌물공여, 공무집행방해, 위계공무집행방해, 사문서위조미수 2. 업무방해, 국회에서의증언·감정 등에관한법률위반 3. 업무방해 4. 업무방해 5. 업무방해	2017. 2. 28.	1불구속 2구속, 3~5 불구속
			비선 진료 및 특혜 의혹 사건		
12	2017-10 (중앙17-13830)	박채윤	뇌물공여	2017. 2. 22.	구속
13	2017-4, 10, 19 (중앙17-13830, 14782, 16458)	1김영재 2김상만	1. 국회에서의증언·감정등에관한법률위반, 뇌물공여, 의료법위반, 마약류관리에관한법률위반(향정) 2. 의료법위반	2017. 2. 28.	각 불구속
14	2017-14 (중앙17-16387)	안종범	특정범죄가중처벌등에관한법률위반(뇌물)	2017. 2. 28.	불구속
15	2017-20 (중앙17-16516)	정기양	국회에서의증언·감정등에관한법률위반	2017. 2. 28.	불구속
16	2017-21 (중앙17-16688)	이임순	국회에서의증언·감정등에관한법률위반	2017. 2. 28.	불구속

위 내역을 분석해 보면, 특검의 주요 수사 성과는,

① 삼성뇌물 관련 사건

② 문화계 블랙리스트 사건

③ 이화여대 학사 비리 사건(소위 정유라 사건)

④ 기타 비선 진료 · 안종범 등 비리 사건 등을

수사 처리한 것으로 압축된다.

핵심적 수사 성과로 살펴보면 특검은,

① 삼성그룹 뇌물 사건

② 정유라 관련 이화여대 학사 업무 관련 사건

③ 문화계 블랙리스트 사건을 집중 수사 · 처리했다.

그런데 좌파 문화계 인사들의 명단을 작성해 두고 국가 지원에서 배제했다는 요지의 이른바 문화계 블랙리스트(Blacklist) 사건은 특검 법률 제2조에 명시된 수사 대상이 아니었다. 그러함에도 특검은 사물 관할[213] 위배라는 법리 쟁점이 예상되는데도 수사력을 집중 투여했다. 그래서 박 정부의 청와대 비서실장을 지낸 김기춘, 정무 수석 조윤선, 장관을 지낸 김종덕 등 3명이 구속되고 4명이 불구속 기소됐다. 우파 정부에 대한 보복 수사라는 비난을 받았다. 특검은 김기춘 실장 등에 대한 구속영장 청구 때에는 최서원과 공모했다고 적시하여 영장을 받아냈으나, 기소 때에는 최서원을 공모자로 설시하지 못했다. 최서원 공모는 블랙리스트 사건 영장 청구를 위한 꼼수였다.

특검은 언론에서 삼성 특검이라고 비판할 만큼 삼성그룹 부회장 이재용을

---

213) 형사재판 관할을 정하는 기준으로서 범행 내용을 준거로 하여 판별하는 관할. 토지 관할이나 인적 관할과 구분됨.

구속하는 데 혼신의 역량을 다해 1차 구속영장 기각을 돌파하고, 2차 영장 청구에서 구속영장을 받아내고 이재용 등 삼성그룹 관련자 5명을 기소하고, 삼성물산과 제일제당 합병(세칭 삼성 합병)과 관련해 국민연금의 의결권 행사에 영향을 미쳤다는 이유를 들어 국민연금공단 이사장 문형표를 구속 기소했다. 특검은, 2017년 2월 28일 특검 수사 기간 종료에 맞춰 이재용 부회장을 뇌물 공여 등 죄로 기소하면서 최서원을 동시 기소하였고, 최서원 공소장의 공소사실에 박 대통령이 최서원과 공모공동정범으로서, 삼성 이재용 부회장으로부터 ① 최서원의 딸 정유라에 대한 승마 지원 명목 ② 영재 센터 후원 명목 ③ 미르·케이스포츠 재단 출연 명목 등 약 298억 원(약속 금액 포함시 433억 원)의 뇌물을 수수했다고 적시했다. 현직 박 대통령을 거액 뇌물 수수자로 실질적으로 재판에 회부한 것이다. 특검이 지향했던 최종 목표에 도달했다고 할 수 있다.

정유라의 이화여대 입시·학사 처리와 관련한 사건은 특정 인물인 정유라 승마 선수, 그가 재학한 이화여대 총장 등 교수들에게 표적 수사를 한 것이었다. 정유라의 이화여대 입학과 학사 관리에 비리가 있었다는 사유를 들어, 당시 총장 최경희, 입학처장 남궁곤, 학장 김경숙, 교수 유철균, 이인성 등 5명이 구속 기소되었다. 3명의 교수가 불구속으로 재판에 회부되었다. 예체능 특기자에 대한 대학의 입학 사정과 입학 후 학사 관리에 오래된 적폐(積弊)가 있었다. 이런 관행적 적폐는 대학가의 불편한 진실이었다. 정유라만의 문제가 아니었다. 그런데도 이화여대 학생 시위의 근원이 되었다는 저간의 사정으로 대학 관련자들이 혹독한 형사상 죄를 받았다.[214]

---

214) 최경희 총장은 징역 2년, 남궁곤 입학처장은 징역 1년 6월을 선고받았음.

특검은 짧은 시간에 대단한 수사 성과를 냈다고 자부하였고, 우호적인 평가를 받았던 것도 사실이다. 특검의 공소사실은 2017년 3월 10일 선고한 헌재의 탄핵심판 결정에 영향을 미쳤을 것으로 생각하지 않을 수 없었다. 특검의 수사 결과 발표는 모든 국내 언론에서 집중적으로 보도했다. 그러나 특검의 제한된 수사 성과조차 형사 법정에서 많은 흠을 드러냈다. 필자가 보기에는 특검의 삼성 관련 뇌물 공소장은 기소공학(起訴工學)의 제조물로 보였다. 다시 말해서, 형사 법리와 형사소송 원칙을 준수하기보다는 공학적 설계를 공소장에 도입한 것으로 판단되었다. 특검은 수사하지 못한 과반 이상의 수사 대상을 현행 검찰로 떠넘길 수밖에 없었다. 용두사미(龍頭蛇尾)가 아닌가?

◈ 박영수 특검의 수사 절차상 문제점(인권 침해 논쟁)

박영수 특검은 특검법이 규정한 주된 수사 대상인 최서원에 대하여는 형사소송법이나 유엔인권선언의 규정을 지키지 않았다. 최서원의 딸인 정유라에 대해서도 위해적 수법으로 해외에서 강제 소환하려고 했으나 실패했다. 이 같은 강압적 수사 방식에 저항한 최서원, 필자 등 변호인단은 2017년 1월 26일 기자 회견을 통해 공개적으로 특검의 위법 행위를 언론에 호소하였다. 그 호소는 설 명절을 앞둔 우리 사회에 큰 파문을 일으켰다.

2017년 1월 25일 오전 11:15경 최서원은 특검의 체포영장 집행에 따라 수감 중인 서울구치소에서 서울 강남의 특검 사무실로 강제 인치되었다. 최서원은 소환에 불응했다. 최서원은 구치소에서 필자 등 변호인단과 접견하면서 특검에서 너무나 심한 충격적인 말을 들어 그 트라우마로 겁이 나서 특검에 나갈 수 없다고 호소했다.

필자는 20여 년 이상 검찰에 봉직한 전직 검사로서, 수사 대상자가 검사로부터 받는 압박은, 객관적 상황과 수사 대상자의 주관적 인식 사이에 넓고 깊은 괴리가 있다는 점을 잘 알고 있어서, 오히려 최서원에게 좀 더 냉정하고 침착하게 지켜보자며 그녀를 달랬다. 특검을 자극시켜 득 볼 일도 없고, 그 당시 시국이나 사회 분위기로는 최서원의 인권 침해 호소는 오히려 「이제는 특검도 농단하냐?」는 역효과를 낼 우려가 많았다. 다만 필자는 특검에서 소환하면 불출석하겠다는 의사를 분명히 해두라고 조언했다. 최서원을 소환조차 하지 못한 특검은 조급함에 빠져 무리하게 체포영장을 받아 집행했다. 하필 그때는 2017년 설 연휴(1월 27일 ~ 30일)를 앞둔 시점이었다.

최서원은 특검에 강제 구인되어 올 때 미리 작심했다. 포토 라인을 지날 때 억울함을 호소하겠다고. 최서원은 특검 사무실 앞에 늘어선 취재진의 플래시를 받으며 걸어가면서 절규하듯 외쳤다.[215]

"여기는 더 이상 민주주의 특검이 아니다. 어린애와 손자까지 멸망시키겠다고 한다. 박 대통령과 공동 책임을 밝히라고 자백을 강요하고 있다."

최서원의 고함과 절규는 생방송으로 퍼져 나갔다. 필자도 매우 당황했다. 최서원이 이렇게 치열하게 극적으로 호소하리라고 예상하지 못했다. 이를 보도한 YTN 뉴스의 댓글을 보면 100이면 90 이상이 최서원을 인격 비난하고 특검을 옹호하는 내용이었다. 험악한 내용이 많지만 그 중 온건한 댓글 몇 개

---

215) YTN, 체포 최순실 고함 "민주특검 아니다" (Yes! Top News), 2017. 1. 25.

를 소개해 본다.

☆ **변정희**: 그네 언니가 곧 들어갈 거야. 너 외롭지 않게 조금만 참아라. ☞ 답글 11개
☆ **S**: 그네 언니가 같이 들어가야 세상이 조용해지지. ☞ 답글 18개
☆ **YI준뎅**: 모든 형량 다 합쳐서 무기 징역받고 가석방 없이 평생 썩게 하자. ☞ 답글 22개

그러나 극히 드물게 이런 댓글도 있었다.

☆ **김동국**: 박 대통령과 공동정범이라고 자백해라 아니면 딸과 손자 파멸시키겠다. 이렇게 협박했겠지. ☞ 답글 2개

여기에 더하여 이규철 특검보가 언론 브리핑을 하면서,
① 최서원의 강압 수사 주장은 근거 없는 트집으로 특검 수사에 흠을 내려 하는 의도가 아닌가 판단한다.
② 들어오면서 말한 경제 공동체 같은 개념은 미리 진술을 준비했던 것이 아닌가 생각한다.

라고 설명하였다. 필자 등 변호인들은 그간 최서원이 특검에서 겪었던 인권유린 사실에 대해 특검에 의견서를 내고 재발 방지 요청을 했으나, 아무런 시정이 이루어지지 않았고, 오히려 언론 브리핑으로 최서원을 특검 수사에 흠집을 내려는 허위 발설자로 여론몰이 하는 행태를 보이므로, 이에 적극 대응키로 결정했다.

필자는 2017년 1월 26일 필자의 법무법인 동북아 사무실 복도에서 기자 회견을 했다. 필자의 예상보다 많은 언론사 취재진이 취재에 응했다. 필자는 미리 준비한 『특검의 수사 활동과 관련한 인권 침해 등 여러 문제점』이란 제목의 보도 자료를 배포하고, 기자 회견을 진행했다. 몇몇 방송사는 현장에서 생중계를 했다. 기자 회견 내용은 다음과 같다.[216]

특검에서의 인권 침해 등 위법적 수사

상 황 전 개

○ 2016년 12월 24일 14:00경 피고인은 특검의 소환에 임의 출석하여 ○○○ 부부장 검사실에서 조사 받았음.
　- 이때 부부장 검사는 피고인에 대한 『면담』이라는 핑계로 변호인(오태희 변호사)의 참여를 불허하고 밖에서 대기토록 조치. 변호인은 이에 대해 항의하였음.
○ 14:00~16:00 약 2시간 동안 부부장 검사가 사건의 실체에 관한 신문을 계속하자, 밖에 대기 중인 변호인이 2시간여 지난 시각 부부장 검사에게 변호인 입회를 요구하여 그때부터는 변호인 입회하에 신문이 이루어졌음.
○ 당일 22:30경 부부장이 변호인에게 금일 조사가 끝났으므로 변호인은 귀가해도 된다고 하고 피고인도 곧 서울구치소로 귀소한다고 고지. 이에 따라 변호인은 22:40경 특검 사무실을 나와 귀가하였음.
○ 당일 22:40 ~ 2016. 12. 25. 01:00경 사이 부부장 검사는 변호인이 귀가한 후 피고인에게 "박 대통령과 모든 면에서 공동체라는 걸 자백하라."고 하며 여러 번 소리를 질렀고 피고인이 수긍할 수 없다고 하였음. 이때 피고인은 공동체라는 말을 처음 들었음. 조금 지난 후 ○○○ 부장 검사가 보자고 하여 교도관과 함께 부장 검사 사무실로 이동하였음.

---

216) 필자, 위 보도 자료, 2017. 1. 26.

이때부터 익일 01:00까지 부장 검사는 고압적·강압적으로 아래와 같은 요지로 폭언·위협하였음.

① 피고인의 죄는 죄대로 받게 할 것이고, "삼족을 멸하고 모든 가족들을 파멸로 만들어 버릴 것이다."
② 딸 유라는 물론이고 손자까지 감옥에 가게 될 것이며 대대손손 이 땅에서 얼굴을 못 들게 하고 죄를 묻고, 죄인으로 살게 할 것이다.
③ 특검에 들어온 이상 협조 하는 게 좋을 것이다.

《 변호인들의 조치 》

○ 변호인 오태희는 이런 자초지종을 2016년 12월 27일 서울구치소에서 피고인을 접견하면서 피고인으로부터 호소를 접하게 되었습니다(12월 26일은 피고인에 대한 서울구치소 현장 청문회 진행. 이때 피고인은 전날의 충격으로 특조 국회의원들과 면담하며 자신은 종신형을 각오한다고 말하였음).

○ 변호인 측은 피고인의 호소가 사실이 아니길 바라며 부장 검사에게 직접 연락, 전후 사정을 확인했습니다. 이때 부장 검사는 변호인 없이 면담하고, 늦게 귀소하게 한 사실은 인정하나 폭언 등 가혹행위는 극구 부인하였습니다.

○ 변호인 측은 피고인의 호소가 진정성이 있고 전후 정황상 사실이라고 판단하고 2016년 12월 30일 및 2017년 1월 4일 2번에 걸쳐 특검에 낸 의견서에서 진상 규명과 재발 방지를 진정했으나 특검은 별다른 조치를 하지 아니하였습니다.

○ 오히려 특검은 피고인이 여러 구실로 소환에 불응하고 트집으로 수사방해 의도가 있다고 비난해 왔습니다.

○ 공포 분위기에서 벗어나지 못한 피고인이 그런 공포감을 안고 특검에 임의 출석하기를 기대할 수는 없습니다.

《 특검의 위헌·위법적 행위 》

○ 변호인 조력권 배제

- 헌법 제12조 제2항, 제4항에는 모든 국민은 형사상 자기에게 불리한 진술을 강요당하지 아니하고, 변호인의 조력을 받을 권리가 있다고 선언하고 있습니다. 그런데도 특검은 피고인에 대해 2016년 12월 24일 22:40부터 그 다음 크리스마스인 12월 25일 01:00까지 변호인을 따돌리고 구속된 피고인을 신문하였습니다.

- 이 같은 행위는 특검이 활용하는 직권남용권리행사방해죄에 해당합니다. 즉, 특검 관계자가 수사상 직권을 남용하여 변호인을 배제시켜, 피고인의 변호인 조력권 행사를 방해한 것에 해당합니다.

○ 독직 가혹 행위

특검 해당 행위자는 수사직권을 행사함에 있어 피고인에게 폭행보다 더 상처를 주는 폭언을 연발하여 정신적 피해를 가했으므로 형법 제125조의 독직가혹행위죄를 범하였습니다.

○ 범인에 대한 용서권

어느 특검 관계자가 피고인을 겨냥해 "최순실은 도저히 용서할 수 없다."며 언동했다고 합니다. 특검은 형사 피의자인 피고인의 용서 여부를 조사나 증거 없이 결정할 아무런 권한이 없으며 이는 초헌법적 발상이거나, 피고인에 대한 증오심을 표현한 것입니다. 분노나 증오심으로 특검 업무를 수행하도록 국회가 위임하지도 않았습니다.

○ 피고인의 방어권 행사 곤란

서울지검 특수본부는 2016년 11월 20일 피고인의 미르·케이스포츠 재단 모금 등 주요 혐의 사실을 직권남용권리행사방해·강요죄로 기소하여 현재 공판 중에 있습니다. 그런데 같은 국가기관이고 임시 특별 기관인 특검이 같은 사안을 뇌물, 제3자 뇌물죄를 적용하여 영장을 청구하고 피고인을 그 수수자로 입건한 것으로 압니다. 불과 60여 일(2개월) 전 검찰은 출연 기업을 '피해자, 즉 국가가 보호해야 할 대상'으로 보았는데, 특검은 2개월 만에 출연기업을 '범죄자, 즉 국가가 처단해야 할 대상'으로 바꾸었습니다. 양자간 2개월 만에 '피해자'가 '범죄자'로 전환한 데 대해 아무런 설명이 없습니다. 둘 중 한쪽은 명백히 오류인데 국민에 대해 설명하지 않고 있습니다.

피고인 변호인들도 어느 쪽으로 방어권 준비를 해야 할지 혼란스러운데, 법률 전문가가 아닌 국민은 오죽하겠습니까. 이 같은 특검의 태도는 형사사법체계를 혼란에 빠뜨리는 위험이 있습니다.

《 변호인의 인권 옹호 의무 》

○ 피고인의 변호인들은 국민의 지탄을 온몸으로 받고 있는 피고인을 변호하고 있어, 일부에서는 개인적으로 비방을 하고, 댓글에서는 더 도가 지나치기 이를 데 없어 심적으로 안타까워하고 있습니다.

○ 누구나 형사 피의자, 피고인이 될 수 있으며, 그래서 유죄 판결 전까지는 헌법에서 무죄로 추정하고 있습니다. 변호인들은 피의자, 피고인들이 그 죄에 합당한 책임을 받도록 조력하고 있으며, 이 형사 수사·재판 절차에서 적법 절차가 지켜지고 인권이 보호되도록 할 의무가 있습니다(변호사법 제1조).

○ 검사 역시 검사 선서를 할 때 '공익의 대표자로서 정의와 인권을 세우고'라고 외칩니다.

○ 피고인 최서원의 변호인들은 이 사건 수사 과정에서 실체적 진실 발견과 형벌권 실현과 더불어 우리가 소중하게 지켜야 할 형사 절차상 인권 보호와 자유 민주 헌정 질서에 매우 어긋나는 양태가 나타나고, 이것이 사회 혼란기를 틈타 용인된다면 국가 사회 전체적으로 큰 손실이고, 퇴보라고 판단하여 특검에 호소하게 되었습니다.

○ **만약, 변호인들이 주장하는 사실관계에 이의가 있다고 한다면 변호인들은 특검이 아닌 국가 기관에 진상 규명과 구제를 요청하려 합니다.**

이 기자 회견 당시 필자는 관련 검사의 실명을 밝히지 않았다. 그러나 이 사건의 진실을 밝히고 앞으로 수사 절차상 인권 보호가 지켜지는데 매우 중요한 선례가 된다는 점에서 관련 검사의 실명을 적시하고자 한다.[217]

---

217) 이 기자 회견이 보도되고 얼마 지나지 않아 취재 기자들은 관련 검사가 누구인지 확인함.

2016년 12월 24일 오후 2시 최서원을 소환하여 조사한 검사는 특검에 파견나간 서울중앙지검 고형곤 부부장이었다. 그는 JTBC 태블릿 문제에 대해 최서원을 조사한 바 있었다. 고 부부장이 조사(말이 조사였지 면담이었음)를 마치고 인계된 장소가 특검에 파견된 신자용[218] 부장 검사실이었다. 신 부장 검사는 그의 사무실에서 최서원에게 폭언을 했다고 한다.

필자는 기자 회견에 앞서, 특검 수사시 참여한 오태희 공동 변호인으로부터 자세한 상황을 청취하였고, 최서원으로부터 경위를 알아보고, 최서원에게 자필로 경위서를 작성하도록 하여 확보했다.[219] 사전 증거 자료를 확인한 다음 특검 해당 부장인 신자용 검사에게 전화했다. 최서원을 신문한 사실을 묻자, 신 부장은 그렇다고 답했다. 필자가 최서원의 호소를 전하자 그런 사실은 없다고 부인했다. 필자가 특검의 CCTV로 확인 가능하니 밝혀주기 바란다고 했는데, 특검 측은 복도에만 CCTV가 있지 검사실에는 없다고 했다. 그날 최서원을 호송하던 여성 교도관이 혹독하게 당한 최서원을 위로했다고 하여, 부득이한 경우 그 여성 교도관을 현장 증인으로 삼을 각오까지 했다. 이후 필자는 서울구치소에서 2016년 12월 24일 크리스마스이브(Christmas Eve) 호송차의 운행 일지를 확인하고자 했으나 입수가 어려웠다. 언젠가 이런 증거들은 세상에 드러날 것이다.

최서원의 절규와 뒤이은 변호인단의 기자 회견은 그해 설날을 전후하여 화제의 중심에 올랐다. 진영에 따라, 진실과 거짓이 갈려졌다. 진상이 있는데도 말이다. 이 사건 이후 특검은 최서원을 강압하지 않았다. 최서원은 특검에서

---

218) 신자용(申子容): 사법시험 38회, 연수원 28기, 2002년 검사 임용.
219) 최서원, 자필 「특별 검사팀에서 받은 압박·강압수사에 대한 위법행위 조사 의견서」, 2017. 1. 23.

묵비권을 행사했다. 변호인단은 특검의 수사가 사실을 규명하는 데 있지 않다고 분석했다. 그럴 바에야 재판정에서 정면 승부를 하자는 데 모두 동의했다. 특검은, 최서원이 불출석하고, 인권 침해를 호소하고, 묵비권을 행사하자, 최서원을 공략하는 방법으로 유럽에 체류하는 정유라를 강제 소환하는 카드를 내밀었다.

특검은 2016년 12월 21일 법원에서 정유라에 대한 체포영장을 발부받아 두었는데, EU지역에 체류 중인 정유라를 강제 송환하려면 독일 등 EU지역 국가의 범죄인 인도 공조를 받아야 한다. 정유라는 대한민국 여권을 소지하고 정당하게 독일에 체류하고 있었던 만큼 EU지역 국가(EU지역 내에서는 일단 입국한 후에는 역내의 이동, 체류에는 제한이 없음)의 협조를 구하기 어려웠다.

특검은 최서원을 압박하기 위해 2016년 12월 27일 경찰청을 경유하여 인터폴(Interpol)[220]에 정유라에 대한 적색 수배[221]를 요청했다.[222] 적색 수배는 국제 수배(國際手配, Interpol Notice)의 한 종류이다. 8가지 색으로 구분하여 8종의 수배 유형 중 가장 중한 경우에 인터폴에서 발령한다.

국제 재판 관할·국제 법정에 신병 인도가 요구되는 자에 대해 발령한다. 범죄 유형은 테러·마약 등 국제간에 걸쳐 있는 중범죄[223]들이다. 정유라에 대한 범죄사실은 기껏 대학 입시·학사 부정 관여나 승마 관련 불법 외환 이동 정도로 추정되어 원천적으로 인터폴 적색 수배 대상이 아니었다. 그런데도 이규철 특검보는 정유라를 적색 수배했다고 언론 브리핑까지 했다. 인터폴에서

---

220) 국제형사기구(ICPO): 우리나라도 가입되어 있음.
221) 적색 수배(赤色手配): 테러·마약·인신매매 등 중범죄자에 대한 지명 수배.
222) 매일경제, 「특검, 정유라 인터폴 적색 수배 요청… 송환 작업 박차」 기사, 2016. 12. 27.자.
223) 위키백과, 국제 수배.

적색 수배 요청에 응할 리가 없었다. 최서원 압박 수법이라는 것을 만천하에 드러낸 것이다. 한편 특검은 외무부에 정유라에 대한 여권 실효 조치를 요청했다. 외무부는 특검 요구에 따라 여권 실효 조치를 정유라에게 통지했다. 여권은 자국민이 외국에서 체류할 때 신원을 증명하고, 국제 규범에 따라 보호받을 수 있게 하는 유일한 신분 증명서인데, 형사재판 결과와 무관하게 외무부가 정유라의 여권을 실효 조치한 결정은 위법이다. 멀쩡한 대한민국 국민을 외국에 방기(放棄)하는 꼴이다. 여권이 실효되면 외국에서의 체류 자체가 위법이 됨은 말할 것도 없다. 특검의 강압에 의해 정유라는 EU 지역에서 불법 체류자가 되었다. 정유라는 국내에 있는 필자와 정유라를 돕고 있는 독일·덴마크의 변호사와 상의하여 대처했다.

2017년 1월 2일 덴마크 북부 올보르에서 현지 경찰에 의해 불법 체류자로 체포된 정유라는 체포·구금에 대한 이의 신청 등으로 구금 상태에서 덴마크에 계속 체류하였다. 정유라는 덴마크 당국의 송환 결정에 이의를 제기하고 항소심까지 끌고 갔다. 2017년 5월 초경 공동 변호인 오태희가 덴마크로 가서 정유라를 접견하고 귀국한 다음 최서원, 필자, 공동 변호인들이 모여, 덴마크 법원에 제기한 항소를 취소하고 귀국하기로 결정했다.

정유라는 어머니가 국내에서 특검에 의해 고초를 겪는 상황을 보면서 특검 활동 중에 귀국할 생각을 할 수 없었다. 결국 정유라는 2017년 5월 30일 올보르시를 떠나 덴마크 코펜하겐에서 KLM항공편으로 네덜란드 암스테르담 공항으로 가서 대한항공에 탑승하여 2017년 5월 31일 인천공항에 도착 입국했다. 서울중앙지검은 수사관을 보내 대한항공 기내에서 정유라를 체포했다. 특검은 최서원, 정유라를 압박했으나 아무런 성과를 내지 못하고 오히려 인권 침해적인 수사를 했다는 오점만 남겼다고 하겠다.

3
국회국정조사특별위원회의 위압적인 조사 공세

◈ 이른바 최순실 게이트 국정조사특별위원회

    2016년 11월 17일 국회에서 최순실 게이트 조사를 위한 국정 조사가 의결되고 이 조사를 위한 특별위원회가 결성되었다. 정식 명칭은 『박근혜 정부의 최순실 등 민간인에 의한 국정 농단 의혹 사건 진상 규명을 위한 국정조사특별위원회』(이하, 국조특위 또는 특조위로 약칭)이다. 국조특위 활동기간은 2016년 11월 17일부터 2017년 1월 15일까지 60일간이었다. 위원회의 명칭·조사 범위는 특검의 명칭 및 수사 대상과 모두 일치하고, 차이점은 위원회냐 특검이냐 뿐이었다.[224] 이런 사실로 미루어 볼 때 탄핵 추진 세력 국회의원들은

---
224) 나무위키, 최순실 국정 조사, 2019. 4. 12. 수정.

국정 조사와 특검을 투트랙(two track)으로 삼고 박근혜 정부를 공격하려 했음이 분명했다고 할 수 있다.

「국정 농단」이라는 낙인도 이즈음 국회에서 창안한 작품이었다. 이전까지는 「게이트」, 「비선 실세」, 「관련 사건」, 「의혹 사건」, 「국정 개입 사건(특수본)」으로 사건을 지칭했는데, 국회에서 「국정 농단」으로 격을 올려 법률적 개념화를 시도했다. 마치 「국정 농단」이라는 신종 범죄가 있고 그에 합당한 형벌을 만들어 내려고 기도하였다고도 할 수 있다. 죄형 법정주의에도 어긋나는 개념 설정이었다. 특조위원장은 김성태(무소속, 전 새누리당), 간사는 박범계(더불어 민주당), 정유섭(새누리당)이었다. 위원은 18명이었다. 현재 장관직에 있는 박영선, 더불어 민주당에서 탈당한 손혜원, 승마 의혹을 제기한 안민석(더불어 민주당) 등이 위원으로 포진해 있었다. 김성태 위원장 등 일부 새누리당 소속 위원들은 2016년 12월 27일 새누리당을 탈당하여 여야동수(9:9)로 출발한 특조위가 새누리당 의원 탈당으로 여야 4:14로 돌변했다. 이 비율만큼 기울어진 국조특위였다.

◆ 특조위 활동의 문제점(인권 침해성)

특조위는 청문회를 열고 강압적 분위기에서 소환된 참고인들을 문초하듯이 몰아붙였다. 미르·케이스포츠 재단에 출연한 대기업 총수들이 불려 나와 위원들의 인신 모욕적인 발언을 감수해야 했다.[225] 특조위는 최서원에 대해서는 가혹하게 대했다. 최서원은 필자 등 변호인단과 협의하여 국조특위에 출석하

---

225) 미디어 펜, 「안민석의 갑질…」, 2016. 12. 6.

지 않기로 결정했다. '현재 같은 사건으로 특검 조사, 재판 진행 중'이라는 이유로 출석을 거부했다. 사실 최서원 측에서는 어디에나 출석해서 사실대로 진술하고자 하는 심경이었지만, 특조위 활동을 지켜보고는 그런 기대를 접었다. 최서원이 출석하면 답변보다는 일방적이고 최서원을 매도하는 의혹 나열식 질문을 하고는 그것이 사실이라는 답을 강요할 것이 뻔했기 때문이었다.

최서원이 계속해 출석에 불응하자 특조위는 2016년 12월 26일(월) 서울구치소(최서원 수감 중)에서 현장 청문회를 하겠다고 결의했다. 최서원은 앞서 설시한 바와 같이 2016년 12월 24일 크리스마스이브에 특검에 불려가서 12월 25일 크리스마스 당일 자정을 넘긴 시간에 구치소로 돌아 왔다. 최서원은 특검에서 폭언을 듣고 정신적 충격에서 벗어나지 못하고 있었다. 그런 상태에 있는데도 특조위는 구치소 청문회라며 출석을 강요하다시피 했다. 구치소 청문회에 출석치 않으면 국회를 무시하는 자로서 능히 국정 농단을 하고도 남는 사람 아닌가 하는 인상을 심어 줄 요량(料量)이 아니었나 추측했다.

필자는 특조위의 구치소 청문회가 위법이라는 주장을 폈다. 필자의 주장을 담은 보도 자료를 언론에 배포했다.[226] 내용은 다음과 같다.

◀ 감방 청문회

---

226) 필자, 보도 자료, 2016. 12. 26.

피고인 최서원에 대한 국회특조위 활동의 문제점

○ 피고인 최서원은 금일 진행된 국회특조위의 청문회에 불참하겠다는 서면을 제출했습니다. 불참 이유는 피고인이 현재 형사재판을 받고 있을 뿐만 아니라 특검의 수사를 받고 있고, 그리고 헌재의 증인으로 채택되어 있기 때문에 형사소송법 제148조에 따라 증언을 거부할 수 있습니다.

○ 언론 보도를 종합하면, 국회특조위는 피고인이 불출석했음을 확인하고, 특조위 의결로 피고인을 고발키로 하였습니다. 그럼에도 불구하고 특조위는 아무런 법적 절차를 취하지 아니하고 피고인의 수감시설에 들어가 시설 내에서 특조위 소속 일부 국회의원들이 피고인을 심문하였습니다. 이러한 특조위의 활동은 우리나라의 헌법과 형사 절차법을 정면으로 위반한 행위여서 매우 우려됩니다.

〈먼저 헌법 위반입니다.〉

① 헌법 제12조(인권조항)는 누구든지 신체의 자유를 가지고 있으며 법률에 의하지 아니하고는 체포·구금·'심문'을 받지 아니할 권리가 있습니다. 특조위가 불출석한 증인인 피고인을 심문할 권한은 없습니다. 만약 다시 피고인을 심문하려면 '국회에서의 증언·감정에 관한 법률'에 따라 7일 전에 다시 증인 출석 요구서를 보내야 합니다. 국회특조위는 이런 국회에서의 최소한 필수 절차도 스스로 무시하였습니다.

② 또한 피고인이 변호인의 조력을 받을 권리도 원천적으로 봉쇄하였습니다.

③ 누구든지 형사상 불이익한 진술을 강요당하지 아니 할 권리가 있습니다. 피고인은 자신의 의사로 청문회에 불출석하겠다고 했음에도 아무런 법적 근거 없이 피고인의 진술을 얻기 위해 이른바 감방 내 신문을 하였습니다. 이는 사실상 불이익한 진술의 강요에 해당할 수 있습니다.

〈다음 형사 절차법의 중대한 위반과 사법 재판의 무력화〉

① 서울중앙지법 형사 제22부는 피고인 사건과 관련하여 검사 한웅재의 청구에 따라 "2017년 1월 21일까지 변호인과 변호인이 되려는 자 이외에 접견 및 서류, 물건(의류, 양식, 의료품 제외)의 수수를 금지 한다."고 결정하였습니다. 특조위 소속 국회의원은 이 사건의 변호인 또는 변호인이 되려는 자가 아니어서 접견 금지 대상에 해당합니다. 만약 피고인을 수용시설 내에서 접견하려면 특조위 역시 검찰에 요청하여 법원으로부터 접견 허가를 받아야 합니다.

② 국조위의 피고인에 대한 수용시설 내 심문은 형사 절차법을 무력화한 처사여서, 형법상 위계공무집행방해죄가 성립할 수 있고, 국회의원의 직권을 남용하여 피고인의 불출석 권리를 행사할 수 없게 하였으므로 직권남용권리행사방해죄도 성립이 가능합니다.

○ 국회특조위가 헌법인권조항과 '국회에서의 증언·감정에 관한 법률' 그리고 '법원의 접견금지 결정'을 위배하거나 무력화한 것은, 절차적 정의와 법치주의 확립이라는 보편적 가치를 훼손하는 일이어서 즉시 시정되기를 기대합니다.

또 필자는 서울구치소장에게 현재 최서원에 대해서는 서울중앙지법 담당재판부가 「비변호인과의 접견·교통 금지」를 결정해 두고 있어서, 특조위와의 접견은 원칙적으로 법원의 결정에 위반되므로 허용해서는 안 된다고 고지했다. 특조위가 최서원과 면담 등 접견·교통을 성사코자 하려면 법원의 사전 허가를 받아야 한다고 논리적 설명을 했다.

구치소장도 최서원과의 면담이 본인의 불응으로 불가하다는 입장을 고수한 것으로 알고 있다. 그러자 특조위원들은 최서원이 수용된 수감동까지 들어가서 그곳에서 최서원을 불러내기 위해 구치소 측을 압박했다. 구치소 측이 최서원에게 특조위원들과 면담을 종용하자, 최서원은 심문에는 응할 수 없고 특조위원들과 면담만 하겠다고 전제하고 특조위원들과 만났다고 한다. 최서원은 특조위원들이 무기 징역 등을 입에 올리며 자신을 강박하자 격앙하여 '나는 종신형을 각오하고 있다.'고 했다.[227]

최서원은 특조위원들의 질문을 듣다가 중도에 자리를 뜨기도 하였고, 그러자 구치소 직원이 달래서 면담 자리에 다시 데리고 오는 일도 벌어졌다. 박영선 의원은 수감동에는 휴대가 금지된 스마트폰을 가져가 실황 중계까지 했다고 한다. 특조위에 의한 인권유린이라고 하지 않을 수 없다. 이날의 특조위 활동은 구치소측의 CCTV에 그대로 수록됐을 것으로 생각한다. 추후 교정 질서를 훼손하고 수용자의 최소한의 인권마저 아랑곳하지 않는 특조위 활동은 반드시 재점검되어야 마땅할 것이다.

---

[227] 최서원 진술에 의한 것임.

PART 5

417호 대법정
(형사재판)

서울 서초구 서초동(서초중앙로 157)에는 법조 타운이 들어서 있다. 1988년 서울 강북 서소문동에 있던 대법원·대검찰청 등 주요 법조 시설이 1980년대 강남 개발에 부응해, 서초동 정곡(鄭谷)마을로 대거 이전해 온 결과다. 1970년, 1980년대 한국 경제의 성장세를 과시하듯 법원·검찰 청사는 모두 웅장하고 번듯하게 건설되었다. 검찰총장을 지낸 송광수 검사, 같은 생상냉 검사가 검살성 선실본부상를 밑을 싱노도 건실에 심일을 기술었나. 법원도 이에 질세라 경쟁적으로 자원을 투입하고 정성을 다했다. 통일 한국의 법조 타운이 될 수 있도록 한다는 비전까지 건설에 반영되었다고 한다. 지금에 와서 보면, 세계 어느 나라의 법조 청사와 비교해도 뒤떨어지지 않는다. 오히려 다른 나라의 건물을 초라하게 한다고도 말할 수 있을 듯하다.

서초동 법조 시설 중에도 서울중앙지방법원 서관 417호 대법정은 특별하다. 417호 대법정은 법정 중 가장 규모가 크다. 대략 90평에 길이는 30m 폭 10m, 방청석은 160석 가까이 된다. 방청석에서 재판장을 바라보면 자그마하게 보일 정도고, 마이크를 사용하지 않으면 재판장이나 검사, 변호인의 발언을 알아 듣기 힘들다. 80년대 후반 서초동 법조 시대가 열린 이래로 역사에 남는 사건들은 대부분 이 대법정에서 재판이 이루어졌다. 전직 대통령 전두환, 노태우, 이명박, 박근혜 등이 이 법정에서 재판을 받았다. 417호 대법정은 역사적 재판의 현장으로 자리매김되었다.

필자는 최서원 게이트 사건으로 417호 대법정에서 변론했다. 박근혜 전 대통령과 같은 자리에서 재판을 받는 날도 많았다. 417호 대법정 등에서 있었던 일들을 고주 알미주알 다 기록할 수는 없다. 필자는 역사적 재판의 증인이라는 입장에서,
  ① 어떤 논쟁이 있었는지
  ② 재판정에서 일어난 일들 중 반드시 새겨 둘 가치가 있다고
     선별한 일들
  ③ 재판상 사실 인정과 실체적 진실이 어긋나는 문제
     등에 집중하여 기술하려고 한다.

1
역사적 재판의 개막과 실상(1심)

◈ 재판의 개막

최서원에 대한 첫 재판(서울중앙지법 2016고합1202호 직권남용 등 사건)은 2016년 12월 19일 14:10 서울중앙지방법원 서관 417호 대법정에서 「공판준비기일」이라는 이름으로 열렸다. 공판준비기일[228]은 앞으로 열릴 공판을 어떻게 진행할 것인가에 대해, 재판부·검찰·변호인들이 상호 의견을 밝히고 공판에서 검찰과 변호인 사이에 논쟁할 쟁점을 미리 정리해 두는 기일이다. 소송 지휘를 능숙하게 하는 재판장은 공판준비기일에서 검찰과 변호인의 의견과 주장을 듣고, 공판 진행 설계를 하여 '공판 로드맵'을 만들어 두고 차질 없이 구속기간 내에 신속하고 올바르게 판결 선고에 이르게 한다.

---

[228] 형소법 제266의 5(공판준비절차).

소송 당사자, 즉 검찰과 변호인 사이에 의견 충돌이 생기게 마련인데, 유능한 재판장은 쟁점의 본질과 핵심을 적확하고, 재빠르게 파악하고 해박한 소송법 법리와 판례를 들어 그때그때 적기에 결정을 하여 소송의 신속과 능률을 올리고, 당사자로부터도 승복을 받는다. 그 반면, 역사적 재판과 같은 중량감 있는 대형 사건을 재판해 본 경험이 없거나, 강단이 부족한 재판장은 검찰과 변호인의 강력한 주장과 열변에 휘둘려 이들에게 끌려가기 일쑤다. 이럴 경우 재판장은 능률적인 소송 지휘보다는 소송 당사자로부터 편파적이지 않다는 평가, 즉 불편부당, 공평하게 재판한다는 모습을 보이고자 한다. 그 방법은 매우 쉽다. 검찰이나 변호인이 주장하는 것을 다 들어 주는 식이다. 이 방책을 택하면, 재판부는 인내심이 요구되고 몸으로 버텨내야 한다. 능률적인 재판이 아니라 소모적인 재판이 될 것이다. 최서원에 대한 1심 재판은 굳이 어느 쪽이냐고 한다면 후자였다.

담당 재판부는 서울중앙지방법원 제22형사부였다. 재판장은 김세윤[229], 우배석 판사는 조국인, 좌배석 판사는 백승준이었다. 한웅재, 이원석 두 부장검사가 출석했고, 김민형, 유경필, 전준철, 손찬오 검사도 출석했다. 피고인인 최서원과 그녀의 변호인단도 모두 출석했다. 공동 피고인인 안종범, 정호성은 불출석했다. 원래 준비기일에는 피고인이 출석하지 않아도 된다.[230] 재판부에서 소환하지 않더라도 피고인은 공판준비기일에 출석하여 의견을 진술할 수 있다(형소법 제266조의 8 제5항).

필자는 최서원에게 준비기일에서 이 사건 재판의 기본 설계, 즉 골격이 만들어지는 만큼, 직접 출석하여 재판부나 검찰이 어떤 접근 방법으로 그녀를

---

[229] 김세윤: 사시 35회, 연수원 25기.
[230] 형소법 제266조의 8(검사 및 변호인 등의 출석).

공격하려는지 살펴보고, 느낀 바를 얘기해 주면 변호인들의 변론에 좋은 참고가 된다고 하여 출석을 권했다. 그리고 재판은, "사람이 사람을 심판하는 공개 무대인데, 재판장, 좌우배석 판사와 준비기일에서 첫 상면을 한다. 그때의 첫 인상이 재판부 판사들의 뇌리에 깊이 새겨질 것."이라고 주의를 줬다.

이렇게 주의를 환기한 것은, 당시 최서원에 대한 이미지는 괴물이나 다름없을 정도였다고 할 수 있었다. 언론과 정치권의 무차별적인 공세와 날마다 제기되는 밑도 끝도 없는 의혹 제기가 극성을 떨던 시기였다. 재판부 판사들도 과연 최서원은 어떤 인물일까 매우 궁금했을 것이다. 그만큼 최서원은 베일에 싸인 비선이었고, 음지에서 몸을 숨기고 이익을 챙기는 마녀로 각인되어 있던 때였다. 그래서 재판부와의 첫 대면은 너무나 중요한 만큼 말 하나 몸짓 하나에도 유의할 것을 당부했다.

최서원은 자신의 노력으로 유치원을 세워 운영하고 사업을 통해 성공하여 빌딩을 소유한 자수성가한 사람이었다. 그런 만큼, 자신의 주장을 거침 없이 표출하고, 상대와 의견 차이가 있으면 과감하게 정리하는 편이었다. 상대방에게는 때론 냉정하게, 때론 오만하게 비칠 여지가 있었다. 이런 면은 자신의 주장이 뚜렷한 사람이나 자수성가한 사업가 등에서 흔히 볼 수 있는 약점이다. 최서원은 준비기일에 출석해 담담하게 그리고 다소곳한 자세로 준비기일 진행을 지켜봤다.

필자는 준비기일에서부터 재판장과 배석 판사들에게 변호인들의 주장을 뇌리에 입력시키고 지속적으로 반복 설명해야 한다는 판단 아래 미리 장문의 변호인 의견서[231]를 제출했다. 이 재판에 이르기까지 언론 매체와 정치권 그리고

---

231) 필자, 공판준비기일 관련 의견서, 2016. 12. 13.

박 정부 붕괴를 목표로 하는 시민 단체들에 의해 조성·구축되고 확산된 사회적 분위기나 최서원 개인에 대한 악성 이미지에서 재판부 역시 자유롭지 못할 것임이 분명했기 때문이다. 재판부 판사들의 의식에서 흑색으로 겹겹이 덧칠해진 부분을 걷어 내고 참 모습을 드러내 보이는 데 성공할 수 있을까? 그것이 가장 큰 고민거리였다.

필자는 역사적 재판의 서막을 알리는 이 준비기일의 417호 대법정에서, 변호인들이 이 재판에 임하는 자세를 밝혔다. 이른바 모두 발언이었다.

모두 발언

존경하는 재판장님.

2016년 12월 한 해를 마감·정리해야 하는 이 시기에, 우리 사회는 태극기와 촛불로 나뉘어 격심한 분열과 혼란을 겪고 있습니다.

오늘 이 법정은 우리 대한민국 사법사상 초유의 사건을 재판하려 하고 있습니다. 우리나라 역사 전체를 통틀어 살펴보아도 현직 국정 최고 지도자를 부패 범죄의 공동정범으로, 그것도 주범으로 구성하여 재판을 한 사례는 없는 것으로 알고 있습니다.

피고인 최서원의 변호인들은 재판장님께서 이 사건의 심각성과 역사적 파장을 고려하면서도 객관적 증거와 합리적 추론에 의하여 철저히 사실을 규명하고 엄정한 법리 적용을 기준삼아 피고인에게 그에 합당한 심판을 내려주시길 기대합니다.

피고인의 변호인들은 피고인의 방어에 힘씀과 아울러 재판 진행에 적극 동참하여 이 사건의 진상을 밝히는 데도 도움이 되고자 합니다.

기회를 주신다면 미리 제출한 변호인 의견서에 대하여 설명을 드리고자 합니다.

이 모두 발언을 한 다음 미리 제출한 의견서의 요지를 설명했다. 사실, 이 의견서에 쟁점이 다 들어있었다. 검찰도 한웅재 부장 검사가 변호인의 의견서 내용에 대해 일일이 논박했다. 이 준비기일을 마친 후 최서원은 김세윤 재판장이 매우 온화하고, 소송 당사자들의 의견을 잘 들어 준다고 하며, 좋은 인상을 가졌다고 했다. 필자는 서초동 법조에서 김세윤 부장이 재판 진행은 매우 부드럽게 하나 '양형은 세다'는 세평을 듣고 있었다. 최서원에게 이런 판사들을 더 경계하고 조심해야 한다고 주의를 환기하기도 했다. 온화한 안면 속에 감춰진 날이 선 비수를 예상하지 않을 수 없었다.

재판에 회부된 첫 사건(위 2016고합1202호 직권남용 등 사건)의 주요 공소사실은, 최서원 게이트 사건의 핵심인 미르·케이스포츠 재단 기금 486억 원과 관련하여 최서원, 박 전 대통령, 안종범 등이 공모 공동하여 직권을 남용하여 전경련 회장 등 전경련 임직원, 전경련 회원사인 16개 대기업 집단 계열 회사의 대표 등 담당 임원으로 하여금 기금을 출연케 하여 의무 없는 일을 하게 하고, 협박으로 출연을 강요했다는 것이다. 나머지 공소사실은 최서원이 박 대통령을 이용해 납품·인사·용역 등 계약에 관여했다는 것으로서 부차적인 비리혐의였다.

미르·케이스포츠 재단 설립과 관련한 의혹을 직권남용권리행사방해 및 강요죄(양 죄 모두 법정형은 5년 이하 징역임)로 의율한 것이 최서원 게이트 사건의 본질이었다.[232] 미르·케이스포츠 재단 사건 의혹은 최서원이 박 대통령의 퇴임을 대비해 대기업으로부터 거액의 자금을 끌어들였다는 데 있었으나, 검찰 특수본 1기 수사에서 퇴임 후 대비 목적은 사실이 아님이 규명되었다. 그래서

---

232) 가령 최서원이 양 죄만으로 유죄가 되어 최고형을 선고받아도 7년 6월에 그침.

공소사실에서도 그렇게 기재하지 못했다. 나아가 최서원이 미르·케이스포츠 재단 설립 후 재단을 장악·운영하려 했다는 의혹 역시 의혹에 그쳐 공소사실에 기재하지도 못했다.

최서원은 미르·케이스포츠 재단 설립과 관련하여 정작 출연금 모금에는 전혀 관여한 사실이 없음이 수사 단계에서 확인되었다. 더구나 최서원이 미르·케이스포츠 재단과 어떠한 형태든 자금 거래(수입이든 지출이든)가 없다는 사실이 계좌 추적 등으로 명백히 밝혀졌다. 이러한 양 재단 수사 결과를 두고, 최서원과 박 대통령을 어떻게든 함께 묶는 방법은 앞서도 기술했듯이 공모관계뿐이었다. 최서원에 대한 공소사실이 11개인데 8개 사실이 대통령과 공모관계로 구성되었다. 검찰이 공소장에서 제시하는 공모 및 기능적 행위지배[233] 구조를 도표화하면 아래 표와 같다.

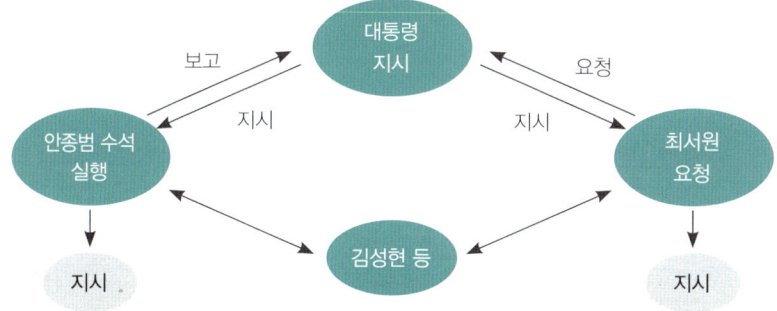

실제로 위와 같은 구조도에 따라 재단이 만들어지고, 기금이 출연되고, 각종 이권 계약이 성사되었는가가 가장 큰 핵심 쟁점이었다.

변호인들은 최서원과 박 대통령이 범행을 공모했다는 검찰 주장은 상상조차 하기 어렵고, 최서원과 안종범 수석 간의 공모관계조차 수사에 의해 증거

---

[233] 범행 공모에 참여하고 기능적으로 범행 실현에 역할을 한 때에는 공동정범이 성립한다는 이론. 공동정범 인정에 관한 판례·통설임.

를 찾지 못하자 박 대통령을 공모관계 다리(bridge)로 삼았다고 변론했다. 박 대통령과 안종범 수석 사이의 공모관계가 단절되어도 양 재단 사건은 범죄 성립이 되지 못하므로, 안종범 측이나 박 대통령 쪽에서 해결하리라는 기대도 있었다. 이러한 반론에 부닥친 검찰은 공모관계를 입증하기 위해 박 대통령과 최서원 관계에 대해 이른바 40년 지기, 경제 공동체, 이익 공동체, 준가족 공동체, 인생의 동반자 등 주장을 펴기 시작했다. 가급적 양자가 모든 걸 터놓고 지내는 이신일체(二身一体) 관계라는 논리다. 이런 논리는 박 대통령을 모욕하고, 탄핵심판에도 간접 영향을 미칠 수도 있었다. 또 변호인들은 이 사건 공소 제기가 헌법 제84조(형사상 특권)에 위배된다는 주장을 폈다.

- 우리 헌법 제84조는 대통령은 내란·외환의 죄를 범한 경우를 제하고는 재임 중 소추되지 아니한다고 규정하고 있습니다. 이 규정의 취지는 대통령에게 중대한 범죄 행위가 있더라도 그를 수사·소추하기보다는 재임 중에는 수사·소추에 착수하지 아니하는 편이 비교 형량상 국가에 이익이 된다는 국민적 결단이었습니다(정치적 해법은 제외하고). 또 대통령에 대하여는 탄핵이라는 적법 절차를 두고 내란·외환 외에는 형사 소추로 국정 최고 지휘자를 흔들어서는 국익에 도움이 되지 않는다는 취지입니다.

- 이건 공소사실은 위에서 말씀드린 바와 같이 90% 이상의 공소사실이 대통령과 공모공동정범이고 그것도 주범으로 명시되어 있습니다. 그리고 이 사건을 심리하기 위해서는 피고인, 안 수석, 대통령 간의 공모를 입증해야 합니다. 검찰이 공모를 입증하든, 아니면 피고인 측에서 공모의 부존재를 입증하든 대통령은 이 사건 심리를 위해 법정에 출석해야 합니다. 그럴 경우, 대통령은 사실상 소추되어 재판을 받는 결과가 될 수밖에 없습니다. 차이가 있다면 '피고인' 자격 인지, '증인' 자격 인지뿐입니다. 결국, 헌법 제84조는 사실상 사문화되는 결과가 됩니다.

- 따라서 이 사건 공소권 행사는 위헌이므로 이에 대한 재판부의 사전 판단이 요구되고, 나아가 위헌일 경우 대부분 공소 기각 판결을 하여야 합니다.

필자 등 변호인단은 구속기간과 소송 능률을 위해 준비기일 첫날에 증거 신청을 했다. 이때,

① JTBC 보도 태블릿 PC에 대한 사실 조회 및 감정
② 안종범 수첩에 대한 정밀 감정
③ 정호성 비서관 휴대 전화 음성 파일 감정

등이 포함되어 있었다.[234] 그런데 이러한 증거 신청 중 재판부가 받아들인 것은 JTBC 태블릿 감정뿐이었다. 그것도 실기(失機)하여 1심 결심에 임박해서였다. 재판부가 검찰의 반대 의견이 있긴 했지만, 왜 그렇게 감정을 지연하거나 감정 채택을 하지 않았는지 지금도 그 의중이 궁금하다.

2016년 12월 29일 14:10 417호 대법정에서 2차 준비기일이 열렸다. 이날에는 최서원이 출석하지 않았다. 검찰과 변호인들이 법정에서 법리나 재판 진행 등에 관해 주장·논박하는 자리여서 피고인이 출석할 특별한 이유가 없었다. 이때의 주요 논점과 변론은 아래와 같다.

○ 이건 재단 설립에 있어

대통령과 경제수석이 주도하고 전경련이 참여하는 방식은 우리나라 헌정사에서 늘 있어 왔던 일이고 관이 주도하여 신속한 처리를 하였다는 점이 직권의 남용으로 볼 수는 없습니다. 또는 비자발적 출연이라고 하나 이는 그 개념이 모호하고 극히 비법률적 용어로서 그 한계를 알 수 없습니다. 강제적 출연이 아닌 이상 출연에는 문제가 없다고 하겠습니다.

검찰은 대통령과 경제수석은 기업에 대해 광범위한 영향력을 행사하므로 대통령이 직접 불이익을 언급하지 않아도 묵시적 해악의 고지가 된다는 논지를 펴고 있습니다. 이

---

[234] 필자, 위 의견서 pp.30~32 참조.

논리라면 대통령은 관과 민을 합하여 자금이 투여되는 어떠한 정책도 추진할 수 없다는 결과가 됩니다. 대통령이 재해 의연금, 불우 이웃 돕기, 통일 기금 모금 등 경제적 자원이 요구되는 수많은 사업에 경제계의 협조를 구하는 것을 범죄로 보는 논리입니다. 따라서 이는 궤변이며, 역대 정부의 각종 기금 모금 행위를 모두 범죄 행위로 만드는 괴이한 논리입니다.

O 최서원, 안 수석, 대통령 3자 공모관계에 관하여

검찰은 피고인 등 3자 공모가 피고인 → 대통령 → 안종범 순으로 순차적 · 암묵적 공모가 성립한다고 단정하고, 그 위에 실행 행위자는 안종범 수석이라고 밝히고 있습니다. 이건 모금 행위의 실행자를 안종범 수석으로 인정한 것은 다행입니다. 검찰이 제출한 증거 서류 기록을 검토하면 재단 설립의 출발점은 대통령에게 있었지, 피고인은 아닙니다. 그러한 명확한 사실관계에 비추어 보면, 검찰의 순차 공모관계의 순차가 성립되지 아니하여 스스로 3자간 공모를 부정하는 것이 됩니다. 검찰이 주장한 '순차'를 입증키 위해 노력하겠지만 현재까지 드러난 증거나 확인된 사실에 비추어 보면 검찰 주장은 인정될 수 없습니다. 순차 공모라도 비신분범인 피고인이 대통령에게 범행 의사를 촉구하는 행위를 하였다는 사실에 대한 아무런 증거가 없어 범행 공모의 범의가 존재치 않습니다. 여기에 검찰은 피고인과 안 수석이 직접 · 간접으로 통모하지 않았다는 사실도 인정하고 있어 3자 공모는 성립할 수 없습니다.

O 헌법 제84조의 해석 문제에 대해

검찰은 헌법 제84조에 정한 대통령의 불소추 특권의 해석에 있어, 법률상 수사를 금지하는 규정이 없다는 점과, 이 사건은 대통령에 대한 소추가 아니고 대통령은 증인의 지위에서 법정에 서게 되므로 헌법 위배가 아니라고 합니다. 또한 대통령 관저에서 변사체가 발견되고 그 용의자가 대통령이라도 수사를 하지 못하게 하는 것이 변호인의 논리라고 주장합니다. 그러나 검찰 논리는 매우 단순하고 국가의 장래에 대한 헌법적 고찰이 부족합니다.

① 국가 수사권은 모든 사건에 대해 그때그때 다 발동되는 것은 아닙니다. 한정된 수사 · 치안력은 경중 선후에 따라 배분 행사되어야 합니다. 수사권 배제 규정이 없다

는 것과 실제 수사권 행사 대상으로 삼는 것은 별개입니다. 헌법의 취지에 비추어 대통령이 재임 중에는 중하지 아니한 범행에 대해서는 수사권 발동을 하지 아니하는 편이 헌법의 취지에 부합니다.

② 대통령을 기소하지 않았지만 공동정범의 주범으로 만들면 실질적으로 소추되는 것과 같은 결과가 됩니다.

③ 검찰이 든 대통령 관저의 변사체 운운 사례는 통상적 사례로 삼기 어렵고, 각국의 근대 국가 헌정사에서도 볼 수가 없어 적절한 비유가 될 수 없습니다.

○ 변호인 접견 교통권에 대해

검찰은 피고인에게 40일간 69회의 변호인 접견 기회를 주었다고 합니다. 잘 아시다시피, 서울중앙지검에는 아예 변호인 접견실이 없습니다. 전국 경찰서에서는 변호인 접견실이 있어서, 피의자와 변호인 사이에 방해받지 아니하고 자유로운 접견 교통이 이루지고 있습니다. 변호인 접견실이 없어 검사가 지정하는 장소에서 검사·수사관들의 눈치를 보며, 수사에 방해된다며 몇 10분 시혜를 받아 하는 변호인 접견은 껍데기만 변호인 접견일 뿐 실질 접견은 아닙니다. 그런데도 횟수를 들어 접견권을 보장했다는 주장은 지나칩니다.

변호인 접견에 관해서는 할 말이 너무 많았다. 검사는 수사 절차상 인권 옹호자로서의 책무도 있다.[235] 경찰력이라는 물리력 행사를 통제하는 제도로서 검사의 사법 경찰 지휘권이 정당성을 갖는다. 경찰 물리력에 대한 문민 통제 구조다. 그런 검찰인데도 전국 검찰청의 모델인 서울중앙지검에 변호인 접견실 하나 마련해 두지 않았으니, 무슨 말로 '피의자 인권 운운(云云)'할 수 있는지 되묻고 싶었다. 경찰은 검찰에 앞서, 부족한 경찰서 공간에서도 매 경찰서마다 변호인 접견실을 두고 접견을 보장하고 있었다.

---

235) 형소법 제198조의 2(검사의 체포·구속 장소 감찰).

그런데도 검사실에 소환되어 일반 대기실이나 검사실 귀퉁이에서 잠시 접견을 허용하는 것도 잘 한 일인 양 역사적인 공개 대법정에서 주장하는 인권 무감각을 보며, 우리 검찰의 인권 의식 수준에 우려를 금치 못했다. 필자의 이 저서가 출판된 이후라도 국민들을 위해 각급 검찰청에 변호인 접견실이 만들어지기를 기대한다.

◈ 파행적·인권 침해적인 재판 진행

최서원은 2016년 10월 30일 귀국하여, 그 다음날 서울중앙지검에서 긴급 체포되었고, 11월 3일 구속된 이래 2017년 4월 26일까지 검찰 및 특검에 의해 5개월간 6번 기소되었다. 기소 사건과 1심 재판부 현황은 아래와 같다.

기소 및 재판부 현황(서울중앙지방법원)

순번	사건 번호	죄명	기소기관 기소일자	재판부	핵심 공소 요지
1	2016고합1202호	직권남용 등	특수본 1기 2016.11.20. 구속 기소	제22형사부	미르·케이스포츠 재단 출연금 강요 등
2	2016고합1288호	직권남용 등	특수본 1기 2016.12.10. 불구속	제22형사부	동계스포츠 영재센터 후원금 강요
3	2017고합184호	특가법 위반 (뇌물) 등	특검 2017.2.28. 불구속	제22형사부	삼성 승마 지원 뇌물
4	2017고합189호	업무방해 등	특검 2017.2.28. 불구속	제29형사부	이대 입학 등 비리
5	2017고합364호	특가법 위반 (뇌물) 등	특수본 2기 2017.4.17. 불구속	제22형사부	롯데·SK 후원금 지원
6	2017고합418호	국회 증언·감정법 위반	특수본 2기 2017.4.26.	제22형사부	국조위 불출석

특수본 1기에서는

① 미르·케이스포츠 재단 출연금 모금을 주 공소사실로 1차 기소하고,

② 최서원의 조카 장시호가 주도한 동계스포츠 영재센터 지원금 후원으로 2차 기소하였다.

그 다음 박영수 특검에서

③ 삼성 승마 지원과 관련하여 뇌물죄로 3차 기소하고,

④ 동시에 이화대학 입시 등 관련하여 업무방해죄로 4차 기소하였다.

특검이 종료되어 특수본 2기로 넘어가자

⑤ 롯데 및 SK의 후원금과 관련하여 뇌물 등 죄로 5차 기소하였고,

⑥ 마지막으로 국회의 고발을 받아 최서원의 국조위 불출석을 국회 증언·감정법 위반으로 6차 기소하였다.

위와 같이 검찰과 특검은 5개월에 걸쳐 축차적으로 기소했지만, 이화여대 입학·학사 관련 혐의 이외에는 1차, 2차 기소 때 나머지 혐의 내용에 대해 실질적 조사가 이루어졌으나, 뇌물죄책 등을 적용하지 않았다. 특검에서는 특수본 1기와 달리 법리를 달리해 삼성 승마 지원을 뇌물죄로 구성했을 뿐이다. 특수본 2기가 특검의 방향을 쫓아 롯데·SK 부분을 재론해 뇌물죄로 추가 기소했다. 이러한 축차 기소권 행사는 법적 안정성을 심히 침해하는 행위다. 엄중한 집중 수사를 받고 기소되었는데, 이미 조사받은 혐의와 같은 내용으로 다른 소추 기관이나 같은 검찰에서 법리만 달리해 추가 기소하는 행위는 소추권 남용이라고 할 수 있다.

동일인에 대한 여러 기소 사건은 한꺼번에 병합 심리하여 재판받도록 배려해야 한다. 최서원에 대해서는 이 기준도 배제되었다. 특검이 삼성뇌물 사건

과 이대 입시 등 부정 사건을 별도로 기소하여 재판부가 각각 별도로 배정되었다. 이 결과 최서원과 변호인들은 어떤 주(週)에는 거의 매일 재판정에 나가야 하는 곤욕을 치렀다. 같은 날 오전·오후로 법정을 달리하여 재판을 받기도 했다. 1주일에 2번 내지 3번 재판을 받는다 해도 피고인 접견, 기록 검토, 문서 작성, 변론 참가 등으로 업무 하중이 엄청나다. 언론에 의해 알려졌듯이 최서원 게이트 사건은 보통 수사·증거 기록만 한 건당 보통 A4 2만 쪽 이상이었다.

말이 2만 쪽이지 500쪽 기준 책 40권에 해당한다. 변호인단 변호사 4명이 나누어 기록을 검토해도 1인당 10권을 봐야 하고 그것도 구속기간과 재판 기일에 쫓기면서도 제때에 살펴봐야 한다. 실질적으로 방어권 행사가 어려운 여건이었다. 그런데 6건 기소의 검찰 제출 증거 기록만 적게 잡아 30만 쪽에 이른다면, 이 기록의 바다에서 어떻게 헤쳐 나올 수 있겠는가. 이러한 산더미 같은 기록 공세는 특수본 1, 2기와 특검이 재판부에게 유죄의 심증, 즉 '증거가 차고 넘친다'는 것을 은연중 심게 하고, 변호인들로 하여금 변론 전의를 상실케 한다. 실제로 어느 변호인은 "차라리 자백하고 선처를 바라는 게 낫지 않느냐."는 입장을 보이기도 했다.

또 한 가지 거론해 둘 중요한 사항이 있다. 형사재판 실무상 필요적 공범(必要的共犯)[236] 관계있는 사람들은 함께 기소하여 같이 재판받게 한다. 그것이 소송 경제나 실체 진실 발견에 도움이 되기 때문이다. 그런데 박영수 특검은 삼성 승마 관련으로 기소하면서 뇌물공여자인 이재용 등 삼성전자 관계자들과 뇌물 수수자인 최서원(박 전 대통령과 공동하여)을 분리해서 기소하였고, 재판

---

[236] 범죄 구성요건상 필수적으로 범행 주체 외 다른 상대 범행 주체가 요구되는 공범. 예) 뇌물죄의 뇌물 제공자, 뇌물 수수자.

부도 별도로 배정되었다.

　삼성전자 관계자들의 뇌물공여 사건[237]은 서울중앙지법 제27형사부(재판장 김진동 부장 판사)가 재판을 맡았다. 동일 내용을 같은 지방법원에서 2개의 재판부가 별개로 심리·판결한다는 게 말이 되지 않는데도 당시 서울중앙지법은 그렇게 재판을 진행했다. 알 수 없는 일이었다. 필자는 병합 심리를 주장했으나 받아들여지지 않았다. 어느 재판부가 어떤 판결을 할지, 서로 다른 판결을 하는 사태가 오면 어떻게 되는가? 재판부는 각자 독립해 심리·판결해야 하므로 사전 조율은 위법이다. 이런 기형적 재판부 배정과 무리한 분리 심리로 최서원 게이트 사건 재판 진행이 파행을 거듭하게 된다. 최서원은 삼성 관계자 재판에서는 증인으로 나가야 했고, 이재용 등 삼성 관계자들은 최서원 사건 재판에 증인으로 출석하는 극히 비효율적인 재판 진행이 용인되었다. 웃지 못할 일이다. 특검 입장에서 보면, 뇌물 수수자와 공여자가 같은 법정에서 재판할 때 서로 말을 맞출 경우 유죄 입증이 어렵다는 점을 우려했을 수도 있다.

　김세윤 재판장은 최서원에 대한 구속영장(2016. 11. 3. 발부) 유효 기간(1심) 6개월 내에 재판을 종료하지 못하자 2017년 5월 20일 검찰에서 2번째로 불구속 기소한 동계스포츠 영재센터 사건으로 2차 구속영장을 발부하였다. 또 그 6개월 유효 기간 내에 판결을 선고하지 못하자 3차로 추가 기소한 SK 관련으로 구속영장을 발부했다. 이렇게 3차례에 걸쳐 추가로 구속영장을 발부하는 것은 그 위법 여부를 떠나 재판 편의를 위한 구속 연장이어서 매우 바람직하지 않다.

　1년에 걸쳐 구속하여 심리하고도 결심조차 못하면서 형사소송법의 1심 구속기간 6개월 원칙마저 팽개치고 구속기간만 연장하려는 재판부의 심사를 이해

---

237) 서울중앙지법 2017고합194호 사건.

하기 어려웠다. 형소법 원칙을 지키고, 불구속 상태에서 재판하고 실형 선고 후 구속하면 당당할 터인데 그렇게 할 용기가 없었던 것은 아닌가. 어쩌면 비등해 있는 촛불 눈총을 거역할 수 없었던 것으로 비칠 수 있었다. 최서원과 같이 1심에서 3개의 구속영장이 발부된 사례는 재판 역사상 초유의 일일 것이다.

김세윤 재판장은 2017년 4월 17일 박 대통령이 최서원, 신동빈 롯데그룹 회장 등과 같이 뇌물죄 등으로 기소(서울중앙지법 2017고합364호)되자 그 사건도 배당받았다. 김세윤 재판장은 이른바 최서원 게이트 사건, 혹은 국정 농단 사건의 전부를 떠맡은 것이나 다름없었다. 시쳇말로 총대를 맸다고 할 수 있었다. 재판부는 2017년 5월 2일부터는 최서원 사건과 박 대통령 사건을 때로는 병합, 때로는 분리 심리를 하면서 진행했다.

구속기간에 쫓기고 30여만 쪽의 방대한 검찰 증거 기록[238]과 100여 명 넘는 증인 신문, 서증 조사 등으로 심리에 필요한 시간을 확보하기 어렵자, 구속된 피고인들에게 무리한 공판 일정을 강요했다. 일주일 업무 일자 5일 중 3일 또는 4일 공판을 여는 일정을 강행했다. 매 공판일마다 오전 10시부터 때로 밤늦게까지 재판이 계속되었다. 변호인들도 교대하지만 지치지 않을 수 없는데, 피고인들은 오죽하겠는가.

이러한 강행군 끝에 사달이 났다. 2017년 6월 30일 오후 6:30경 박 전 대통령이 재판 중 고개를 떨구고 늘어지는 일이 발생했다. 박 대통령석 뒤편에 있던 유영하 변호사가 발견하였고, 곧바로 이상철 변호사가 박 대통령이 건강상 긴급 상태에 있다며 휴정을 요구했다. 재판장은 정리를 불러 박 대통령을 법정 밖으로 호송케 하고, 검찰과 변호인들을 법정 뒤쪽으로 불러 재판 진행

---

238) 2017고합364호 사건 검찰 증거 기록만 18만 9296쪽이고, 1202호 사건: 2만 9500쪽, 184호 사건: 5만 3537쪽 등 최서원 사건 검찰 증거 기록만 30만 3885쪽임.

에 대해 상의했다.

필자는, 먼저 박 대통령의 안위가 중요한 만큼 병원으로 호송하게 조치하고 재판 속행 여부는 차후 결정하자는 의견을 냈다. 그 자리에서 재판 속행 여부에 대한 논의를 하는 것은 순서가 아니라고 생각했다. 그러나 검찰 측은 박헌영 증언이 어렵게 출석했다면서 재판 강행 의견을 냈다. 재판장은 다시 법정에 들어와 상황을 설명하였고, 재판 속행 여부 의견을 물은 다음, 재판을 중지하여 이날의 재판은 종료되었다.

방청석에서 지켜보던 사람들 중 일부는 눈물을 흘렸다. 검사들을 향해 "차라리 우리를 잡아가라.", "우리 대통령님 잘못되면 알아서 해." 등 고함치는 격한 반응이 나오기도 했다.[239] 필자는 충분히 예견되었던 상황이 발생했다고 생각했다. 그 이전부터 박 전 대통령은 법정에서 견디기 어려운 건강 상태를 보였다. 박 대통령은 주 4회 재판과 매 공판기일마다 오전 2시간과 오후 4시간 이상 공판 진행을 견딜 수 없는 신체적 한계에 와 있다고 보였다. 재판장의 이러한 공판 진행은 재판이라는 미명하의 인권 침해 행위라는 비판을 받을 수도 있었다. 왜 그런 무리를 했는가. 무엇에 쫓겨서?

박 대통령의 재판 거부

파행적이고 인권 침해에 가까운 재판 강행은 우리 형사소송법이 상정한 형사재판일 수가 없다. 이 같은 재판은 지속 가능하지도 않다. 제22형사부 재판장의 누적된 재판 진행상 무리는 박 전 대통령의 재판 거부를 불러왔다. 이로 인해 재판부는 박 대통령에 대해 제대로 된 신문 한번 해보지도 못하고 재판

---

239) 머니투데이, 박근혜 前 대통령, 재판 중 갑자기 엎드려… 건강 문제로 퇴정 2017. 6. 30.자 기사.

을 하는 잘못된 재판의 역사적 사례를 기록했다. 전후 사정을 살펴본다.

 2017년 10월 16일 10:00경 서울 서초동 서울중앙지법 서관 417호 대법정에서 박 대통령에 대한 특가법 위반(뇌물)등 사건(2017고합184호·364호 병합)의 80회 공판기일이 열렸다. 이날은 박근혜 피고인만 분리하여 재판을 했다. 박 대통령에 대한 구속영장 유효 기간 6개월이 2017년 10월 17일 만료되는데, 재판부가 별도로 추가 구속영장을 다시 발부함으로써 박 대통령 변호인들이 강력하게 항의하고 있었다. 이날 법정에서 박 대통령이 어떤 입장을 취할지가 초미의 관심 대상이었다. 재판을 개정하고, 재판장은 추가 구속영장 발부의 적법성과 필요성을 설명했다. 이어, 유영하 변호사를 통해 발언 기회를 얻은 박 대통령은 미리 준비한 입장을 담담하게 진술했다.

〈박 대통령의 진술〉[240]

 구속돼 주 4회씩 재판을 받은 지난 6개월은 참담하고 비통한 시간들이었습니다. 한 사람에 대한 믿음이 상상조차 하지 못한 배신으로 되돌아왔고, 이로 인해 저는 모든 명예와 삶을 잃었습니다. 무엇보다 절 믿고 국가를 위해 헌신하시던 공직자들과 국가 경제를 위해 노력한 기업인들이 피고인으로 전락한 채 재판받는 모습을 지켜보는 건 참기 힘든 고통이었습니다.

 하지만 염려해주신 분들께 송구한 마음으로, 그리고 공정한 재판을 통해 진실을 밝히고자 하는 마음으로 담담히 견뎌 왔습니다. 사사로운 인연을 위해서 대통령의 권한을 남용한 사실이 없다는 진실은 반드시 밝혀진다는 믿음과, 법이 정한 절차를 지켜야 한다는 생각에 심신의 고통을 인내했습니다.

 저는 롯데, SK뿐만 아니라 재임 기간 그 누구로부터도 부정한 청탁을 받거나 들어준 사실이 없습니다. 재판 과정에서도 해당 의혹은 사실이 아님이 충분히 밝혀졌다고 생각합니다.

---

240) 위 사건 80회 공판 조서, 2017. 10. 16.

오늘은 저에 대한 구속 기한이 끝나는 날이었으나 재판부는 검찰의 요청을 받아들여 지난 13일 추가 구속영장을 발부했습니다. 하지만 검찰이 6개월 동안 수사하고, 법원은 다시 6개월 동안 재판했는데 다시 구속 수사가 필요하다는 결정을 저로서는 받아들이기 어려웠습니다.

변호인들은 물론 저 역시 무력감을 느끼지 않을 수 없었습니다. 그리고 오늘 변호인단은 사임의 의사를 전해왔습니다. 이제 정치적 외풍과 여론의 압력에도 오직 헌법과 양심에 따른 재판을 할 것이라는 재판부에 대한 믿음이 더 이상 의미가 없다는 결론에 이르렀습니다.

향후 재판은 재판부의 뜻에 맡기겠습니다. 더 어렵고 힘든 과정을 겪어야 할지도 모르겠습니다. 하지만 포기하지 않겠습니다. 저를 믿고 지지해 주시는 분들이 있고, 언젠가 반드시 진실이 밝혀질 것이라고 믿기 때문입니다.

법치의 이름을 빌린 정치 보복은 저에게서 마침표가 찍어졌으면 합니다. 이 사건의 역사적 멍에와 책임은 제가 지고 가겠습니다. 모든 책임을 저에게 묻고, 저로 인해 법정에 선 공직자들과 기업인들에게는 관용이 있기를 바랍니다.

이 발언 후, 유영하 변호사가 휴정을 요청해 재판부는 10분간 휴정을 결정하고, 웅성거리며 동요하는 방청객들에게 법정 질서 유지를 당부했다. 휴정 후 다시 개정하자, 박 대통령 측 변호사 유영하는 "형소법 대원칙이 무너지는 현실을 목도했다. 변호인들은 재판부가 진행할 향후 재판에 관여할 어떤 당위성도 느끼지 못했고… 어떤 변론도 무의미하다는 결론을 내렸다. 변호인들은 창자가 끊어지는 아픔과 피를 토하는 심정을 억누르면서… 살기 가득한 이 법정에 박 전 대통령을 홀로 두고 떠난다."고 울먹이며 격정적인 변론을 했으며, 이어 박 전 대통령 변호인들은 전원 사임했다.

이날 제417호 대법정에 출석한 박 전 대통령 측 변호인은 이상철·남호정(법무법인 유원), 채명성·김상률(법무법인 선정), 유영하, 도태우, 이동찬 등 7명이었다. 검찰 측을 대표하여 김민형 부부장 검사가 의견을 내놓았다.

"재판부의 박근혜 피고인에 대한 구속영장 발부는 적법한 절차에 따라 이루어진 것이므로 변호인 측의 주장은 타당하지 않다고 봅니다. 적법 절차에 이의를 제기하면서 변호인단의 전원 사임 의사는 유감입니다. 향후 적절한 재판을 위하여 피고인 측에 재판 협조를 요청드립니다."

당황한 재판장은 변호인단에게 사임 재고를 요청하면서 "추가 구속영장 발부에 재판 외적 고려는 없었다. 영장 재발부가 피고인에 대한 유죄를 예단하는 것은 아니다."고 했다. 또 재판장은 "변호인단이 사퇴할 경우 새로운 변호인이 10만 쪽이 넘는 기록을 다시 살펴야 한다. 이 사건은 전 국민의 관심이 높아 실체적 진실을 규명해야 할 필요성이 있다. 재판부는 어떤 예단도 없이 공정하게 재판을 진행 하겠다."고 했으나, 박 전 대통령 측 변호인을 설득하지 못했다.

박 전 대통령은 2017년 5월 23일 1회 공판기일부터 그야말로 성실하게 재판에 임했으나, 이 80회 공판을 끝으로 어떤 법정에도 출석하지 않았다. 김세윤 재판장은 이 같은 사태를 예상했는지 가늠하기 어렵다. 재판부는 국선 변호인[241]을 선임할 수밖에 없었다. 김세윤 재판장은 국선 변호인을 선임했다. 변호사 조현권, 남현우, 강철구, 김혜영, 박승길 등이 그들이다.

2017년 11월 27일 10:00 서관 417호 대법정에서 김세윤 재판장은 박 전 대통령 사건의 89회 공판을 개정하고, "박 전 대통령이 재판 불출석 의사를 명백히 하고 있고, 전직 대통령 신분을 고려하면 강제력 행사로 인치하는 것은 현저히 곤란하다는 서울구치소 보고서가 왔다."고 하며 검사와 국선 변호인들의 의견을 물었다. 양측 당사자가 모두 별 의견 없다고 했다. 그러자 재판장은 장황하게 당시의 상황과 불출석 재판 진행 절차를 설명하고는 한 번

---

241) 형소법 제33조 구속된 피고인에게 변호인이 없는 때에는 직권으로 변호인 선임.

더 출석을 촉구하고 그래도 불응하면 불출석 재판 여부를 결정하겠다고 하며 다음 공판기일을 지정했다.[242]

2017년 11월 28일 90회 공판기일에서 김세윤 재판장은 "피고인이 정당한 사유 없이 출석을 거부하고 교도관에 의한 인치도 현저히 곤란하다고 인정되므로 형사소송법 제277조 2에 의하여 피고인 출석 없이 공판 절차를 진행하겠다고 고지했다." 검사나 국선 변호인 측은 별 의견 없다는 진술을 했다. 이 날부터 2018년 4월 6일 1심 판결 선고 시까지 궐석 재판(피고인 출석 없이)을 했다. 이러한 재판을 두고 파행 재판의 전형이라고 하지 않을 수 없다.

박 대통령 측 변호인이 전원 사임하고, 박 대통령의 재판 거부가 명백해진 상황에서 필자를 비롯한 최서원 변호인단의 입장도 미묘해졌다. 동조 사임할 것인가. 최서원에게 재판 거부를 조언할 것인지가 문제다. 필자는 「박 전 대통령은 국가 최고 지도자를 지낸 정치인으로서 정치적 판단이 의사 결정의 주요인으로 작용해도 누구라도 납득할 수 있지만, 최서원은 그런 위치에 있지 않다」는 의견을 냈다. 재판 거부는 또 다른 재판 농단·사법 농단이라는 비난을 가져올 것이 명약관화(明若觀火)했다. 박 대통령이 불출석한 마당에, 오히려 공개 법정에서 더욱 당당하게 박 대통령에게 씌워진 뇌물 혐의와 최서원의 비선 의혹을 걷어내야 할 책임을 지고 있다고 판단했다. 법정에서 검찰과 맞서 싸울 사람은 아이러니하게도 최서원과 그 변호인들만 남게 되었다.

어느 검사의 호통 소리

하루가 멀다 하고 이어지는 재판, 개정하면 오전 10시부터 12시 전후까지

---

242) 위 사건 89회 공판 조서.

재판을 진행하였고, 점심 식사 후 14:10부터 개정하여 일과 시간 18:00를 경과하기도 하고, 저녁 식사 후 다시 야간 재판을 열거나 아니면 18:00경 잠시 휴정하고 계속 밤늦게까지 공판을 강행하기 일쑤였다. 재판 내용은 하나같이 신경을 날카롭게 건드리는 것들이고, 그래서 검찰과 변호인 사이에 첨예한 의견 대립이 있었고 때로는 서로 간 격한 감정적 언사까지 나오기도 했다. 이러한 재판 진행에서 가장 큰 피해자는 말할 것도 없이 장시간 피고인석에서 앉아 재판을 지켜보는 피고인들이다. 검사나 변호인들은 사정이 있을 경우 잠시 교대·휴식할 수 있지만, 피고인들에게는 교대해 줄 사람이 없다.

피고인 최서원이 장시간 재판에 생리적 현상을 견디지 못해 필자가 여러 번 재판장에게 호소하여 5분 내지 10분씩 휴정한 일도 있었다. 박 대통령은 그런 호소조차 한 적이 없었다. 젊은 사람들도 이런 장기 강행군 재판은 견딜 수 없었을 것이다. 이러던 중 팽배한 법정 스트레스가 소송 당사자 가운데 검찰 측에서 터져 나왔다.

2017년 12월 8일 10:00 제417호 대법정에서 최서원과 신동빈 롯데그룹 회장에 대한 특가법 위반(뇌물) 사건(2017고합184호·364호 병합 사건)의 93회 공판이 열렸다. 검찰 측에서는 고형곤, 김민형, 김종우, 박건욱, 김주석, 강일민, 정윤식, 최서원 변호인 측에서는 필자, 오태희, 최광휴, 권영광, 신동빈 변호인 측에서는 백창훈, 김유진, 신우진, 장종철 등이 출석했다. 이날은 롯데그룹과 SK의 뇌물 제공 공소사실에 대한 설명 절차(presentation)를 진행했다. 롯데 사건 설명 소요 시간에 대해 검찰은 2시간 30분 내지 3시간을, 최서원 측 변호인은 30분 내지 40분을, 롯데 측 변호인은 1시간 30분 내지 2시간을 들여 설명하겠다고 했다.

검찰 및 피고인들 쌍방의 롯데 사건 프레젠테이션 소요 시간을 합하면 최단 4시간, 최장 5시간 40분인데, 여기에 각 소송 당사자의 설명에 대해 논박하는 시간을 고려하면 이날 일과 중 롯데 사건 설명 절차를 종료하기 어려운 상태였다. 김세윤 재판장은 가급적 요약하여 신속하게 설명을 해 달라고 당부했으나, 먼저 설명을 시작한 검찰은 롯데가 부정한 청탁을 했고, 대가 관계있는 뇌물을 제공했다고 장황하게 주장했다. 오전 2시간을 모두 사용했다. 말이 프레젠테이션이지 준비해 온 서면을 읽어 내리는 방식이었다.

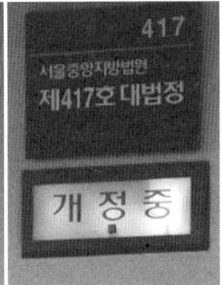

▲ 서울중앙지법 417호 대법정

필자가 보기에, 서면 낭독식 설명이라면 먼저 서면을 제출하고 검토 후 쟁점만 구두로 논박하는 것이 소송 효율에 부합하는데 검사들 역시 서면 낭독 관행에서 벗어나지 못했다. 신동빈 측 변호인이 오후 2:15부터 프레젠테이션을 했다. 롯데 측 변호인단 대표인 백창훈 변호사는 중간 중간 발표 변호사의 설명에 대해 부연 설명을 가미했다. "롯데가 케이스포츠 재단에 지원한 70억은 뇌물이 아니다. 부정한 청탁은 없었다."는 주장을 대단히 치밀하게 그리고 강력하게 펼쳤다.

롯데 변호사가 2시간 30분 이상을 사용했다. 필자는 오후 공판에 참석했다. 롯데의 설명 후, 오후 5시부터 최서원 측 변호인들이 설명했다. 약 30분 정도

소요했다. 필자도 롯데의 70억 케이스포츠 재단 지원은 뇌물죄가 성립될 수 없다고 변론했다. 박 전 대통령이 뇌물죄까지 감수하면서까지 케이스포츠 재단에 70억을 지원하라고 할 이유나 동기가 없다고 주장했다. 오후 5시 40분을 넘어 검찰 측에서 변호인 주장에 대해 논박을 했고, 오후 일과 시간이 경과한 후 다시 신동빈 측 변호인이 검찰 측 반박에 대해 재반박을 하고 얼마 되지 않아, '쾅' 하는 책상 치는 소리와 뒤이어 검찰 측의 K검사가 **"오늘 롯데만 할 거냐?"** 고 고함을 질렀다.

법정에 있던 대부분 사람들이 놀랄 정도의 소동이었다. 위협적인 언동으로 느껴졌다. 법정은 웅성거렸고 재판장도 당혹해 했으나 적절한 조치에 나아가지 않았다. 롯데 측 백창훈 변호사는 드릴 말씀이 없다며 변론을 중단해 필자가 일어서서 재판장에게 "이런 위협적 행동으로, 이 분위기에서 재판 진행이 가능하겠습니까? 적절한 통제 조치를 해 주시기 바랍니다."라고 항의하자, 재판장은 검찰 측에 자제해 달라고 했다. 고형곤 부부장 검사가 대표로 "죄송하다. 앞으로 이런 일이 없도록 하겠다."고 사과했다.[243]

필자는 젊은 시절부터 검사·변호사로서 법정에 서 왔지만, 검사가 법정에서 책상을 내리치고, 변호인의 변론을 일시 중단하게 하는 사례를 본 적도, 들은 적도 없었다. 법정에서는 검사가 압도적 우위에서 공권력의 대표자로 공소 유지 활동을 한다. 변호인은 수세적이고 조심스럽게 변론하게 마련이다. 그런데 책상을 치고 고함을 질러 참석자를 놀라게 했으니 경악할 일이 아닐 수 없었다. 재판장은 의당 소란을 일으킨 검사를 퇴정시키고, 법정 분위기를 재정비하여 검찰과 변호인들이 자유롭게 공방하도록 조치해야 마땅할 것이

---

243) 위 사건 93회 공판 녹음 참조, 2017. 12. 8.자.

다. 김세윤 재판장은 그런 엄격한 소송 지휘를 하지 않았다. 이 역시 무리한 재판 강행이 남긴 오점이었다.

◈ 특별했던 일들

최서원에 대한 1심 재판은 2016년 12월 19일 공판준비기일로부터 2017년 1월 5일 1회 공판, 2017년 5월 23일 삼성뇌물 등 사건으로 박 전 대통령과 첫 동시 공판(1회), 2017년 12월 14일 결심[244] 공판, 2018년 2월 13일 판결 선고까지 무려 150여 회의 공판이 있었다. 공동 피고인인 박 전 대통령, 안종범 수석, 신동빈 롯데그룹 회장들과 함께 재판을 받았지만, 때로는 그들과 분리되어 재판을 했다. 그러나 분리된 공판은 그리 많지 않았다. 100여 회의 공판을 거치면서 결코 잊혀질 수 없는(오래 반추되어야 할) 몇 장면들을 기록하고자 한다. 피고인들 입장에서 보면 비감하고 회한에 사무치는 재판 과정이었을 것이다.

탄핵 법정 증언과 박 대통령 구속영장 발부

앞서도 기술한 바와 같이 박 정부 붕괴 목적의 탄핵추진 정치 세력은 특검과 특수본 1기를 선봉으로 내세워 수사·공소권을 휘두르고, 그와 더불어 동시에 탄핵소추를 진행했다. 탄핵 사유 입증 자료는 특검과 특수본 1기의 수사 자료와 공소사실이 그 토대가 되었음은 주지하는 사실이었다. 탄핵심판에 있어서도 최서원은 가장 핵심적인 증인이었다.

---

244) 재판부가 심리를 종료하는 절차. 결심 때 검찰의 구형과 변호인 최종 변론, 피고인의 최후 진술이 진행됨.

헌법재판소법 제38조(심판 기간)는 "헌법재판소는 심판 사건을 접수한 날로부터 180일 이내에 종국 결정의 선고를 하여야 한다."라고 규정하고 있다. 박 대통령에 대한 탄핵심판 청구가 2016년 12월 9일 접수되었으므로 2017년 6월 9일까지 선고하면 된다. 그런데 당시 박한철 헌재 소장은 "자신의 임기가 2017년 1월 31일로 만료되고 다른 재판관(이정미)도 2017년 3월 13일 임기 만료가 된다. 이 기간을 넘길 경우 7인 재판관으로 재판을 해야 하므로 심판 결과가 왜곡될 수 있다."고 설명하며 2017년 3월 13일 이전 선고되어야 한다고 언명했다.

헌재의 재판부는 재판관 7명 이상의 출석으로 심리하고, 사건의 결정은 과반수의 찬성으로 하나, 탄핵의 결정은 재판관 6명 이상의 찬성이 있어야 한다.[245] 7인 재판관이 될 경우, 재판관 6명의 찬성을 얻어 내는 것은 헌재 재판관 구성이 정치 세력 간 균형으로 짜인 현실(대통령 3인, 국회 3인, 대법원 3인)에 비추어 사실상 불가능하다. 박 헌재 소장이 말한, 헌재의 심판 결정이 왜곡될 수 있다는 우려를 이해할 여지가 있는 부분이나, 이러한 문제점을 해소하는 방안이 더욱 문제였다. 박 헌재 소장은 7인 탄핵심판 문제를 해소키 위해 심판 기간을 법정 기간 6개월에서 3개월로 과도하게 축소한 것이다.

대통령 탄핵이라는 국가 최고 리더십 문제를 공평·엄정·철저하게 심리해야 함이 마땅함에도 그보다 아래의 가치라 할 수 있는 헌재 재판관 충원 문제를 더 앞세워 헌재 행정 목적 달성을 우선시 하는 태도를 보였다. 이러한 절차 단축 결정은 헌법재판소법 제51조에도 위배된다. 동조는 "피청구인에 대한 탄핵심판 청구와 동일한 사유로 형사소송이 진행되고 있는 경우에는 재판

---

[245] 헌법재판소법 제23조(심판정족수).

부는 심판 절차를 정지할 수 있다."고 명시하고 있다. 탄핵심판 청구서 접수 당시 박 대통령은, 최서원과 공동하여 직권남용 등 범행을 했다는 요지로 최서원 공소장에 기술되어 있었다. 그럴 수밖에 없는 이유는 탄핵심판 청구 소추 사유가 최서원 공소장의 공소사실을 기초로 하기 때문이었다.

그리고 최서원에 대한 직권남용 등 사건은 2017년 1월 5일 1회 공판기일이 열려 겨우 사실 심리에 들어가 구속기간 6개월 내에 결심이 가능하지도 않은 상태였다. 즉 형사재판에서 증거 조사가 겨우 시작되는 단계여서 사실관계조차 파악할 수 없는 상황이었다. 그렇다면 헌재에서는 심판 절차를 정지하는 것이 온당했을 것이다. 그렇지 않더라도 헌법재판소법에서 허용한 6개월 심리 기간을 충분히 사용하여 국가적 대 사건을 공정하고 철저하게 심판해야 할 것이다. 그런데도 헌재는 무엇에 쫓기듯 재판관 임기 종료만이 지고의 가치인 양 3개월 내에 심판 결정을 해치우는 만용을 부렸다. 헌재 역시 당시 촛불 시위의 위력에 영향을 받았던 것은 아닌지 우려되었다.

최서원은 2017년 1월 16일 헌법재판소에서 열린 5회 변론기일에서 증인으로 출석하여, 오전부터 오후 일과시간 늦게까지 탄핵 청구인 측과 피청구인 박 대통령 측 대리인들(대리인들은 모두 변호사임)로부터 수많은 질문을 받고 대답했다. 이때는 최서원이 2016년 12월 24일 특검에서 험악한 폭언을 듣고 심리적 충격에 빠진데다 엎친데 덮친 격으로 국회의 특조위가 2016. 12. 26. 이른바 감방청문회[246]까지 감행하여 최서원은 3중고(三重苦; 형사재판, 특검, 국회 특조)에 시달렸던 때였다. 그래서 최서원은 국회 탄핵 추진 세력에 대해 극단적인 반감을 가지고 있었다.

---

246) 본서, PART 4 「특조위 활동의 문제점」 참조.

최서원은 국회국조특위를 거부하였고, 공개 장소에서 발언한 적이 없었던 만큼 이날 최서원의 헌재 출석과 증언은 큰 관심을 모았다. 필자 등 변호인단 4명 모두 헌재로 갔다. 헌재 측에 협조를 구했다. 최서원이 증언에 나서기 전, 휴식 시간을 이용하여 최서원과 접견할 수 있도록 준비해 두었다. 최서원이 증언에 앞서 변호인들과 접견하고 대화를 하는 것은 심리적으로 큰 안정감을 부여하는 효과가 있었다.

필자는 최서원에게 ① 사실 그대로 진술하고 ② 박 대통령의 사생활과 관련한 질문에는 진술을 거부할 수 있으며 ③ 최서원 자신의 사생활에 관해서도 증언하지 않아도 되며 ④ 탄핵 청구인 측의 의혹 제기성 질문에 대해서는 적극적으로 답변하는 게 좋다고 조언했다. 박 대통령 측 변호사들은 최서원이 헌재에서 어떤 증언을 할지 궁금해 했다. 필자는 최서원은 있는 그대로 소신껏 증언할 예정이라고 했다. 최서원은 헌재에서 자신에게 씌워진 비선 실세 관련 의혹을 전면 부인했다. 박 대통령을 사적인 부분에서 도우려고 했으며, 충인(忠人)으로 남으려고 했었다고 증언했다. 최서원의 증언은 탄핵 사유 입증에 역효과만 있었다고 할 수 있었다. 이날 최서원의 증언을 두고 언론은 최서원이 모르쇠로 일관했다고 보도했다. 최서원의 헌재 증언은 헌재에서 촬영하여 보존하고 있으므로, 차후에도 최서원의 헌재 증언의 진위를 다시 검증해 볼 수 있다. 그러나 최서원은 헌재 증언이나 검찰 수사 때 진술이나 법정에서의 진술이 일관되어 있다.

이정미 재판관은 최서원에 대하여 검사가 피고인에게 신문하듯 추궁식 질문을 하여 청구인 측에 경사된 듯한 태도를 보이기도 했다. 안창호 재판관은 "증인과 대통령은 어떤 관계인가?"라는 질문을 했다. 이 재판관이 어떤 의도를 가지고 이런 선문답(禪問答) 같은 질문을 했는지 알 수가 없었다. 최서원이 헌재에서 비교적 차분하게 논리적으로 증언한 내용이 보도됨으로써, '무식한 괴물'이라는 이미지에서 조금은 벗어나는 효과도 있었다.

〈 재판 중 날아든 탄핵 결정 소식 〉

2017년 3월 10일 10:00부터 제417호 대법정에서 동계스포츠 영재센터 관련 사건(2016고합1282호 사건)의 7회 공판이 열렸다. 최서원의 조카인 장시호, 문체부 2차관이던 김종, 최서원이 함께 피고인석에 앉았다. 최서원 측의 최광휴, 권영광 변호사가 참석했다. 이날은 안종범, 장시호를 증인으로 신문하는 날이었다. 최서원은 재판 도중 변호인을 통해 박 대통령 파면 결정 소식을 들었다. 최서원은 오전 재판 후 휴정 시간에 오열했다.[247] 자신 때문에 빚어진 게 아닌가 하는 죄책감에서였을 것이다. 최서원은 헌재에서 증언한 이후, 헌재가 어떤 결정을 할지 노심초사했다.

필자는 태극기와 촛불로 국론이 나뉘어져 광화문, 세종로에서 치열한 세 싸움을 하고 있고, 형사재판이 아직 진상의 윤곽을 드러내지 않고 있어서 어느 누구도 장담하지 못 한다고 말해 주었다. 그런데 헌재는 8:0 전원 일치로 파면 결정을 했으니, 필자나 최서원 변호인들 모두 한결 같이 놀라지 않을 수 없었다. 최서원이 오열하지 않을 수 없었을 것이다. 형사재판에서 어느 하나 진상이 규명되지도 않았는데 8:0으로 대통령 탄핵을 결정하다니, 개인의 자유와 책임을 바탕으로 하는 자유 민주주의 법치 질서를 헌재가, 집단주의로 급회전한 것이 아닌가 탄식을 금치 못했다.

김평우(전 대한변협회장), 구상진(전 서울시립대 법학전문대학원 원장) 등 변호

---

247) 매일경제, 「장시호, "최순실, 탄핵 소식 듣고 대성통곡"」 2017. 3. 10. 기사.

사들이 펼친 강력한 법리 주장과 열정적 변론도 반향 없는 메아리가 되었다. 헌재는 기울어진 법마당이었다. 대통령 탄핵에 대해서는 헌법 학계나 법조 실무가들 사이에 거의 비슷한 비율의 찬반 의견이 있었다. 필자의 대학 동기 법조인들 모임에서는 탄핵 기각 의견이 지배적이었다. 이날 재판에서 최서원은 장시호의 증언 등과 관련하여 아래와 같이 자신의 심경을 진술[248]했다.

제가 조카하고 이모 사이에 이런 문제로 여기 서 있는 것에 대하여 제가 죄를 많이 졌다고 생각합니다. 오늘 대통령이 탄핵심판을 받아 심경이 복잡하여 말을 안 하려고 했는데 자식 얘기가 나와서 한 마디 해야 할 것 같습니다. 제 딸 정유라가 정치적으로 많은 아픔을 받고 상처를 받아서 선수로서 생활을 못했습니다. 정유라가 임신한 사실을 저도 몰랐고, 장시호의 주장과는 달리 정유라 임신 사실을 대통령은 절대 몰랐습니다. 얘기할 상황도 아니었고, 부모가 어떻게 그런 입장을 얘기할 수 있겠습니까. 장시호는 제가 대통령 탄핵심판 소식에 대성통곡 했고 자신에게 검찰에 협조하지 말라고 이야기했다고 증언했는데, 장시호가 말한 부분은 장시호 본인의 생각이 많지, 진실이 아닌 부분이 많습니다.

〈 박 전 대통령 구속 비보(悲報) 〉

박 대통령이 2017년 3월 10일 탄핵 결정으로 청와대를 떠나자 검찰(서울중앙지검 특수본 2기)은 재빨리 박 대통령에 대한 소환에 나섰다. 2017년 3월 15일 박 전 대통령 측에 3월 21일 09:30 출석하라는 통지를 했다.

헌법 제68조 제2항 및 공직선거법 제35조 제1항은 "대통령의 궐위로 인한 선거는 그 선거의 실시 사유가 확정된 때부터 60일 이내에 실시하되, 선거일은 늦어도 선거일 전 50일까지 대통령 권한 대행자가 공고하여야 한다."라고 규정하고 있다. 대통령 선거 운동 기간은 23일간 이다(공직선거법 제33조 제1

---

[248] 위 사건 7회 공판 조서.

항). 당시 대통령 권한 대행이던 황교안 국무총리는 2017년 5월 10일 이전에 선거를 실시해야 하고, 선거 공고는 탄핵 일자로부터 10일 이내에 마쳐야 했다. 이에 따라 제19대 대통령 선거는 2017년 5월 9일 실시되었고, 탄핵을 주도한 더불어민주당 문재인 후보가 당선되었다.

19대 대선 공고일과 박 전 대통령 검찰 소환 일자가 근접하였고, 선거 운동 기간은 2017년 4월 17일부터 투표일 전일까지인데, 검찰은 선거 운동 개시일에 박 전 대통령을 기소하며 수사 결과를 발표했다. 이와 같이 정치 일정과 수사 일정이 동반 진행되었다. 박 전 대통령에 대한 검찰 수사는 바로 탄핵 추진 세력의 강력한 선거 운동 효과를 가져왔음을 부정할 수 없었다.

박근혜 전 대통령을 두둔하거나 탄핵을 비판하는 소리는 더욱더 작아질 수밖에 없었다. 보궐 선거로 당선된 대통령에 대한 별도의 임기 규정이 없다. 이번 사태를 경험하면서, 특수한 사정에 의해 보궐 선거로 대통령에 당선된 대통령의 임기는 전임자의 잔여 임기로 해야 한다는 내용의 관련 헌법·선거법 조항 개정이 절실히 필요하다고 생각했다. 벼락치기식 선거로 당선된 자의 임기가 1년 이상 검증을 거친 선거로 당선된 자와 같을 수는 없다.

박 전 대통령은 2017년 3월 21일 09:30 서울중앙지방검찰청에 피의자로서 출석했다. 그날부터 그 다음날 아침 03:30경까지 철야하며 검찰의 조사를 받았다. 박 대통령은 100쪽에 달하는 검찰의 피의자 신문[249]에 대해 소상히 답변했다. 답변 요지는 범죄혐의 사실에 대한 전면 부인이었다. 단순히 '사실이 아니다'라는 방식으로 부인한 것이 아니라 납득할 만한 이유를 제시·설명하

---

249) 2017. 3. 21. 한웅재·이원석 검사 작성, 박근혜에 대한 검찰 피의자 신문 조서(1회), 2017고합 364호 뇌물 사건 증거 기록.

면서 조사 검사를 설득하려 했던 것으로 분석·평가할 수 있다. 박 전 대통령은 최서원과 관계를 아래와 같이 진술했다.

- 제가 가족이 없어 옷이나 생필품 등 소소한 일들을 조용히 도와주었고, 오랫동안 도와주다 보니 제 생각을 잘 이해하는 편이어서 가끔 밖의 여론도 들려주었다.
- 최순실은 저의 말이 국민에게 좀 더 쉽게 이해될 수 있도록 가다듬어 주는 감각이 있어서 그런 일에 도움을 조금 받았다.
- 제가 외국 갈 때 의상 문제 등으로 청와대를 찾아왔다. 최순실을 관저 밖에서는 만난 적이 없다.

조사를 마친 특수본 2기는 2017년 3월 27일 박 전 대통령에 대한 구속영장을 청구했다. 검찰 특수본 1기와 특검은 최서원 공소장에서 박 전 대통령을 최서원과 공동정범으로 적시하여 기소하였으므로, 박 전 대통령의 진술에 따라 사실관계를 다시 따져 볼 여지가 없었다. 박 전 대통령에 대한 조사는 그저 통과 의례에 불과했다.

검찰로서는 박 전 대통령을 구속하느냐 아니면 불구속 기소하느냐의 선택지만 있었다. 당시 박 전 대통령에 대한 구속 여부 결정권은 검찰 지휘 체계상(검사동일체 원칙)으로는 검찰총장 김수남에게 있었다. 그는 박 전 대통령에 의해 임명된 인물이었다. 그가 촛불 세력에 맞서 불구속 기소 지휘를 할 가능성은 희박했다. 만약 불구속 기소 지휘를 하려면 자신의 직(職)을 걸어야 했다. 김 총장은 "오로지 법과 원칙, 수사 진행 상황에 따라 판단돼야 할 문제."라며 사실상 지휘권을 포기했다.

2017년 3월 27일 특수본 2기(본부장 이영렬 검사장)는 구속영장을 청구하였고, 3월 30일 영장실질심사를 거쳐, 3월 31일 구속영장이 발부되어 박 전 대통령은 서울구치소에 수감되기에 이르렀다. 2017년 3월 31일 새벽 03:00경 강부영 영장 담당 판사가 구속영장을 발부하여 그 시경 집행되었다. 최서원은 박 전 대통령이 영어의 몸이 되어 자신이 수용되어 있는 서울구치소에 함께 있게 되자, 기구한 운명에 한없이 눈물을 흘렸다고 한다. 특히 혹여, 구치소 내에서 서로 마주치면 면목이 없어 어떻게 해야 하나 걱정했다. 이날도 최서원은 오전 10:00부터 417호 대법정에서 재판을 받았다. 박 대통령이 구속만은 면했으면 했는데, 그마저 무산되자 삶의 의욕이 사라졌다. 필자에게 죽고 싶다는 심경을 여러 차례 토로했다. 최서원이 귀국해 수사·기소·재판을 받는 과정에서 가장 슬픈 날이었다.

박 전 대통령에 대한 구속 결정은 형소법상으로도 많은 문제가 있었다. 먼저, 박 전 대통령에게는 도주나 증거 인멸의 우려가 전혀 없었다. 박 전 대통령은 사실상 연금 상태나 마찬가지 상황에 있었다. 특수본 1기, 2기, 특검에서 증거 수집을 완료했다. 검사들은 언필칭 '증거가 차고 넘친다'고 호언하고 다녔다. 전직 대통령은 대통령직 수행 성공 여부를 떠나 그 자체로 우리의 현대사로서 존중받아야 한다. 수많은 쟁점과 정치적 입장에 따라 유·무죄가 갈리는 이 재판은 애초부터 1심 6개월에 심리가 불가능했다. 결과적으로 형소법의 구속기간을 지키지 못해 편법으로 추가 영장을 발부하여 재판 거부를 불러왔다. 불구속 재판 후 판결선고 내용에 따라 구속 여부를 결정하는 것이 옳았다고 할 수 있다. 그러나 그 당시에 영장 담당 판사가 거센 여론에 맞설 수는 없었을 것이다. 포퓰리즘 재판의 또 다른 모습이다.

2017. 5. 23. 박 전 대통령과 1회 공판

문재인 대통령은 2017. 5. 9. 실시된 보궐 선거에서 당선되었다. 보궐 선거에서 당선된 대통령은 당선 확정한 때부터 임기가 시작된다. 그날이 2017년 5월 10일이었다. 문 대통령의 임기 시작 때로부터 불과 보름도 되지 않은 2017년 5월 23일 10:00 서울중앙지방법원 제417호 대법정에서 문 대통령의 직전(直前) 대통령이 구속된 채 삼성 등 대기업으로부터 뇌물을 받았다는 등 죄로 법정에 섰다. 박 전 대통령은 2개월 반 전(前)만 해도 세계 10위 전후의 경제력을 자랑하는 대한민국의 최고 지도자였다. 그런 그녀가 졸지에 청와대를 새 대통령에게 넘겨주고 급전직하하여 음지에서 소소한 사생활 부분에 조력했던 최서원과 같이 417호 법정에서 재판(공판)을 받게 되었다.

우리 현대 정치사에서 이보다 더한 역사 비극은 없었다고 할 수 있다. 좌·우 진영을 떠나 지각 있는 시민들은 참담한 심경을 토로했다. 특히 박 전 대통령은 검찰 수사결과 발표에서도, **'돈 한 푼 받은 사실이 없다'** 는 점이 확인되었는데도 뇌물죄나 **제3자 뇌물**(형법 제130조)[250] 죄가 성립한다고 하니, 많은 국민들이 혼란스러워 했다. 뇌물죄는 알지만 제3자 뇌물죄라니, 일반 국민뿐 아니라 로스쿨 학생들에게도 생소한 개념이었다. 특검이나 검찰은 민간인 최서원이 돈을 받았다고 주장하는데, 왜 박 대통령이 뇌물죄 책임을 져야 하는지 이해하기 어려웠다. 더구나 삼성 등 기업들은 박 대통령에게 부정한 청탁을 한 바 없다고 하였고, 박 대통령도 대기업 측에 최서원을 위해 경제적 지원을 하라고 말한 적이 없다고 한다. 이런 소박하고 근본적인 의문에 특검이

---

[250] 형법 제130조 공무원이 그 직무에 관하여 부정한 청탁을 받고 제3자에게 뇌물을 공여하게 하거나 공여를 요구 또는 약속한 때에는 5년 이하 징역, 10년 이하 자격 정지.

나 검찰, 언론조차 명쾌하게 논리적으로 설명하지 못했다. 그래서 "죄가 되느냐, 안 되느냐?" "정치 보복이냐 아니냐?" "공소사실이냐 허구 소설이냐?"로 논쟁만 치열해졌다.

이날 서울 서초동 서울중앙지방법원 앞 거리에서는 박 전 대통령을 성원하는 시위가 벌어졌고, 법정에 들어가는 필자와 변호인들에게 박 대통령의 억울함을 풀어달라고 호소하는 사람들도 많았다. 10:00경 김세윤 재판장이 개정을 선언하고, 피고인들 입장은 박 전 대통령, 최서원 순이었다. 박 전 대통령이 법정에 입장하자 박 전 대통령 변호인 전원과 필자를 비롯한 일부 변호인들은 전직 대통령을 예우하는 뜻에서 기립하여 맞았다. 필자는 가볍게 목례를 했다. 박 전 대통령의 우측에 유영하 변호사가 착석하였고, 필자가 박 전 대통령 좌측에, 그 좌측에 최서원이 앉았다. 최서원이 입장할 때 최서원 변호인들은 모두 기립해서 최서원이 착석할 수 있도록 도와주었다. 프로 변호인으로서 의뢰인에 대한 예의라 생각했다.

김세윤 재판장은 1회 공판기일에서 본격 공판 진행에 앞서, 법정 촬영을 허용해, 이날의 모습은 생생하게 전국에 중계되었다. 김세윤 재판장이 어떤 의도였는지 알지 못하나, 전직 대통령을 구속한 상태에서 재판받는 모습을 생중계할 만한 공익적 필요성이 있었는지 회의적이다. 일반적으로 법정에 선 피고인의 모습을 촬영·방송하게 허용하는 것은 국민들에 대한 일반 예방 효과를 도모하기 위함인데, 이 사건은 여기에 해당한다 할 수 없다. 전직 대통령의 명예와 인권, 대한민국의 이익을 위해서는 법정 촬영·방송은 허용하지 않았어야 했다.

▲ 1회 공판

　이날 방송 뉴스의 톱은 단연 박 전 대통령 공판 모습이었다. 신문의 1면도 공판정에 앉은 박 전 대통령과 최서원, 그리고 필자와 유영하 변호사 사진으로 채워졌다. 필자와 변호인들이 최서원의 법정 입장 때 일어서서 맞이하는 영상을 두고 정반대의 2가지 반응이 있었다. 하나는 과잉 친절이라는 주장과 다른 하나는 고객에 대한 프로다운 자세라는 주장이었다. 일부에서는 최서원이 죽을죄를 지었다 해도 변호인이 기립해서 배려하는 모습이 대단히 보기 좋았다고 했다. 박 전 대통령은 이날 법정에서 최서원에게 눈길을 보내지 않았다. 마음을 비운 것으로 비춰졌다. 최서원은 박 대통령과 같은 자리에서 재판받지 않기를 바랐다. 가장 어렵고 힘든 자리이기 때문이리라. 최서원도 박 전 대통령을 쳐다보지 못했다. 이런 처지에 놓일 줄 꿈엔들 생각지 못했을 것이다. 피고인 인정 신문 때 박 전 대통령은 직업을 묻자 무직이라고 답했다. 검사의 공소장에는 직업란에 '전직 대통령'으로 기재되어 있다. 사실 전직 대통령이 직업은 아니므로, 검사가 착오를 한 것이다. 인정 신문에 이어 모두 절차[251]를 진행했다. 기소 검사인 이원석과 한웅재가 번갈아 기소의 의의, 경과, 공소

---

251) 형소법 제285조(검사의 모두 진술), 제286조(피고인의 모두 진술).

사실 요지들을 진술했다. 이원석 검사는 아래와 같이 이 사건의 요지와 기소 취지를 말했다.[252]

> **이원석 검사의 모두 진술(일부)**
>
> 먼저, 재판장님을 비롯한 재판부의 노고에 깊이 감사드립니다.
> 우선 이 사건 기소의 개요와 경과, 그리고 의의에 대하여 간략히 말씀드리고자 합니다. 이 사건은 대통령이 오랫동안 개인적인 친분 관계를 맺어온 최서원 등과 공모하여, 공직자가 아닌 최서원에게 국가의 각종 기밀과 정보를 사사로이 전달하여 국정에 개입하도록 하는 한편, 권력을 남용하여 특정 기업이나 개인의 이권에 개입하고 기업들로부터 거액을 출연받아 뇌물을 수수하는 등 사익을 추구하고, 문화계 블랙리스트를 만들어 지원을 배제하도록 강요한 사안입니다.
> 우리 헌법은 '대한민국의 주권은 국민에게 있고 모든 권력은 국민으로부터 나온다'고 선언하고 있습니다. 대통령을 포함한 모든 국민은 이러한 헌법적 가치를 지키고 그 가치가 훼손되지 않도록 노력해야 할 의무를 지고 있습니다. 그럼에도 박근혜 전 대통령을 비롯한 피고인들은 사사로운 이득을 추구하기 위하여 적법 절차를 무시하고 권한을 남용하는 등 국민주권주의와 법치주의의 이념을 심각하게 훼손하였습니다.
> 이하 생략.

뒤이어 한웅재 검사, 이원석 검사가 번갈아 가며, 피고인들 3명에 대한 공소사실 요지를 장황하게 진술했다. 공소장을 낭독하는 것과 다름없었다. 다음은 변호인들 차례였다. 박 전 대통령 측 변호인 대표로 유영하 변호사가 먼저 모두 진술을 했다. 다음은 그 모두 진술의 일부다.

> **유영하 변호사의 모두 진술(일부)**
>
> 존경하는 재판장님!
> 지난번 공판준비기일에서 검찰의 18가지 공소사실에 대해 일괄 부인한다고 말씀을 드렸습니다. 이 사건 공소사실은 지난번에도 말씀드렸듯이 엄격한 증명에 따라 기소된 것이 아니라 추론

---

[252] 서울중앙지법 2017고합364호 1회 공판 조서.

과 상상에 기인해서 기소가 되었다는 점을 먼저 말씀을 드리겠습니다. 구체적인 공소사실에 대한 의견을 말씀드리기 전에 기본적으로 세 가지 부분만 먼저 재판장님께 말씀을 올리겠습니다.

첫째, 모든 사건에는 범행의 동기가 있습니다. 검찰의 논리에 따르면, 대통령인 피고인께서 미르와 케이 재단을 설립해서 기업들을 강요해서 재단 출연금을 받았고, 두 번째 삼성의 이재용 회장으로부터 최서원 씨를 도와주기 위해서, 최서원의 딸인 정유라를 도와주기 위해서 돈을 받았고, 그다음에 최서원의 조카인 장시호가 설립한 한국동계스포츠 영재센터를 지원하기 위해서 삼성으로부터 돈을 지원받게 했고, 나아가서 롯데나 SK 회장들로부터 청탁을 받고 재단에 출연하게 했다는 것인데, 그러면 기본적으로 이 재단 출연에 있어서 피고인 대통령인 박근혜에게 어떤 이익이 있었는지를 살펴보시기 바랍니다.

재단의 돈은 기본적으로 아시다시피 기본 재산과 보통 재산으로 되어 있습니다. 기본 재산은 누구도 사용할 수 없습니다. 보통 재산도 엄격하게 재단의 설립 목적에 따라 사용되고 관계 부처의 감사를 받게 되어 있습니다. 그러면 자기가 쓰지도 못하는 돈을 왜 받아서 왜 재단을 만들어야 했을까. 아무런 이유가 없는 범행이 있을 수가 있겠습니까. 만약에 검찰의 논리대로 미르 재단은 플레이 그라운드라는 광고 대행사를 설립해서 미르 재단이 발주하는 광고를 수주받기 위해서 만들었다고 치고, 케이스포츠 재단은 더블루K라는 컨설팅 회사를 만들어서 그로부터 어떤 용역을 받기 위해서 만들었다고 치면, 검찰의 논리대로 거의 700억 원이 넘는 재단의 재산을 그 두 개의 작은 회사가 용역을 받아서 쓰려면 과연 얼마나 많은 시간이 걸리겠습니까. 대통령 임기 5년 동안에 이 돈을 모두 소진할 수 있다고 검찰은 그렇게 생각하고 계십니까. 동기가 없습니다.

둘째, 이 사건에 있어서 기본적으로 상피고인 최서원과 다른 피고인 안종범과 대통령께서 공모해서 이 사건 범행을 했다고 검사는 기본적인 전제를 깔고 이야기하고 있습니다. 그러면 주지하시다시피 공범 관계는 주관적으로 고의가 있어야 되고 객관적으로 공동 실행의 가공이라는 행위가 있어야 됩니다. 공소장 어디를 봐도 최서원 피고인과 안종범 피고인과 언제, 어디서, 구체적으로 무엇을 할 것인지 공모했다는 공모관계의 설시가 없습니다. 그래서 지난번 공판준비기일 때 이에 대한 석명을 요구했던 것입니다.

셋째, 증거 문제에 관하여, 증거 목록만 해도 5책입니다. 상당수의 증거가 대부분 언론 기사로 증거가 되어 있습니다. 참고 자료 같으면 있을 수가 있지만, 기사가 증거로 제출되어 있습니다. 언제부터 대한민국 검찰이 언론의 기사를 형사사건의 증거로 제출했는지 되묻고 싶습니다. 이하 생략 공소사실에 대한 전면 부인이었다. 박 전 대통령도 변호인 의견과 같이 전부 부인한다고 진술했다. 다음은 필자가 최서원 측 변호인단을 대표해서 모두 진술을 했다.

이경재 변호사의 모두 진술

공소사실에 대해서는, 최서원 피고인에게는 두 가지입니다. 하나는 롯데에 대한 70억 추가 출연 문제, 그다음에 SK와 89억 추가 출연 협의한 것, 이 두 가지인데요. 이 부분에 대해서는 이미 지난 5월 2일 준비절차 기일에 이 법정에서 재판장님께 말씀드린 부분을 다 원용하겠습니다. 요약하면 공소사실을 인정할 수 없습니다.

우선 첫 번째는 박 전 대통령과 공모한 적 없고, 법리적으로도 대가 관계나 부정한 청탁이 없다는 것입니다. 자세한 부분은 그때 의견서를 제출했기 때문에 그것을 원용하는 것으로 하겠습니다. 다만 이 자리에서는 당 법정에서 피고인 최서원 입장을 말씀을 드리고, 재판장님께 간곡히 앙망하는 내용을 간단히 말씀 좀 드리겠습니다.

존경하는 재판장님! 피고인 최서원은 2016년 10월 31일 체포되었습니다. 그리고 11월 3일 구속되었습니다. 후에 검찰 특수본 1기에 의해서 11월 20일 1차 직권남용 등으로 기소되었습니다. 현재 6개월이 경과되었습니다. 그리고 마지막으로 기소된 것이 2017년 4월 26일 불과 얼마 전입니다. 검찰에서 다시 국회에서의 증언·감정 등에 관한 법률 위반으로 추가했습니다. 이것은 6개월에 걸쳐 매월 1건씩 축차 기소한 것입니다. 기소된 내용을 통틀어 살펴보니까, 특수본 1기가 2016년 10월경 이른바 최순실 게이트 사건을 본격 수사할 때 모두 문제 제기된 사안이었습니다. 그리고 그 당시에 의혹은 최대한 부풀려져 있었습니다. 그리고 촛불 시위의 격화로 수사, 소추 기관에 매우 우호적이고 유리한 환경이 조성되어 있었습니다. 그런데도 검찰과 특검은 정치, 사회 여건의 변동에 따라, 사건을 보는 시각 내지 관점을 달리하여 어떤 때는 직권남용으로, 어떤 때는 강요로, 더 강경한 입장을 취하면 삼성뇌물로, 그리고 이후에 뭔가 좀 미진하다고 판단이 되면 출연기업 중 일부 예를 들면 롯데나 SK를 선별해서 뇌물로 기소하는 변화무쌍한 공소 기술을 발휘했습니다. 이것은 공소권 남용에 해당한다고 생각합니다.

존경하는 재판장님. 그리고 좌·우 배석 판사님 그리고 이 자리에 와주신 검찰관 여러분! 최 게이트 사건의 핵심 쟁점은 774억 원짜리 미르·케이스포츠 양 재단이 어떤 의도로, 어떤 목적으로, 어떠한 방법으로 만들어졌는가에 있습니다. 이 사건을 고발한 투기자본감시센터는, 얼마 전에 일어났던 검찰의 돈 봉투 사건을 고발했다는 기사를 보았는데 이 투기자본감시센터는 이 재단 설립을 뇌물 수수, 공여 범죄 행위로 보았습니다. 특수본 1기는 공소장에서 재단 설립 목적 자체는 거론하지 않았습니다. 그 과정, 방법을 문제 삼아서 직권남용·강요로 구성했습니다. 특검은 투기자본감시센터 쪽으로 선회하여 삼성 출연 부분만을 선택하여 삼성의 경영 현안과 연결시키는 묘수 아닌 묘수를 찾아내서 뇌물죄로 구성해서 기소했습니다. 특검 종료 후에 특수본 2기는 특검의 기조에 우호적으로 동조해서 이미 수사를 종료한 롯데 출연금과 SK 출연 협의를 새로운 뇌물 사건으로 기소하는 대단한 기민함을 보였습니다. 본 변호인은, 6개월여 27회에 걸쳐 진행된 양 재단사건 공판에 참석해 오면서, 양 재단 설립의 진정한 내심의 이유와 목적, 추진 주체가 누구였는지에 대해 지속적인 의문을 가져왔습니다.

이제 사실상 증거 조사가 완료된 현시점에서 볼 때 최소 인정되는 공약수로서는 ① 박 전 대통령의 퇴임 후를 대비해서 피고인 최서원과 안종범 수석 등이 재단을 만들었다는 주장이나, ② 양 재단 출연금은 뇌물성이었다는 주장은 사실이 아님이 여러 증거나 증언에 의해서 누차 확인되고 있습니다. 이제 남은 쟁점은 양 재단 설립·출연 행위가 형법상 직권남용이나 강요죄가 성립되는지에 있다고 생각합니다.

본 변호인은 특검의 위헌성에 대해 헌법소원을 제기했습니다. 2017년 5월 9일 헌재 재판장(김이수)은 심판에 회부한다는 결정을 하고 심리 중입니다. 심판 결과 역시 이 사건 재판에 영향을 많이 미칠 것으로 생각하고 있습니다.

존경하는 재판장님 그리고 좌·우 배석 판사님! 이 사건은 전 세계 현대사에서도 그 유례를 찾기 어렵습니다. 그런 만큼 국내외에 관심이 과열되고 있습니다. 이 재판 진행과 그 결과가 앞으로 여러 방면에서 많은 파장을 일으킬 것으로 예상하고 있습니다. 지난 5월 9일 대통령 선거로써 극적인 정치 투쟁은 이제 끝이 났습니다. 이제 남은 것은 법과 정의, 이성이 준거가 되는 재판정뿐입니다. 대한민국의 사법부가 국내뿐만 아니라, 국제 사회의 엄정한 평가를 받아야 하는 도마 위에 올라 있다고 할 수 있습니다. 정치권의 풍향과 여론의 향배를 극복하시고 명경지수·불편부당의 자세로 법정에 임하셔서 이 법정에서 법과 정의가 살아 숨 쉬고 있음을 천명해 주시기를 간곡히 앙망합니다.

변호인 모두 진술 후 최서원은 공소사실을 부인한다고 답했다. 끝으로 신동빈 측 변호인단 대표로 백창훈 변호사가 모두 진술을 했다. 백 변호사는 "공소사실에 대한 의견은 준비절차에서 말씀드린 바와 같이, 피고인에 대한 이 사건 공소사실은 사실과 다를 뿐 아니라 합리적으로도 의문이 있다."라고 간단히 진술하였고, 신동빈 회장도 "변호인 의견과 같이 공소사실을 전부 부인한다."고 답변했다. 피고인 세 사람 모두 공소사실을 전면 부정함으로써, 치열한 그리고 장기간의 법정 공방을 예고했다. 필자는 재판부가 정의와 양심, 법치주의, 증거 재판주의와 이성적 판단, 인권을 준거로 삼아 재판해 줄 것을 간곡히 기원했었다. 사법부가 정의와 인권, 그리고 법치의 마지막 보루임을 확인할 수 있는 계기가 되기를 기도했다.

이날 공판을 마치고 박 전 대통령을 호송하는 서울구치소 버스가 법원 구내를 나와 구치소로 향하자 법원 앞거리를 메운 시민들이 버스에 탄 박 전 대통령을 향해 응원의 함성을 보냈다. 이때부터 이 같은 풍경은 박 전 대통령의 공판이 있는 날에는 서초동 법조 거리의 변함없는 모습이 되었다.

보쌈 증언의 실상과 파문(波紋)

최서원의 무남독녀인 정유라는 2015년 승마 특기생으로 이화여대에 입학했으나 학교에는 제대로 나가지 않았다. 2015년 6월 30일 최서원의 권유에 따라 독일로 갔다.[253] 독일로 가기 전인 6월 12일 개명했다. 구명은 정유연이었다. 박 전 대통령도 최서원의 딸 이름을 정유연으로 기억하고 있었다. 최서원은 국내를 떠나 말 산업 선진국인 독일에서 말 사업(말을 구입하여 국내에 판매하는 사업)을 하려 했다. 박원오가 말 사업 전반에 대해 전문가적 경력이 있어 그와 함께 사업을 하고자 했다. 박원오도 최서원의 독일행에 동행했다.

---

[253] 정유라에 대해서는 본서 Ⅲ부 1-3. 정유라 관련 의혹과 진상 참조.

최서원은 자기 자금으로 독일에서 회사를 인수하였고, 승마장과 숙소 등을 물색하여 임차하거나 구입했다. 최서원은 딸의 장래를 생각하여 국내에서 보유하던 말 4필도 독일로 데려갔다. 독일 체류 중 박원오가 최서원에게 대한승마협회 회장사를 맡고 있던 삼성전자가 승마 선수 해외 훈련을 지원할 계획이 있다면서 정유라도 지원 대상이 될 자격이 있으니 정유라를 포함하는 지원 계획을 추진하겠다고 했다. 이렇게 하여, 삼성전자의 정유라 승마 지원 관련 문제가 발생하게 되었다. 그 후 이 문제는 박 대통령이 삼성 이재용에게 비선 실세 최서원의 딸 승마 훈련을 지원하라고 했다는 방향으로 비약했다. 이른바 삼성 승마 관련 뇌물 수수 사건이 됐다. 이렇게 보면 삼성 관련 뇌물 사건은 정유라에서 출발했다고 할 수도 있다.

앞서 기술한 바와 같이 2016년 10월 30일 최서원이 귀국하자 정유라는 외톨이가 되었고, 고립무원 상태에 놓였다. 정유라는 독일 등 유럽 지역에 특파된 국내 언론사 기자들을 피해 덴마크 북부 지역 중소도시 올보르(Aalborg)시의 한적한 주거지에서 은거하고 있었다. 정유라는 어머니의 근황이 궁금할 때면 가끔 필자에게 전화를 했다. 최서원이 2016년 12월 24일 박영수 특검에 소환되어 곤욕을 치루고 특검 소환 불응 등 수사에 저항하자, 특검은 정유라를 국내로 데려와 최서원을 우회·압박하려 했으나 실패했다. 정유라는 특검 활동 기간이 종료되고, 문재인 정부 출범 후인 2017년 5월 31일 입국하여 조사를 받았다. 특수본 2기가 두 차례 구속영장을 청구했으나 기각되었다.

박영수 특검이 삼성그룹 이재용 부회장 등에 대한 서울중앙지방법원 2017고합194호 특가법 위반(뇌물공여) 등 사건에서, 공소사실을 전면 부인하는 삼성그룹 관계자들의 혐의를 입증하기 위해서는, 최서원의 진술이 긴요하나 그녀는 특검을 철저히 불신·배척하여 특검에 유리한 진술을 받아낼 수 없었다.

그러자 검찰에서 2차례 구속영장이 기각된 채 수사 중에 있던 정유라를 증인으로 소환하려고 했다. 정유라는 불구속 상태에 있기는 하나 검찰에서 다시 구속영장(세 번째)을 청구할지 불안해했었다.

삼성 관련 뇌물공여 사건 재판장 김진동 부장 판사(형사27부)은 최서원에게 '2017년 7월 12일 증인으로 출석하라.'는 통지서를 보냈고, 최서원은 출석에 대비하고 있었다. 그런데 2017년 7월 8일(토) 02:00경 심야에 특검이 기습적으로 정유라를 증인 신청하면서 2017년 7월 12일자로 증인 소환된 최서원의 신문을 뒤로 미뤄달라고 했다. 재판부가 특검의 신청을 받아들였다. 어머니를 증인 신문하려던 재판 일정을 특검의 요청에 의해 딸로 대체한 것이었다. 특검은 기습 증인 신청 이유를 "검찰 작성 정유라 피의자 신문 조서가 증거 제출되어 변호인 측에 넘어가 장기간 노출됨으로써 수사 중인 특수 1부가 부담을 느껴, 긴급 증인 조사가 필요하다."고 설명했다. 이 이유는 근거 없는 트집이었다. 그 당시 삼성 측 변호사들과 최서원·정유라 변호인들과는 정유라 사건과 관련하여 자료 교환 등 업무 공조가 전혀 없었다. 일방적 주장에 지나지 않았다. 더구나 검찰은 당연히 복사하여 제공해야 할 정유라 피의자 신문 조서조차 복사 거부하여 필자가 행정 심판을 제기하였다.

이재용 부회장 등 재판이 2017년 7월 7일(금) 10:00경 시작하여 계속 중 자정을 넘긴 7월 8일(토) 02:00경 특검이 기습 증인 신청하는 것은 법조 실무 관행으로나 상식으로 보아도 극히 바람직하지 않았고 특검의 의도가 정상적 증인 신문에 있지 않다고 분석되었다. 여기에서 비롯된 보쌈 증언의 경과를 살펴보자.

① 2017. 7. 8.(토) 10:00경 최서원 접견, 정유라의 의사 확인

이날 최서원 변호인들은 동부구치소에서 최서원을 접견하고 정유라 기습 증인 채택에는 특검 측의 좋지 않은 의도가 깔려 있다는 데 의견을 같이 했다. 최서원도 유라는 내용을 알지 못 하는데, 왜 증인으로 세우는지 이해하지 못 한다고 하며 출석 불응하도록 유라에게 전해 달라고 하였다. 변호인단은 이날 정유라에 대해 상황을 전달하고, 증인 불출석에 정당한 이유가 있음을 설명하고 특검의 의도가 투명치 아니하고, 검찰 특수1부에서 유라의 형사 피의사건을 수사 중이어서 증인으로 나가지 않는 게 피의자인 유라에게 유익하다고 조언하였다. 정유라도 변호인의 조언을 받아들였다. 이후 필자는 검찰 기자단 대표에게 정유라 증인 출석은 바람직하지 않아 불출석할 예정이며, 불출석에 정당한 이유가 있다는 요지의 변호인 입장을 알려주었다.

② 2017. 7. 11.(화) 11:30경

변호인단은 여러 경로로 정유라 증인 불출석 의사를 최종 확인하고 이날 11:30경 형사27부(재판장 김진동 부장 판사)에 불출석 사유서를 제출하였다. 이 시각까지 다음날로 예정된 정유라 증인 소환장이 도달되지 않았다. 재판부는 정유라에게 전화로 연락할 수 없었다(전화번호 미입수). 특검에서도 전화 통지하지 않았다(특검도 정유라의 전화번호를 알려면 검찰 특수 1부의 도움을 받아야 함).

재판부는 이날 최서원의 증인 신문을 다음 기일로 연기하는 결정을 하여 구치소에 통지하였고, 특검은 불출석 의사를 표시한 정유라를 설득해서 출석시키겠다고 재판부에 공언하였다고 한다. 필자는 특검 측의 정유라에 대한 집요한 출석 회유나 압박을 예상하여 직접 또는 간접 방법으로 정유라의 불출석 의사를 다시금 확인하였고, 만에 하나 입장을 변경해 출석하겠다고 한다면 시간이 허용하는 범위에서 정유라에게 적절하고 유익한 법적 조언을 할 준비를 하고 있었다. 변호인단은 2017년 7월 12일 예정된 최서원 증언을 대비해서도 그기 형사 피고인이고, 그의 공소사실과 같은 내용으로 증인 신문하는 점을 고려하여, 재판부에 변호인이 증인 신문 때 조력할 수 있는 방안을 질의해 두고 있었다. 그런 만큼 정유라도 같은 차원에서 증인 신문 때 변호인의 조력이 필요하였다.

③ 2017. 7. 12.(수) 02:06경

서울 강남구 소재 미승빌딩(정유라 주거지)에서 특검 관계자가 정유라를 불러내 그곳에 대기 중인 차에 태워 데리고 갔다.[254] 이후 서울 강남 소재 모 호텔에서 서울중앙지법에 갈 때까지 체류하였다. 특검은 08:00경 또는 08:19경 정유라가 권영광 변호사에게 "밤새 고민해 봤는데 저 오늘 증인 나가기로 했습니다. 이게 옳은 선택인 것 같습니다. 죄송합니다."는 문자를 보냈다고 하나, 권영광 변호사는 08:00경 또는 08:19경 이 같은 문자를 수신한 사실이 없다.

이날 09:40경 필자의 사무실에서 정유라 집으로 전화하여, 통화 시도를 하였는데, 정유라를 돕던 아주머니가 "정유라가 이른 새벽 혼자 외출했다. 변호사에게 간 것 아니냐."고 반문하였다. 정유라 거동에 이상(異狀)이 있다는 것을 직감한 필자가 정유라 아버지 정윤회에게 정유라 행적을 문의하자 알지 못한다고 했다. 정유라 아버지는 "정유라의 불출석 의사를 확인했고, 특검 측의 회유·압박이 있으면 변호사께 연락하라."고 했다고 전했다.

---

[254] 연합뉴스TV, 2017. 7. 12. 정유라 관련 보도 뉴스 영상.

2017년 7월 12일(수) 10:00경 언론을 통해 정유라 증인 출석 뉴스를 접한 변호인단은 놀라지 않을 수 없었다. 뭔가 큰 문제가 있지 않은지 노심초사했다. 권영광 변호사가 법정으로 달려갔다. 정유라는 어느 변호인과도 사전에 증인 출석하겠다는 상의를 하지 않았다. 권영광 변호사는 10:23경 그의 핸드폰에서 증인 출석을 알리는 정유라 발송 문자를 접수하였다. 이때는 정유라가 증언 중이어서 정유라는 핸드폰 소지가 불가능하였다. 따라서 특검과 연계된 자가 정유라 휴대 전화로 자진 출석을 위장키 위해 황급히 문자를 발송하였을 가능성이 있는 것으로 보였다.

변호인단은 정유라의 출석 증언이 특검 또는 그와 연계된 자들의 회유·압박에 의한 것으로 판단하고 언론에 관련 자료를 송부하였다. 또 최서원 소유의 미승빌딩에 설치된 CCTV 영상을 확보하고 분석하였다. 당연히 최서원의 사전 동의하에 진행했다. 미승빌딩에 있는 CCTV 화면에서 정유라의 동정이 기록된 영상을 발견하였다. 이 영상에 의하면 특검측은 D데이 H아워를 12일 02:00로 설정하였다. 12일 02:06경 정유라가 빌딩 주거지에서 혼자 빠져나와 미리 대기 중인 차에 빠르게 승차하고 신속하게 현장을 이탈하였다. 06분 이전 특검 관계자가 차량 밖을 나와 정유라를 기다리며 워밍업을 하고 있었다. 이후 정유라의 행적(02:00부터 10:00까지 8시간)을 파악하기 위해서는 공권력에 의한 조사가 요구되어 불가능했으나, 그 중 특검 관계자가 정유라를 강남 소재 모 호텔로 인도한 사실은 확인할 수 있었다.

필자는 기자들에게 수사·소추 특별 기관인 박영수 특검 관계자가

- 02:00경 심야에 증인 주거지를 찾아가 21세의 젊은 여성을 데리고 호텔로 인치하고,
- 변호인과의 연락·교통을 교묘히 차단해 방어권 행사를 불능케 했으며,

- 형사 피의자로 구속영장의 3차 청구를 앞두고 있는 정유라의 궁박한 상태를 이용해 꼭두새벽 2시부터 8시간 동안 신변을 관리한 것은 명백한 위법이고, 범죄 행위에 해당할 여지가 다분하고,
- 정유라의 범죄사실 인정 여부, 증언의 진실성 공방을 떠나, 추악한 수법으로 전근대적 보쌈 증언을 하게 한 데 대해 우려하지 않을 수 없으며,
- 이러한 전근대적 보쌈 증언은 국제적으로도 망신을 사게 될 것이므로, 우리나라의 법치주의 정착과 향상을 위해서는 이 기회에 해당 특검 관계자의 문책과 재발 방지 조치가 있어야 한다는 요지의 보도 자료를 냈다.

필자는 정유라를 면담하면서 정유라가 삼성전자의 승마 훈련 지원과 관련한 전개 상황을 잘 모른다는 것을 파악했다. 정유라는 사실 어머니인 최서원이 시키는 대로 순응한 것이 전부였다. 최서원은 자신이 알고 있는 일들을 20대 초반의 딸에게 알려주고 함께 상의하는 성향이 아니었다. 그래서 정유라는 구체적 내용을 알지 못했다. 정유라가 삼성이나 박 전 대통령과 최서원 사이의 민감한 사항을 안다고 진술했다면 이는 추측에 지나지 않을 것이다.

정유라가 보쌈 증언을 감행한 이후 이유는 알 수 없지만, 자신이 자유 의사로 증언대에 섰다고 말했다. 필자와 변호인들은 변호인들의 조언과 반대 방향으로 가는 정유라를 변호하기는 어렵다고 생각하여, 최서원의 양해를 구하고 사임했다. 필자는 최서원에게 "이제부터 정유라에 대해서는 특검과 검찰에서 신경 쓸 테니 너무 걱정 말라."고 위로했다. 특검은 '엄마와 딸', '변호인과 의뢰인' 사이를 갈라놓는 데 결과적으로 성공했다.

보쌈 방식으로 법정에 선 증인의 진술은 임의성(任意性)[255]이 없으므로 증거

---

255) 형소법 제317조 제1항 피고인 또는 피고인 아닌 자의 진술이 임의로 된 것이 아닌 것은 증거로 할 수 없음.

능력이 없다고 해야 할 것이다. 임의성의 결격은 정유라의 보쌈 증언 경위가 자체 증명하고도 남는다. 그런데도 이런 증언을 적법한 증거로 채택한다면, 형소법의 진술의 임의성 관련 규정은 '있으나 마나', 즉 사문화 될 것이다.

　정유라의 보쌈 증언 중 가장 많은 논쟁을 유발한 부분은 최서원이 정유라에게 삼성에서 매입하여 선수 훈련용으로 제공한 말을 "네 말처럼 타라."고 했다는 대목이다. 이 증언을 두고, 특검은 삼성이 정유라에게 말을 사주었다는 증거라고 주장하였고, 최서원 측은 딸에게 훈련할 때 "자신의 말처럼 편안하게 타라."는 의례적 표현이었다고 반박했다. 최서원은 법정에서 검사들에게 "다른 사람 말이니 조심해서 타라고 하겠느냐?"고 반문하는 등 통상적인 어법상으로도 자신의 주장이 맞다고 했다. 얼마나 증거가 궁색했기에 특검이 이와 같은 표현 하나에 증거 가치를 두고 있는지 안타까웠다. 그런데도 1심 재판부는 특검의 손을 들어줬다.

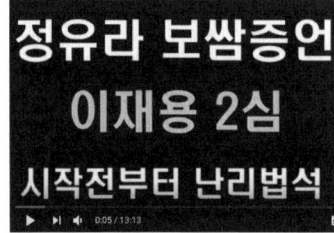
◀ 정유라 보쌈 증언

　2017년 7월 26일 10:00경 이재용 삼성 부회장 등 삼성 관련 뇌물 사건에서 정유라의 뒤를 이어 어머니인 최서원이 증인으로 출석했다. 최서원은 정유라의 앞선 증언과 자신의 증언 내용이 다르면 검찰에서 위증 문제로 다시 괴롭힐 것을 우려했다. 딸이 엄마와 다른 진술을 한 것을 흠잡아 위증 혐의가 더 씌워지는 걸 걱정한 것이었다. 최서원은 필자와 상의하여 증언 거부의 사유가 있으므로 전면 증언 거부하기로 했다. 필자 등 최서원 변호인들도 방청석에서 최서원의 증언을 지켜봤다. 최서원은 검사가 증인 신문을 시작하자마자 증언 거부 이유를 진술[256]했다.

최서원의 증언 거부 진술

(문: 검사, 답: 최순실)

(기록 1권 7090쪽 이하 증거 목록 397번을 제시하고)

문: 증인은 2016년 11월 27일 검찰에서 검사의 질문에 사실대로 진술하고, 증인이 진술한 대로 조서에 기재되어 있음을 확인한 후 서명, 무인하였나요?

답: 재판장님. 말씀드릴 것이 있습니다. 저는 이 재판에 나와서 전부 진술을 하려고 했는데 갑자기 제 딸 정유라가 나오는 바람에 제가 굉장히 혼선을 빚었고, 정유라를 새벽 2시부터 9시까지 어디에서 유치했는지에 대해서 제가 부모로서 당연히 물어봐야 될 사항이었는데 검찰에서 이야기해주지 않았으며, 본인이 자진해서 나왔다고 해도 그것은 위법한 증인 채택이라고 생각됩니다. 그래서 제가 여러 차례 변호사님에게도 물어봤는데 모른다고 하셨고, 제가 특검에서 처음 조사를 받을 때 두 가지 질문을 집중적으로 받았습니다. 하나는 박 대통령과 경제 공동체를 인정하라는 것이고, 하나는 제가 인정을 안 하면 신자용 부장검사님이 삼족을 멸하고 손자까지 가만히 안 두겠다며, 저는 저대로 대가를 받고 제 손자를 이 나라에서 영원히 죄인으로 살게끔 한다는, 옛날 임금님도 함부로 못하는 무지막지한 이야기를 1시간 30분 동안 들으면서 정유라를 왜 이렇게 강제로 데리고 나왔나 하는 생각에 저는 이 재판에서 증인으로 특검에 증언을 할 수가 없습니다.

재판장

증인에게

문: 증언을 안 하겠다는 것인가요?
답: 예, 증언을 거부하겠습니다.
문: 왜 나왔는가요?
답: 나오라고 하니까 나왔습니다.

---

256) 서울중앙지법 2017고합194호, 증인 최서원 증인 신문 녹취서 1.

최서원에게 증인 소환을 한 재판장이 최서원이 증언 거부하자 "왜 나왔느냐?"고 질문했으니, 코미디의 한 장면 같았다. 이런 우문(愚問)에 최서원은 "나오라고 하니까 나왔다."라고 현답(賢答)을 했다. 방청석에서 웃음소리가 들렸다. 검찰 신문에 대해 최서원이 증언 거부 태도를 분명히 하자, 검사는 준비한 신문 사항을 낭독하였고, 최서원은 '증언 거부' 또는 '묵묵부답'의 태도로 대응했다. 상황이 이렇게 되자, 삼성 측 변호인들도 최서원에 대한 증인 신문을 포기했다. 사실, 최서원과 필자는 정유라 보쌈 증언에 항의해 검찰 신문에는 증언 거부하되, 변호인 측에서 신문할 때에는 사실 그대로 증언할 준비를 했고, 그렇게 마음먹고 있었다. 삼성 측 변호인들이 최서원이 어떤 증언을 할지, 삼성 측 신문 후 검찰 재주신문[257] 때 어떤 양상이 벌어질지 예측이 어려워, 변호인 측 신문을 포기한 것으로 알고 있다. 그 결과 최서원에 대한 1심 증인 신문은 공전되었고, 실체적, 실질적 증인 신문은 항소심으로 미루어졌다.

◈ 치열한 사실·법리 논쟁

1심 재판 진행 기간(2016. 11. 20. 첫 기소 때부터 2018. 2. 13. 선고까지 1년 2개월 여)동안 검찰·특검과 변호인들 간에 있었던 논쟁거리는 헤일 수 없이 많았다. 사실관계에서부터 법리 해석과 적용에 이르기까지 일일이 부딪쳤다. 소송 절차에 있어서도 다툼은 실체 관계 쟁점 못지않게 치열했다. 그와 같은 치열한 논쟁은 재판 기록으로 차곡차곡 쌓여갔다. 아직, 1심 재판 기록이 어느 정도 분량인지 정확히 측정한 기록은 나타나지 않고 있다.

---

257) 먼저 신문한 측 소송 당사자가 상대방 측 반대 신문 후에 다시 신문하는 행위.

기록의 바다

필자가 최서원 사건 관련으로 기록 분량을 계산해 보았다. 검찰 측이 증거 기록으로 제출한 분량은 약 30만 쪽에 이른다. 여기에 법정에서 이루어진 증인·피고인 신문 등 녹취서 기록, 변호인 측에서 제출한 증거 서류, 의견서 등과 특검·검찰 측의 각종 추가 증거, 사실 조회 회보, 의견서 등을 모아보면 검찰 수사 증거 기록 30만 쪽과 맞먹거나 그 보다 더 많다고 해도 틀리지 않을 것이다. 이 방대한 기록을 재판부가 정밀하게 비교 검토할 수는 없을 것이다. 정밀·검토했다고 한다면 그야말로 자신들이 초인간적 능력을 갖고 있다고 우기는 것과 다름없다.

앞서도 예를 들어 설명한 바 있듯이 A4 50만 쪽 기록은 500쪽 책자 기준 1000권에 해당한다. 합의 재판부 판사 3명이 매일 500쪽 책 1권씩을 독파해도 하루에 3권, 일 년에 1095권이다. 이것은 가능하지가 않다. 재판하는 날, 인간적인 휴식, 기록 내용간의 모순과 오류를 찾아 내야 하고 비교 검토할 시간 등을 감안하면 물리적으로 불가능함이 더욱 분명해진다.

특검과 검찰은 소설 같은 장황한 공소사실을 공소장에 적시해 두고 열람·비교·검토 자체가 원천적으로 불가능하도록 수십만 쪽 수사 증거 기록을 재판부에 던져 그 기록 바다에서 재판부가 헤매도록 재판 전략·공소 유지 전략을 짰다고 할 수 있다. 피고인들의 방어권 행사도 기록의 쓰나미 앞에서는 대단히 무력하다. 사실관계와 이를 입증하는 인적 증거·서증·물증이 확실하면, 잡다한 정황 증거, 추측 진술, 언론 기사 등을 증거로 낼 필요가 없다.

재판부는 검찰 측에 제출한 증거의 입증 취지가 구체적으로 무엇인지, 분명히 할 것을 지시해야 한다. 막연히 '공소사실 입증, 공모 사실 입증' 등으로는 증거 채택할 수 없다고 하여, 검찰이 만든 기록의 바다에서 바른 방향을 잡아

좌초하지 않도록 해야 한다.

그런데 재판부는 변호인 측의 이 같은 주장을 받아들이지 않아 마침내 기록의 바다에서 헤매는 재판을 했다. 그러다 구속기간 6개월을 넘겼고, 추가 구속영장 발부로 박 전 대통령의 재판 거부를 초래했다. 검찰 측이 바라는 바였다. 재판부의 이 같은 소송 진행은 그 자연스러운 귀결로 최서원에 대한 1심 판결문이 무려 A4 500쪽(11 포인트)에 이르렀다. 500쪽 판결문이라지만 그 내역을 분석해 보면 허허실실이다. 검찰의 공소사실 인용, 사실·법리 쟁점에 대한 검찰 측과 변호인들의 주장 인용, 관련 법령이나 판례 인용, 증인 진술 내용·서증의 기재 내용 인용 등이 판결문의 대부분이고, 재판부의 판단은 검찰 측과 변호인 측 주장 중 어느 쪽을 선택하는 데 있었고, 재판부 독자의 논리 전개나 법리 제시는 특별히 보이지 않았다.

필자는 1심의 사실관계·법리 쟁점 가운데 최서원 게이트 사건 전반에 걸쳐 결정적 의미를 갖는 쟁점 몇 가지만 이곳에서 기록해 두고자 한다.[258] 이 쟁점에서 재판부가 어떤 입장에 서느냐에 따라 유·무죄가 갈라졌다.

최서원과 박 전 대통령 사이의 공모공동정범 관계 성립 여부

앞서도 언급했듯이 최서원 게이트 사건의 핵심 공소사실은

① 미르·케이스포츠 재단 설립·출연(직권남용권리행사방해죄)

② 삼성·롯데·SK 등 대기업으로부터 뇌물 수수·요구(단순 뇌물 수수, 제3자 뇌물 수수, 요구, 약속죄) 2가지로 대별된다.

이 두 가지 범죄 유형은 범행 주체로서 공무원이라는 신분이 요구되는 이른

---

258) 필자가 법정에서 변론한 내용을 중심으로 설명함.

바 신분범(身分犯)이다. 그런데 최서원은 민간인이므로 이 유형의 범죄가 성립될 수 없다. 한편 박 전 대통령은 자신이 직접 기업들로부터 경제적 이득을 취한 일이 없었다. 그리고 박 전 대통령의 문화 융성·체육 진흥 정책 기조에 부응하여 안종범 수석이 전국경제인연합회와 더불어 전경련 회원사가 출연하는 재단 설립을 실현했더라도 박 전 대통령이나 안종범 수석에게 사심, 즉 사적 이익을 노모하려는 서의가 없는 안 분세될 서리가 없다. 박 선 내풍령을 궁지로 몰아넣으려면, 민간인 최서원이 사익을 도모키 위해 박 전 대통령의 권력을 이용했다고 논리 구조를 짜야 했다. 그래서 등장한 법리가 최서원과 박 전 대통령 간의 공모관계, 공모공동정범 성립 논리다.

경제 공동체, 이익 공동체, 동반자 관계 등 주장이었다. 특검이나 검찰의 공소사실을 살펴보면 언제나 최서원이 먼저 박 전 대통령에게 재단 설립 제의, 대기업의 현안을 들어주고 그 대가로 뇌물을 수수 또는 요구하도록 제의·제안하고 박 전 대통령이 이를 수락하는 것으로 범행 구조가 짜여 있다. 최서원이 주범이고 박 전 대통령은 조종·이용당한 인물로 그려져 있다. 박 전 대통령은 자신의 이익을 위해서가 아니라 최서원의 사익을 도모하는 데 조력했다고 한다. 그러나 검찰의 이 같은 주장은 진실에 반하고 그런 검찰 공소사실을 입증할 증거도 없다.

〈 정경 유착이 사건의 근원? 〉

검찰과 특검은 이 사건의 정치·사회적 배경으로 한국 정치 권력과 재계 관계 일반론을 펴면서 대기업 집단은 대통령과 정경 유착으로 상생해 온 관계라고 주장했다. 그래서 이번 기회에 정경 유착 적폐를 근절해야 한다고 강변했다. 그러나 한국 경제의 발전에 따라 민간 경제 부분이 차지하는 비중이 막중

해지고 민주화 진전으로 정치 권력이 민간 경제에 미치는 영향력은 감소되어 왔다. 대기업 집단이 대형 경영 현안 해결에 대통령을 비롯한 정치권 내지 국민 다수의 협조와 지지를 필요로 하는 것은 예나 지금이나 다름없으나, 항상 대통령 등 정치권에 뇌물을 제공하면서 대형 경영 현안을 타개해 온 것(이른바 정경 유착방식)은 아니었다. 그러한 단정은 우리나라의 중요한 민간 경제 주체를 객관적으로 보지 아니하고 어느 일방의 부정적 시각을 비판 없이 수용하는 태도라고 하겠다. 특검의 이러한 정치권에 대한 부정적 인식과 반(反) 대기업 심리는, 자칫 독선에 흐를 경우, 대통령의 적극적인 민간 경제 지원 활동을 법적 근거 없이 제약하는 극히 위험한 결과를 낳을 수 있었다.

〈 최서원과 박 전 대통령 간 관계의 실상 〉

특검은 최서원과 박 전 대통령의 관계를 이른바 경제 공동체(또는 이익 공동체)로 보고 공동체의 일원인 최서원에게 이익이 귀속되면 이는 박 전 대통령이 이익을 수수한 것과 같다는 논리를 펴왔다. 세간에는 경제 공동체로 불려졌다. 특검의 공동체 주장은 근거가 없었다.

① 최서원이 20대부터 최서원의 아버지를 통해 박 전 대통령을 알고 40여 년 인연을 유지해 온 것은 사실이다.
② 박 전 대통령의 삼성동 사저 취득은 박 전 대통령이 매입하고 박 전 대통령이 대금을 지급한 것으로 명백히 밝혀졌다. 검찰은 일부 부동산 중개인 등을 증인으로 세워 입증하려 했으나, 관련 증언은 없었다.
③ 박 전 대통령의 사저 관리는 별도의 박 전 대통령 측 인사가 담당했다. 최서원 회사 직원이 대통령 사저 관리인이 도움을 청할 경우 편의상 보

일러 등을 봐주거나 한 적이 몇 번 있었다(최서원은 강남에 미승빌딩을 업무용으로 보유·관리하고 있고 건물 유지·관리 전문 직원이 있어 도움을 줄 수 있는 입장이었음). 최서원이 청와대 관저 및 안가의 인테리어 공사를 한 사실은 없다. 다만 여성 대통령의 사저여서 그 특성상 평소 잘 아는 최서원의 직원이 도어나 커튼 등의 사소한 수리를 해 준 적은 있었다.

④ 최서원이 박 전 대통령의 해외출장 등을 대비하여 의상을 제작하기 위해 의상실을 운영하고, 의상을 만들어 박 전 대통령에게 납품한 사실은 있었다. 이에 대해서는 박 전 대통령으로부터 대금을 모두 지급받았다.

검찰은 최서원이 의상비와 의상실 운영비를 무상으로 대납하고 그 대가를 노린 양 기술하고 있으나, 이를 인정할 아무런 증거도 없다. 박 전 대통령은 고급 의상실을 찾을 경우, 특정 의상 디자이너나 의상실에 특혜나 선전 효과 제공, 호화·고급 선호 비난 등을 우려했다. 그래서 가급적 무명의 소박한 의상 제작자들에게 주문하여 조용히 옷을 장만하려 했으며, 최서원이 이러한 뜻을 수용해, 무명의 의상 패턴사들에게 일감을 주었고, 의상실 운영비까지 지급한 것이다.

⑤ 최서원은 40여 년 박 전 대통령과 관계를 유지하면서 박 전 대통령의 건강 상태를 지근거리에서 자연스럽게 알게 되었다. 최서원은 박 전 대통령의 건강을 돕는다는 뜻에서 박 전 대통령 측 비서관에게 전문 의사 등을 추천했을 뿐이다. 이는 인간적인 정의에서 나온 행동이지 달리 최서원의 사욕과 연관된 것으로는 볼 수 없다.

검찰 측은 모든 측면에서 건덕지를 찾으려 했으나 허사였다.

특검은 경제 공동체(또는 이익 공동체)를 공모공동정범의 하나의 유형으로 만들어 냈다. 이 유형을 만든 이유는 대법원 판례 때문이다.

대법원의 판례[259]에 의하면, 박 전 대통령이 뇌물을 받지 아니하고 제3자로 하여금 뇌물을 받게 하였더라도 사회 통념상 박 전 대통령이 뇌물을 받은 것과 같이 평가할 수 있는 관계(박 전 대통령과 코어스포츠 경영자 최서원)에 있어야 단순 뇌물 수수죄가 성립할 수 있다. 동일시 평가할 수 있는 관계를 특검은 경제 공동체(또는 이익 공동체) 관계로 설정하고, 박 전 대통령과 피고인을 이러한 관계에 있다고 단정하고 관련 증거를 수집하려 했으나, 결과적으로 실패했다. 2017년 8월 25일 선고한 이재용 부회장 뇌물공여 사건 판결 이유에서도 이 논점에 해당하는 범죄사실 설시 부분은, 「최서원은 1975년경 설립된 대한구국선교단의 창립자인 고 최태민의 딸로서, 오랜기간 동안 대통령의 공적 업무와 사적 영역에 깊이 관여하면서, 밀접한 관계를 유지해 왔다」로 되어 있다. 매우 애매모호한 관계 설시이며, 경제 공동체 관계(이해 공동체 관계)로 단정할 수 없었음을 명시하고 있다.

특검은 삼성전자가 송금한 승마 훈련 용역 대금 등 경제적 이익의 법적 귀속주체인 독일 소재 코어스포츠 회사를 제3자로 보고 제3자 뇌물 제공으로 의율할 수도 있었으나, 이럴 경우 박 전 대통령이 삼성전자와 코어스포츠 간 용역 계약 체결에 대해 아는 바 전무하다는 장애물을 넘을 수 없었다. 그러자, 무리하게 비신분범인 최서원이 박 전 대통령에게 부탁하여 삼성그룹 이재용 부회장으로부터 최서원 딸 승마 지원을 끌어내 뇌물로 받았다는 근거 없는 기소를 하게 된 것으로 보인다. 이럴 경우, 박 전 대통령이 최서원의 딸을 위해 뇌물 제공 요구까지 할 이유나 동기가 명료하지 않거나 설명 불가하자, 그

---

[259] 대법원 2016도3540호 사건 2016. 6. 23. 선고.

해소책으로 형법 이론에서도 찾을 수 없는 사회주의 경제학상의 경제 공동체 내지 이익 공동체 관계라고 낙인찍고, 세간의 유언비어와 언론의 의혹 보도를 그 근거로 삼았다.

박 전 대통령과 피고인의 관계는 40여년 사적인 인연을 이어온 사이일 뿐, 경제 내지 이익 공동체 관계가 아니다. 또 판례에서 지적하듯, 최서원 행위가 박 전 대통령 행위로 사회 통념상 평가될 수 있는 관계는 더더욱 아니다. 따라서 특검의 이런 주장은 사실상으로나 논리적으로나 사회 통념상으로도 받아들여질 수 없다.

〈 최서원과 박 전 대통령 사이에 실제로 범행 공모가 있었는가? 〉

특검 · 검찰 특수본 1기, 2기는

① 미르 · 케이스포츠 재단 설립 · 출연(직권남용)

② 삼성 · 롯데 · SK 등 대기업으로부터 승마 지원 · 재단 후원 등 명목의 뇌물 수수, 요구 등 핵심 공소 범행에 있어서 최서원과 박 전 대통령 사이에 공모가 있었다고 공소장에 적시하고 있다.

최서원이 사익을 노려, 박 전 대통령에게 요청하고 박 전 대통령이 수용했다는 구조로 짜여 있다. 그러면, 검찰은 이 공모 사실에 대한 증거를 갖고 있는가? 직접적인 증거는 전혀 없다. 최서원이 어떤 형태이든 직접 또는 간접으로 박 전 대통령에게 부탁한 사실이 없었기 때문이다. 이 사실은 최서원과 박 전 대통령의 진술이 일치한다. 두 사람 사이의 연결점에 있던 정호성 청와대 부속 비서관도 같은 취지로 진술하였다.

검찰이 종교경전(經典) 수준으로 받드는 안종범 수첩 기재 어디에도 최서원의 성명이나 최서원으로 추정, 추리할 수 있는 이름은 나오지도, 찾을 수도 없다. 사정이 이러한 만큼 정유라 승마 지원이든 영재센터 지원 공모 등은 나아가 살필 필요 없이 존재하지 않는다.

최서원은 20대 때부터 국회의원, 당대표, 대통령을 지낸 박 전 대통령과 직접 교류하면서 박 전 대통령이, 결벽증일 정도로 청렴성을 지켜오고, 자신(최서원)이 외부에 나서는 일을 싫어해 왔다는 점을 알고 있어서 그에 부응하려고 노력해 왔다. 그래서 만약 최서원이 공소사실 기재와 같은 청탁을 했다면, 그 청탁과 동시에 대통령과의 오랜 인연이 파탄에 이른다는 것을 잘 알고 있었다. 그런 최서원이 이것저것 닥치는 대로 사익 추구를 위해 대통령에게 노골적으로 청탁했다는 공소사실은 도저히 상상할 수 없는 음해성 추리라고 하겠다.

삼성 승마 지원 공모에 관한 정황 증거 중 문체부 2차관 김종의 일부 진술이 있기는 하다. 김종은 2015. 1. 9.경 청와대에서 당시 장관인 김종덕과 같이 대통령을 1시간 채 안 되는 시간 동안 면담하였다. 김종은, 이 자리에서 대통령이 국가 대표 선발 특혜 의혹, 체육 단체장에 대한 정치인 추천 삼가 등을 언급하면서 안민석 의원이 거론한 정유라에 대해 "정유연 같이 운동 열심히 하는 선수 정책적으로 잘 키워야 한다."라고 말씀했다고 검찰 및 법정에서 진술했다. 그러나 장관인 김종덕은 그날 대통령과 면담하면서 대통령 말씀을 상세하게 수첩에 기록했는데, 그 수첩에는 정유연 관련 내용은 없었다. 또한 김 장관은 대통령이 그와 같은 언급을 했는지 기억하지 못한다고 진술하였다.[260]

그런데, 정작 차관인 김종은 당시 대통령 면담 자리에서 메모조차 하지 않았다(김종의 법정 증언). 김종덕 장관이 대통령의 말씀 중 일부러 정유라 관련

---

[260] 2017고합184호 사건 중 제727호 김종덕 진술 조서, 증 제728호 김종덕 수첩, 제2회 공판 조서의 증인 김종덕 녹취서 pp.2~10.

부분만 수첩에 기록하지 않는다는 것은 경험칙에 반한다. 따라서 김종의 이 점 진술은 신빙성이 없다고 할 수 있다. 김종은 이 점뿐만 아니라, 그와 접촉한 여러 사람들과 이 사건과 관련하여 진술이 상이하고, 자신의 진술도 수시 번복 또는 변경했다. 백보를 양보하더라도, 김종의 위 진술이 대통령과 최서원과의 승마 지원 명목 뇌물 수수 공모를 인정할 정도로 정황 증거의 가치가 있다고 할 수도 없다. 대통령의 특정 선수 언급과 격려, 정책적 지원 독려 등은 늘상 있어 왔던 대통령의 스포츠 장려 활동의 일환으로 보아야 한다.

박 전 대통령과 최서원 사이에는 삼성 승마 지원 등 뇌물 관련 공모 사실이 없었다. 수사·재판에서 공모 사실을 인정할 직접 증거를 찾을 수 없었다. 다만 검찰은 막연한 추측 진술·간접 정황 등을 견강부회식으로 증거로 제출하면서 왜곡 해석했다. 박 전 대통령과 최서원 사이의 공모관계가 입증되지 않으면, 박 정부를 붕괴로 몰고 간 최서원 게이트는 성립 존재 근거를 상실하고, 연이어 탄핵의 정당성도 부정될 위험에 빠지게 된다. 그런 만큼 특검과 검찰은 이 쟁점에 명운을 걸었다

대통령과 대기업 총수 간의 청와대 단독 면담과 기업 현안 청탁 여부

특검과 검찰(특수본 2기)은 박 대통령과 삼성·롯데·SK 그룹 총수들과의 단독 면담을 해당 기업 현안을 두고, 대통령과 기업 총수 간에 뇌물 거래를 한 방편이었다고 주장한다. 과연 그러한지 살펴 보자.

〈 박 대통령·삼성 그룹 이재용 부회장 단독 면담 〉

공소장[261]에는 다음과 같이 표현하고 있다.

---

[261] 서울중앙지법 2017고합184, 2017고합364호 사건 피고인 최서원 공소장.

① 2014. 9. 15. 대구창조경제혁신센터 개소식
- 대통령은 이재용에게 "…대한승마협 회장사를 맡아 주고 …" 정유라 승마 지원을 요구했다.
- 이재용은 삼성 승계 작업에 필요한 대통령과 정부의 도움을 받을 생각에 승마협 회장사 인수 및 정유라 승마 지원 요구를 수락했다.
- 이로써 이재용과 대통령 사이에 부정 청탁 대가로 뇌물 수수하기로 합의하였다.

② 2015. 7. 25. 서울 삼청동 청와대 안가
- 대통령은 이재용에게 "… 삼성그룹 경영권 승계 문제가 해결되기를 희망한다. …삼성의 승마협 지원이 부족하다. …승마협 직원들을 교체하고 …적극 지원하라."고 말했다. 이러한 말로써 대통령과 정부가 승계 작업 등 관련 현안을 도와주는 대가로 정유라 승마 지원을 해달라고 요구했다.
- 이재용은 삼성물산과 제일모직 합병이 성사되도록 지원한 데 대해 대통령에게 사례하고, 대통령 요구를 들어주면 승계 작업에 필요한 대통령의 도움을 확실히 받을 수 있다고 생각하고, 대통령의 정유라 승마 지원 요구를 수락했다.
- 이로써 서로 간 부정한 청탁 대가로 뇌물 수수하기로 합의가 이뤄졌다.

③ 2016. 2. 15. 청와대 안가
- 대통령이 이재용에게 "정유라를 잘 지원해 주어 고맙고, 앞으로도 계속 잘 지원해 달라."고 했다.

○ 이재용은 "… 삼성생명의 금융지주회사 전환 계획이 승인될 수 있도록 지원해 달라. …삼성바이오로직스의 상장, 관련 환경 규제 완화 및 투자 유치를 위한 세제 지원을 받을 수 있도록 도와 달라" 등 구체 현안을 부탁했다.
○ 이로써 서로 간 뇌물 수수하기로 합의가 이뤄졌다.

그렇다면 3차에 걸친 단독 면담에서 공소장 기재와 같은 뇌물 거래 합의가 있었는가가 문제인데, 삼성 단독 면담과 관련해서는 본서 PART 3 의 「3. 삼성의 국가 대표 승마 지원 정경 유착 프레임」 부분에서 상세히 기술한 바와 같이 단독 면담에서 공소장 기재와 같은 논의나 합의는 없었다. 단독 면담 당사자인 박 대통령과 이재용 간의 진술이 일치한다. 박 대통령이 정유라를 언급한 적이 없을 뿐만 아니라, 박 대통령은 2016년 10월경 이 사건으로 국민에게 사죄 성명을 발표하기 전까지도 정유라 이름을 정유연으로 알고 있었다. 이재용 부회장 역시 박 대통령이 정유라나 최순실 등 이름을 언급하는 것을 들은 적이 없었다고 진술했다. 박 대통령은 대기업 총수들과 한꺼번에 만나기도 하고, 개별로도 단독 면담을 했지만, 어느 특정 대기업에 한정한 면담은 하지 않았다. 대통령이 대기업 최고 경영자들과 순차로 단독 면담하여 기업 측의 애로 사항을 청취하여 국정에 반영하는 것은 매우 바람직하고, 역대 정부에서도 관행적으로 해 왔다. 이런 자리에서 어느 특정 선수를 거명하며 지원해 달라고 하면서 그 대신 대기업의 현안 해결 내지 해결에 도움을 주겠다고 제의하고 대기업 측에서 승낙하여 뇌물 거래를 합의했다는 구성은 대한민국 대통령이나 세계적 대기업인 삼성그룹 등 경영자들을 모욕하는 수준의 하급 코미디라고 할 것이다. 그나마 증거가 있다면 모르지만, 특검 및 검찰이 대통령과 삼성 이재용이 단독 면담을 악용해 뇌물 거래를 했다고 주장하는 것은 공소사실이 아니라 정치 선전에 지나지 않다고 할 수 있다.

〈박 대통령·롯데그룹 신동빈 회장 단독 면담〉

박 대통령과 롯데그룹 신동빈 회장의 단독 면담은 2016년 3월 14일 14:00경 청와대 인근 안가에서 있었다. 약 30분 소요되었다. 박 전 대통령 및 신동빈 회장의 각 진술[262]을 종합하여 단독 면담 주요 대화를 재구성해 본다.

대통령: 신격호 회장님 건강이 어떠신가요?

신동빈: 그다지 좋지 않습니다. 경영권 분쟁으로 심려 끼쳐 죄송합니다.

대통령: 지금 내수 경기가 어떻습니까?

신동빈: 「경제 일반 현황, 주로 평창 동계올림픽을 통한 경제 활성화 방안(PPT 자료)에 대해 보고하고」 창조경제혁신센터는 잘 운영되고 있습니다.

대통령: 평창 올림픽의 성공적 개최를 위해 관심가지고 노력해 주었으면 좋겠습니다. 3월 16일 롯데에서 만든 부산 창조경제혁신센터 1주년 행사에서 봅시다. 체육 육성에 관심을 갖고 도와주시기 바랍니다.

롯데그룹은 평창 동계올림픽 스폰서 회사여서, 박 대통령과 신 회장은 올림픽 개최와 경제 효과를 중심으로 대화가 오갔던 것으로 추정된다. 신동빈 회장은 이 단독 면담 때 박 대통령이 누슬리라는 스위스 경기장 시설 업체나 5대 거점 체육인재 육성 사업, 케이스포츠 재단 등을 거론한 바 없다고 진술했

---

[262] 2016고합1202호 사건의 검찰 증거 기록 박근혜, 신동빈 피신 조서.

다. 박 대통령의 진술도 마찬가지다.

그런데도 검찰(특수본 2기)는 공소장[263]에서,

- 박 대통령은 신동빈 회장에게, …케이스포츠 재단의 하남 거점 체육시설 건립 자금 지원을 요구했다.
- 이에 대해 신동빈은, 면세점 사업 연장과 신규 특허 방안의 조속한 추진 등 현안에 도움을 요청했다.
- 대통령은, 면세점 제도 개선 방안을 2016년 3월 내에 발표하겠다는 취지로 답변했다.
- 이로써 서로 간 뇌물 거래를 합의했다는 구조로 적시하고 있다.

그러나 앞서 단독 면담 내용과 같이, 박 대통령과 신동빈 간의 이날 면담에서 하남 거점 체육시설 건립 자금 지원이나, 면세점 특허 연장·신규 특허 방안 등과 관련한 청탁은 없었다. 특히, 신동빈 회장은 "이날 처음 박 대통령과 단독 면담하는데 어떻게 사업상의 청탁을 할 수 있겠는가?"라고 검사에게 반문하기도 했다.

단독 면담을 뇌물 거래 방편으로 이용했다는 검찰의 주장에는 반(反) 대기업 정서와 정경 유착이라는 편견이 깔려 있다고 봐야 할 것이다. 현안 없는 기업은 없다. 대통령과 대기업 총수가 만나 단독 면담하면 그 자체로 바로 뇌물 거래, 정경 유착의 증거라는 독단은 어디에서 연유하는가. 이는 증거에 의한 사실 인정이 아니라 정치 공세의 일환일 것이다.

---

[263] 서울중앙지법 2017고합364호 사건 공소장.

〈 박 대통령 · SK 최태원 회장의 단독 면담 〉

박 대통령과 SK그룹 최태원 회장은 2016년 2월 16일 17:00경 청와대 안가에서 약 40분간 단독 면담을 했다. 주요 대기업 총수들과의 단독 면담 계획 중의 하나였다. 검찰(특수본 2기)은 이 단독 면담에서 박 대통령과 최태원 사이에 뇌물 거래의 합의가 있었다고 주장했다. 검찰의 공소장[264]에는 이렇게 기록하고 있다.

- 박 대통령은 최태원 회장에게 미르 · 케이스포츠 재단 출연에 대해 감사 표시하고 지속적 관심과 지원을 요구하는 한편 가이드러너 사업 지원을 요구했다.
- 최태원 회장은 대통령에게 ① 동생 최재원의 조기 석방 ② 워커힐 면세점 사업 지속 ③ SK텔레콤의 CJ헬로비전 인수 · 합병 등 SK그룹 현안에 대한 도움을 요청했다.
- 대통령은 면세점 제도 개선 방안을 조속 마련하겠다.(CJ헬로비전 M&A 심사) '알겠다'라는 취지로 답변했다.
- 이로써 양자 사이에 뇌물 거래의 합의가 이루어졌다.

그러면 과연 이날 면담에서 공소장 기재와 같은 합의가 있었던가 살펴보자. 박 전 대통령 및 최태원 회장, 안종범 수석의 검찰 조서 등을 종합하여 면담 대화를 재구성해 본다.

대통령: 요즘 잘 지내십니까?

최태원: 예. 저는 잘 지내고 있습니다만, 저희 집이 편치는 않습니다. 저는 나왔는데 동생이 아직 못 나와서 제가 조카들 볼 면목이 없습니다.

---

264) 서울중앙지법 2017고합364호 사건 공소장.

대통령: SK의 투자 고용을 확대해 주시고, 규제를 풀어서 투자 고용을 증대시킬 수 있는 방법이 있습니까?

최태원: 창조경제 규제프리존과 관련하여 IoT Test Bed에 외국 기업이 들어와야 됩니다.

대통령: 이런 전문적인 이야기는 안종범 수석이 함께 들어야 되겠네요. (안가 접견실 밖에 대기하고 있던 안종범 수석을 대통령이 직접 데리고 들어오면서)

대통령: SK는 미르·케이스포츠 재단에 얼마를 출연하였지요?(대통령은 이 부분 기억이 없다고 함)

안종범: 111억 원입니다.(이 부분 기억이 안 난다는 최태원, 대통령)

대통령: SK그룹이 미르·케이스포츠 재단에 출연해 주신 것에 대해 감사드립니다.

(가이드러너 관련 얘기를 꺼내며)

대통령: 가이드러너 사업은 사회적 약자인 시각 장애인을 돕는 좋은 사업인데, 작은 기업에서는 도움을 주기 어렵고 SK그룹처럼 대기업이 도와주면 좋겠습니다.[265]

(CJ헬로 비전 인수 합병, 워커힐 면세 문제)

안종범: SK그룹의 현안 중에서 워커힐 면세점 사업을 지속하는 문제가 있습니다.

대통령: 면세점 선정에 절차상 문제가 있었던 것 같습니다. 제도 개선 방안을 마련 중입니다.

최태원: 면세점 탈락 이후, 직원들의 고용이 걱정입니다.

안종범: SK의 다른 현안으로는 CJ헬로비전 M&A 문제도 있습니다.

최태원: 신속하게 결론을 내주시는 것이 모두에게 좋을 것 같습니다.

대통령: 알겠습니다.

---

[265] 박 대통령도 2017. 4. 10. 검찰 조사 당시 '2016. 2. 16. 최태원 회장과의 개별 면담 과정에서 최태원 회장에게 가이드러너 사업이 사회적 약자인 시각 장애인을 돕는 좋은 사업인데, 작은 기업에서는 도움을 주기 어렵고 SK그룹처럼 대기업이 도와주면 좋겠다는 취지로 권유를 했었다'라고 진술하고 있음. 이는 일반적인 스포츠 활성화를 위한 언급일 뿐 금품 요구 내지 뇌물 수수를 위한 합의 과정의 일환이 아님.

면담 내용에서 대통령이 가이드러너 지원을 언급했더라도 이는 사회적 약자인 시각장애인들을 위한 정책에 대기업이 동참해 달라는 취지였지, 동참의 대가로 최태원 회장의 청탁을 수용하겠다는 의사는 아니었다. 나아가 최태원 회장은 대통령에게 현안 해결에 대한 청탁을 한 사실이 없다고 진술했다. 또 동생의 조기 석방을 부탁한 적이 없고, 자신만 석방되어 동생 가족 볼 면목이 없다는 심경을 말했을 뿐이다. 이 발언이 바로 청탁을 에둘러 표현한 것으로 단정키 어렵다.

위와 같이 대통령과 대기업 총수들과의 단독 면담을 뇌물 거래의 방편으로 몰아세우는 특검·검찰의 주장은, 사실과도 상이하고, 정경 유착 프레임 씌우기와 반(反)대기업 심리를 나타내는 징표라고 할 수 있다.

최서원이 삼성 등 대기업으로부터 얻은 경제적 이익은?

여러 번 기술했고 수사·재판에서 확인되었듯이 박 전 대통령은 이 사건 최순실 게이트와 관련하여 얻은 경제적 이익이 없다. 뇌물죄는 공직자가 공직을 팔아 또는 공무를 빌미로 경제적 이익을 취하는 범죄다. 그래서 뇌물 사건에서는 필수적으로 수수한 경제적 이익[266]을 화폐 단위로 산출해 내야 한다. 수수(收受), 요구(要求), 약속(約束)한 뇌물의 액수에 따라 처벌형(법정형)이 달라진다. 형법상의 뇌물죄는 5년 이하의 징역 또는 10년 이하의 자격 정지에 처해진다(형법 제129조). 그러나 뇌물죄를 가중 처벌하는 '특정범죄가중처벌 등에 관한 법률 제2조'에 의하면 수뢰액이,

---

266) 금전 등 유형적 재물, 경제적 권리 등 무형적 재산, 기타 경제적 가치가 있는 이익이나 이득, 향응도 포함됨.

① 3000만 원 이상 5000만 원 미만인 경우 5년 이상 유기 징역

② 5000만 원 이상 1억 원 미만인 경우 7년 이상 유기 징역

③ 1억 원 이상인 경우 무기 또는 10년 이상의 징역에 처한다. 유기 징역형은 1개월 이상 30년 이하로 한다(형법 제42조). 다만 가중하는 때에는 50년까지로 한다(형법 제2조 단서).

위와 같이 수뢰액을 정밀하게 확정하는 것은 대단히 중요한 일이나. 최서원은 민간인이므로 뇌물죄가 적용되지 않는다. 그래서 특검과 검찰은 박 전 대통령과 공모하여 뇌물을 받았다고 기소했다. 그런데 박 전 대통령은 받은 뇌물이 없으니, 최서원이 받은 경제적 이익을 뇌물로 해석하려는 것이다. 그럼 최서원은 삼성 등 대기업으로부터 받은 경제적 이익이 있는지, 있다면 그 금액은 얼마인지 살펴보자. 앞서도 설명했듯이, 박 대통령과 최서원은 경제 또는 이익 공동체 관계가 아니어서, 각자의 수익은 각자가 소유·관리·처분해왔다. 그래서 최서원이 삼성 등 대기업으로부터 받은 경제적 이득이 있다 해도 그 이득이 박 대통령이 얻은 이익이라고 할 수는 없다. 이 점을 분명히 해 두고, 최서원이 얻은 경제적 이득이 어떠한지 따져보자.

① 미르·케이스포츠 재단의 출연금 관련하여

16개 대기업 집단에서 미르 재단에 486억 원, 케이스포츠 재단에 288억 원, 합계 774억 원을 출연했다. 최서원은 출연금 모금이나 관리·처분에 관여한 사실이 없다. 그래서 최서원이 미르·케이스포츠 재단과 관련하여 얻은 경제적 이득은 전무했다. 특수본 1기는 최서원을 1차로 기소할 때 사기미수 범죄로 최서원이 케이스포츠 재단에서 연구 용역비 명목으로 7억 1300만 원을 편취하려 했으나 미수에 그쳤다고 했으나, 이 공소사실은 1심, 2심 모두

무죄 선고되었다. 애초부터 범죄가 성립되지 않는 사실인데 무리하게 집어넣어 기소했다.

② 한국동계스포츠 영재센터 관련하여

최서원이 조카인 장시호가 사단 법인 한국동계스포츠 영재센터를 설립할 때 도움을 준 것은 사실이다. 그러나 삼성전자가 영재센터에 2차에 걸쳐 16억 2000만 원을 지원한 데 대해 관여한 바 없고, 그 자금은 모두 영재센터에 입금되어, 장시호 등이 관리했을 뿐 최서원에게 흘러간 돈은 없었다. 최서원이 돈을 요구하거나 하려 한 적도 없었다.

③ 삼성전자와 관련하여

최서원이 독일에서 인수한 ㈜코어스포츠와 삼성전자가 2016년 8월 26일 승마 대표 선수 해외 훈련 용역 계약을 맺고 이 계약에 따라 위 독일 회사가,

- 용역 대금으로 36억 3484만 원
- 말·마차 구입 및 부대 비용으로 41억 6251만 원

합계 77억 9735만 원을 수수하였다. 최서원 개인 계좌가 아니라 독일 법인인 ㈜코어스포츠 계좌로 입금되었다. 이 가운데 말·마차는 소유권이 삼성전자에 있었고, 이 사건 발생 이후, 재판 과정에서 삼성전자가 처분하여 회수하였다. 최서원이 실제로 처분할 수 있었던 자금은 용역 대금 36억 원이었다. 이 36억으로 코어스포츠에 소속된 박원오, 노승일 등 직원과 회사의 대표이던 독일인 알프레도 쿠이프스, 한국계 독일인 박승관 변호사 등의 인건비를 충당하고 승마장을 관리했다. 용역 대금 36억 원 지출에 대하여는 독일 세무 당국에 빠짐없이 신고했다.

독일 현지 회계 기준에 따른 재무 회계상의 비리나 위법은 발견되지 않았다. 검찰이나 1심, 2심 판결에서 최서원이 '말'도 뇌물로 받았다고 주장·판시

했으나 이는 지나친 확장해석이다. 이재용 사건의 항소심에서는 말의 소유권이 삼성전자에 있었다고 판시하며 뇌물 범위에서 제외했다. 당연한 판결이라고 하겠다. 용역 계약에도 말이나 차량 등은 삼성전자 소유로 한다고 명시되어 있고, 이 계약서 조항을 변경한 사실도 없었다.

위에서 설명 드린 바와 같이 최서원은 독일 회사 코어스포츠 계좌로 삼성전자로부터 용역 대금으로 36억 원을 송금받았다. 이 36억 원은 최서원이 받은 경제적 이득으로 볼 수 있다.

④ 롯데 · SK와 관련하여

롯데가 케이스포츠 재단에 추가 지원한 70억 원은 케이스포츠 재단 계좌에 입금되었다가 케이스포츠 자체의 사업성 검토상 자금 소요가 없다고 판단하여 롯데에 반환하였다. SK와 관련해서는 케이스포츠 재단의 정현식 사무총장, 박헌영 등이 SK 측의 박영춘 전무 등과 가이드러너 사업 등 케이스포츠 추진사업 계획을 협의하던 중 결렬되어 자금 이동이 없었다. 검찰이 뇌물 요구했다는 금액은 케이스포츠 재단이 제시한 추진 계획 사업비 예상액이었다.

위에서 살펴봤듯이 최서원이 대기업으로부터 받은 경제적 이득은 삼성전자가 독일 법인 코어스포츠에 송금한 36억 원뿐이다. 이 36억 원은 박 전 대통령과 아무런 관련이 없다. 이 36억 원을 형법상 어떻게 해석할 것인가가 최서원 게이트 사건의 본원적 쟁점이었다. 최서원과 그 주변에 있던 사람들이 저지른 일탈 행위라고 한다면, 뇌물죄가 성립할 수 없고, 사기나 공갈죄가 성립 가능할 것이다. 그러나 세계적 기업 삼성전자와 그 핵심에 있던 노련한 미전실 사장들이 일개 민간인인 박원오 말에 넘어가 사기당했다고 주장할 수 있는지 회의적이다.

그런데 특검과 검찰은 이 36억 원을 뇌물로 구성해서 관철시켰다. 그뿐 아니라, 경제적 이득이 전무한 롯데 70억에도 뇌물죄를 적용했다. SK는 케이스포츠 재단 측과 사업비 예상액을 협의하던 중 중단 되었음에도 케이스포츠 재단에서 제시한 사업 예상액 89억 원을 뇌물 요구로 만드는 기재(奇才)를 발휘했다. 최대한 확장 해석하여 경제적 이득이 36억 원에 이른다 하더라도 이 36억 원에 20년 형은 죄와 벌이 균형을 상실한 것이다.

김수현 녹음 파일

검찰은 안종범 수첩을 스모킹 건(smoking gun)으로 활용했다. 이에 대해 변호인 측은 김수현 녹음 파일을 찾아내, 이 녹음 파일 내용에서 최서원 게이트가 기획된 것일 수 있다는 가능성을 제시하려고 했다. 1심 재판 과정에서 최서원 변호인단이 공세에 나섰다. 필자를 비롯한 변호인들은 재판부에 많은 증인을 신청했으나, 변호인 측 증인들은 증인 출석을 꺼려했다. 그 중 대표적인 사람이 류상영, 김수현이었다. 이들은 고영태를 중심으로 박헌영, 노승일 등과 밀접한 관계(대학 동문, 직장 동료, 고용·피고용자 관계)를 맺고 있었다. 여기에 최철[267], 이현정[268], 이진동[269] 등이 서로 얽혀 있었다.

필자는 류상영, 김수현 등을 증인 신문하기 위해 그들에 대한 검사 작성 진술 조서를 열람하는 과정에서 김수현 녹음 파일이 존재하고 검찰이 압수했다는 사실을 파악하였다. 검찰은 이 파일 중 일부분만 조사했다. 김수현 녹음 파일은 2300여 개에 이른다.

필자는 우선 재판부에 검찰 조서에 나타나 있는 김수현 녹음 파일 법정 재

---

267) 김종덕 문체부장관 보좌관.
268) 고영태와 접촉한 여자, 신원 불상.
269) 이진동: 이건 당시 TV조선 기획 취재 부장으로 재직.

생 신청을 했다. 신청 취지는 고영태, 노승일, 박헌영, 류상영, 김수현, 최철, 이진동 등을 법정에서 신문하면서 이들이 대화한 녹음을 재생시키면, 녹음 내용과 다른 증언을 하는 것을 증언 현장에서 확인할 수 있다는 데 있었다. 재판부의 녹음 재생 결정에 따라 변호인단은 김수현 녹음 파일 중 38건을 검찰에서 복사하여 녹취서를 만들고, 증인 신문 때 법정에서 녹음을 재생시켰다. 생생한 법정 증인 신문이 이루어졌다. 이 녹음 파일 내용을 두고도 검찰 측과 변호인 간에 치열한 공방이 있었다. 김수현은 고영태 사무실에서 직원으로 근무하면서, 자신의 핸드폰에 자동 녹음 설치를 했다. 그래서 김수현이 고영태에게 고용되어 근무한 2015년 1월 30일부터 최서원 게이트로 자신의 핸드폰이 압수될 때까지 통화 내용이 고스란히 담겨 있었다. 변호인들은 녹음 내용 분석 결과 반전의 기회를 잡을 수 있다고 봤다. 그런데 녹음 전량을 전수 분석하는 데는 많은 시간과 비용이 소요되어 급한 대로 중요한 녹음을 집중 청취 분석했다.

　녹음상에 나타나는 대화자는, ① 이현정 ② 최철 ③ 김수현 ④ 고영태 ⑤ 박헌영 ⑥ 류상영 ⑦ 노승일 등이다. 대부분의 녹음은 김수현과 류상영, 고영태 사이의 대화였다.

고영태 등은

- 케이스포츠 재단 장악 시도
- 현 정권 붕괴와 다른 정치 세력과의 결탁 논의
- 이진동 기자와 보도 방향 협의, 현직 검사 접촉 등. 이들이 최서원의 약점을 잡고 기획 폭로하고자 하는 논의 내용이 들어 있다. 이 녹음 파일에 대한 철저한 수사가 요망되고, 그 수사 결과에 따라 많은 사실들이 드러

날 개연성이 있다고 생각한다.

김수현은 2017년 7월 5일 법정에 나와서 "…이것저것 의혹이 나오고 있었는데, 고영태가 거짓말한 것이라고 생각한 부분이 있었다. 고영태가 거짓말한 부분을 조사받으면,… 거짓말한 것이 나올 테니까 고영태가 조금 벌을 받겠구나."라고 증언했다. 김수현은 고영태와 이진동 TV조선 부장이 CCTV를 몰래 설치하고, 최서원의 동정을 촬영하여 폭로 보도하려고 했던 사실에 대해서도 상세히 증언했다. 김수현의 증언은 검찰의 공소사실 기재와는 너무나도 다르다. 김수현은 법정 증언으로 위협을 받고 있다고도 했다. 필자는 김수현과 류상영 증언이 사실에 가깝다고 믿고 있다. 앞으로 규명되어야 할 과제다.

◈ 기울어진 재판(선고)

최서원에 대한 선고

최서원의 직권남용·뇌물 등 사건 1심 판결 선고는 2018년 2월 13일 417호 대법정에서 있었다. 기소된 때로부터 1년 2개월이 지났다. 최서원은 이화여대 입학 부정 관련 사건으로 이미 3년형을 선고받은 상태에 있었다. 서울중앙지방법원 제22형사부 재판장 김세윤은 최서원에게 징역 20년 및 벌금 180억 원을 선고했다. 삼성전자로부터 받은 뇌물액을 72억 9427만 원으로 계산하여 이 금액을 추징한다고 선고했다. 중형의 선고다. 180억 벌금을 납부하지 못하면 벌금 대신 3년간 노역장에 유치되어야 하므로 실제로는 23년의 징역형에 해당한다.

선고 당시 최서원은 61세이므로 20년 복역한다고 예정하면 교도소에서 생을 마감해야 할 것이다. 생명형이나 진배없었다. 최서원 선고형은 박 전 대통령의 선고형과 직결되어 있어서 더욱 심각한 의미를 갖고 있었다. 박 전 대통령과 공동정범 관계에 있는 최서원에게 20년형을 선고한 만큼, 김세윤 재판장은 박 전 대통령에 대해 최서원보다 더 높은 형을 선고할 수밖에 없었다. 박 전 대통령에게는 이른바 문화계 블랙리스트 사건까지 기소되어 있기에 더욱 가중될 예정이었다.

김세윤 재판장은 공동 피고인이던 안종범 수석에게 징역 6년 및 벌금 1억 원을 선고했다. 안종범에 대해서는 예상외로 낮은 형이 선고되었다. 그리고 김세윤 재판장은 함께 재판받았으나 불구속 상태에 있었던 롯데 신동빈 회장에 대해 징역 2년 6월을 선고하고 법정 구속을 명했다. 신 회장은 재판장이 법정 구속한다는 취지를 제때 알지 못했다. 검찰에서 구속영장을 청구하지도 않았고, 재판진행에 순응했던 신 회장을 법정 구속 한다고 하자, 신 회장 측 변호인들과 롯데그룹 임원들이 매우 당황해했다. 신 회장이나 최서원 측 모두 롯데 관련 뇌물 공소사실을 무죄라고 강력히 다투고 있었다. 이 점 외에는 신 회장을 구속할 사유, 즉 도주나 증거 인멸의 염려가 없는데, 재판장의 결정을 도저히 납득할 수 없었다. 이날은 평창올림픽 기간 중이었다. 이날 신 회장은 판결 선고 후 평창 경기장으로 가서 세계 각국 스키 선수단 대표들에게 만찬을 베푸는 일정이 있었다고 했다. 올림픽이라는 초대형 국제 행사 주최국에서, 세계를 상대로 활동하는 자국 대기업 총수를 법정에서 구속하여 세계 언론의 주목을 받게 해야 하는지 재판부의 심중을 헤아리기 어려웠다.

재판부가 법정 구속권을 남용했다고 봐야 할 것이다. 법정 구속을 통제할 수 있는 법적 장치가 없다. 재판장의 이러한 구속 독재권을 그대로 둔다면,

국민 누구나 판사 독재의 폐해를 입을 위험이 있다. 법정 구속된 피고인에 대해서는 다른 판사가 보석 등 석방을 꺼려한다. 명백히 잘못된 법정 구속인데도 쉽게 석방하지 않는다. 신동빈 회장도 법정 구속된 후 항소심에서 집행유예로 석방될 때까지 구치소에서 고생했다.

1심 재판부는 최서원의 공소사실 중 중요한 몇 부분에 대해 무죄를 선고했다.

① 최서원이 케이스포츠 재단으로부터 연구 용역비 명목으로 7억 1340만 원을 사취하려 한 점에 대해서는 무죄를 선고했다. 무죄 이유는 편취의사, 즉 사기의 고의를 인정할 수 없다는 데 있었다.
② 삼성전자와 코어스포츠 간 용역 계약상의 예상금액 213억 원은 뇌물 약속이라고 할 수 없으므로 무죄. 승마 관련 차량 4대는 소유권이 삼성전자에 있으므로 무죄라고 판시했다.
③ 삼성의 영재센터 후원금 및 미르·케이스포츠 재단 출연금은 뇌물이 아니므로 모두 무죄라고 했다. 특히, 삼성 승계 작업에 대한 명시적·묵시적 청탁이 있었다고 보기 어렵다고 판시하였다.

최서원의 1심 판결 선고를 6개월여 앞선 2017년 8월 25일 삼성 이재용 부회장에 대한 뇌물공여 사건(2017고합194호 제27형사부 재판장 김진동)의 선고가 있었다. 삼성관련 사건에서 뇌물을 제공한 측에 대한 선고가 선행되었다.[270] 그런 만큼, 이 판결 선고가 뒤따른 최서원·박 전 대통령 사건을 재판한 김세윤 재판장에게 심대한 영향을 미쳤을 것이다. 형사27부에서는 삼성 승마

---
270) 이재용 징역 5년, 최지성·장충기 각 징역 4년 등.

지원 72억과 영재센터 후원금 16억 합계 88억을 뇌물로 인정했다. 그리고 현안 청탁에 관해서는 개별 현안에 대한 명시·묵시적 청탁을 배척하였지만, 묵시적·포괄적 청탁은 인정하였다. 이재용 1심 사건 판결과 최서원 1심 판결을 비교해 보면 최서원 1심 판결이 진실을 향해 보다 진일보했다고 할 수 있다.

변호인들은 최서원 게이트 사건의 양대 공소사실인 미르·케이스포츠 재단 설립·모금과 삼성·롯데·SK 관련 뇌물 사건에 대해 강력하게 무죄 주장했으나 위와 같이 삼성의 양 재단 출연금·영재센터 후원금·승마 지원의 예상 금액과 마차 등에 대해서만 무죄가 받아들여지는 데 그쳤다. 특히, 박 전 대통령과 최서원 간의 공모, 대기업 총수들과의 단독 면담 성격, 미르·케이스포츠 재단의 설립·모금의 실제 행위자 등에 대해서는 재판부가 검찰의 손을 들어줬다.

필자는, 이 수사와 재판에서 재판정 외의 여론·정치 공세·언론 등에 의해 실상과는 다른 내용이 사실인 양 버젓이 자리 잡고 있었고, 특검과 검찰은 그 허상을 더욱 강화시키고 있어서 재판부 역시 이러한 분위기에서 자유스럽지 못한 것으로 판단했다. 417호 대법정은 기울어진 법정이었다. 그러나 기울기가 20년을 선고할 만큼 가파른지는 예측하지 못했다.

박 전 대통령에 대한 선고

서울중앙지법 제22형사부(재판장 김세윤)는 2018. 4. 6. 제417호 대법정에서 세칭 국정 농단 의혹 사건(2017고합364호)으로 기소된 박 전 대통령에 대해 징역 24년 및 벌금 180억 원을 선고했다.

기소된 때로부터 1년이 곧 다가오는 시점이었다. 박 전 대통령의 재판 거부로 재판장은 덩그런 법정에서 피고인도 없이 방송 카메라 앞에서 원맨쇼식 선고를 했다. 대한민국 재판의 수준이 이 정도인가 개탄하지 않을 수 없었다.

이 같은 선고 결과는 김세윤 재판장이 2018년 2월 13일 최서원에게 징역 20년 및 180억을 선고할 때 미리 예고된 바 있어 새로울 것이 없었다. 판결 이유 역시 그간 김세윤 재판장이 최서원을 비롯한 피고인 김종, 차은택 등 관련 사건에서 내세운 이유를 인용한 데 지나지 않았다. 이번 판결에서 굳이 눈에 띄는 내용이 있다고 한다면, 양형 이유에서 박 전 대통령을 과장·혹독하게 질책하는 부분이다.

판결의 양형 이유 중 일부

이와 같은 피고인의 범행이 하나둘씩 밝혀지면서 국정 질서는 큰 혼란에 빠졌고, 결국 헌정 사상 초유의 '탄핵 결정으로 인한 대통령 파면'이라는 사태에까지 이르게 되었는 바, 이러한 사태의 주된 책임은 헌법상 부여된 책무를 방기하고 국민으로부터 부여받은 지위와 권한을 사인에게 나누어 준 피고인과 이를 이용하여 국정을 농단하고 사익을 추구한 최서원에게 있다고 보아야 함.

그럼에도 피고인은 이 법정에 이르기까지 이 사건 범행을 모두 부인하면서 자신의 잘못을 반성하는 모습을 보이지 않았고, 오히려 최서원에게 속았다거나 자신의 의사와 무관하게 비서실장이나 수석비서관 등이 행한 일이라고 주장하는 등 납득하기 어려운 변명으로 일관하면서 그 책임을 주변에 전가하는 태도를 보였음.

다시는 대통령이 이 나라의 주인인 국민으로부터 부여받은 권한을 함부로 남용하여 국정을 혼란에 빠뜨리는 불행한 일이 반복되지 않도록 경계하기 위해서라도 피고인에게는 그 범죄사실에 상응하는 엄중한 책임을 묻지 않을 수 없음.

다만 삼성그룹으로부터 받은 약 72억 원 중 피고인이 직접적으로 취득한 이익은 확인되지 않고, 롯데그룹으로부터 받은 70억 원은 반환된 점, 전과가 없는 점 등을 유리한 정상으로 참작하여 선고형을 결정함.

1심의 양형 이유는 설득력이 없다. 먼저 김세윤 재판장은 탄핵 추진 세력들과 헌법재판소가 내세운 국정 농단론을 그대로 인용했다. 국정 농단은 법률적 개념이 아니다. 정적을 공격하는 선동 구호였다. 최서원이 국정 농단에 해당할 만한 행위를 했다고 의문의 여지없이 말할 수 있는가? 재판장은 박 전 대통령을, 부인하고 반성하는 모습을 보이지 않고 있다고 힐난했다. 전직 대통령이 자신의 행위에 대해 소신껏 입장을 밝힌 것을 범행부인 = 반성 없음 이라는 잡범에게나 적용될 논리를 양형 이유로 든 것은 가벼운 수준의 의식을 보여 준 것이다. 재판장은 박 전 대통령이 받은 이익이 없다는 점을 표현함에 있어서도 열린 마음으로 대하지 아니하고, " …피고인(박 전 대통령)이 직접적으로 취득한 이익은 확인되지 않고 …"라고 하여, 박 전 대통령에 대한 유리한 사실 인정에 소극적인 태도를 그대로 드러냈다.

〈 이 사건 판결 선고에 이르기까지의 소송 진행 및 선고 내용상 중대한 문제점 〉
첫째, 자의적인 구속기간의 장기화와 파행적 심리

  이 사건은 2017년 3월 31일 박 전 대통령 구속으로부터 1년여의 구금 기간이 경과해서 겨우 선고가 내려졌다. 애초부터 구속영장 효력 기간 6개월로 심리가 불가능했다. 그러자 재판부는 탈법적 방법으로 구속기간 6월을 경과할 즈음에 새로운 구속영장을 발부했다. 이 같은 구속기간 탈법 연장은 유엔인권규약의 구금의 자의적 장기화 금지에 정면으로 위배된다. 재판장의 법리 오해에 기한 결정에 대해 박 전 대통령이 재판 출석을 거부함으로써 이후 파행적인 심리가 이루어졌다. 이러한 파행 재판의 책임은 전적으로 김세윤 재판장에게 있다. 재판장은 법이라는 허울뿐인 형식적 절차만을 따랐을 뿐, 형사절차에서 구속·구속기간에 관한 법규범의 인권 보호적 정신에는 눈 감았다.

둘째, 신체적 고통을 가하는 수준의 공판 일정 진행

김세윤 재판장은 박 전 대통령 재판에 있어 구속기간에 쫓기자 1주에 3회 내지 4회 공판을 강행하였다. 피고인의 생명·신체에 대한 배려가 부족했다고 할 수 있었다. 재판장의 이 같은 공판 진행은 박 전 대통령을 심판의 대상이자, 재판 목적 달성을 위한 객체로 인식한 데 기초한 것이다. 비록 피고인으로 법정에 서 있지만, 피고인은 형사소송의 주체로서 정당한 권리가 있고, 인간으로서의 존엄과 가치가 존중되어야 하는데 그러한 형사절차상 기본권 존중 가치에 입각한 공판 진행이라고 할 수 없었다.

셋째, 최서원과의 공모와 그 증거

박 전 대통령이 피고인 최서원과 공모했다는(특히 뇌물에 대해) 직접 증거는 없다. 또한 박 전 대통령이 이건과 관련하여 얻은 이익이 전무하다는 사실은 재판부도 검찰 측도 인정하고 있다. 그렇다면 재판부는 의당, 박 전 대통령이 탄핵·구속·중형까지 감수하고 최서원이나 그의 딸을 위해 뇌물 범행을 할 상당한 동기가 있었는지 살펴야 함에도 이 점은 전혀 고민하지 않았다. 동기 없는 중죄 범행은 없다. 더구나 뇌물 범행은 우발적·충동적 범행 형태가 아니다. 공모 범행 인정의 증거는 최서원 때와 마찬가지로 첫째, 통화 횟수, 둘째, 안 수석 수첩에 기재된 단어 몇 가지만 있을 뿐이고, 나머지는 전부 추리·추측을 담은 진술에 지나지 않는다. 그와 반대로 뇌물이 아니라는 증거 서류나 진술이 훨씬 많고 설득력이 있다. 그런데도 의심스러운 때에는 검찰의 이익으로 판단하였다.

〈 재판부의 판결 선고 TV 생중계의 위법성 〉

김세윤 재판장은 박 전 대통령의 방송 생중계 반대 의사를 묵살하고, 공공의 이익을 명분으로 선고 공판을 생중계하였다. 재판장이 명분으로 내세운 '공공의 이익'은 바로 '국민의 알 권리' 충족에 있다고 할 수 있다. 그런데 이건 선고 공판은 공개 재판이었고, 언론사 취재진이 TV 생중계가 아니더라도 실시간 선고 과정과 내용을 송출하여 국내외에 전파할 수 있었다. 그런 만큼, '국민의 알 권리'와 이건 TV 생중계는 별개라고 하겠다. 알 권리를 명분으로 내세운 것은 적법한 이유라고 할 수 없었다.

1심 재판장이 판결선고에서 공공의 이익을 수호해야 하는 영역은

- 형사절차상 피고인의 인권을 존중하고, 무죄 추정의 원칙이 지켜지고,
- 재판이 밀실에서 재판관이나 검찰관에 의해 전단되지 않았고, 공정하게 진행되어 사법 정의가 실현되었음을 만인에게 보여주는 것이다.

형 집행 현장, 즉 교도소나 구치소의 운용을 생중계하지 않는 것은 일반 예방적 효과보다는 수형자들의 최소한의 존엄을 존중해야 한다는 데 그 이유가 있다. 형이 확정된 피고인에 대해서도 그러한데, 1심에서 그것도 정치적 사건이며 무죄를 강력히 주장하는 이 건에 있어 재판장이 TV에 나와 전직 대통령에 대해 일방적으로 발언하고 그 내용이 그대로 국내외에 전파된다면, 영상 매체의 파급력과 파괴력에 비추어 박 전 대통령이나 다른 공범의 무죄 추정의 이익은 사회적 평가에서는 소멸될 수밖에 없을 것이다. 결국 재판장은 형사절차상에서 수호해야 할,

- 피고인의 인권 존중,
- 무죄 추정의 원칙이라는 공공의 이익을 오히려 훼손했다고 하겠다.

이건 최서원 게이트 관련 사건의 다른 재판에서 재판장 본인이나 다른 재판부에서는 공공 이익으로 피고인의 의사에 반해 TV 생중계한 사례가 없었으며, 그간 피고인의 의사에 반한다는 이유의 생중계 불허에 대해 어느 언론도

이의를 제기한 바 없었다. 이 사건에 있어서도 언론 측에서 재판부에 피고인 의사에 반한 TV 생중계를 요청한 바도 없다고 한다. 결국 이번의 TV 생중계는 재판장이 자신의 판결 정당성을 일방적으로 고지하기 위한 방편이었고, 한 판으로는 유·무죄가 확정되지 아니한 박 전 대통령을 질타하고 중형을 선고함으로써, 1심 재판을 국민들에게 각인시켜 기정사실화하려는 데 있다고 하지 않을 수 없었다.

1심 재판부가 기획된 국정 농단 의혹의 결정적 증거인 JTBC 태블릿 PC의 검증·감정을 1년 가까이 지연하였고, 이후 국과수 감정서까지 증거 채택하고도 판결에서 반영하지 않은 채 이 사건의 결론에 이른 것은 공정성을 현저히 상실했다는 평가를 받을 수 있었다. 박 전 대통령에 대한 이 사건 판결은 재판장의 의도 여하와는 달리 역사에 길이 기록 될 '잘못된 재판'의 전형이 될 우려가 있었다. 판사는 판결로써 말하고 책임진다고 한다. 재판장의 이번 판결과 TV 생중계는 앞으로 우리 역사에서 누누이 시비 논쟁을 불러올 것이다.

2

반전(反轉)을
기대하다(항소심)

◈ 막다른 곳

 2018년 2월 13일 1심 판결 선고를 듣고 최서원 변호인단은 예상보다 높은 형량과 판결 내용에 할 말을 잃었다.

 특검과 검찰은 2017년 12월 14일 결심공판[271]에서 최서원에게 징역 25년, 벌금 1185억 원, 추징 77억 9735만 원을 구형했다. 형사재판의 오랜 실무 관행상 재판부는 검사 구형량의 절반을 기준으로 약간 증가하기도 하고, 감량하기도 한다. 검찰은 구형량의 1/2 이상이 선고되면, 양형에 승복하고 항소하지 않는 게 실무 기준이었다. 이런 실무 관행과 양형 기준으로 보아 징역 25년 구형이라면 검찰은 징역 13년 내지 15년 정도의 선고형에 만족했을 것이

---

[271] 재판 심리를 종료하는 공판, 이날 검찰·변호인들의 최종 의견 변론이 있고 재판장은 선고 기일을 지정함.

다. 변호인들도 이 기준에서 선고 형량을 예측했다. 최서원 게이트 사건을 줄곧 취재해 온 법조 기자들도 이런 정도 선고형을 추측하는 쪽이 다수였다. 최서원에게 내려지는 형량은 박 전 대통령의 형량과 연동되어 있어서 재판장이 박 전 대통령에게 선고할 형량을 충분히 감안하고 최서원 선고형을 결정해야 하는 구조였다.

필자는 김세윤 재판장이 용기 있는 결단을 한다면, 뇌물죄의 전면 무죄를 선고할 가능성에 대해서도 기대를 걸고 있었다. 그런데 막상 선고의 뚜껑을 열고 보니, 일반의 예상을 뛰어넘는 징역 20년 선고와 뇌물죄 인정 등에 놀라지 않을 수 없었다. 특검이나 검찰보다 재판부가 더욱 최서원에 대해 극단적으로 부정적인 심증을 굳히고 있었다는 사실을 판결 선고를 통해 뒤늦게 깨닫게 된 것이다.

1년여 동안의 치열한 변론의 성적표가 겨우 이것인가 허탈하지 않을 수 없었다. 필자는 최서원에게 1심에서 어떤 형(종신형=무기 징역)이 선고되더라도 마음의 중심을 잡고 냉정해야 한다고 당부했지만, 징역 20년형의 선고를 받은 최서원의 얼굴은 일순 창백해졌다. 어떻게 위로를 해야 할지, 위로의 말이 생각나지 않았다. 그간 필자는 "특검과 검찰은 시류에 영합하지만, 법원은 그렇지 않다. 그래서 특검 출석도 거부했고, 진술 거부권도 행사했다. 재판정에서 결판을 내자."고 힘주어 말해 왔다. 사실 사법부, 즉 재판정 외에는 최서원 측의 얘기를 제대로 들어주거나 최서원 측이 검찰을 반박할 기회조차 없었다. 사법부가 정의의 최후 보루라는 믿음이 있었고, 그걸 기대하며 전쟁 같은 변론을 견뎌왔다. 그런데 결과는 너무나 허망했다. 1심 재판은 우이송경(牛耳誦經)이었다. 재판부와 변론은 겉돌았던 것이다.

1심 선고 후 필자는 변호사의 직업 윤리상 최서원에게 항소심은 다른 유능한 변호사를 선임해서 대비하는 게 좋겠다고 권고했다. 필자가 이 사건을 보는 관점과 판단이 1심에서 유효하지 않았던 만큼 다른 변호사의 새로운 접근이 도움이 될 것으로 생각했다. 그러나 최서원은 필자에게 항소심을 계속 맡아 달라고 요청했다. 변호인단의 최광휴, 권영광 두 변호사도 함께 항소심을 해보자고 강한 의지를 보였다. 항소심 변호인단이 재구성·정비되었다. 1심과 다른 접근이 요구되었다.

항소심은 사실관계를 다투는 마지막 심급(審級)이다. 이제 막다른 곳에 이르렀다. 항소심에서 사실관계가 굳어지면, 대법원에서는 그 사실관계를 토대로 하여 법리 쟁점만을 다루게 되므로 근본적 변화를 줄 수는 없다. 항소심에서 결판을 내야 한다는 굳은 각오를 다졌다. 박 전 대통령은 재판을 거부하였으므로, 어떤 선고가 있더라도 항소하지 않을 것이 뻔했다. 최서원 변호인단이 박 전 대통령의 억울함도 포함해서 특검·검찰에 맞서 결연하게 법정 투쟁을 해야 하는 입장이 되었다.

◈ 외로운 투쟁

최서원은 1심 판결 선고 다음날인 2018년 2월 14일 항소장을 제출했다. 박영수 특검도 그날 항소를 했고, 검찰은 2월 19일 항소했다. 안종범 수석, 신동빈 회장도 항소하여 함께 항소심 재판을 받았다. 2018년 3월 5일 최서원에 대한 항소사건(서울고법 2018노723호)은 서울고등법원 제3형사부(재판장 조영철)에 배당되었다.

최서원 측 변호인은 2018년 3월 7일 담당 재판부 재판장 조영철 판사에 대하여 기피 신청을 했다. 재판장인 판사가 공정성과 균형 감각에 의심스러운 점이 있다면, 그 판사에게 재판을 받는 것은 모험을 감행하는 것과 같을 것이다. 1심에서 가혹한 형을 선고받은 최서원은 담당 재판부의 공정성에 신경을 곤두세웠다. 그런데 하필 재판장이 조영철이어서 부득이 기피 신청을 했다. 일부에서는 기피신청이 받아들여지지 아니할 경우 재판부가 최서원에게 불편한 심기를 가질 수 있다는 우려를 지적했다. 그러나 재판부의 심기 때문에 공정성을 기대하기 어렵다고 생각하는 재판부에서 재판을 받는 것은 최서원에게나 재판부에도 바람직한 선택이 아니라고 판단했다. 기피 사유는 아래와 같다.

〈 법관 기피 이유 〉[272]

피신청인 제3형사부 재판장(이하 '피신청인'으로)은 최서원 등에 대한 서울고등법원 2017노1980호 업무방해 등 사건(속칭 '이대학사비리사건')의 재판장으로서 재판을 진행하여 2017년 11월 14일 최서원에게 징역 3년의 형을 선고하였다.

① 피신청인에게 제척 사유가 있음

피신청인이 심리 판결한 이대 학사 비리 사건은 이른바 '국정 농단 의혹 사건'으로 재단된 일련의 사건 중 하나이고 검찰 특수본 1기, 2기, 특검에서는 최서원을 비롯한 여러 다른 피고인들을 다양한 죄목으로 순차 기소하였다. 그런 만큼 기초적 사실관계나, 사건의 배경, 관련자 등 여러 면에서 중첩적 · 다기적으로 다양하게 연결되어 있다. 따라서 피신청인은 형소법 제17조 7호의 제척사유(법관이 사건에 관하여 기초되는 조사, 심리에 관여한 때)에 해당한다. 그렇다면 제척 사유 있는 피신청인은 의당 형소법 제18조 제1항 제1호에 따라 기피되어야 한다.

---

[272] 서울고등법원 2018초기134호 사건 법관기피신청서, 2018. 3. 7. 접수.

② 피신청인에게 기피 사유가 있음

「형소법 제18조 제1항 제2호에는 불공정 재판을 할 염려 있는 법관에 대하여 기피 신청을 할 수 있다고 규정하고 있다.」 이른바 이대 비리 사건에서 피신청인은 최서원을 아래와 같이 증거 없이 독단했다.

> **2017. 6. 23. 선고 피고인의 2017고합189호 사건 판결문 P.4 중**
>
> **범죄사실**
> 피고인 최서원(2014. 2. 25. '최순실'에서 개명)은 박근혜 전 대통령이 어려움을 겪을 때 도움을 주는 등 서로 약 40년간 개인적인 친분을 유지해 온 인연으로 대통령의 국정 수행 전반에 대해 영향력을 행사해 온 사람으로서, 그녀의 전 남편이자 1998년경부터 박근혜 전 대통령의 보좌진으로 활동한 정윤회와 함께 속칭 '비선 실세'로 불리는 사람이다.

피신청인은 최서원을 대통령과의 친분을 유지해 온 인연으로 '국정 수행 전반에 영향력을 행사해 온 사람', '속칭 비선 실세로 불리는 사람'으로 설정하고 있다. 그러나 최서원이 국정 수행 전반에 영향을 끼친 사실을 입증할 어떠한 증거도 제시된 바 없다. 그리고 '비선 실세'는 언론이나 특정 정파가 의혹을 제기하거나 정권 쟁취를 위한 투쟁의 구호로 사용한 것임에도 아무런 객관적 근거 없이 이를 받아들였다. 형사재판은 사람에 대한 판단이므로 피신청인이 최서원을 위와 같은 색안경으로 본 것은 바로 불공정성의 징표라고 하겠다. 그의 이러한 시각이 현재 교정되어 있다고 단정키 어렵다.

피신청인은 이른바 블랙리스트 사건(서울고법 2017노2425호)을 심리·판결함에 있어서도 박근혜 정부의 정책적 결정 사항에 대해 균형을 상실한 판단을 했다는 비판을 받기도 했다. 특별한 사유 없이 피고인 김기춘에게 1심보다 1년의 형을 더하여 4년형을 선고하였고, 조윤선에게도 징역 2년 실형을 선고했다. 이러한 점은 피신청인이 박근혜 정부 관련 사건에서 공정성을 의심받게 하는 입장을 견지하고 있다고 추정할 수 있는 근거라고 하겠다.

피신청인 스스로 이 사건 재판에 대해 회피 신청을 하는 방안이 보다 바람직하다고 생각한다.

이 기피 신청에 대해 서울고법은 2018년 3월 11일 이 사건을 제4형사부(재판장 김문석)에 재배당하는 묘수로 대응했다. 재판부가 변경되었으므로 기피 신청의 이익이 없어 이 신청 사건은 각하될 수밖에 없었다.[273]

서울고법 제4형사부는 이때부터 1회의 공판준비기일, 10회의 공판기일을 거쳐 2018년 8월 24일 판결을 선고했다. 5개월여 만에 결론을 내렸다. 1심에 비하면 신속한 재판 진행을 했다. 이 5개월간의 항소심 공판에서 검찰과 변호인 간 치열한 다툼이 있었던 핵심 쟁점 사항에 대하여 간추려 기술하고자 한다.

최대 쟁점: 묵시적 청탁(의사표시) 성립 여부

최서원 게이트 사건에서 중형이 선고될 수 있고, 대통령을 탄핵으로 몰고 갈 수 있는 행위는 뇌물죄 범행이다. 뇌물죄의 가중 처벌법인 특정범죄가중처벌 등에 관한 법률 제2조를 적용할 경우 수뢰액이 1억 이상이면 무기 징역 또는 10년 이상의 유기 징역에 처해진다. 여기에 수뢰액의 2배 이상 5배 이하의 벌금형을 병과하고 수뢰한 뇌물이 있으면 몰수하고, 몰수할 수 없으면 그 수뢰액 만큼 추징한다. 이 같은 뇌물죄를 적용하고 중형을 선고한 1심 재판부는 뇌물죄 성립에 있어서 묵시적 청탁(의사표시)을 인정했다. 최서원과 박 전 대통령에게 적용된 뇌물죄 사건에서 묵시적 청탁 성립 여부가 최대의 쟁점이 될 수밖에 없었고, 치열한 논란이 벌어졌다. 미르·케이스포츠 재단 설립·출연에서도 묵시적 의사표시가 쟁점으로 등장했다. 먼저 최서원 항소심 판결 선고 이전의 뇌물죄 관련 판결을 살펴보자.

---

[273] 2018. 3. 19. 서울고등법원 2018초기134호 법관 기피 신청 결정문.

〈 지금까지 뇌물죄 부분에 대한 법원의 판단 〉

판결 선고 현황

이 사건 항소심 현재까지 이건 뇌물 사건과 관련하여 4번의 판결 선고가 있었다.

① 2017년 8월 25일 서울중앙지법 2017고합194호 피고인 이재용 등의 뇌물공여 등 사건(제27형사부, 재판장 김진동)
② 2018년 2월 5일 서울고법 2017노2556호 피고인 이재용 등 뇌물공여 사건(제13형사부, 재판장 정형식)
③ 2018년 2월 13일 서울중앙지법 2017고합184호, 2017고합364호 피고인 최서원의 특가법 위반 뇌물 사건 등(제22형사부, 재판장 김세윤)
④ 2018년 4월 6일 서울중앙지법 2017고합364-1호(분리) 박근혜의 특가법 위반 사건(제22형사부, 재판장 김세윤)

판결 선고 내용

쟁점 사항		이재용 1심	이재용 항소심	최서원 1심	박근혜 1심
삼성	승마 용역 계약	무죄	〃	〃	〃
	36억 용역 대금	유죄	〃	〃	〃
	말·마차	말 유죄·마차 무죄	무죄	말 유죄·마차 무죄	〃
	명시적 청탁	X	X	X	X
	묵시적 청탁	O	O	O	O
	영재센터	O	무죄	무죄	〃
	양 재단	무죄	〃	무죄	〃

쟁점 사항		최서원	박근혜
		1심	1심
롯데	명시적 청탁	부정	〃
	묵시적 청탁	인정	〃
	유·무죄	유죄	〃
SK	명시적 청탁	부정	〃
	묵시적 청탁	인정	〃
	유·무죄	유죄	〃

4건 판결 이유 중 주목할 부분

위 4건의 판결에서 한결같이 명시적 청탁이나 의사표시는 없었다고 판단하고, 다만 묵시적 의사 연락이나 묵시적 청탁을 인정한 다음 이를 토대로 유죄 선고를 하고 있다.

4건 판결에서의 구체적 판시 이유

① 이재용 1심 판결

2017년 8월 25일 선고 후 재판부에서 언론에 배포한 설명 자료 해당 부분을 살펴보면, 특검이 주장하는 개별 현안에 대한 부정한 청탁 존부에 대해 재판부는 이재용이나 미전실 간부들의 대통령에 대한 명시적·묵시적·간접적 청탁이 인정되지 않는다고 판시하고 있다. 이어 포괄적 현안으로서의 승계 작업 추진 사실은 인정된다고 하였고, 승마 지원과 영재센터 지원에 관하여는 이재용의 대통령에 대한 묵시적 부정한 청탁이 인정된다고 판시하고 양 재단 지원에 대하여는 그마저도 인정되지 않는다고 적시하고 있다.

② 이재용 항소심 판결

항소심은 1심과 같이 개별 현안에 대한 명시적·묵시적 청탁을 인정할 수 없다고 판단하였고, 나아가 원심에서 인정한 포괄적 현안인 승계 작업의 존재 자체도 인정할 수 없다고 판시하였다. 명시적으로 승계 작업 청탁 인정할 증거가 없다. 나아가 묵시적 승계 작업 청탁도 인정할 수 없다.

③ 피고인 최서원 1심

삼성 부분: 개별 현안에 대한 명시적 청탁이나 묵시적 청탁을 인정할 수 없다. 특검 주장과 같은(공소장 기재와 같은) 포괄적 현안으로서의 승계 작업의 존재를 인정키 어렵다. 명시적 승계 작업 청탁을 인정할 증거도 없다. 묵시적인 승계 작업 청탁도 인정되지 아니한다.(다만 용역 대금·말에 한정, 직접 뇌물 수수 인정)

롯데 부분: 명시적 청탁 인정키 어렵다. 묵시적 부정한 청탁은 인정된다.

SK 부분: 명시적인 부정한 청탁은 있었다고 보기 어렵다. 묵시적 부정한 청탁은 인정된다.

④ 박 전 대통령 1심

피고인 최서원 판결 이유와 같다.

위에서 살펴본 바와 같이 기소된 제3자 뇌물죄 사건에서, 4개의 판결은 명시적 부정한 청탁은 인정되지 않는다고 동일한 입장을 견지하고 있다. 다른 점은 이재용 사건 항소심 재판부는 묵시적 부정한 청탁이나 이른바 포괄적 현안으로서의 승계 작업 청탁조차 인정치 아니하여 무죄를 선고하였고, 최서원 및 박 전 대통령 1심 재판부는, 삼성 부분은 묵시적 부정한 청탁을 인정하지 아니하여 무죄를 선고했으나, 롯데와 SK 부분에서 묵시적 부정한 청탁을 인정하여 유죄의 판단을 내렸다.

〈묵시적 청탁(의사표시) 인정 논리는 자칫 정치 보복성 수사·재판의 도구가 될 위험성이 농후함〉

이 사건에서 여실히 보여주듯이 뇌물죄 인정의 물적·객관적·직접적 증거가 없을 때(박 전 대통령에게 대가로서의 뇌물이 수수되거나, 명시적으로 뇌물을 요구 내지 유도한 바 없고, 그 상대방도 같은 내용의 진술을 하는 사례), 묵시적으로 최고 권력자와 재벌총수 간에 뇌물 거래(경영 현안 대 대가 수수)의 의사표시(연락)가 있었다고 인정하고 기소 재판한다면 이른바 권력을 잡은 쪽이 권력을 잃은 쪽을 형사적으로 처단 보복하는데, 묵시적 의사표시론이 정치 탄압용·어용 이론으로 전락할 위험이 매우 농후하다. 형소법의 원칙에 따르면,

첫째, 고의는 외부에 표출되어야 하고 외부에 표출된 언행으로 고의를 인정해야 함에도 「묵시적 언행」을 기준으로 고의를 인정해서는 증거 재판주의에 반할 것이다.

둘째, 그런 만큼 묵시적 의사표시를 인정하더라도, 명시적 의사표시나 다름없이 평가할 수 있을 정도의, 합리적 의문을 제기할 수 없는 수준의 간접 사실이나 정황으로 뒷받침되는 경우에 한하여 묵시적 의사표시를 인정해야 할 것이다. 특히 뇌물죄는 중형(10년 이상)이 선고되는 것이 다반사이고, 유죄를 선고받는 사람은 정치적 사형 선고나 다름없어 오판의 피해가 회복 불가능하기 때문이다. 만약 명시적 의사표시뿐만 아니라 묵시적 의사표시를 방만하게 확대 해석 적용한다면, 이는 근대 형사사법에 대한 반동이고 반인권적 재판으로 흐르고, 사법 독단의 피해가 국가나 사회의 혼란을 조장 내지 야기할 위험이 있다고 하겠다.

〈묵시적 의사표시의 개념〉

묵시적 의사표시에 있어 '묵시적'(黙示的)의 의의

사전적 의미에서의 '묵시'는, '말이나 행동으로 드러내지 않고 은연중에 뜻

을 나타내 보이는 행위'다(implication). 명시(明示)의 반대어이다(expressed ↔ implied). 따라서 별다른 것도 하지 아니하고 뜻을 나타낸다(示)는 개념인데, 그 구체적 모습을 상상하기 매우 곤란하다. 직접이든 간접이든 표의자가 음성, 문자, 문서, 도화 등 표현 수단(암호 부분 포함), 행위 등으로 상대방이 인지할 수 있게 행위 하는 것은 묵시적이라고 할 수 없다. 묵시는 결국 명시를 제외한 개념이라고 할 수 있다. 그래서 종교적으로는 묵시록으로도 사용되고, 정신 분석학상의 암시와도 유사하다.

우리 법령에서 '묵시적'이라는 용례는 없으며, 판례에 의해서도 '묵시적'이라는 개념 정의나 기준 제시를 찾을 수 없다. 통상, 명시적 의사표시가 인정되지 아니할 때 당해 의사표시를 인정하는 보충 수단으로 '묵시적'이라는 형태를 도입하는 것이 상례이다. 그런 만큼 민사법이든 형사법이든 '묵시적' 법리관계를 차용하면 그 순간부터 법리적 혼란에 빠지고, 명확성 원칙과 충돌하며, 증거 재판주의의 원칙에 반할 수 있음을 명심해야 한다고 생각한다.

〈묵시적 의사표시의 유형〉[274]

묵시적 의사표시의 유형과 이에 대한 분석·법적 효력 등에 관하여 기본적인 이론을 살펴본다.

침묵에 의한 의사표시

침묵은 상대방의 제의나 의견에 대한 동의, 거절 어느 쪽도 아니다. 그러나 일정한 조건, 즉 계약상 또는 사전의 쌍방 간 구두 약정상, 어느 시기까지 응

---

[274] 최신섭, 묵시적 의사표시와 그 효과 논문, 1999년 관동대.

답하지 아니한 때에는 동의한(또는 거절한) 것으로 정한 때에는 동의(또는 거절)의 의사표시로서 인정될 수 있다.

공모 범행의 경우, 침묵은 공모의 가담으로 보기 어렵고, 그 침묵과 연이은 침묵자의 가담 행위가 외부로 표출된 때에는 침묵은 곧 공모 가담 의사표시로 해석할 수 있다. 그 반대로 가담 행위가 발견되지 아니함에도 침묵자가 범행 신고나 범행저지에 나아가지 아니했다는 이유로 범죄의 처벌에 나아간다면 이는 공모 범행 의사 없는, 고의 없는 침묵자를 처벌하는 데 해당하여 위법하다고 하겠다. 침묵은 그와 연관된 행위에서 의사를 추단할 수 있는지 여부가 침묵 의사표시 인정을 가르는 기준이라고 하겠다.

추단적 행위에 의한 의사표시

언어나 문자는 아니더라도 사회 통념상 이해되는 거동(손짓, 몸짓, 악수, 웃음, 박수 등)으로 의사를 표시할 수 있다. 이는 엄밀한 개념에서는 '묵시적'이라고도 할 수 없다. 상호 약정된 비밀 신호나 암호 역시 의사표시에 해당한다.

상대방을 초대·면담하고, 의견 교환하여 상대방의 행위나 업적을 칭찬·격려하는 행위는 그 자체로는 외견과 다른 의사표시를 추단하기는 어렵다고 하겠다. 상대방에게 청탁 현안이 존재했음을 알았고, 초대한 측이 청탁을 해결해 줄 권한이 있더라도, 그 사실만으로는 부정한 청탁을 묵시적으로 의사표시했다고 추단할 수는 없다. 위의 조건은 어느 시대 상황에서도 늘상 있어 왔던 일이다. 묵시적 청탁 의사표시를 추단하려면, 면담 전후 금전의 제공·수수, 경제적 이익 약속, 청탁받은 자의 업무 처리 등 명시적 청탁과 같은 수준의 추단 가능한 행위 과정이 요구된다고 하겠다.

이심전심(以心傳心)에 의한 의사표시

민사법·형사법을 통틀어 당사자 사이에 외부에서 객관적으로 도저히 인지할 수 없는 방법, 불가(佛家)의 염화시중(拈華示衆)의 미소격의 이심전심이거나, 상대의 내심을 알아서 처신하는 경우는 형사법상의 의사표시로는 수용할 수 없다. 의사의 명료성에 어긋나고, 자칫 심판하는 자의 독단이나 자의로 인해 마녀사냥이 되기 때문이다.

대통령과 대기업 총수가 단독 면담한 내용이 면담 당사자에 의해 분명히 드러났고, 그 면담에서 뇌물 거래와 관련한 어떠한 언급도 없었음이 인정되는데도,
① 기업 현안의 존재
② 대통령의 현안 해결 권한
③ 대통령의 현안에 대한 인지

이것만으로는 묵시적 청탁의 추단을 성립시킬 수 없다. 오히려 그 반대의 개연성이 증거상 분명하고, 나아가 이 사건에 있어 묵시적 청탁이 명시적 청탁과 같은 수준으로 인정할 수 있을 만한 추단적 행위나 증거도 없기 때문이다.

〈이 사건에 있어 묵시적 의사표시에 의한 청탁·공모 등 성립 여부〉

필자는 미르·케이스포츠 재단 사건이나 삼성·롯데·SK 관련 뇌물 사건에서 묵시적 청탁이나 묵시적 공모(의사표시)가 성립되지 않는다고 주장하는 장문의 의견서를 제출했다.[275] 세부적이고 법리적 논리 전개여서 결론 부분만 인용한다.

---

275) 필자, 서울고법 2018노723호 사건 관련 의견서 「묵시적 청탁(의사표시) 성립 등에 대하여」, 2018. 6. 7.

[결어]

 최서원에 대한 삼성, 롯데, SK 관련 뇌물 공소사실은 박 전 대통령과 묵시적으로 공모하여 뇌물 범행을 했다는 데 있다. 그러나 현재까지 수사·재판에서 명시적 공모가 인정되지 아니함은 판결에서도 확인되었고, 묵시적 의사 연락에 의한 공모 인정 마저 성립할 수 없다는 사실과 논리가 여실히 드러났다. 여기에 더하여, 삼성 이재용, 롯데 신동빈, SK 최태원 등이 박 전 대통령과 단독 면담 때, 명시적으로 뇌물 거래를 한 사실이 없다는 점은 1심 판결에서 확인되었다.

 1심 재판부는 여론에 못 이겨 마지못해 '묵시적 의사표시에 의한 뇌물 거래'를 인정하는 묘수를 찾았으나, '묵시적 의사표시에 의한 뇌물 거래'를 인정할 수 있는 충분한 조건을 갖춘 추단적 행위나 사정이 부족하다. 그 반대로, 1심이 논리 비약과 모순, 증거 판단 착오, 채증법칙 위배, 사회 경험칙이나 논리칙에 위배하는 사실 인정과 재판부의 자의와 독단에 의한 판단으로 비난받을 부분이 허다하다. 합리적 의심을 배제할 수 있는 추단적 정황과 행위가 결여되어 있다.

 따라서 묵시적 의사표시, 의사 연락, 공모, 청탁을 논거로 하는 이 사건 공소사실 부분은 모두 무죄가 선고되어야 한다고 생각한다. 공소장 변경 없는 묵시적 범행 방법 인정[276] 역시 위법한 것은 재론의 여지가 없다. 묵시적 공모, 묵시적 청탁 등은 명시적 행위와 같은 수준의 사정과 추단적 행위를 기준으로 엄정하게 성립 여부를 판단해야 한다. 범행의 고의, 공모, 의사 연락 등 행위자의 내심 영역을 재판부가 방만하게 '묵시적 이론'을 내세워 인정한다면, 이는 결국 재판부의 독재화(자의와 독단), 정치화(이념 편향 여론 압박)를 초래할

---

[276] 공소장에는 묵시적 공모에 대한 방법이 기재되어 있지 아니하여 어떤 방법의 묵시인지 알 수 없음.

위험이 있고 종국에는 정치 권력에 이용당하는 폐단을 낳을 것이다.

특히, 10년 이상의 중형이 선고되는 사건, 자유 민주 선거에 의해 합헌적으로 출범한 정부를 붕괴시킨 사건에서는 더욱더 엄격한 제한 아래 「묵시적 의사표시」 이론을 적용하여 치명적인 오판의 위험을 막을 필요가 있다. 그래야만 재판부 스스로도 「묵시적」이라는 심령력(心靈力)의 유혹, 여론 편승의 유혹에서 자유로워져 헌법과 법률, 양심에 따른 재판이라는 원칙으로 돌아갈 수 있을 것이다.

항소심 공판 진행상 문제점
〈 특검 파견 검사에 의한 공소 유지 전단 〉

필자는 1심부터 일관되게 파견 검사의 독자적·보조적 공소 유지는 위법이라고 주장해 왔다. 그러나 재판부는 이를 기각하고 파견 검사의 공소 유지를 허용했다. 이후, 이 사건 항소심의 특검 공소 유지 활동은 전적으로 파견 검사에 의하여 수행되었고, 공판정에 나온 특검보는 자리를 지키는 사람에 불과했다. 박영수 특검은 이제까지 항소심 법정에 나타난 적도 없었다. 증인에 대한 신문은 예외 없이 파견 검사의 몫이었고, 출석한 특검보가 관여한 흔적도 별로 없을 것이다. 가사 파견 검사의 공소 유지 권한을 제한적으로 인정하더라도 이러한 일괄 공소 유지 권한 위임은 특검 법률에 위배되어 위법한 공소 유지로서 무효라고 선언해야 마땅하다.

〈JTBC 태블릿과 국정 농단 의혹 관련 증인 신청 무더기 기각〉
① 증인 신청 기각 결정 요지

최서원의 이규혁, 변희재, 손석희, 심수미, 김필준, 김한수, 이진동, 이현정, 신자용에 대한 증인 신청에 관하여, 재판부는 2018. 5. 17. 「항소의 당부에 관한 판단을 위하여 위 증인들에 대한 신문이 반드시 필요하다고 인정되지 아니한다」는 이유를 들어 각 기각 결정을 하였다.

그러나 이 사건 항소의 당부 판단을 위하여 손석희, 심수미, 김필준, 김한수, 이진동, 이현정, 신자용에 대한 신문이 반드시 필요했다.

② 이 사건의 성격: 국정 농단인가?

특검이나 검찰, 탄핵한 국회 등은 이 사건을 국정 농단 의혹 사건으로 규정짓고 그 관련자의 여러 행위를 범죄로 구성해 기소하였다. 그런데 이 사건이 국정 농단 의혹 사건이라는 선입견을 배제하고 판단한다면, 최서원에 대한 공소사실만으로 과연 본래적 의미의 국정 농단자라거나 국정 농단이라고 단정할 수 없다. 더구나 최서원과 박 전 대통령은 범죄 구성 사실의 유·무죄를 다투고 있다. 「박근혜 정부의 최순실 등 민간인에 의한 국정 농단 의혹 사건 규명을 위한 특별 검사의 임명 등에 관한 법률(2016. 11. 22. 시행)」에 규정된 수사 대상 국정 농단 의혹 사건 목록이 14개 항목인데, 이 중 과연 몇 개나 기소되었고, 그것으로 국정 농단이라고 할 수 있는지 의문이다.

그런데 이 사건을 국정 농단으로 낙인찍힘으로써 의혹이 고착화되었다. 의혹의 최첨단 과학적 진원지가 JTBC 태블릿이었고, 이후 최서원은 국정 농단자 내지 농단 의혹자로서 추궁·기소·판결이 선고되었다. 국정 농단 낙인이 이 사건의 기조를 이루었다. 그 결과 의심스러운 때에는 검찰이나 특검에게 유리하게 결정되도록 하는 나침반이자 가이드라인 역할을 한 도구가 바로 이 태블릿이었다.

이 사건 성격 규정 여하에 따라, 첫째, 사실 인정(법관의 자유 심증)에 있어서 둘째, 사회적 비난을 중심 요소로 하는 양형 결정에 있어서 이건 태블릿 PC는 결정적 징표다. JTBC의 태블릿 PC가 미친 폭발적 영향은 그 당시 JTBC의 보도 내용과 이후 진행된 정치 파동, 촛불 시위와 태극기 집회의 영상을 보면 역력히 드러나 있다. 이는 이 시대의 공지의 사실이다.

그런데도 「태블릿 PC가 공소사실과 무관하여 관련 증인 채택을 해서는 안 된다」는 어느 검찰관의 준비기일 주장은 인간을 바라보고 고깃덩이라고 하는 것과 다를 바 없었다. 만약 검찰이 「태블릿 PC를 위요한 여러 문제점」을 밝히는 것이 최서원이 국정 농단자라는 낙인과 사회적 비난을 벗어나는 데 아무런 도움이 되지 않는다고 한다면, 다음에서 설명하는 바와 같이 최서원을 국정 농단자로 극단적으로 비난하고 1심이 20년의 중형을 선고한 근거를 어디에서 찾을 수 있을지 반문하고자 한다.

③ 피고인 최서원은 국정 농단자 = 그래서 중형 처벌

국정 농단이라는 범죄 구성요건은 없다. 그래서 국정 농단에 어떤 내용을 담을 것인지는 국정 농단이라고 지목·규정하고 정치적 공격을 하는 쪽에서 자의적으로 결정할 것이며, 때로는 제멋대로 별것 아닌 사항들까지 국정 농단이라고 할 것이다. 그 내용 여하를 떠나 국정 농단, 국정 농단자로 재단, 낙인찍히면 그것도 언론에 의해 집중 전파될 경우, 그 국정 농단형 쓰나미를 견딜 재간이 있는 사람은 아마 없을 것이다. 그 국정 농단 쓰나미가 발생하면 거기에 온갖 잡다하고 비열한 의혹까지 더해져 사회적 이성을 마비시키게 될 것이다. 우리 사회가 이른바 최순실 게이트에서 경험한 바이다.

국정 농단이라는 엄중한 비난과 죄책을 지게 하려 한다면, 최고 통수권자나 그 대행자를 제쳐두고, 권력을 좌지우지하고 주요 정책을 결정하며 국가 예산 대계를 자파에 유리하게 편성·집행하고, 중요 정치 행사(공천이나 의회 표결, 국회의장·대법관 등 최고위급 인사 결정에 영향력 발휘)에 관여하는 정도에 이르러야 할 것이다. 최서원의 공소사실이 모두 인정된다 해도 위와 같은 사전적 의미의 국정 농단과는 너무나 거리가 멀다고 하지 않을 수 없다. '최서원형 사이비 국정 농단' 개념을 창출해야 할 것이다.

최서원 관련 이 사건 공소사실은 동서양 어느 정권에서나 최고 권력자 주변에서 흔하디흔하게 일어나는 사례라고 하겠다. 결국, 최서원을 국정 농단자, 비선 실세로 낙인찍은 공세는 정치 공격성 선동·선전 구호임이 분명해졌다. 이 선전·선동의 치명적인 도구가 이른바 JTBC 제출 태블릿 PC였고, 최서원은 JTBC TV 화면에서 그의 얼굴과 태블릿이 한 세트가 되어 지속적으로 방영되었다. 그 태블릿 PC와 함께 그에 담긴 정보 자료가 국정 농단의 증거라고 했다. 이럴 경우, 믿지 않을 사람이 얼마나 되겠는가. JTBC 제출 태블릿 PC가 최서원을 국정 농단자로 만들었고, 대통령을 탄핵으로 밀어 넣었으며, 이후 검찰·특검은 온갖 내용으로 기소하면서 최서원이 국정 농단자이므로 엄벌해야 한다는 요지의 주장을 하고 1심은 검찰 주장을 그대로 반복했다.

사정이 이러하므로, 이건 태블릿이 최서원을 국정 농단자로 만들기 위해, 여러 경로를 통해 최서원과 관련 없이 전전되었고, 정보 자료가 심어졌으며, 정치 공세용으로 JTBC에 의해 각색 보도되었다면(그러한 정황과 증거가 어느 정도 드러나 있다) 이 사건은 기획된 국정 농단 의혹 사건으로 성격이 달라지고, 가사 그 진상이 다 밝혀지지 않더라도 국정 농단자라는 누명은 벗게 될 것이다. 검찰은 이러한 진상 규명에 눈 감았다. 1심 재판부도 규명 의지가 없었다. 사실심 최종 단계에서 규명되지 않으면, 언젠가는 밝혀지겠지만 최서원이 20년의 중형을 복역 중 사망한 이후가 될지도 모르며, 박 전 대통령도 같은 처지에 이를 것으로 보인다.

④ 증인 신청 기각 결정의 위법·부당성

최서원 측에서 신청한 손석희, 심수미, 김필준, 김한수, 이진동, 이현정, 신자용에 대하여는 이제까지 증인으로 조사한 바 없다. 또한 1심에서도 승인 신청했으나 특별한 이유 없이 채택되지 않았다. 항소심에서도 증인의 중요성에 비추어 각 증인에 대한 기각 결정의 구체적 이유가 없다.

태블릿 PC의 입수 경위, 정보 자료의 첨가·변경, 의상실 내에 CCTV 설치, 그 목적, 재단 관련 사안 등 간명한 몇 가지 핵심 사항이 발문 대상이므로 신문 기준 각 30분이면 충분하여 공판 지연이라는 주장은 이해되지 않는다.

검찰은 불출석이 예상되므로 채택 불허해야 한다고 하나 이는 극히 비법률적 억지다. 가사 불출석하더라도 증인 채택 자체로 의미가 있으며, 증언 거부하여도 그 거부가 시사하는 뜻이 막중하다. 최서원을 국정 농단으로 몰고 간 결정적 증거로 작용한 태블릿은 이건 공소사실의 지하 기초 구조를 이루고, 사회적 비난(양형인자)의 척도이므로 공소사실과 직·간접으로, 양형에는 치명적 인자로 작용되었다.

검찰 측과 1심 재판에서 최서원을 국정 농단자라고 하여 중형을 선고했는데, 그 증거나 정황 자료로 이건 태블릿 PC를 들고 있다. 따라서 이 태블릿 PC의 진위와 문제점이 반드시 규명되어야 한다. 이를 위해서는 이 사건의 기본적 성격 내지 공소사실의 골격에 해당하는 이른바 특검이나 검찰이 언필칭 강조하는 국정 농단 의혹 제기에 직·간접으로 협조한 사람들인 손석희, 심수미, 김필준, 김한수, 이진동, 이현정, 신자용에 대한 신문이 반드시 필요함에도 이들에 대한 증인 신청을 기각한 결정은 위법·부당하다.

이건 태블릿 PC의 소유·사용자, 그 정보 자료 삽입·수정, 방송 보도 과정 등이 규명되지 아니한다면 이른바 검찰 측의 국정 농단 의혹 사건은 '농단 사건'인지 '기획된 농단 사건'인지 재판상 판가름이 나지 않고 상당 기간 미궁에 빠져 국가·사회적 혼란만 가중하게 될 우려가 있다.

신동빈 롯데그룹 회장의 증언

롯데그룹 신동빈 회장은 항소심에서 최서원과 함께 재판을 받다가, 신 회장에 대한 다른 사건(형제 간 분쟁 사건)이 마침 서울고법의 타 재판부에서 심리하고 있어, 그 재판부로 병합 심리를 요청하여 받아들여졌다. 신 회장 입장에서는 병합 심리하는 쪽이 백 번 유익하다. 신 회장이 최서원 항소심 사건에서 분리됨으로써, 롯데 뇌물 사건의 무죄를 주장하는 최서원 변호인단은 신 회장을 증인으로 신청했다.

신 회장에 대한 입증 취지는 '신 회장이 2016년 3월 14일 박근혜 대통령과 면담하는 자리에서 대통령의 직무에 관해 부정한 청탁을 했는지 여부, 면담 이후 대가성 뇌물을 제공한 사실이 없다는 점을 입증' 하는 데 있었고, 신청 사유는 신 회장에 대해 1심에서 증인 신문이나 피고인 신문이 이루어지지 않아 항소심에서 증인 신문이 필요하다는 데 있었다. 증인 신문 예상 소요 시간은 30분이라고 했다. 최서원 변호인단이 신 회장을 증인 신청하자, 검찰 측도 덩달아 신 회장을 증인 신청했다. 검찰과 변호인이 신 회장을 공동으로 증인 신청한 형식이 되었다.[277]

---

277) 증인 신청하는 쪽이 주신문을 하고, 상대방은 반대신문을 하는 만큼 주신문 측이 일반적으로 유리한 입장임.

신동빈 회장은 검찰 이래 1심 법정에서도 박 전 대통령에게 부정한 청탁을 하거나 대가성 뇌물을 건넨 사실이 없다고 일관되게 진술했다. 2018년 5월 25일 10:00 서울고법 서관 제403호 법정에서 신동빈 회장에 대한 증인 신문이 진행되었다. 검찰에서 진술하거나, 피의자 또는 피고인으로 진술하는 것과 법정에서 증인으로 진술(즉 증언)하는 것은 격이 다르다. 수사 기관에서의 진술이나 피의자·피고인 자격에서의 진술은 진술을 변경해도 법적 제재가 없지만, 증인으로 진술하면서 종전의 진술과 다를 때에는 바로 위증 문제가 제기된다. 위증이 확인되면, 그 위증이 극히 일부에 국한되더라도 진술자의 전체 진술의 신빙성이 추락하여 예기치 못한 결과를 초래할 위험이 있다. 신동빈 회장 측이 이러한 위험을 잘 알고 이날 증언에 충분히 대비했는지는 검사의 주신문이 시작되자마자 바로 알 수 있었다. 신문 내용을 살펴보자.

신문 검사: 강상묵
답변: 신동빈 회장

문: 2015년 11월 14일 월드타워 면세점 특허사업자 탈락 이전의 상황에 대해서 묻겠습니다. 증인은 2015년 7월 15일경 일본 ㈜롯데홀딩스 대표이사에 취임하였으나, 국내 롯데그룹의 경영 부실을 이유로 신격호 총괄회장에 의해 2015년 7월 27일경 해임된 사실이 있지요?

답: 죄송하지만, 대답을 거부하겠습니다.

문: 증인은 이에 반발하여 다음 날인 2015. 7. 28.경 신격호 총괄회장을 일본 ㈜롯데홀딩스 부회장에서 해임한 사실이 있는가요?

답: 증언을 거부하겠습니다.

문: 2015. 7.경부터 증인과 증인의 친형 신동주 사이에 롯데그룹 경영 지배권 분쟁이 본격화되었고, 부정적인 언론 보도가 이어지면서 롯데그룹이 일본 기업이라는 인식과 함께 부정

적인 여론이 확산된 사실이 있지요?

답: 증언을 거부하겠습니다.

문: 이에 증인은 경영지배권을 확보, 강화하고 일본 기업 논란에서 벗어나기 위하여 2015. 8. 11. 대국민 사과를 한 사실이 있지요?

답: 증언을 거부하겠습니다.

문: 증인은 대국민 사과를 통해 ㈜호텔롯데의 상장을 추진하여 순환출자 구조를 해소하고, 종국적으로 롯데그룹을 지주회사로 전환하겠으며, 이에 7조 원 가량이 필요하다는 사실을 공표한 바 있지요?

답: 증언을 거부하겠습니다.

위와 같이 신동빈 회장은 증언 거부를 분명히 했다. 그러나 증언 거부로만 일관하지 아니하고 분명한 사실관계에 대해서는 답변을 회피하지 않았다. 애매하고 기억이 명확치 않은 사항, 신 회장이 관여하지 않은 부분에 대해서만 증언 거부했다고 할 수 있다.

신문 검사가 '2016년 3월 14일 박 전 대통령과 단독 면담 때 롯데월드타워 면세점 취득에 관해 「정부에 건의 사항」 형식으로 청탁하려 했던 것이 아닌가' 라고 추궁 질문을 했다. 이에 대한 신 회장의 증언은 다음과 같다.[278]

답: 그때는 박근혜 전 대통령하고 제가 처음으로, 그리고 마지막으로 만났는데, 단독으로, 그때는 아주 정결하고 엄격한 사람이고, 우리 국민 모두가 다 그렇게 생각하고 있지 않습니까? '나라하고 결혼했던 그런 사람이다.'. 그런 분한테, 그것도 공적인 석상에서는

---

278) 서울고법 2018노723호 사건 증인 신동빈에 대한 증인 신문 녹취서, 2018. 5. 25. p.24.

만난 적이 있지만, 둘이 이야기 나눈 적은 없는 분한테 제가 '이것으로 좀 고생하고 있습니다.'라든지, 그런 이야기를 할 수는 없지 않습니까, 상식적으로. 그런 이야기라면 무슨 문제가 생길지. 그리고 제가 그 당시에는 경영권 분쟁 일으킨 사람으로서 약한 입장에 있었기 때문에 더욱더 뭔가 우리 상황에 대해서, 우리 현황에 대해서 이야기하면 안 되고, 오히려 사과하는, 그리고 '여러 가지 나라 경제에 대해서 이바지하고 있고, 몇 가지 좀 노력하고 있다' 그런 이야기만 했지, 그거 이외에는 별로, '뭔가 이것 좀 도와주십시오.' 그런 이야기하면 무슨 문제가 나중에 생길지 모르지 않습니까? 상식적으로 생각해 보세요.

신동빈 회장은 위와 같이 상세히 증언하면서 "박 전 대통령은 정결·엄격한 사람이고, 나라하고 결혼한 그런 사람이다." 그런데 처음 단독 면담하는 자리에서 청탁을 할 수 있겠느냐면서 신문 검사에게 상식적으로 생각해 보라고 했다. 필자는 그 당시 증언을 지켜보면서 신 회장의 진술의 진실성이 그대로 전달되어 옮을 느낄 수 있었다. 아마 이 법정에 있었던 다수 방청인들도 같은 공감을 했으리라고 생각한다.

신 회장에 대한 검찰 신문은 오전에 종료되었고 오후 14:00부터 변호인 측 신문을 진행하였다. 필자가 신문에 나섰다. 이곳에서는 신문 내용을 그대로 인용하여 독자들에게 법정에서 생동하는 증인 신문 상황을 전달해 보고자 한다.[279]

변호인 신문: 이경재 변호사
답변: 신동빈 회장

문: 증인은 검찰에서 오전에 주신문 과정에서 질문하고 답을 하셨는데, 그 가운데에서 몇 가

---

279) 위 최서원 항소심 사건 신동빈에 대한 증인 신문 녹취서 pp.44~62.

지 문제되는 부분만 먼저 물어보겠습니다.

답: 예

문: 이 사건에서 증언하기 전에, 피고인 최서원은 전혀 모르는 사람이지요?

답: 예

문: 관련해서 롯데 사건을 뇌물로 돼 가지고 어쨌든 간에 이것도 영향을 미쳐서 피고인한테는 징역 20년, 박 전 대통령 24년, 이렇게 중형이 선고됐습니다. 그래서 바라건대, 신 회장께서 아는 범위 내에서는 진솔하게 대답을 해 주셨으면 하는 것이 저희 생각입니다.

답: 예

문: 증인은 2016년 11월 15일 처음 중앙지검에서 조사를 받은 것으로 되어 있습니다. 당일 오후 2시 35분부터 그 다음날 새벽 4시 12분까지 14시간 동안 철야 조사받은 것으로 되어 있습니다. (2016고합 1202호 P16094 수사 과정 확인서 제시) 철야 조사받은 것 맞지요?

답: 예

문: 철야 조사를 받으려면 검찰이 인권 규정이라는 게 있어서 조사받는 사람에 대해서 동의를 받도록 되어 있습니다. 그런데 이 진술 조서에 보면 동의서가 없거든요. 그래서 증인한테 검사가 '밤새도록 조사해야 되겠다. 동의하느냐' 구두로라도 동의한 적 있습니까?

답: 자세하게 기억이 안 나지만, 아마 12시 지나서 뭔가 동의서나 그런 거 보여주어서 제가 계속해도 된다고 그런 식으로 사인했던 것 같습니다. 자세하게 사인했는지, 그냥 구두로 이야기했는지 기억이 안 나지만, 그런 것 같습니다.

-중략-

문: 박 전 대통령과 단독 면담을 했는데, 단독 면담 때 안종범 수석이 배석하지 않았는지요?

답: 예, 배석하지 않았습니다.

문: 증인이 단독 면담을 한 후에 단독 면담 내용을 안 수석에게 전해 준 적도 없지요?

답: 예, 없습니다.

—중략—

문: 2016년 3월 14일 면담 관련 VIP 간담회 자료(증거 자료 2279)대로 증인이 대통령과 면담했을 때 말씀드린 것은 아니고, 이 자료는 단독 면담을 위한 그룹 총수로서의 참고 자료에 불과했지요. 그룹의 임원들이 단독 면담하고 관련해서 자료를 작성하고 검토하는 것은 단독 면담을 위한 참고 자료에 불과한 것이지, 그 기재 내용대로 대통령에게 얘기하거나 이런 것은 아니지요?

답: 예, 기본적으로 누구랑 만날 때도 자료를 제 앞에 놓아두고 이야기할 때는 거의 없습니다.

문: 자료를 보면서 얘기한 적이 없다는 것이지요?

답: 예, 그렇습니다.

문: 그냥 놓아두고 그때그때 대화에 따라간다는 취지인가요?

답: 예.

—중략—

문: 증인은 '미르·케이스포츠 출연에 대해 대통령이 감사드린다는 말을 들은 바 없다.'라고 진술하고 있는데, 그것이 사실입니까.

답: 미르 재단이라든지, 스포츠 재단 이외에 여러 가지 정부 요청에 따라서 했지 않습니까? 그때 그런 부분에 대해서, 특히 올림픽 부분에 대해서는 '감사하다' 그런 말은 들은 것 같은데, 자세하게는 기억이 안 납니다.

문: 당시 증인이 체육하고 관련돼서 들은, 증인이 이해하고 기억하는 범위 내에서는, 박 전 대통령은 정책으로써 대기업에서 체육에 관심을 가져달라는 취지로 말하는 것으로 이해했다는 것이지요?

답: 예, 그런 식으로 이해하고 있었습니다.

문: 그런 것이지, 특정 재단을 지정해서 '여기에다가 돈을 대라' 이런 건 아니라는 것 아닙니까?

답: 예, 맞습니다.

문: 주신문 94항 내지 99항 관련하여, (안종범 수첩 제시) 이 기재에 증인하고 대통령이 단독 면담 했다는게 있습니다. 검찰이 이걸 가지고 단독 면담 때 청탁을 했다라고 하는데, 안종범의 메모인데, 롯데그룹의 최고 책임자인 증인과 대통령 간에 단독 면담을 하면서 대화한 내용이라는 부분이 어디 있나요?

답: 어디에요? 없지 않습니까?

문: 예를 들면 '롯데'라도 하나 들어가야 안 되겠습니까, 그래야 상대방을 알 수가 있는 것이지.

답: 예.

문: 이게 상대방이 없는 메모예요.

답: 예.

문: 왜 이걸 가지고, 제가 조서를 보면 증인이 담당 검사한테 엄청나게 시달렸어요. 왜 그렇게 집요하게 이걸 가지고 검사가 추궁했는지 혹시 아는 게 있습니까?

답: 모릅니다.

문: 주신문 96항 관련해서 물어보겠습니다. [증인은 최서원이 '정호성을 통해 대통령에게 케이스포츠 재단의 5대 거점 체육 인재 육성 사업에 대해 말을 하였기 때문에, 대통령이 롯데나 다른 회사들에 제안한 것으로 알고 있다'라고 진술한 사실을 알고 있는가?라고 물었는데, 증인으로서는 알 수 없는 일이지요?

답: 예.

―중략―

검사 배문기
재판장님. 변호인 반대 신문 과정에 저희들이 의견을 개진해서 죄송한 입장입니다만, 오전에 저희들 주신문 96항 신문 과정에서도 변호인께서 사실을 왜곡했다고 최서원 피고인이 진술하지도 않은 내용을 가지고 증인을 상대로 질문을 한다고 이의를 제기하셔서, 그때는 원활한 신문 진행을 위해서 저희들이 따로 의견을 표명 안했습니다마는, 또다시 반대 신문 과정에서 저희들이 사실관계를 왜곡해서 질문을 한다고 하시니까 저희들이 의견을 밝히지 않을 수가 없을 것 같습니다. 주신문 96항에 나오는 최서원 진술은 증거 기록 순번 1009번, 최서원 피의자 신분 조서 제7회 증거 기록 13634쪽에 분명하게 기재된 내용이고요. 이와 같은 내용은 1심 판결문 340쪽에도 판결을 하시면서 그 진술을 인용하고 있습니다. 그래서 이와 같은 진술을 한 적이 없는데도 불구하고 검찰에서 그와 같은 진술이 있다고 사실을 왜곡하면서 신동빈 증인을 상대로 신문을 저희들이 한 거라고 한 부분에 대해서는 사실이 아님을 말씀을 올려야 될 것 같습니다. 이상입니다.

피고인 최서원
제가 증언을 그때 했었는데, 배문기 검사는 자리에 안 계셨고요. 최영하 검사라고 했었는데, 그분이 주도적으로 그런 식으로 방향을 틀어간 거지, 저는 그렇게 얘기한 적이 없습니다.

−중략−

신문: 이경재 변호사
증인: 신동빈 회장

문: 2018년 평창동계올림픽이 성공리에 끝났는데, 롯데그룹에서 지원한 금액이 얼마였습니까?

답: 평창올림픽에 대해서는 직접적으로 500억 했고, 스키협회에 대해서 별도로 100억, 다 합쳐서 600억 했습니다.

문: 그러면 거기에 조건이 달려 있습니까?

답: 예, 여러 가지 마크나 그런 것 붙어 있는 상품에 대해서 기본적으로 독점 판매권을 우리가 갖게 되었습니다.

문: 박근혜 대통령이 '평창올림픽이 성공적으로 이루어질 수 있도록 롯데 측에도 노력해 달라' 이런 말씀이 있었지요?

답: 예, 있었습니다.

문: 검사님이 10월 17일 이 사건 조사받을 때 맨 마지막에 이렇게 되어 있는 부분이 있습니다. 무려 14시간 시달리고 난 다음에 질문 내용에 이런 부분이 있어요. 검사님이 듣고 싶었던 질문인 것 같습니다. 담당 검사가 최재순 검사인데요. '문, 롯데그룹이 2016. 5. 말경 케이스포츠 재단에 70억을 지원했던 것은 당시 롯데그룹에 대한 위와 같은 여러 가지 사정, 향후 청와대 및 정부에서 세무 조사, 사업 규제, 검찰 수사 등으로 진술인이 경영권을 공고히 하기 위해 추진하는 사업에 각종 제한을 초래할 것을 우려했기 때문이 아닌가요?'라는 질문을 했거든요. 그때 어떻게 대답을 했습니까?

답: 그때 제가 어떻게 답변했는지.

문: 답은 이렇게 돼 있습니다. '아닙니다'라고 돼 있습니다. 맞습니까.

답: 예

문: 검사님의 질문은, 지금 경영권 문제도 있고, 여러 가지 복잡한 일이 있으니까 이걸 내가 잘 해결하기 위한 우려 때문에 약간 위협을 면하기 위해서 한 것 아니냐' 라고 물었고, 증인은 '아니다' 라고 대답을 했습니다.

답: 기본적으로 기업에서 사회적 책임이나 그런 것 있지 않습니까. 그래서 정부가 추진하고 있는 여러 가지 가난한 사람을 좀 도와준다든지, 스포츠 지원한다든지 그런 부분에 대해서는 우리 그룹은 예산 내에서 최대한 후원을 해 왔습니다.

문: 증인이 케이스포츠 재단이나 미르 재단이든 어떤 관계든 간에 증인이 롯데그룹을 전체적인 지휘를 하면서 대통령하고 어떤 이권을 주고받는 식으로 대통령은 롯데그룹의 편의나 인허가라든가 세무 조사를 면해 주고, 롯데그룹에서는 금전적인 혜택을 주고, 이런 식의 담합이라든가, 거래를 해 보려고 생각한 적 전혀 없지요?

답: 예.

문: 생각 자체도 해 본 적 없지요?

답: 생각 자체가 없습니다. 박근혜 대통령 때뿐만 아니라, 이명박 대통령 때도, 그리고 그 전에도 우리 그룹은 언제든지 사회적 책임을 다하기 위해서 여러 가지 정부가 요청하는 재단이라든지, 여러 가지 지원 부분에 대해서 계속 우리도 서포트 해 왔고, 그 일환으로 이

번에 했던 것이라고 생각합니다.

문: 증인, 제가 지난 판결 선고 때 같이 있어서 법정 구속이 됐는데, 그날 평창올림픽 때 우리나라 스키 선수들 판결 선고 난 다음에 평창으로 가서 스키협회하고 스키 선수들 격려하기 위한 모임이 예정되어 있었다고 하는데, 맞습니까.

답: 예, 국제스키연맹 제가 집행위원 하고 있었으니까 IOC 회장님을 비롯해서 국제스키연맹 집행위원들 다 모여서 환영 리셉션을 하기로 돼 있었는데, 그렇습니다.

문: 외국의 귀빈들도 많이 참석하고.

답: 예.

문: 이렇게 구속이 돼 가지고 롯데그룹도 그렇고, 전체적인 이미지상에 타격을 많이 입었던 것이지요?

답: 예, 그렇습니다.

신문: 강상묵 검사
답변: 신동빈 회장

문: 증인은 2014년 11월부터 대한스키협회 회장으로 취임해서 현재까지 재임 중이지요?

답: 예, 맞습니다.

문: 증거목록 순번 2539번 관련하여, 2015년에 롯데그룹이 증인이 회장을 역임하고 있는 대한스키협회에 총 22억 원을 지원한 것으로 나오는데, 맞는가요?

답: 제가 자세한 금액은 잘 모르겠지만, 아마 4년이나 5년 100억 원, 그런 식으로 제가 기억하고 있습니다.

문: 아까 증인이 스키협회에 100억 원을 지원하기로 했다는 것은, 1년에 100억이라는 것이 아니라, 5년간 걸쳐서 100억 원을 지원한다는 말씀이시지요?

답: 예, 그렇습니다.

문: 증인이 기억하시기에 혹은 2016년, 2017년에는 대한스키협회에 얼마씩 지원하셨는지 대략적인 금액 알고 계시나요?

답: 아마 20억 원이나 30억 원이나 그 정도 금액이 아닌가 생각합니다.

문: 매년 1년에 20억에서 30억 지원해 주시지요?

답: 예.

문: 증거 목록 순번 2539번 관련하여, 2015년 그룹 사회 공헌 실적보고에 있는 내용 중에서 묻겠습니다. 롯데그룹이 스포츠 분야 지원 총액도 2013년에는 30억 원, 2014년에는 52억 원, 2015년에는 49억 원 수준으로 자료상에 나타나는데, 맞는가요?

답: 숫자는 제가 기억 못합니다.

문: 대략적인 금액은 맞나요?

답: 예, 아마 그 정도인지는 모르겠지만.

문: 그렇다면 롯데그룹은 2016. 4. 케이스포츠 재단에 5대 거점 체육 인재 육성 사업에 무려 75억 원이나 되는 금액을 지원하기로 결정하고, 실제로 70억 원을 지원했지 않습니까?

답: 예.

문: 그럼 설립된 지 3개월밖에 안 된 재단에 대한스키협회에 대한 연간 지원금이나, 롯데그룹의 스포츠 분야 연간 지원 총액보다도 적게는 2배, 3배, 많게는 3~4배 되는 많은 금액을 일시에 지원하신 이유는 무엇인가요?

답: 저도 잘 모르겠지만, 재단이라는 게 지원할 때는 설립될 때나 그 직후가 아닌가 생각합니다. 설립되고 몇 년 후에 기부한다는 게 오히려 많지는 않고, 설립된 지 얼마 안 되는 재단에 기부하는 게 일반적이 아닌가 첫 번째, 그리고 두 번째는 그 숫자에 평창올림픽 500억은 포함돼 있지 않은 것 같습니다. 아마 2017년인가 2018년인가 제가 자세하게 언제, 어떻게 지불했었는지는 잘 모르겠지만, 전체적으로 스포츠에 대해서는 평창올림픽 그런 것도 있었지만, 그만큼 갑자기 늘어난 것은 있었던 것 같습니다.

문: 증인이 미르·케이스포츠 재단이 언제 설립됐는지, 실제 롯데그룹에서 언제 기부했는지 이 내용 당시에 보고받아서 알고 계셨던 것처럼 말씀을 하셔서, 알고 계셨나요. 설립 초기에 출연을 많이 했다고 말씀을 하셔서.

답: 일반적으로 재단이라는 게 출연할 때는, 예를 들어 제가 개인적으로 롯데 음악재단이라는 게 있어요. 그런데 거기에 100억 원 출연했는데, 그것도 설립할 때는 지원, 만들었을 때는 지원하겠지만, 그 후에는 한 번도 지금까지 지원해 본 적이 없고, 몇 년 됐지만, 그래서 아까 3개월 안 되는 재단에 지원하는 게 이상하다고 하니까, '이상하지 않고, 오히려 그것이 정상적인 것 아닌가' 그렇게 생각해서 말씀올린 것입니다.

문: 피고인 최서원

답: 신동빈 회장

문: 죄송합니다. 저 때문에 이렇게 여기까지 오게 되셔서. 가장 중요한 건 검찰이 기소한 내용 중에서, 박 대통령이 롯데의 현안 사항을 저를 통해서 들어줘서 그거를 해결했다는 것인데, 아까 얘기하셨잖아요. 박 대통령께서는 국가와 결혼하신 분이라고 생각했다는 단면도 있으셨다고 그랬는데, 검찰이 제가 조사받을 때도 기소 내용이 좀 무리하다고 생각했는데, 저는 롯데가 왜 끼어들었는지 사실 이해가 안 가는데요. 롯데나 저희 어떤 현안사항을 해결하기 위해서 이거를 한 게 아니라, 스포츠의 전반적인 확대나 육성을 위해서 하신 거죠. 그거는 분명하신 것이지요?

답: 예, 당연히 그렇죠.

피고인 최서원
저도 그렇다고 믿고 있는데, 자꾸 그런 사항으로 공소사실을 자꾸 제가 얘기를 했다고 그러니까, 그렇게 해서 제가 그거는 한 번 물어보고 싶어서 여쭈어 보는 겁니다.

이날 증인 신문은 이렇게 끝났다. 검찰과 변호인 간에 난타전이었다. 이날 증언은 모두 녹음되어 있다. 그 녹음을 청취한다면 사회 일반인들은 신동빈 회장 증언의 신뢰성을 의심하지 않을 것이다. 변호인들은 희망을 가졌다.

◈ 허망한 기대

항소심 결심 공판

　2018년 6월 15일 서울고법 서관 제403호 법정에서 항소심 결심 공판이 진행되었다. 대법원은 법률심인 만큼 항소심은 실질적으로 최종심과 같은 비중을 갖고 있다. 이 재판에서 반전의 기회를 잡지 못하면 회생의 가능성을 점쳐 보기 어렵다. 검찰 측은 특검보 장성욱, 양재식, 파견 검사 박주성, 호승진, 강백신, 특수본 측은 검사 조상원, 김해경, 김태겸, 배문기 등 9명이 참석했다. 최서원 측 변호인으로 이경재, 최광휴, 권영광 변호사가 출석했다. 재판장은 김문석, 우배석 판사 진광철, 좌배석 판사 배용준이 재판부를 구성했다. 특별 검사보 장성욱이 결심 의견(논고)[280]을 밝혔다. 그 의견은 아래와 같다.

특검보의 결심 의견[281]

먼저 오랜 시간 진행해 주신 재판부께 깊이 감사드립니다.

이 사건은 국민으로부터 위임받은 대통령의 권한 행사에 사인인 피고인을 과다하게 개입시킴으로써 불법적인 방법으로 대통령의 권한 행사를 사실상 '공유'하게 하고 결과적으로 '국민 주권주의'라는 헌법적 가치를 침해한 사건입니다. 이는 결국 검찰 수사 및 특검 수사로 이어졌고 헌정 사상 초유의 탄핵에 의한 대통령 파면까지 초래하였습니다.

또한 피고인은 대통령과 함께 삼성 등 대기업으로부터 거액의 뇌물을 수수하고, 그에 대한 반대급부로 이재용의 경영권 승계를 위하여 필요한 각종 현안 해결 과정에 대통령으로 하여금 위법·부당한 직무상 도움을 주게 하였습니다.

---

280) 결심 때 검찰의 최종 의견 진술을 논고論告라고 하며, 논고의 결론으로 구형 의견을 밝힘.
281) 서울고법 위 사건 11회 공판 조서 2018. 6. 15.자.

이처럼 이 사건은 최고 권력자인 대통령 및 배후 실세인 피고인과 재벌 후계자가 장기간 유착 관계를 형성하여 서로에게 편의를 제공한 정경 유착 사건이라고 할 수 있습니다.

특검은 이와 같은 이 사건의 중대성과 심각성을 깊이 인식하고, 그 실체적 진실이 무엇인지를 국민들에게 밝힘으로써 국민들의 우려나 불안을 불식하고 더 이상은 우리의 헌법적 가치를 중대하게 침해하는 사건이 재발되지 않도록 하겠다는 각오로 오로지 법과 원칙에 따라 객관적 증거 수집에 중점을 두고 수사를 진행하였고, 피고인의 유죄 입증을 위하여 최선을 다하였습니다. 부디 항소심 재판부께서는 특검이 유죄 입증을 위하여 제출한 증거들에 대한 객관적 평가 및 관련법 규정과 대법원 판례의 취지에 부합되는 법리 판단을 통하여 대통령 및 피고인과 이재용 사이에 사적인 자금 지원과 직무상 편의 제공의 상호 대가 교환이라는 이 사건의 실체적 진실이 발견될 수 있도록 다시 한번 빈틈이 없이 살피신 연후에 원심 판결 중 피고인에게 무죄가 선고된 부분을 파기하고 유죄 판단과 함께 원심 구형과 같은 형을 선고하여 주시기 바랍니다.

변호인단은 미리 준비한 빔 프로젝트 화면에 현출된 영상 자료를 이용하여 구두로 진술하고 필자는 항소심 결심 변론서를 제출하면서 이를 설명했다. 이어 배문기 검사가 특수본을 대표하여 최서원에 대한 논고문을 진술했다. 이 논고에 대해 필자를 비롯한 변호인단은 그 자리에서 아래와 같이 구두로 논박했다.[282]

변호인(1) 이경재

① 특검 측에서 집단 책임을 얘기하는데, 집단 책임이 아니고 개별 책임을 묻는 것이 근대 형사법입니다.

② 특검이 삼성이 이 재판하는 동안에 말을 갖고 들어온 것을 두고 위장한 것이라고 얘기하는데 견강부회입니다. '삼성에서 최서원 측에 사줬다'고 냅다 주장하니까 답답해서 '이 말 우리가 보유하고 있다'는 것을 입증하기 위해 갖고 들어온 것입니다. 특검이 아는 내용에

---

282) 서울고법 2018노723호 사건 11회 공판 조서 pp.10~13.

반하는 것은 전부 거짓이고 위장이라는 확정 편향 바로 그것입니다. 특검이 얘기한 공소장 내용이 전부 사실이라는 것입니다. 그러니까 그에 반하는 주장은 아니다라는 주장을 끝없이 펼치고 있는데 그러면 재판을 왜 합니까? 확인된 부분에 관해서는 어느 정도 수용한 상태에서 되어야 합니다.

③ 경영권 승계 관련하여 경영권 승계가 조선 시대의 왕위 계승 이런 것은 아닙니다. 경영은 경영 책임자 CEO가 있는 것입니다. 왜 그것을 화두로 만들어서 이것을 중심으로 해서 마치 삼성이 이재용이나 이건희 회장 한 사람 것입니까. 아닙니다. 삼성에 관련된 많은 구성원들의 노력에 의한 것이고 삼성에서 만든 제품을 소비하는 사람들이 다 관여되어 있습니다. 형식은 사기업이지만 거의 국가를 지탱하는 기업이라 할 수 있는 것입니다. 그런데 이것을 '이건희 회장 돌아가시면 내가 경영권을 받아가야 하는데, 이걸 하려면 대통령의 영향이 필요하다.'는 구도를 짰는데, 이런 사고 자체가 대단히 전근대적입니다.

그리고 보고서 내용 중에 김상조 공정거래위원장이 "대통령이 끼어들지 않으면 가능하겠느냐?"라고 얘기한 것을 특검이 논거로 드는데, 김상조 위원장은 삼성 저격수로 알려진 사람이고 합병에 관해서 아는 바가 없는 사람인데, 특검이 증인으로 불러서 "이것 대통령 영향력 아니면 가능합니까?"라고 의견을 묻고, "그렇다."고 하는데 얼마나 당당하지 못한 모습입니까?

④ 케이스포츠 재단 출연금 지원 시 재단 배후 피고인 최서원 존재를 인식했다고 하는데, 피고인이 재단 배후여서 무엇을 했는데 어떻게 인식했다는 것입니까. 완전히 선동적인 표현입니다. 또한 재단 설립을 대통령과 피고인이 했다고 하는데, 실무적인 일을 다 맡아서 한 사람은 안종범 수석입니다. 안종범은 설립자에 왜 안 넣습니까? 그러면 대통령이 '우리나라 융성을 위해서 안보연구소를 만들자. 그런데 안보 위기가 있으니 대기업에서 훌륭한 연구소를 만들기 위해서 돈을 출연합시다.'라고 했을 때 대통령이 비전, 정책 방향을 제시하는 것입니다. 설립의 취지를 설명하는 사람이 어떻게 설립자가 됩니까? 그래서 그 사람이 그 말로 출연의무를 부담하는가요?

삼성이 미르·케이스포츠 재단에 출연한 것이 단순 뇌물죄가 된다는 논리라면, 설립자가 대통령과 피고인이라는 것인데, 삼성을 제외한 다른 기업들도 출연한 그 돈을 대신 냈다고 해야 되지 않습니까? 그 불균형을 지적받을 수 있음에도 현재 이 법정에서 얘기하는 것이 도저히 이해하기 어렵습니다.

⑤ 마필 소유권을 다투고 있는데 삼성 사건에서 제일 덩치가 큰 것이 용역 계약에 예상되는 213억 원입니다. 그 부분은 오늘도 별로 중요하지 않게 다루는데 그 부분에 관해서는 1심 판결을 존중하는 것입니까? 특별히 이의를 제기하지 않는 것인지 의아합니다.

⑥ 승계 작업과 승계 작업 계획이 뭐가 그렇게 차이가 있습니까? 삼성이라는 세계적인 기업이 돈도 안 내고 지배권, 영향력을 늘린다는 것 아닙니까? 아무런 계획 없이 느닷없이 지배권을 확보할 수 있나요? 승계 작업은 당연히 계획에 의해서 이루어지는 것이고 이미 전제되어 있는 것입니다. 그런데 승계 작업과 승계 작업 계획은 다르다는 것은 언어의 의동, 용어 혼란입니다.

⑦ 본건의 공소사실은 전부 명시적으로 되어 있는데, 인정은 묵시적으로 되어 있으니까 공소장에도 묵시적인 방법을 설시해야 됩니다. 묵시적인 방법의 설시가 얼마나 어렵겠습니까? 사실은 묵시적인 방법을 인정해서는 안 되는 것입니다.

파견 검사는 묵시적 청탁의 성립이라고 하면서 대통령의 광범위한 직무 권한, 삼성그룹 총수의 수많은 현안, 단독 면담 전후 사실관계를 면밀히 분석하여 처벌의 공백이 생기지 않도록 유의해야 된다고 하는데, 처벌의 공백이 생기지 않도록 유의해야 된다는 것은 입법론에 관한 얘기입니다. 처벌의 공백이 있으면 사법적 확인 판결에 의해 무죄를 선고해야 됩니다. 처벌의 공백이 생기지 않도록 하기 위해 재판부가 사법 정책적인 판단을 해달라는 요구를 특검이 무슨 힘으로 하는 것입니까?

⑧ 말씀 자료 관련하여 단독 면담에서 양자 간에 특별히 문제 있는 대답이 전혀 없는 상태가 되다보니 궁여지책으로 말씀 자료를 내놓은 것입니다. 특검은 말씀 자료에 있으니까 말씀 자료를 봤으니 면담 때 이 얘기를 했을 것이다. 좋습니다. 그럴 개연성은 있습니다. 그러나 아닐 가능성은 없느냐 합리적인 의심입니다. 아닐 가능성과 관련하여 면담한 두 당사자가 그런 얘기를 한 적 없다는 것입니다. 그러면 합리적 의심 부분이 명확하게 드러나야 합니다.

⑨ 결론적으로 말씀드리면 미국의 트럼프 대통령과 북한의 김정은이 싱가포르에서 회담을 했는데 '한반도 비핵화'라는 개념을 두고 전혀 다른 해석을 하고 있습니다.

사실관계를 두고 완전히 해석을 달리합니다. 말씀 자료가 있으니 유죄다 그래서 이런 큰 간극이 있는데, 이런 간극을 증거 재판주의, 의심스러울 때는 피고인의 이익으로, 피고인의 이익으로 하는 이유는 강력한 국가 공권력에 의해서 희생될 수 있다는 것을 염두에 두는 것입니다. 잘못되면 피고인은 오판으로 인한 회복할 수 없는 피해를 입게 됩니다.

변호인(2) 최광휴

코어스포츠 차량을 코어 이름으로 가지고 있는 점과 관련하여 코어가 그 차량을 삼성에서 받은 것은 돈을 주고 직접 산 것입니다. 그래서 정상적인 매매를 통해서 산 것입니다. 피고인과 정유라가 받은 급여와 관련하여 용역 계약의 실체와 관련해서, 회사의 실체성을 말하는 것인데, 그 당시 직원이 10명이 넘었습니다. 그래서 관리하는 일을 피고인이 실질적인 업무를 했다는 것은 수사 기록에 다 나와 있습니다. 그래서 일을 한 만큼 돈을 받는 것은 당연한 것입니다. 정유라 역시 선수이지만 체류를 하려면 체류 비자가 필요합니다. 그래서 체류 비자를 위해서는 급여 처리를 해야 되는 것이고 그것을 뇌물로 받은 것은 아닙니다. 이것은 회사 운영 과정에서 나오는 비용으로 처리한 것이므로 이것을 두고 용역 대금 자체가 뇌물이라고 하는 것은 비약이라고 말씀을 드립니다.

변호인(3) 권영광

재단의 단순 뇌물죄 성립과 관련하여 대통령과 피고인이 출연 의무를 부담한다는 근거가 무엇인지에 대해 특검에서 주장, 입증을 하였는지 의문입니다.
재단에 대해서 김형수, 정동구 임원 추천을 피고인 최서원이 했기 때문에 이 사람들이 최서원의 대리인으로서 활동을 했기 때문에 재단을 마치 최서원이 장악한 취지로 말씀하시는데, 대리인이라는 자체가 사실은 위임관계가 있는 것이고 특별한 인적 관계가 있는 사람이 대리인이 되는 것인데, 피고인 최서원은 김형수나 정동구에 대해 직접적으로 아는 사람이 아닙니다. 이 사람들과 인적 관계가 있다는 위임을 줘서 신뢰 관계를 쌓은 것이 아니었기 때문에 이 사람들을 통해서 장악한다는 것은 상당히 비약이라고 보여집니다.
기업들의 출연금이 대통령이나 피고인에게 귀속되는 것 아니냐는 취지로 말씀하시는데, 이 부분은 민사법의 법인의 권리 능력이나 법리의 근간을 허무는 논리라고 생각합니다. 엄연히 법인격이 다른데 어떻게 대통령이나 피고인에게 재산이 귀속되었다고 볼 수 있는지 의문이며 반문하고 싶은 생각입니다.

변호인들은, 특검이 미르·케이스포츠 재단에 대한 삼성그룹의 출연은 단순 뇌물죄도 성립된다면서, 삼성그룹 출연금 203억 원은 박 전 대통령과 최서원에게 출연할 의무가 있는데, 삼성그룹이 대신 출연했다는 해괴한 논리마저 동원하는 것을 보고 실소(失笑)를 금치 못했다.

끝으로 재판장은 최서원에게 최후 진술 기회를 줬다. 최서원은 미리 준비한 서면을 보며 자신의 심경을 비교적 상세하게 진술했다. 더 이상 최서원이 공개 법정에서 구두로 발언할 기회는 이것이 마지막이기 때문이다. 필자도 하고 싶은 말을 다 해도 좋다고 했다. 20년형을 선고받은 피고인이 더 무엇을 생각하며 하고 싶은 발언을 자제할 이유는 없다고 생각했다. 그녀의 최후 진술 중 의미 있는 부분을 인용한다.[283]

피고인 1. 최서원

-중략-

② 존경하는 재판장님. 그동안 항소심 내내 어렵고 무거운 재판을 이끌어 주신 데 대해 재판장님과 배석 판사님들께 진심으로 감사를 드립니다. 또한 저로 인해 국민 여러분과 나라에 큰 혼란을 드린 것에 대해 사죄를 드립니다.

저는 지난 1년 7개월 동안 검찰과 특검에서 강도 높은 조사를 새벽까지 받았습니다. 검찰의 요구는 재단을 공범으로 인정하라는 것이었고, 특검은 뇌물죄를 씌우기 위해 고형곤 검사의 박 대통령과의 경제 공동체, 신자용 검사는 박 대통령과 완전히 인연을 끊고 여기서 박 대통령의 뇌물죄와 공동 범죄를 인정하지 않으면 삼족을 멸한다는 강압적이고 가슴에 고통을 주는 압박과 회유를 받았습니다. 그러나 저는 사실이 아니기 때문에 인정할 수도, 그들의 말에 따를 수도 없었습니다. 그동안 검찰과 특검이 회유와 압박을 한 증인들이 검찰 앞에서 직책과 나이를 불문하고 겁에 질려 검찰이 요구하는 대로 재판에서 증언을 하는 것을 보고 자유 민주주의는 없어지고 있구나 하는 심각한 생각을 했습니다.

---

283) 위 사건 공판 조서 pp.13~17.

저는 그동안 검찰과 특검의 과잉 수사와 재판 과정에서 가슴을 파고드는 막말은 저를 병들게 했고 급기야는 병원 응급실에 실려가 심한 출혈로 수혈을 받을 정도로 몸이 쇠약해서 죽음의 문턱에 점점 가고 있구나 하는 생각했습니다. 징역 20년이든, 10년이든 그것이 문제가 아니라 진실이 밝혀지는 것이 문제라고 생각합니다. 그럼에도 이번 항소심이 제일 마지막 최후 진술이고 항변할 수 있는 마지막 순간이라 몇 가지 말씀드리고자 합니다.

박주성 검사가 대통령과 제가 이재용의 경영권 승계 작업을 도와달라는 부정한 청탁의 대가로, 이재용으로부터 거액의 뇌물을 수수했다고 했으나 그것은 대법원 판례나 논리로 될 것이 아니라 검찰, 특검이 확실한 박 대통령과 이재용 부회장과 제가 뇌물을 수수하기로 약속했다는 확실한 증거를 대야 하는 의무가 있음에도 증인들과 허구한 판례만을 갖다가 뇌물죄를 씌우고 있습니다.

③ 국정 농단에 대해 말씀드리겠습니다. 소위 국정 농단이라 함은 제가 국정의 권한을 가지고 실질적으로 지위를 가지고 국정을 움직였어야 가능한 일입니다. 그러나 저는 박 대통령께 어떤 국정에 대한 권한이나 권력도 위임받은 적도 제 개인 사익을 추구하기 위해 국정을 농단한 적이 결코 없습니다.

저를 이용하여 박 대통령과 말도 안 되는 모함, 기획하여 정권을 흔들어 박 대통령의 정치 생명을 끊어버리고자 하는 기획된 국정 농단이라고 생각합니다. JTBC가 취득한 태블릿 PC는 제 것도 아니고 1심 재판 마무리 단계에서 처음으로 보았으며 검찰 수사 시 제가 강력하게 보여줄 것을 요구하였으나 보여주지도, 확인시켜 주지도 않았습니다. 그동안 JTBC가 보도한 악질적이고 진실을 왜곡한 기사로 인해 심적 고통과 번뇌는 말할 수 없으며 박 대통령에게 더할 수 없는 오명을 씌운 것에 사죄를 드리고 싶습니다.

④ 미르・케이스포츠 재단에 대해 말씀드리겠습니다. 관계기관의 법적 절차에 따라 승인받은 두 공익 재단을 제 개인 것으로 본 검찰은 직권남용으로, 특검은 뇌물죄로 그들만의 수사 방식에 맞게 짜인 대로 기획 수사를 하였습니다.

재판장님, 그동안 우리나라는 공공 이익을 위한 재단 설립이나 전・현직 대통령 기념 사업 등 스포츠 관련 큰 행사에도 국고나 기업들의 출연으로 이뤄져왔습니다. 마찬가지로 미르・케이스포츠 재단도 순수기업 차원에서 문화와 체육을 위해서 기부한 것을 유독 개인 최서원을 위해 박 대통령이 기업을 동원했다는 것을 전제로 끌고 가는 것은 말도 안 되는 억측이고 납득할 수도 없는 사항입니다.

저는 미르·케이스포츠 재단의 결제나 돈을 만져본 적도 없고 한 푼도 취득한 점이 없습니다. 특히 검찰, 특검에서 주장하는 기업의 현안 문제나 승계 작업 등은 전혀 인지하지도 못하고 전할 수도 없는 사항입니다. 제 관심 사항도 아니었습니다. 이는 저를 이용해 박 대통령을 끌어내리기 위해 미르·케이스포츠 재단에 기부한 기업들을 무더기로 검찰이 조사하여 저에게 재단을 주려고 사익을 추구하기 위해 한 것으로 박 대통령을 치부하려고 한 특정 세력에 의한 기획된 음모 수사라고 생각합니다. 이런 기획 수사는 국정 농단에 앞서서 다시는 이루어지지 않아야 된다고 생각합니다. 어떤 대통령이 국민들이 지켜보는데 기업을 동원해 몇 백 억 재산을 개인에게 사익을 몰아줄 어리석을 대통령이 어디 있겠습니까. 그런 것을 전제로 검찰과 특검이 끌고 간다는 것은 검찰과 특검의 자체 모순입니다.

⑤ 승마 관련해서 말씀드리겠습니다. 많은 기업이 재단에 출연했는데 유독 삼성그룹에 뇌물죄를 씌운 것은 저희 딸을 승마 지원한 괘씸죄가 발동했다고 봅니다. 저는 박 대통령에게 삼성 승계 작업에 대해 어떠한 부정한 청탁을 한 적이 없고 특검과 검찰이 있지도 않은 승계 작업에 의한 부정한 청탁을 전제로 몰고 가는 오류를 범하고 있습니다.

승마 지원 사항은 삼성이 지원한다는 것을 저는 사전에 인지하지도 못했으며 박원오에게 처음 들었습니다. 그 당시 박원오가 올림픽 지원 로드맵에 딸인 정유라가 국가 대표로서 당연히 포함되어 있다고 하여 참여한 것이 이번 일의 발단이 되었고 그 당시 그 제의를 과감하게 물리쳤어야 했는데 자괴감마저 듭니다. 박원오가 저를 이용하고 삼성을 이용하여 이미 월 1천 2백만 원 가량을 피엔케이 홀스라는 이름으로, 처의 이름으로 만들어 받고 있음에도 저는 이번 사건이 터지고서야 알았습니다. 박원오는 코어 지분 20%도 요구하여 받아갔습니다.

재판장님, 저는 계약 전까지 삼성의 어떤 사람과도 사전에 알지 못 했으며 저는 독일에 거주 목적으로 이미 딸아이 4마리 말을 가지고 갔던 상황이었습니다. 박 대통령께 그 말을 전할 수도 전해 주지도 못 했던 상황이었습니다. 그 이유는 딸이 이미 애기를 가졌었고 그 다음에 공주 승마라는 것이 국회에서 터졌기 때문에 그런 문제를 박 대통령에게 전달해서 이것을 청탁해주십시오 할 수 있는 염치나 그럴 상황도 아니었습니다. 저는 계약 전까지 삼성의 어떤 사람과도 알지 못했으며 그 많은 검찰 조사에도 사전에 삼성 임직원 등 간부들을 만났다는 증거는 대지 못했습니다. 또한 삼성의 현안 문제나 승계 등 검찰, 특검이 주장하는 내용은 그 지식을 옮기지도 못할 정도로 저는 인지도 못 했습니다.

형사재판에서는 가장 중요한 것이 증거에 대한 것인데 검찰과 특검은 마필과 마필 차량 등은 분명히 삼성 소유권으로 된 계약서가 있음에도 그것을 인정하지 않고 있습니다. 저는 마필에 대한 어떤 것도 저희에게 넘겨온 서류가 없으며 만약 특검의 주장대로 받았다면 말 값에 엄청난 증여 세금을 물었어야 될 것입니다. 특검과 검찰은 독일법을 전혀 인지를 못하고, 독일은 증여나 무상으로 받은 것에 대해서는 굉장한 세금을 때리기 때문에 그것을 무지하게 받을 사람은 없다고 생각합니다. 그리고 저희가 그렇게 돈을 낼 만큼 돈이 있지도 않았습니다. 특검과 검찰은 저희 딸을 새벽에 데려가 호텔에서 연습시키고 이재용 1심 재판에 세워 "말을 내 것처럼 타."라는 그 말을 입증하면서 그것을 증거로 내세우는데, 그것은 편하게 타라는 의미이지 그것으로 인해 소유권을 인정했다거나 내가 "우리 말이야."라고 말한 적은 절대 없습니다.

⑥ 코어(비덱)스포츠에 대해 말씀드리겠습니다. 코어스포츠는 컨설팅 계약은 독일법에 근거하여 전혀 문제가 없는 계약입니다. 계약서에 명시되어 있듯이 독일법에 따라 세무상 문제가 있거나 지출이 허위로 된 부분이 있다면 독일법에 따라 당연히 코어에 대한 책임을 물어야 할 것입니다. 삼성은 국내 여론에 오르내리자 일방적 계약해지를 요구했고 이것은 독일법상 삼성이 손해 배상 대상이지 코어가 책임질 일은 아니라고 생각합니다. 이런 억지 주장을 지금 검찰과 특검이 뇌물죄를 씌워서 몰고 가는 것은 있을 수 없는 일이고 독일법상으로도 있을 수 없는 일이라고 생각합니다. 코어와 삼성전자가 맺은 계약서를 보면 잘 아실 수 있으리라 생각합니다.

코어는 정식 컨설팅 계약을 삼성전자와 했으며 저는 해약 당시 그 이전에 이미 코어의 대주주도 대표도 아니었습니다. 코어 회사는 독일 회계법인에 의해 감리·감독을 받았으며 독일 세무 당국에 세금도 납부한 성실한 회사로 전혀 문제가 없었습니다. 그럼에도 검찰과 특검이 코어를 페이퍼 컴퍼니로 보고 마치 뇌물 수수를 하려고 코어스포츠를 만든 것처럼 독일법이나 한국법에서 용납이 안 되는 얘기를 하고 있습니다. 뇌물죄를 씌운 특검의 저의나 형사소송에서 요구되는 증빙 서류도 전부 증인들의 말뿐이지 정확한 근거 있는 계약서나 관련 서류가 코어스포츠에서 나왔다는 증거는 없습니다. 이것은 성과를 내기 위한 무리한 충성심에서 나온 것이라고 생각합니다.

⑦ 저는 박 대통령을 알고 지내는 기간 동안 저를 앞에 내세우지도 못하고 제 개인 최서원은 없었습니다. 그런 제가 박 대통령을 이용하여 개인 사익을 취해 본다고 생각한 적도 없습

> 니다.
>
> 그러나 이런 문제가 생겨 정국을 흔든 것은 제가 최태민 아버지의 딸이기 때문에 더 급속도로 퍼져 나갔고 사람들을 잘못 알아 벌어진 일입니다. 결국 제가 박 대통령을 떠났어야 했는데 못 떠난 저의 불찰이자 과오입니다. 만약 다음 생이 있다면 평범한 사람으로 딸과 손자와 사는 것이 제 소원입니다. 부디 이 뜻을 헤아려 재판장님과 배석 판사님들이 넓고 깊으신 판단을 해주시기 바랍니다.

허망한 기대

결심 공판 때로부터 2개월이 지난 2018년 8월 24일 서울고법 서관 제312호 법정에서 항소심 판결 선고가 있었다. 이날 10:00 박 전 대통령에 대한 2018노1087호 항소심 사건에 대해 먼저 선고를 했다. 박 전 대통령은 항소하지 않았으나 검찰 측이 항소하여 재판이 진행되었고, 박 전 대통령은 재판 거부 방침을 고수해 국선 변호인이 변론을 맡았다.

재판장은 1심 판결을 파기하고 징역 25년 및 벌금 200억 원을 선고했다. 1심의 형량 징역 24년 및 벌금 180억 원보다 징역에서 1년을 더하고 벌금액은 20억 원을 증액시켰다. 1심과 달리 박 전 대통령에게 불리하게(1심 무죄를 유죄로) 판단한 부분이 일부 늘어나 양형이 올라갔다. 1심의 무죄를 유죄로 판단한 주요 부분은 아래와 같다.

① 승마 용역 계약 상의 용역 대금 예정액 213억 원은, 액수 미상의 뇌물을 수수하겠다는 의사표시가 있었다는 이유를 들어 뇌물 약속죄로 유죄
② 영재센터 지원은 대가 관계가 인정된다는 이유로 유죄

이 판결 선고 후 11:00경 같은 법정에서 최서원에 대한 판결 선고가 있었다. 징역형은 20년으로 1심과 같고 벌금은 200억 원으로 1심보다 20억을 더 증액시켰다. 판결 중 1심과 달라진 중요 부분은 박 전 대통령 판결과 같았다. 변호인들은 항소심 재판부가 변호인들이 신청한 손석희, 이진동, 신자용, 이현정 등에 대한 증인 신청을 무더기로 기각할 때 재판부의 심증이 기울어진 것이 아닌가 의구심을 가져왔는데, 그 의구심이 현실로 드러났다. 정치 사회의 권력 질서가 한 방향으로 굳어져 가고 있는 시대 상황에서 탄핵의 정당성을 실질적으로 다투는 변호인의 변론은 법정에서 더 이상 유효하지 않았다.

항소심 재판부는 1심 판결을 대부분 유지하면서, 일부 공소사실에서 1심의 무죄를 유죄로 판단함으로써 박 전 대통령과 최서원에게 불리하게 판결했다. 항소심에서 사실관계는 달라진 바 없었고, 다만 1심과 달리 판단한 것뿐이었다. 판결 선고 후 필자는 법조 기자단에 최서원 변호인단의 항소심 판결에 대한 입장문을 보냈다.

▲ 항소심 선고 공판을 마치고 나오는 이경재 변호사

피고인 최서원 변호인 입장문[284]

○ 이 사건은 건국 70년을 맞는 대한민국 사법사상 최대 정치 사건이며, 우리 국민 대다수에게 심각한 영향을 미친 현재 진행형 역사입니다. 불과 5년 전 2012년 12월 1,500만 국민의 압도적 지지로 출범한 박정부가 순식간에 붕괴되고 대통령마저 구속되었습니다. 재판이라는 이름으로 한 푼 돈조차 받은 바 없는 전직 대통령에게 징역 25년, 벌금 200억을 선고하는 참혹한 장면을 만들어 냈습니다. 특검이나 검찰 특수본 등이 군중 여론에 편승해 선동적이며 독선적 법리궤변으로 기소하였고, 1심 재판부에 이어 항소심 재판부도 그 압력을 극복하지 못하였습니다.

○ 이 사건 항소심은 이른바 최순실 게이트 재판에 있어 사실상 최종심이라고 할 수 있습니다. 변호인들은 총력을 다해 피고인과 박 전 대통령의 억울함을 호소했습니다만, 재판부는 검찰의 손을 들었습니다. 정의롭고 용기 있는 역사적 판결을 기대했지만, 기대에 그쳤습니다. 재판부의 판단과 변호인의 주장은 사법 역사에서 두고두고 재평가될 것입니다.

○ 도도한 탁류가 아직도 요동치고 있어 청정한 법치주의 강물이 의혹·음해·불법의 탁류를 밀어내는 데에는 인고의 시간이 더 소요되어야 이루어질 수 있다고 생각합니다. 시간은 정의의 편이며, 머지않아 탁류를 밀어내게 될 것으로 확신합니다.

○ 법과 양심을 따르는 법관을 기대함
법치주의에 대한 확고한 신념 아래 정권과 세론에 흔들리지 않으며 정의롭고 용기 있게 심판하는 재판관이 현 사법부 내에 존재하고 있는지 등불을 밝혀 찾아 나서고자 합니다.

쟁점 사항에 대해

○ 미르·케이스포츠 관련 부분
 – 박정부 붕괴를 기도한 세력들은, 미르·케이스포츠 재단은 피고인 최서원이 박 대통령 퇴임 후를 대비한 축재형 재단이라고 혹세무민했습니다만, 재판부뿐만 아니라 검찰조차도 이러한 흑색 선전을 법정에서는 펴지 못했습니다.
 – 미르·케이스포츠 재단은 문화 융성·체육 진흥이라는 국가 비전에 맞추어 추진된 민

---

284) 필자, 서울고법 2018노723호 직권남용 등 사건. 판결 선고에 대한 입장문. 2018. 8. 24.

간 공익 목적 재단이었지만, 그 설립 과정에서 청와대 특정수석의 과도한 관여로 문제가 일어난 것뿐입니다. 피고인 최서원은 재단 출연금 모금에 관여한 흔적조차 없는데, 이 부분 유죄로 인정되어 매우 부당합니다.

○ 경제 내지 이익 공동체 관계
검찰은 박 전 대통령과 피고인을 경제 공동체·이익 공동체, 동반자 관계, 긴밀한 관계 등으로 그때그때 달리 설명하고 있으나 법률상 의미 있는 범주에서 공동체 관계는 아니고, 동반자도 아닙니다. 긴밀한 관계는 정서적 수사여서 공허합니다. 이러한 관계를 터 잡아 공모공동정범을 인정하거나 기능적 행위지배가 존재한다고 판단한 것은 법리상으로나 논리상으로도 사상누각입니다. 재판부의 이에 대한 유죄 취지 인정은 수긍키 어렵습니다.

○ 묵시적 공모관계
대통령과 삼성·롯데·SK 기업 CEO와의 묵시적 청탁 공모, 대통령과 최서원간의 묵시적 공모 등 이른바 묵시적 의사 공모에 대한 재판부 유죄 논지는 대단히 위험합니다. 앞으로 묵시적 공모 인정을 합리적이고 엄격한 기준 없이 확대한다면 후삼국 시대 궁예의 관심법이 21세기에 망령으로 되살아나 수많은 원혼을 만들 수 있습니다. 이 묵시적 의사 통모를 재판부가 배척치 못한 것은, 법리의 문제라기보다 촛불 정권에 대한 사법적 용기의 문제라고 하겠습니다.

이날 오후 주요 뉴스 시간에는 입장문 중「묵시적 공모 인정을 기준 없이 인정한다면 궁예의 관심법(觀心法)이 21세기에 망령으로 되살아나…」부분이 부각되어 보도되었다. 후삼국 시대 때 궁예(弓裔)[285]는 관심법을 빙자하여 정적이나 불만 세력을 처단했다. 묵시 법리와 관심법은 독단적·자의적 판단에 의존한다는 점에서 본질적으로 같다고 할 수 있다. 뉴스와 기사는 그 당시 민심을 반영한다. 언론 보도에 대한 댓글 몇 가지를 살펴보면 민심의 풍향을 감지할 수 있다.

---

285) 후고구려, 태봉국 창건자 857~918, 관심법이라는 비술을 가졌다고 함.

한겨레 　　　　　이경재 변호사 "묵시적 공모? 궁예의 관심법이 21세기에

rocket 2018.08.24 06:31 · 공유됨(1)

정말 어처구니 없는 관심법 재판 21세기에 이런일이 벌어지다니…개탄스럽군요..돈을 받은자도 없고 준자도 없는데 죄는 20년 중형….단지 내가 아는 사람 딸이 금매달 따서 기업에서 후원받았다고 25년…기도 안차다…이게 나라냐..

♡ 4　♧ 0

거레 　　　　　이경재 변호사 "묵시적 공모? 궁예의 관심법이 21세기에

resb**** 2018.08.24 05:34

이놈이 말을 못알아듣네? 두것이 공모 했지만 직접 녹음한 증거를 확보하기 어려우니 묵시적 동의라고 표현한거다. 역적놈아!

↳ 3　　　　　　　　　　　　　　　　　　　　　　　♡ 1　♧ 0

rocket 2018.08.24 06:32 · 공유됨(1)

@resb**** 그게 증거 부족이고 관심법이란 뜻인것을 본인만 모르는듯 하군요

↳ 0　　　　　　　　　　　　　　　　　　　　　　　♡ 0　♧ 0

dongA.com 　　최순실 변호인 이경재 변호사 "궁예 관심법 21세기에 부활"…박근

wises21 | 2018-08-25 00:16:20

묵시적뇌물이라,소가 웃을일이아닌가?내심의의사를처벌하다니?완전소설이로다.
박근혜를싫어하는사람이지만,"묵시적"뇌물 아고 처벌한다면 소나개도웃겠다.개소리다.

댓글달기 (0)　　　　　　　　　　　　　　　　　　👍 29　👎 0

DaKine | 2018-08-25 04:59:52

떼법 인민재판이라고 봐야제.
사법부의 존경과 권위는 땅에 떨어졌다.
옛날에는 그래도 판사하면 검사나 변호사보다 좀 더 우러러 보는 게 있었는디,
요새는 판사하면 검사 변호사나 뭐 그넘들이 그넘들이다.
사법판결이 존중 받지 못하면 법질서는 무너진다.
북끄러운줄 알아라..

댓글달기 (0)　　　　　　　　　　　　　　　　　　👍 27　👎 0

donA.com 최순실 변호인 이경재 변호사 "궁예 관심법 21세기에 부활"...박근

cji2262 | 2018-08-24 19:40:15

입법 사법 행정 모두가 봉숭아 학당 붉으레한 집단최면에 걸린 듯 하다. 박근혜 대통령이 횡령한 금액을 찾았으면 국고에 넣어나 보라. 현금 구경이라도 좀 하게 해 다오. 21세게 한국 법정에 궁예의 관심법이 정말 유령으로 살아있구나. 역시 선진국 촛불난동치세구나.

댓글달기 (0)　　　　　👍 37　　👎 0

중앙일보　　　　"후삼국 궁예의 관심법(觀心法)이 21세기에 망령으로

flyk**** 2018-08-24 16:11:01 | 신고하기　　　　👍 3　　👎 54

이경재라는 최순실 변호사가 관심법이라고 한거구나. 훗 무슨 관심법 안써도 뇌물인게 보이는데 왠 관심법? "누가 기침을 하였는가?" 이렇게 안물어도 세살배기 어린애도 최순실정권이 기업 협박해서 뇌물 받아낸건 너무 빼박이다. 저기 503씨하고 최순실씨는 공범이에요. 눈 완전히 감고 저울처럼 판단해도 저 둘은 엄청난 죄를 저질렀고 유죄임.

답글달기

feb9**** 2018-08-24 16:08:05 | 신고하기　　　　👍 88　　👎 2

법대로, 물증대로 재판했다면, 무죄가 되어야 할 상황이고.... 그렇게 판결하다가는 좌파 하이에나들에게 물어뜯겨서 제 명대로 못버틸것 같으니,,, 어쩔수없이 '관심법'을 쓸수밖에 없는 판사의 입장은 모르는바는 아니지만,,, 그래도 판사는 법과 증거에 입각해서 재판을 해야지,,, 언론의 패널들이나 군중심리를 따라가서는 안되는 것이다..... 더더욱이나, 정권의 눈치를 봐서는 더욱 안되는 것이고..... 이건 누가봐도 겁에질린 법관의 눈치보기 판결로 보인다.... 오늘 누구처럼, 40년후에 다시 재판해보면 무조건 무죄가 될거다..... 저렇게 눈치안봐도 변호사해서 먹고살수 있을건데.... 어휴.. 갑갑이들....

답글달기

3
대법원의 판단
(상고심)

◈ 상고의 제기

 항소심 판결 선고를 받고 최서원 변호인단은 사법부의 높고 두꺼운 현실 장벽 앞에 서 있다는 사실을 절감했다. 일정한 시기에 광기에 가까운 열풍으로 형성된 사회적 분위기에서 재판부가 자유롭기에는 더 많은 세월이 필요하다고 생각했다. 더욱 필자가 놀라지 않을 수 없는 점은, 박 전 대통령 진술은 일체 받아들여지지 않았다는 것이다. 박 전 대통령과 직접·간접으로 만난 적도 없는 사람들의 추측·추리 진술로 박 전 대통령의 진술을 배척했다. 아무리 탄핵당하고 재판을 받는 박 전 대통령이지만, 그의 진술은 다른 어떤 사람의 진술보다 존중되어야 함에도 합리적 기준 없이 모두 무시되었다.

특히, 최서원의 딸을 위해 삼성에게 뇌물을 내게 했다는 공소사실은 현실적이지 않는데도, 법원에서 그대로 인정되는 것을 보고, 할 말을 잃었다. 사법부에서 더 무엇을 기대할 수 있겠는가? 회의에 빠져들었다. 더구나 대법원은 법률 쟁점만 다룰 터인데 변호사의 역할 공간이 거의 없다고 생각했다. 최서원 변호인단은 1심, 2심을 거치면서 사실관계 및 법리 문제에 대해 샅샅이 쟁점을 제기해 왔다. 대법원에서 한 번 더 판단을 받아 본다는 것 외에 다른 기대를 하기 어렵다고 생각했다. 만약, 대법원에서 구두 변론이라도 한다면, 법정에서 대법관들을 상대로 호소라도 해 볼 기회가 있지만, 구두 변론은 하지 않을 것이 분명했다. 서면으로 항소심의 판결이 잘못되었음을 지적하는 것 말고 달리 상고심에서 변호인 역할이 없을 것이다.

필자는 최서원에게 상고심은 변호인단의 최광휴·권영광 두 분으로 충분하다고 하며, 필자는 상고심에 변호인 선임계를 내지 않겠다고 했다. 당시 필자는 정신적·신체적으로도 지쳐 있기도 했다. 그보다, 필자가 해 온 변론이 판결 결과와 정반대여서 객관적 입장으로 돌아와 냉정하게 반추해 봐야 한다는 생각도 있었다. 무엇이 문제인지? 어느 쪽이 잘못 판단한 것인지? 그 원인은 어디에 있는지? 처음부터 백지에서 검토해야 한다고 판단했다. 최서원도 필자의 뜻을 받아들였다. 필자는 변호인 선임계는 내지 않지만 계속 법률적 조언을 하겠다고 약속했다. 2018년 8월 28일 최서원은 상고장을 제출했다. 상고심은 최광휴·권영광 두 분이 맡아 진행해 왔다.

◈ 대법원 대법관 구성의 변화

　재판은 사람이 한다. 그 사람이 어떠냐에 따라 판결 내용이 달라짐은 당연한 귀결이다. 특히 가치 판단을 주 내용으로 하는 형사재판에서는 재판장이 누구냐, 그의 가치관이 어떠한지가 판결에 심대한 영향을 미칠 것이다. 삼심제(三審制) 최상위 법원인 대법원의 대법원 판사, 즉 대법관은 법치 질서의 최종 수호자, 법과 정의의 최종 선언자이다. 현재(2019. 6. 1. 현재) 대법원의 대법관 구성은 어떻게 되어 있는지 살펴보자. 대법원에는 대법관과 대법관이 아닌 법관(재판 연구관)이 있다(헌법 제102조 제2항). 대법관의 수(數)는 대법원장을 포함하여 14인으로 한다(법원조직법 제4조). 대법관의 임기는 6년이다(헌법 제105조).

　현 대법관 14인의 현황은 다음 표와 같다.

순번	성명	취임일	임기만료일	출신	학력	경력	비고
1	조희대(曺喜大, 57.6.6.)	2014. 3.	2020. 3.	경북 경주 (월성)	대구 경북고 / 서울대 법학과	사23회 / 연13기	
2	권순일(權純一, 59.7.20.)	2014. 9.	2020. 9.	충남 논산	대전고 / 서울대 법학과	사22회 / 연14기	
3	박상옥(朴商玉, 56.11.13)	2015. 5.	2021. 5.	경기 시흥	서울 경기고 / 서울대 법학과	사20회 / 연11기	
4	이기택(李起宅, 59.7.9.)	2015. 9.	2021. 9.	서울	서울 경성고 / 서울대 법학과	사23회 / 연14기	
5	김재형(金哉衡, 65.1.23.)	2016. 9.	2022. 9.	전북 임실	서울 경성고 / 서울대 법학과	사28회 / 연18기	
6	조재연(趙載淵, 56.6.1.)	2017. 7.	2023. 7.	강원	서울 덕수상고 / 성대 법학과	사22회 / 연12기	

순번	성명	취임일	임기만료일	출신	학력	경력	비고
7	박정화(朴貞杹, 65.10.3.)	2017. 7.	2023. 7.	전남 해남	광주중앙여고 / 고려대 법학과	사30회 / 연20기	*우리법연구회
8	김명수(金命洙, 59.10.12)	2017. 9.	2023. 9.	부산	부산고 / 서울대 법학과	사25회 / 연15기	*우리법연구회
9	안철상(安哲相, 57.3.5.)	2018. 1.	2024. 1.	경남 합천	대구고 / 건국대 법학과	사24회 / 연15기	
10	민유숙(閔裕淑, 65.1.31.)	2018. 1.	2024. 1.	서울	서울배화여고 / 서울대 법학과	사28회 / 연18기	
11	김선수(金善洙, 61.4.23.)	2018. 8.	2024. 8.	전북 진안	서울 우신고 / 서울대 법학과	사27회 / 연17기	*민변 사무총장
12	이동원(李東遠, 63.2.7.)	2018. 8.	2024. 8.	충남 논산	서울 경복고 / 고려대 법학과	사27회 / 연17기	
13	노정희(盧貞姬, 63.10.7.)	2018. 8.	2024. 8.	광주	광주동신여고 / 이대 법학과	사29회 / 연19기	*우리법연구회
14	김상환(金尙煥, 66.1.27.)	2018.12.	2024. 12.	경북 김천 (금릉)	대전보문고 / 서울대 사법학과	사30회 / 연20기	*국제인권법연구회

대법원장 김명수를 비롯한 9인은 모두 문재인 정부 출범 후 임명된 법관들이다. 과반을 훨씬 넘어선 숫자다. 문재인 대통령이 임명한 9인 가운데 박정화, 김선수, 김상환, 노정희, 김상환, 김명수 대법관들은 우리법연구회·민변, 국제인권법 연구회 출신이어서 이념적 편향성 우려를 지적받고 있는 게 현실이다. 이 사건 판결에서 김명수 대법원의 이념적 성향이 드러날 것이다.

대법원은 2018년 9월 4일 최서원 상고 사건(대법원 2018도13792호)을 접수하여 대법원 3부(주심 김재형, 재판장 이동원, 조희대, 민유숙)에서 심리하다가 2019년 2월 11일 전원 합의체로 회부하였다. 같은 3부에서 심리하던 이재용 삼성 부회장에 대한 사건(대법원 2018도2738호)도 2019년 2월 11일자로 전원 합의체로 회부되었다. 다만, 관련 사건인 신동빈 롯데그룹 회장에 대한 뇌물공여 사건(대법원 2018도16652호)은 대법원 제3부에서 계속 심리하고 있으며, 전원 합의체로 회부되지 않았다.

대법원이 이념 편향성의 의구심을 떨쳐내고 오로지 법과 정의, 자유 민주적 양심에 따라 판단할 것인지 지켜볼 수 밖에 없었다.

◈ 김명수 대법원의 선택

대법원은 2018년 9월 4일 최서원에 대한 직권남용 등 상고 사건(사건번호 : 대법원 2018도13792호)을 접수하여 변론 없이 서류심리만 하고 2019년 8월 29일 판결선고를 했다.

대법관 전원이 심리에 참여한 전원합의체 판결이었다. 최서원이 기소된 때(2016. 11. 20.)로부터 2년 9개월, 상고심 접수로부터 약 11개월이나 지나 선고가 이루어졌다. 형사소송법상의 피고인에 대한 구속기간 18개월(1심, 항소심, 상고심 각 6개월)을 15개월이나 넘겼다. 1심 재판부는 최서원의 구속기간을 늘리기 위해 2번이나 더 추가 구속영장을 발부했는데, 이마저 상고심에서 구속기간이 종료되었다. 그러자 법무부는 최서원을 수감한 채 재판을 받게 하기 위해, 최서원이 이화여대 비리 사건으로 징역 3년을 선고받아 확정된 형을 먼저 집행하였다. 최서원은 기결수(旣決囚) 신분으로 불구속 상태에서 대법원 판결을 선고받았다. 대법원 판결 선고에는 피고인의 출석을 요구하지 않는다. 필자는 변호인으로서 이날 대법원의 판결 선고를 현장에서 지켜봤다. 판결 선고 결과가 어떠하든 역사적인 법정 투쟁의 긴 장정이 대단원의 막을 내리는 장면이었다.

필자가 이 글에서 또는 이 사건 변론에서 누누이 강조했듯이, 최서원 게이트 사건의 핵심 쟁점은 ① 미르·케이스포츠 재단의 설립·출연의 사익성, 강요성 여부 ② 삼성·롯데·SK로부터 뇌물을 받았는지 여부 ③ 박 전 대통령과 최서원이 최서원 측의 이익을 도모키 위해 공모하여 대통령 권한과 직위를 이용하였는지 여부에 있었다. 이 3대 쟁점 공소사실과 이에 대한 증거 조사·채택·판단 그리고 관련 법리 범주 밖의 공소사실과 쟁점은 부수적이거나 때론 공소제기나 변론에 있어서 장식적인 정도의 의미를 가진다고 해도 무방할 것이다.

필자는 김명수 대법원이 위의 3대 쟁점에 대해 1심과 항소심, 이재용 항소심 등에서 세워둔 사실관계와 판단기조를 변화시킬 수는 없다고 예상했다. 3대 쟁점 기조에 대해 항소심과 견해를 달리한다는 대법원 판결은 2016년 11월 20일 최서원과 당시 현직 대통령인 박근혜를 직권남용범죄 등의 공범으로 기소하고 같은 달 22일 국회에서 박영수 특검법률을 제정·시행함으로써 출현하기 시작한 새로운 권력질서(2017. 5. 10. 문재인 정부 출범)의 정통성을 부정하는 최고법원의 판단으로 평가될 수 있기 때문이다. 더구나 김명수 대법원장은 문재인 대통령에 의해 대법원장에 취임하였고, 전임 양승태 대법원장을 사법 농단의 주책임자로 형사재판을 받게 하는 데 결정적 역할을 했던 만큼 김명수 대법원의 선택에는 태생적인 한계가 있을 것으로 생각했다.

예상한 대로 김명수 대법원은 항소심 판결에 대해 몇 가지 오류를 지적하는 것으로 역사적 재판을 매듭지었다. 대표적으로 항소심이 유죄 선고한 강요죄를 무죄로 판단했다. 필자의 입장에서 볼 때 대법원은 근본적 문제에 대해서는 항소심에 미루고 부수적 쟁점 몇 가지만 다루어 체면치레를 하려 했다고 생각한다. 대법원의 대법관 역시 이 시기, 우리 사회에 자리 잡은 국정 농단 포퓰리즘의 영향을 벗어날 수 없었을 것이다.

대법원과 항소심 판단을 다음 대비표를 통해 살펴보자.

대법원과 항소심의 주요 쟁점 사항 판단 대비

(※ 박 전 대통령·최서원 공모 범행)

	쟁점 사항	항소심	대법원
양 재단	미르·케이스포츠 재단 설립·모금	유죄	왼쪽과 같음
삼성 그룹	삼성의 미르·케이스포츠 재단 출연금 204억 원 뇌물	무죄 제3자 뇌물: 대가관계 인정되지 아니함. 단순 뇌물: 재단은 제3자	〃
삼성 그룹	삼성의 영재센터 16억 2,800만원 지원 뇌물 (제3자 뇌물)	유죄 묵시적 청탁 대가관계 인정. 포괄 현안으로 승계 작업 존재 인정. 대통령 이를 인지. 개별 현안으로 ① 외국 자본에 대한 경영권 방어 강화 ② 투자 유치, 환경 규제 완화 등 바이오 사업 지원에 도움 달라는 청탁 인정	〃

쟁점 사항		항소심	대법원
삼성 그룹	삼성전자의 승마 지원 뇌물(단순 뇌물)		
	① 용역 계약상의 지원 예상 금액 213억 원	액수 미상의 뇌물 수수 약속 으로 **유죄** (1심은 무죄)	**왼쪽과 같음**
	② 용역 대금 36억 원	**유죄**	〃
	③ 말 34억 원 (살시도·비타나·라우싱)	**유죄**	〃
	④ 말 보험료 2억 4146만 원	**무죄** (보험 수익이 삼성전자에 귀속)	〃
	⑤ 마차 ※ 마차 사용 이익	**무죄** **유죄**	〃 〃
롯데 그룹	롯데 70억 원 뇌물 (제3자 뇌물)	**유죄** (묵시적 청탁 인정)	〃
SK 그룹	SK 89억 원 뇌물 (제3자 뇌물)	**유죄** (명시적 청탁 인정) −1심은 묵시적 청탁 인정	〃

※ 박 전 대통령이 받은 경제적 이익은 전무함.
※ 최서원이 받은 금액은 승마 용역대금 36억 원 뿐임.
 (독일 코어스포츠 회사 계좌로 입금, 회사 용도에 사용)

이 표에서 보듯이 대법원 역시 근본적 쟁점에 대해서는 1심과 항소심에서 판결한 내용을 확인하는 데 그쳤다. 박 전 대통령에 대한 구속·탄핵 이후 구축된 권력 질서를 사법적으로 추인할 수밖에 없었을 것이다. 대법원 판결이 어떠하든 진실은 그대로 존재한다.

우리나라의 현 사법부는,

① 박 전 대통령과 최서원 등 사건 관련자 사이의 공모사실을 인정하는데 어려움이 있자, 「묵시적 의사표시론」으로 임기응변하고,

② 검찰이 박 전 대통령과 대기업 총수들과의 경제 현안 관련 단독 면담을 「정경유착·뇌물거래」로 몰아치는 데 동조하고

③ 박 전 대통령이 한 푼의 뇌물도 받은 적이 없다는 사실을 인정하면서도 최서원이 받으면 박 전 대통령도 뇌물을 받은 것이 된다는 설득력 없는 판결을 했다.

앞으로 이 시대의 이 사건 판결은 준엄한 심판대에 오를 것이다.
진실을 향한 노력들이 쌓여지고 있다. 진실은 전진을 멈추지 않을 것이다.

PART 6

여 록
餘錄

2014년부터 2019년 현재까지 최서원 게이트 사건과 관련하여 세상과 민심을 뒤흔들어 온 많은 일들이 있었다. 필자는 그 일련의 사건들을 살펴보고 나름의 분석과 평석을 해 보았다. 이곳에서는 이런 과정에서 있었던 일들 중 사적(私的)인 부분과 개인적인 단상을 몇 가지 남기고자 한다.

　미래에 다가올 과제 해결의 의지를 다지는 뜻에서 진실을 향한 지식인의 불굴의 용기를 온몸으로 보여준 에밀 졸라(Zola, Émile, 1840~1902)의 「나는 고발한다」를 원용하여 타산지석(他山之石)으로 삼고 글을 맺는다.

1
태극기와 촛불

언제부터인지 분명하지 않지만 2016년 10월 하순부터 촛불 집회가 본격화하자 이에 대응해 태극기 집회가 열리기 시작했다. 필자는 틈틈이 서울시청 앞이나 광화문에 나가 촛불 집회 상황을 지켜보기도 하고 태극기 집회에 참가하기도 했다. 2017년 3월 1일 광화문에서 있었던 태극기 집회는 헌법재판소의 탄핵심판 선고를 앞두고 있어서 수십만 명이 운집했다. 필자도 그 자리에서 탄핵의 위법·부당성에 항의하는 뜻을 함께 하기도 했다. 경찰은 태극기 측과 촛불 측의 대치 충돌을 방지하기 위해 광화문 앞 세종로 거리를 양분했다. 광화문에서 세종문화회관 앞까지는 촛불 측이 사용하고, 그 아래 남산 쪽 방향의 모든 거리는 태극기 측이 집회하도록 배려했다. 그 동안 수세로 밀려 있던 자유 민주 지지자들이 모처럼 집결한 것으로 보였다. 필자를 알아보는 사람들은 격려의 말을 해 주었다. 이 사건으로 인해, 대한민국 국민이 둘로 갈라졌다. 이날의 삼일절 행사 모습은 분열된 나라의 실상을 생생하게 보여줬다.

▲ 2017년 삼일절 태극기 집회

2018년 어느 여름날 밤, 필자가 신촌에 있는 연세대학교 연세의료원 장례식장에서 친지의 빈소에 문상을 하고 나와, 택시를 기다리고 있었다. 그때 약간 술에 취한 듯한 40대 전후 남자가 필자에게 욕을 하며 덤벼들려고 했다. 필자는 대로변에서 경위야 어떻든 봉변당하면 볼썽사납다고 생각해 그 자리를 피하기 위해 천천히 걷고 있는데 그 남자가 막무가내로 접근해 오므로, 이제는 물리력으로 대응하려고 했다. 그런데 마침 그 남자의 동료인 듯한 사람이 이러면 되느냐고 하면서 그 남자를 끌어안고 제지하여 상황은 끝이 났다. 맹목적인 적대감의 발현이었다. 그와 유사한 장면은 여러 번 있었다. 택시 기사가 필자를 알면서도 노골적으로 박 전 대통령에 대한 비방을 늘어놓아, 필자가 "운전에 신경 쓰라."고 화를 내기도 했다.

우리 광전 세대(光戰世代)는 학우들 사이에 지역 감정이 별로 없었다. 그래서 경북 출신인 필자는 전주·광주 지역 출신 대학 동기들과 지금껏 친분을 유지하며 서로를 아껴왔다. 광주 출신 친구가 고등학교 동기 모임에 가자 '이경재 변호사, 네 친구 아니냐, 그 왜 그런 사람 변론을 하느냐?'라고 해서, 필자 대신 옹호 변론한다고 혼이 났다고 하여 감사의 대가로 술을 한잔 샀다. 필자는 애만 먹은 것은 아니었다. 필자가 가끔 들리는 유명한 대중 냉면집에서 옆자리 좌석의 손님들이 고생한다면서 음식 대금을 미리 지급하기도 했다. 어떤 이는 필자에게 잘 돼 가는지, 박 전 대통령은 곧 나올 것인지 질문을 했다.

필자는 2002년부터 경기도 양평군 시골에 조그마한 주말 주택을 가지고 있다. 이웃에 좋은 분들이 여럿 있어서 이분들로부터 민심의 생생한 소재를 듣고 변론에 반영했다. 이분들은 사업가, 은퇴한 공직자, 교수, 지역의 영농사업가 등이다. 필자는 이 사건 변론 과정에서 여론의 흐름을 제대로 파악하고 숱한 정보 홍수 속에서 참과 거짓을 가려내 판단해야 했다. 그러기 위해 법조 경력이 많은 대학 동기 변호사, 경제계의 인사들과 1주일에 1번 정도 만나 오찬을 했다. 또 2주일에 1회 꼴로 저녁 회동을 하며 겹겹이 쌓인 스트레스를 해소하고 에너지를 얻는 모임도 지속했다. 저녁 식사 자리라 해도 선술집과 같다. 지나가는 손님들이 필자를 알아보고, 격려하기도 하고 시비를 걸기도 했다. 세월이 지나가면서 호·오(好·惡) 표현의 강도는 약해지고 희미해졌다. 이제, 격동된 사회 분위기가 안정과 냉정을 찾아가는 듯하다.

최서원은 2016년 11월 3일 구속된 이래 서울 주변의 구치소를 모두 거쳤다. 처음에는 서울구치소에 수용되어 있다가 박 전 대통령이 구속되자, 같은 구치소에서 수용하는 데 어려움이 있다는 사유로 서울 외곽 지역에 있는 남부구치소로 이감되었다. 이곳에서 서초동 법원까지 출정하는 데 너무 많은 시간이 소요되어, 변호인들이 최서원과 접견하고 변론 준비할 시간 여유가 없어 동부구치소(송파구에 소재)로 옮겨 달라고 요청했다.

1심 재판장 김세윤 부장 판사가 보저럼 본성을 베풀어 지금껏 동부구치소에서 생활하고 있다. 최서원은 이 사건 수사·재판 과정에서 검찰·특검·재판부로부터 고통을 받아왔다. 국가 기관 중 그나마 위로가 되어 준 관서는 구치소였다. 구치소 교정 직원, 즉 교도관들은 최서원에게 친절했고, 어려움을 말하면 가능한 한 받아주려고 했다. 교도관들에 대한 일반의 인식과는 너무 달랐다. 그들의 친절 봉사에 감사를 표하고 싶다. 특히 여성 교도관들은 세세한 사항에도 배려하는 넉넉함을 보였다.

박 전 대통령 재판 때면 많은 열성 지지자들이 나와 박 전 대통령을 성원했다. 방청석을 가득 메운 것도 모두 이들이다. 그런데 정작 박정부 시절 누구나 잘 알고, 앉고 싶은 자리에 있었던 인사들이 법정 방청을 하는 모습을 찾을 수 없었다. 필자의 기억이 틀리길 바란다. 어려움에 처한 지도자를 진정 걱정하는 사람은 예나 지금이나 고관대작(高官大爵)이 아니라 이름 없는 민초(民草)들이었다. 최서원 게이트 사건을 단순히 국내에서만 일어나는 일로 보고 대처하는 것은 우물 안 생각이다. 필자는 외국에 있었던 지인들이 '알자리라 방송', '일본 NHK', 'CNN' 등에서 필자 관련 뉴스 영상을 봤다고 알려줘 새삼 우리나라가 전 세계에 열려 있구나 절감했다. 박 전 대통령에게 악담을 퍼부어 온 북한의 김정은 위원장도 사태를 지켜봤을 것이다. 이 재판은 한국·한국인에 대한 세계인의 평가에 영향을 미칠 것이다. 진정 한국에는 법치주의가 살아 있는가. 세계인들도 지켜보고 있을 것이다.

　박근혜 전 대통령 탄핵·형사재판을 두고, 태극기 세력과 촛불 진영은 좀처럼 간극을 좁히기 어렵게 되었다. 촛불 집회 참가 대중의 성향은 다양했다. 그 집회 참가 대중의 대부분은 일상으로 돌아갔다. 촛불 집회에 열성적으로 참가한 세력 중 일부는 문재인 정부를 적극 지지하거나 좌파 이념을 따르거나 친북·종북 노선을 확고히 한 사람들이다.

　태극기 집회 참가 대중들도 대부분 일상으로 돌아갔다. 주말마다 광화문이나 서울역, 시청 앞 시위에 참가하는 사람은 탄핵의 위법성을 주장하여 문정부의 정통성을 인정하지 않거나 좌파 정부의 정책, 친북·종북 정책에 반대해 대한민국을 지키고자 하는 사람들이다. 최근에 있었던 일련의 정치적 격변이 혁명이었는지 정변이었는지에 대한 근본적 시각차에서 태극기와 촛불이 갈라서 있다. 통합의 접점은 어디에 있는가. 객관적 증거로 진상을 확실히 규명하는 길이 바로 첩경이다. 해가 뜨면 어둠은 걷히기 마련이다.

2
전진(前進)하는 진실

역사상 회자되는 잘못된 재판은 동·서양에 걸쳐 많이 있다. 소크라테스는 잘못된 재판으로 사형에 처해져 독배(毒盃)를 들고 생을 마감했다. 소크라테스는 법정에서 재판장과 배심원들에게 "지금까지는 고발한 사람들 말을 많이 들었다. 이제는 내 얘기를 들어 달라."고 간청하고 열변을 토했으나 허사였다. 갈릴레오는 종교 재판에서 자신의 소신을 잠시 접고 '천동설'을 인정하고서야 목숨을 건질 수 있었다. 이순신 장군은 모함에 걸려, 고신(拷訊)[286] 법정에 끌려 나갔다. 왕명을 거역하고 적과 내통했다는 혐의다. 병조판서 이덕형, 도체찰사(都體察使) 유성룡 등 조정 대신, 전라우수사 이억기, 선산군수 정경달 등의 호소로 겨우 살아나, 계급 없는 병사로 백의종군(白衣從軍)했다. 김대

---

286) 고문하면서 신문하는 방식. 조선 시대에는 고신이 허용되었음.

중 대통령도 1980년대 신군 부정권 때 사형 선고를 받았으나 미국의 도움으로 생명을 보전할 수 있었다.

근대 법치 체계를 갖춘 시대에서, 잘못된 재판과 그 극복 과정을 극적으로 보여주는 사건을 들라고 한다면, 19세기 말 프랑스에서 일어난 드레퓌스[287] 사건이라고 할 수 있다. 「최서원 게이트 사건」에 시사하는 바가 많았다.

1894년 10월 프랑스 육군참모본부 정보국에서 근무하던 포병 대위 드레퓌스가 참모 본부의 정보를 빼내 독일 대사관에 우편으로 보냈다는 혐의로 체포되었다. 드레퓌스는 유대인이었다. 당시 프랑스는 1871년 보불 전쟁 패배로 신생 통일 독일 제국에 대한 두려움이 높았고, 유대인에 대한 반감이 팽배하였다. 이러한 사회적 배경 아래서, 드레퓌스는 1895년 1월 군사 법정에서 반역죄로 무기 징역을 선고받고, 남아메리카 프랑스령 기아나의 악마섬에 유배되었다. 유명한 영화 〈빠삐용〉에 나오는 바로 그곳 감옥이다. 드레퓌스는 초지일관 자신이 무죄라고 호소했다. 프랑스군(軍), 언론, 가톨릭교회 등이 합세하여 반유대주의를 선동하고, 드레퓌스의 계급장을 떼 내는 공개적인 강등식도 했다.[288] 드레퓌스는 12년간 복역했다.

드레퓌스의 유죄 증거는 드레퓌스가 빼냈다는 명세서에 나타난 필적 몇 개가 드레퓌스 필적과 유사하다는 것이 거의 전부였다. 1896년 육군 정보국에 근무하던 방첩대장 조르주 피카르 중령이 문제의 명세서 필적은 드레퓌스가 아닌 에스테르하지(Esterhazy, Ferdinand Walsin) 육군 소령 것임을 발견했다. 피카르 중령은 상부에 재심을 요구했으나 받아들여지기는커녕 식민지로 좌천

---

[287] 드레퓌스(Dreyfus, Alfred, 1859~1935): 프랑스의 포병 대위.
[288] 나무위키, 드레퓌스 사건, 2019. 5. 18. 수정.

되었다. 여론에 못 이겨 에스테르하지를 체포했으나 몇 달 뒤 석방되었고, 그는 영국으로 갔다. 이 사건을 두고 프랑스는 드레퓌스파와 반드레퓌스파로 양분되었다.

당대의 최고 작가인 에밀 졸라(Zola, Émile, 1840~1902)는 드레퓌스 사건에서 나타난 군·언론·성지·사법부의 비양심석이고 만시성석인 행태를 보고 직접 드레퓌스 옹호에 나섰다.[289] 그는 1898년 1월 13일 자 신문에 프랑스 공화국 대통령에게 보내는 편지 「나는 고발한다」를 발표했다. 주요 내용을 살펴본다.

○ **파리에서는 진실이 불가항력적인 힘으로 전진하고 있습니다.**

○ 국민들은 드레퓌스 사건이 온 나라에 드리운 무시무시한 그림자 앞에서 '더러운 유대인'이라고 손가락질 받으며 인간 제물이 된 불행한 사람의 운명 앞에 경악하며 불안감을 감추지 못하고 있습니다. 아 광기와 어리석음, 황당무계한 상상력, 저열한 수사 방식 …국가의 이익을 내세우며 국민들이 외치는 진실과 정의의 목소리를 억누르고 있습니다.

○ 나는 그 어느 때보다 강한 확신으로 거듭 외칩니다. 진실이 전진하고 있고, 그 무엇도 그 발걸음을 멈추게 하지 못할 것입니다.

---

289) 이하는 박영숙 편집·번역한 에밀 졸라 전진하는 진실, 2014. 4. 은행나무.

○ 누군가가 땅속에서 파묻어 버린 진실은 그 속에서 차곡차곡 엄청난 폭발력을 쌓아 갈 것입니다. 그리하여 언젠가 밖으로 터져 나오게 되는 날, 진실은 엄청난 파괴력으로 주위의 모든 것을 날려 버리게 될 것입니다. 우리 모두는 그때에야 비로소 깨닫게 될 것입니다.

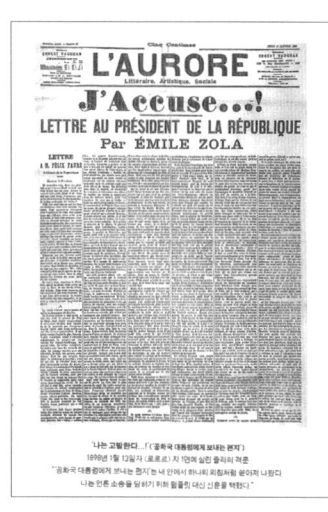

◀ 에밀 졸라가 프랑스 대통령에게 보낸 서한

최서원 게이트 사건은 박근혜 정부의 붕괴를 몰고 왔다. 그 규모면에서나 내용에서도 드레퓌스 사건과는 비교가 되지 않을 것이다. 그러나 그 사건에서 보여주는 사회의 추악한 모습은 100여 년 지난 후 동양(東洋)의 서울에서 일어난 사건과 대단히 닮아 있다는 것을 알게 되었다. 박 전 대통령에 대한 뇌물죄 씌우기와 최서원 국정 농단자 낙인 찍기는 사실이 아님이 하나씩 밝혀질 것으로 확신한다. 오늘날 우리는 대법원의 판결이라고 하더라도 그 판결 내용의 진실성과 법치주의 합치성을 담보하지 못한다는 평가를 받는 시대에 서 있다고 할 수 있다.

이 사건은 향후 우리 역사에서 지속적으로 재검토(재심), 재해석될 것으로 전망한다. 정치학에서는 물론이고 경제학, 사회학 분야에서도 그리고 문학·음악·미술·영화·연극에서도 새로운 시각과 사실 기초 위에서 재해석될 것이다. 필자의 이 보잘 것 없는 책이 진실을 규명하고 알리는 데 도움이 되길 바랄 뿐이다.

어둠 속에서도 진실은 전진한다. 전진하는 진실을 위하여!

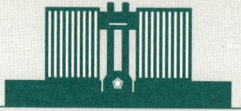

부 록

1. 박근혜 정부의 최순실 등 민간인에 의한 국정 농단 의혹 사건 규명을 위한 특별 검사의 임명에 관한 법률

2. 특별 검사의 임명에 관한 법률 (약칭: 특검법)

3. 1심 결심 변론서

4. 항소심 결심 변론서

5. 기농단(企壟斷) 의혹 사건 사건 관련도

6. 기농단(企壟斷) 의혹 사건 일지

01

박근혜 정부의 최순실 등 민간인에 의한 국정 농단 의혹 사건 규명을 위한 특별 검사의 임명 등에 관한 법률

[시행 2016. 11. 22] [법률 제14276호, 2016. 11. 22, 제정]
법무부(법무심의관실) 02-2110-3164

제1조(목적) 이 법은 제2조에 따른 사건의 진상 규명을 위하여 독립적인 지위를 가지는 특별 검사의 임명과 직무 등에 관하여 필요한 사항을 규정함을 목적으로 한다.

제2조(특별 검사의 수사 대상) 이 법에 따른 특별 검사의 수사 대상은 다음 각 호의 사건 및 그와 관련된 사건에 한정한다.

① 이재만·정호성·안봉근 등 청와대 관계인이 민간인 최순실(최서원)과 최순득·장시호 등 그의 친척이나 차은택·고영태 등 그와 친분이 있는 주변인 등[이하 "최순실(최서원) 등"이라 한다]에게 청와대 문건을 유출하거나 외교·안보상 국가 기밀 등을 누설하였다는 의혹 사건

② 최순실(최서원) 등이 대한민국 정부 상징 개편 등 정부의 주요 정책 결정과 사업에 개입하고, 정부부처·공공 기관 및 공기업·사기업의 인사에 불법적인 방법으로 개입하는 등 일련의 관련 의혹 사건

③ 최순실(최서원) 등, 안종범 전 청와대 정책조정수석비서관 등 청와대 관계인이 재단 법인 미르와 재단 법인 케이스포츠를 설립하여 기업들로 하여금 출연금과 기부금 출연을 강요하였다거나, 노동개혁법안 통과 또는 재벌 총수에 대한 사면·복권 또는 기업의 현안 해결 등을 대가로 출연을 받았다는 의혹 사건

④ 최순실(최서원) 등이 재단 법인 미르와 재단 법인 케이스포츠로부터 사업을 수주하는 방법 등으로 국내외로 자금을 유출하였다는 의혹 사건

⑤ 최순실(최서원) 등이 자신들이 설립하거나 자신들과 관련이 있는 법인이나 단체의 운영 과정에서 불법적인 방법으로 정부부처·공공기관 및 공기업·사기업으로부터 사업 등을 수주하고 씨제이그룹의 연예·문화 사업에 대하여 장악을 시도하는 등 이권에 개입하고 그와 관련된 재산을 은닉하였다는 의혹 사건

⑥ 정유라의 청담고등학교 및 이화여자대학교 입학, 선화예술중학교·청담고등학교·이화

여자대학교 재학 중의 학사관리 등에 있어서의 특혜 및 각 학교와 승마협회 등에 대한 외압 등 불법·편법 의혹 사건

⑦ 삼성 등 각 기업과 승마협회 등이 정유라를 위하여 최순실(최서원) 등이 설립하거나 관련 있는 법인에 금원을 송금하고, 정유라의 독일 및 국내에서의 승마 훈련을 지원하고 기업의 현안을 해결하려 하였다는 의혹 사건

⑧ 제5호부터 제7호까지의 사건과 관련하여 안종범 전 청와대 정책조정수석비서관, 김상률 전 청와대 교육문화수석비서관, 이재만·정호성·안봉근 전 비서관 등 청와대 관계인, 김종덕 전 문화체육관광부장관, 김종 전 문화체육관광부차관, 송성각 전 한국콘텐츠진흥원장 등 공무원과 공공기관 종사자들이 최순실(최서원) 등을 위하여 불법적인 방법으로 개입하고 관련 공무원을 불법적으로 인사 조치하였다는 의혹 사건

⑨ 제1호부터 제8호까지의 사건과 관련하여 우병우 전 청와대 민정 수석비서관이 민정비서관 및 민정 수석비서관 재임 기간 중 최순실(최서원) 등의 비리 행위 등에 대하여 제대로 감찰·예방하지 못한 직무 유기 또는 그 비리 행위에 직접 관여하거나 이를 방조 또는 비호하였다는 의혹 사건

⑩ 이석수 특별 감찰관이 재단 법인 미르와 재단 법인 케이스포츠의 모금 및 최순실(최서원) 등의 비리 행위 등을 내사하는 과정에서 우병우 전 청와대 민정 수석비서관이 영향력을 행사하여 해임되도록 하였다는 의혹 사건

⑪ 최순실(최서원) 등과 안종범 전 청와대 정책조정수석비서관, 이재만·정호성·안봉근 전 비서관, 재단 법인 미르와 재단 법인 케이스포츠, 전국경제인연합·기업 등이 조직적인 증거 인멸을 시도하거나 이를 교사하였다는 의혹 사건

⑫ 최순실(최서원)과 그 일가가 불법적으로 재산을 형성하고 은닉하였다는 의혹 사건

⑬ 최순실(최서원) 등이 청와대 뉴미디어정책실에 야당의원들의 SNS 불법 사찰 등 부당한 업무 지시를 하였다는 의혹 사건

⑭ 대통령해외순방에 동행한 성형외과 원장의 서울대병원 강남센터 외래 교수 위촉 과정 및 해외 진출 지원 등에 청와대와 비서실의 개입과 특혜가 있었다는 의혹 사건

⑮ 제1호부터 제14호까지의 사건의 수사 과정에서 인지된 관련 사건

제3조(특별 검사의 임명)

① 국회의장은 제2조 각 호의 사건을 수사하기 위하여 이 법 시행일부터 3일 이내에 1명의 특별 검사를 임명할 것을 대통령에게 서면으로 요청하여야 한다.

② 대통령은 제1항에 따른 요청서를 받은 날부터 3일 이내에 1명의 특별 검사를 임명하기 위한 후보자추천을 원내교섭단체 중 더불어민주당 및 국민의당에 서면으로 의뢰해야 한다.

③ 제2항의 더불어민주당 및 국민의당은 제2항에 따른 특별 검사 후보자추천의뢰서를 받은 때에는 의뢰서를 받은 날부터 5일 이내에 15년 이상 판사 또는 검사의 직에 있었던 변호사 중에서 더불어민주당 및 국민의당이 합의한 2명의 특별 검사 후보자를 대통령에게 서면으로 추천하여야 한다.

④ 대통령은 제3항에 따른 특별 검사 후보자 추천서를 받은 때에는 추천서를 받은 날부터 3일 이내에 추천후보자 중 1명을 특별 검사로 임명하여야 한다.

제4조(특별 검사의 결격 사유) 다음 각 호의 어느 하나에 해당하는 자는 특별 검사로 임명할 수 없다.

1. 대한민국 국민이 아닌 자
2. 「국가공무원법」 제2조 또는 「지방공무원법」 제2조에 따른 공무원
3. 특별 검사 임명일 전 1년 이내에 제2호의 직에 있었던 자
4. 정당의 당적을 가진 자이거나 가졌던 자
5. 「공직선거법」에 따라 실시하는 선거에 후보자(예비 후보자를 포함한다)로 등록한 사람
6. 「국가공무원법」 제33조 각 호의 어느 하나에 해당하는 자

제5조(특별 검사의 정치적 중립 및 직무상 독립) 특별 검사는 정치적으로 중립을 지켜야 하며, 독립하여 그 직무를 수행한다.

제6조(특별 검사의 직무 범위와 권한 등)

① 특별 검사의 직무 범위는 다음 각 호와 같다.

1. 제2조 각 호의 사건에 관한 수사와 공소 제기 여부의 결정 및 공소 유지
2. 제7조에 따라 임명된 특별 검사보 및 특별 수사관과 관계 기관으로부터 파견받은 공무원에 대한 지휘·감독

② 특별 검사는 직무의 범위를 이탈하여 제2조 각 호의 사건과 관련되지 아니하는 자를 소환·조사할 수 없다.

③ 특별 검사는 그 직무를 수행함에 있어서 필요한 경우에는 대검찰청, 경찰청 등 관계 기관의 장에게 제2조 각 호의 사건과 관련된 사건의 수사 기록 및 증거 등 자료의 제출과 수사 활동의 지원 등 수사 협조를 요청할 수 있다.

④ 특별 검사는 그 직무를 수행함에 있어서 필요한 경우에는 대검찰청, 경찰청 등 관계 기관

의 장에게 소속 공무원의 파견 근무와 이에 관련되는 지원을 요청할 수 있다. 다만, 파견 검사의 수는 20명, 파견 검사를 제외한 파견 공무원의 수는 40명 이내로 한다.
⑤ 제3항 및 제4항의 요청을 받은 관계 기관의 장은 반드시 이에 응하여야 한다. 관계 기관의 장이 이에 불응할 경우 특별 검사는 징계 의결 요구권자에게 관계 기관의 장에 대한 징계 절차를 개시할 것을 요청할 수 있다.
⑥ 「형사소송법」, 「검찰청법」, 「군사법원법」과 그 밖의 법령 중 검사와 군검찰관의 권한에 관한 규정은 이 법의 규정에 반하지 아니하는 한 특별 검사의 경우에 준용한다.

제7조(특별 검사보와 특별 수사관)

① 특별 검사는 7년 이상 「법원조직법」 제42조제1항제1호의 직에 있던 변호사 중에서 8명의 특별 검사보후보자를 선정하여 대통령에게 특별 검사보로 임명할 것을 요청할 수 있다. 이 경우 대통령은 3일 이내에 그 후보자 중에서 4명을 특별 검사보로 임명하여야 한다.
② 특별 검사보는 특별 검사의 지휘·감독에 따라 제2조 각 호의 사건과 관련된 수사 및 공소 제기된 사건의 공소 유지를 담당하고 특별 수사관 및 관계 기관으로부터 파견 받은 공무원에 대한 지휘·감독을 한다.
③ 특별 검사는 그 직무를 수행함에 있어서 필요한 경우에는 40명 이내의 특별 수사관을 임명할 수 있다.
④ 특별 수사관은 제2조 각 호의 사건수사의 범위에서 사법 경찰관의 직무를 수행한다.
⑤ 특별 검사보와 특별 수사관의 결격 사유에 관하여는 제4조를, 특별 검사보의 권한에 관하여는 제6조제6항을 각각 준용한다.
⑥ 특별 검사는 수사완료 후 공소 유지를 위한 경우에는 특별 검사보, 특별 수사관 등 특별 검사의 업무를 보조하는 인원을 최소한의 범위로 유지하여야 한다.

제8조(특별 검사 등의 의무)

① 특별 검사, 특별 검사보 및 특별 수사관(이하 "특별 검사등"이라 한다)과 제6조제4항에 따라 파견된 공무원 및 특별 검사의 직무 보조를 위하여 채용된 자는 직무상 알게 된 비밀을 재직 중과 퇴직 후에 누설하여서는 아니 된다.
② 특별 검사등과 제6조제4항에 따라 파견된 공무원 및 특별 검사의 직무 보조를 위하여 채용된 자는 제9조제3항·제4항 및 제11조에 따른 경우를 제외하고는 수사 내용을 공표하거나 누설하여서는 아니 된다.
③ 제6조제4항에 따라 파견된 공무원은 파견되어 직무를 수행하는 가운데 지득한 정보를 소

속 기관에 보고하여서는 아니 된다.
④ 특별 검사 등은 영리를 목적으로 하는 업무에 종사할 수 없으며 다른 직무를 겸할 수 없다.
⑤ 「형사소송법」, 「검찰청법」, 「군사법원법」, 그 밖의 법령 중 검사의 의무에 관한 규정은 이 법에 반하지 아니하는 한 특별 검사와 특별 검사보에 준용한다.

제9조(수사 기간 등)

① 특별 검사는 임명된 날부터 20일 동안 수사에 필요한 시설의 확보, 특별 검사보의 임명 요청 등 직무 수행에 필요한 준비를 할 수 있다.
② 특별 검사는 제1항에 따른 준비 기간이 만료된 날의 다음 날부터 70일 이내에 제2조 각 호의 사건에 대한 수사를 완료하고 공소 제기 여부를 결정하여야 한다.
③ 특별 검사는 제2항의 기간 이내에 수사를 완료하지 못하거나 공소 제기 여부를 결정하기 어려운 경우에는 대통령에게 그 사유를 보고하고, 대통령의 승인을 받아 1회에 한정하여 수사 기간을 30일 연장할 수 있다.
④ 제3항에 따른 보고 및 승인요청은 수사 기간 만료 3일 전에 행하여져야 하고, 대통령은 수사 기간 만료 전에 승인 여부를 특별 검사에게 통지하여야 한다.
⑤ 특별 검사는 수사 기간 이내에 수사를 완료하지 못하거나 공소 제기 여부를 결정하지 못한 경우 수사 기간 만료일부터 3일 이내에 사건을 관할 지방검찰청 검사장에게 인계하여야 한다. 이 경우 비용 지출 및 활동 내역 등에 대한 보고에 관하여는 제17조를 준용하되, 그 보고기간의 기산일은 사건 인계일로 한다.
⑥ 제5항에 따라 사건을 인계받은 관할 지방검찰청 검사장은 신속하게 수사를 완료하여 공소 제기 여부를 결정하고 공소 제기된 사건의 공소 유지를 담당한다. 이 경우 사건의 처리보고에 관하여는 제11조를 준용한다.

제10조(재판 기간 등)

① 특별 검사가 공소 제기한 사건의 재판은 다른 재판에 우선하여 신속히 하여야 하며, 그 판결의 선고는 제1심에서는 공소 제기일부터 3개월 이내에, 제2심 및 제3심에서는 전심의 판결 선고일부터 각각 2개월 이내에 하여야 한다.
② 제1항의 경우 「형사소송법」 제361조, 제361조의3제1항·제3항, 제377조 및 제379조제1항·제4항의 기간은 각각 7일로 한다.

제11조(사건의 처리 보고) 특별 검사는 제2조 각 호의 사건에 대하여 공소를 제기하지 아니하

는 결정을 하였을 경우와 공소를 제기하였을 경우 및 해당 사건의 판결이 확정되었을 경우에는 각각 10일 이내에 이를 대통령과 국회에 서면으로 보고하여야 한다.

제12조(사건의 대국민 보고) 특별 검사 또는 특별 검사의 명을 받은 특별 검사보는 제2조 각 호의 사건에 대하여 국민의 알권리 보장을 위하여 피의사실 외의 수사 과정에 대하여 언론 브리핑을 실시할 수 있다.

제13조(보수 등)
① 특별 검사의 보수와 대우는 고등검사장의 예에 준한다.
② 특별 검사보의 보수와 대우는 검사장의 예에 준한다.
③ 특별 수사관의 보수와 대우는 3급부터 5급까지 상당의 별정직 국가 공무원의 예에 준한다.
④ 정부는 예비비에서 특별 검사의 퇴직 시까지 특별 검사 등의 직무 수행에 필요한 경비를 지급한다.
⑤ 특별 검사는 특별 검사 등의 직무 수행에 필요한 사무실과 통신 시설 등 장비의 제공을 국가 또는 공공 기관에 요청할 수 있다. 이 경우 요청을 받은 기관은 정당한 사유가 없는 한 이에 따라야 한다.

제14조(퇴직 등)
① 특별 검사는 정당한 사유가 없는 한 퇴직할 수 없으며, 퇴직하고자 하는 경우에는 서면에 의하여야 한다.
② 대통령은 특별 검사가 사망하거나 제1항에 따라 사퇴서를 제출하는 경우에는 지체 없이 이를 국회에 통보하여야 하고, 제3조제2항부터 제4항까지의 규정에 따른 임명 절차에 따라 후임 특별 검사를 임명하여야 한다. 이 경우 후임 특별 검사는 전임 특별 검사의 직무를 승계한다.
③ 제2항에 따라 후임 특별 검사를 임명하는 경우 제9조의 수사 기간 산정에 있어서는 전임·후임 특별 검사의 수사 기간을 합산하되, 특별 검사가 사퇴서를 제출한 날부터 후임 특별 검사가 임명되는 날까지의 기간은 수사 기간에 산입하지 아니한다.
④ 특별 검사 등은 제11조에 따라 공소를 제기하지 아니하는 결정을 하거나 판결이 확정되어 보고서를 제출한 때에 당연히 퇴직한다.

제15조(해임 등)
① 대통령은 다음 각 호의 어느 하나에 해당하는 경우를 제외하고는 특별 검사 또는 특별 검

사보를 해임할 수 없다.
1. 제4조 각 호에 따른 결격 사유가 발견된 경우
2. 직무 수행이 현저히 곤란한 신체적·정신적 질환이 있다고 인정되는 경우
3. 특별 검사가 그 직무 수행을 위하여 또는 제7조제6항에 따라 필요하다고 인정하여 대통령에게 특별 검사보의 해임을 요청하는 경우
4. 제8조제5항을 위반한 경우

② 대통령은 특별 검사를 해임한 경우에는 지체 없이 이를 국회에 통보하고 제3조제2항부터 제4항까지의 규정에 따른 임명절차에 따라 후임 특별 검사를 임명하여야 한다. 이 경우 직무 승계에 관하여는 제14조제2항 후단을, 수사 기간의 산정에 관하여는 같은 조 제3항을 각각 준용한다.

③ 대통령은 특별 검사보가 사망하거나 특별 검사보를 해임한 경우에는 지체 없이 제7조제1항에 따라 후임 특별 검사보를 임명하여야 한다.

④ 특별 검사는 그 직무 수행을 위하여 필요한 때에는 특별 수사관을 해임하거나 파견 공무원에 대하여 소속 기관의 장에게 교체를 요청할 수 있다.

제16조(신분 보장) 특별 검사와 특별 검사보는 탄핵 또는 금고 이상의 형을 선고받지 아니하고는 파면되지 아니한다.

제17조(회계 보고 등) 특별 검사는 공소를 제기하지 아니하는 결정을 하였을 경우와 공소를 제기한 사건의 판결이 확정되었을 경우에는 10일 이내에 비용 지출 및 활동 내역 등에 관한 사항을 대통령에게 서면으로 보고하고, 보관하고 있는 업무 관련 서류 등을 검찰총장에게 인계하여야 한다. 다만, 공소를 제기한 경우에는 그 공소 제기일까지의 비용 지출 및 활동 내역 등에 관한 사항을 10일 이내에 대통령에게 서면으로 중간 보고하여야 한다.

제18조(재판 관할) 제2조 각 호의 사건에 관한 제1심 재판은 서울중앙지방법원 합의부의 전속관할로 한다.

제19조(이의 신청)

① 제2조 각 호의 사건의 수사 대상이 된 자 또는 그 배우자, 직계 존속·비속, 동거인, 변호인은 제6조제2항을 위반한 경우 등 특별 검사의 직무 범위 이탈에 대하여 서울고등법원에 이의 신청을 할 수 있다.

② 제1항에 따른 이의 신청은 이유를 기재한 서면으로 하되, 특별 검사를 경유하여야 한다.

③ 제2항에 따라 이의 신청서를 접수한 특별 검사는 다음 각 호의 구분에 따라 이를 처리한다.

1. 신청이 이유 있는 것으로 인정한 때에는 신청내용에 따라 즉시 시정하고, 이를 서울고등법원과 이의 신청인에게 서면으로 통지하여야 한다.
   2. 신청이 이유 없는 것으로 인정한 때에는 신청서를 접수한 때부터 24시간 이내에 신청서에 의견서를 첨부하여 서울고등법원에 이를 송부하여야 한다.
④ 제3항제2호에 따라 송부된 신청서를 접수한 서울고등법원은 접수한 때부터 48시간 이내에 다음 각 호의 구분에 따라 이를 결정하여야 한다. 이 경우 법원은 필요한 때에는 수사기록의 열람 등 증거조사를 할 수 있다.
   1. 신청이 이유 없는 것으로 인정한 때에는 신청을 기각한다.
   2. 신청이 이유 있는 것으로 인정한 때에는 신청대상 조사내용이 특별 검사의 직무 범위를 이탈하였음을 인용한다.
⑤ 제4항제2호에 따른 인용 결정이 있는 경우에는 특별 검사는 해당 결정의 취지에 반하는 수사 활동을 하여서는 아니 된다.
⑥ 제4항의 결정에 대하여는 항고할 수 없다.
⑦ 제1항에 따른 이의 신청에도 불구하고 특별 검사의 수사 활동은 정지되지 아니한다.
⑧ 제1항에 따른 이의 신청인은 이의 신청과 동시에 또는 그와 별도로 이유를 소명한 서면으로 서울고등법원에 해당 처분 등의 효력이나 그 집행 또는 절차의 속행의 전부 또는 일부 정지를 신청할 수 있고, 법원은 지체 없이 이에 대하여 결정하여야 한다.
⑨ 서울고등법원이 제4항 또는 제8항의 결정을 한 때에는 이의 신청인과 특별 검사에게 서면으로 통지하여야 한다.

제20조(벌칙) 위계 또는 위력으로써 특별 검사 등의 직무 수행을 방해한 자는 5년 이하의 징역에 처한다.

제21조(벌칙)
① 특별 검사 등이나 제6조제4항에 따라 파견된 공무원 또는 특별 검사의 직무 보조를 위하여 채용된 자가 제8조제1항을 위반하여 직무상 알게 된 비밀을 누설한 때에는 3년 이하의 징역, 5년 이하의 자격 정지 또는 3천만 원 이하의 벌금에 처한다.
② 특별 검사 등이나 제6조제4항에 따라 파견된 공무원 또는 특별 검사의 직무 보조를 위하여 채용된 자가 제8조제2항을 위반하여 수사 내용을 공표하거나 누설한 때에는 3년 이하의 징역, 5년 이하의 자격 정지 또는 3천만 원 이하의 벌금에 처한다.
③ 제6조제4항에 따라 파견된 공무원이 제8조제3항을 위반하여 직무 수행 중 지득한 정보

를 소속 기관에 보고한 때에는 3년 이하의 징역, 5년 이하의 자격 정지 또는 3천만 원 이하의 벌금에 처한다.

제22조(벌칙 적용에서 공무원 의제) 특별 검사 등 및 특별 검사의 직무 보조를 위하여 채용된 자는 「형법」이나 그 밖의 법률에 따른 벌칙을 적용할 때에는 이를 공무원으로 본다.

부칙 〈제14276호, 2016. 11. 22.〉

제1조(시행일) 이 법은 공포한 날부터 시행한다.

제2조(유효 기간) 이 법은 제14조제4항에 따라 특별 검사가 퇴직하는 날까지 그 효력을 가진다. 다만, 제9조제6항은 관할 지방검찰청 검사장이 보고서를 제출하는 날까지 그 효력을 가진다.

제3조(실효의 효과에 대한 특례) 이 법의 실효는 제20조, 제21조 및 제22조에 따른 벌칙에 영향을 미치지 아니한다.

02
특별 검사의 임명 등에 관한 법률 (약칭 : 특검법)

[시행 2014. 6. 19] [법률 제12423호, 2014. 3. 18, 제정]
법무부(형사법제과) 02-2110-3307~8

제1장 총칙
제1조(목적) 이 법은 범죄 수사와 공소 제기 등에 있어 특정 사건에 한정하여 독립적인 지위를 가지는 특별 검사의 임명과 직무 등에 관하여 필요한 사항을 규정함을 목적으로 한다.

제2장 특별 검사의 수사 대상 및 임명
제2조(특별 검사의 수사 대상 등)
① 특별 검사의 수사 대상은 다음 각 호와 같다.
  1. 국회가 정치적 중립성과 공정성 등을 이유로 특별 검사의 수사가 필요하다고 본회의에서 의결한 사건
  2. 법무부장관이 이해 관계 충돌이나 공정성 등을 이유로 특별 검사의 수사가 필요하다고 판단한 사건
② 법무부장관은 제1항 제2호에 대하여는 검찰총장의 의견을 들어야 한다.

제3조(특별 검사 임명 절차)
① 제2조에 따라 특별 검사의 수사가 결정된 경우 대통령은 제4조에 따라 구성된 특별 검사 후보추천위원회에 지체 없이 2명의 특별 검사 후보자 추천을 의뢰하여야 한다.
② 특별 검사후보추천위원회는 제1항의 의뢰를 받은 날부터 5일 내에 15년 이상 「법원조직법」 제42조제1항제1호의 직에 있던 변호사 중에서 재적 위원 과반수의 찬성으로 2명의 후보자를 서면으로 대통령에게 추천하여야 한다.
③ 대통령은 제2항의 추천을 받은 날부터 3일 내에 추천된 후보자 중에서 1명을 특별 검사로 임명하여야 한다.

제4조(특별 검사후보추천위원회)
① 특별 검사 후보자의 추천을 위하여 국회에 특별 검사후보추천위원회(이하 이 조에서 "추천위원회"라 한다)를 둔다.
② 추천위원회는 위원장 1명을 포함하여 7명의 위원으로 구성한다.

③ 위원장은 제4항에 따른 위원 중에서 호선한다.

④ 위원은 다음 각 호의 어느 하나에 해당하는 사람을 국회의장이 임명하거나 위촉한다.

1. 법무부 차관
2. 법원행정처 차장
3. 대한변호사협회장
4. 그밖에 학식과 덕망이 있고 각계 전문 분야에서 경험이 풍부한 사람으로서 국회에서 추천한 4명

⑤ 추천위원회는 국회의장의 요청 또는 위원 3분의 1 이상의 요청이 있거나 위원장이 필요하다고 인정할 때 위원장이 소집하고, 재적위원 과반수의 찬성으로 의결한다.

⑥ 추천위원회가 제3조제2항에 따라 특별 검사 후보자를 추천하면 해당 위원회는 해산된 것으로 본다.

⑦ 추천위원회 위원은 정치적으로 중립을 지키고 독립하여 그 직무를 수행한다.

⑧ 그밖에 추천위원회의 구성과 운영 등에 필요한 사항은 국회 규칙으로 정한다.

제5조(특별 검사의 결격 사유) 다음 각 호의 어느 하나에 해당하는 자는 특별 검사로 임명될 수 없다.

1. 대한민국 국민이 아닌 자
2. 「국가공무원법」 제2조 또는 「지방공무원법」 제2조에 따른 공무원
3. 특별 검사 임명일 전 1년 이내에 제2호의 직에 있었던 자
4. 정당의 당적을 가진 자 또는 특별 검사 임명일 전 1년 이내에 당적을 가졌던 자
5. 「공직선거법」에 따라 실시하는 선거에 후보자(예비 후보자를 포함한다)로 등록한 사람
6. 「국가공무원법」 제33조 각 호의 어느 하나에 해당하는 자

제6조(특별 검사의 정치적 중립 및 직무상 독립) 특별 검사는 정치적으로 중립을 지키고 독립하여 그 직무를 수행한다.

제3장 특별 검사의 권한 및 의무

제7조(특별 검사의 직무 범위와 권한 등)

① 특별 검사의 직무 범위는 다음 각 호와 같다.

1. 제3조에 따라 특별 검사 임명 추천서에 기재된 사건(이하 "담당 사건"이라 한다)에 관한 수사와 공소 제기 여부의 결정 및 공소 유지
2. 제8조의 특별 검사보 및 특별 수사관과 관계 기관으로부터 파견 받은 공무원에 대한

지휘·감독
② 특별 검사는 직무의 범위를 이탈하여 담당 사건과 관련되지 아니한 자를 소환·조사할 수 없다.
③ 특별 검사는 그 직무 수행을 위하여 필요한 때에는 대검찰청, 경찰청 등 관계 기관의 장에게 담당 사건과 관련된 사건의 수사 기록 및 증거 등 자료의 제출, 수사 활동의 지원 등 수사 협조를 요청할 수 있다.
④ 특별 검사는 그 직무 수행을 위하여 필요한 때에는 대검찰청, 경찰청 등 관계 기관의 장에게 소속 공무원의 파견 근무와 이에 관련되는 지원을 요청할 수 있다. 다만, 파견 검사의 수는 5명 이내, 파견 검사를 제외한 파견 공무원의 수는 30명 이내로 한다.
⑤ 제3항 및 제4항의 요청을 받은 관계 기관의 장은 정당한 사유가 없으면 이에 따라야 한다. 다만, 특별 검사가 특정 검사 및 공무원의 파견을 요청하는 경우에는 사전에 관계 기관의 장과 협의하여야 한다.
⑥ 관계 기관의 장이 제5항 본문의 요청에 정당한 사유 없이 불응할 경우 특별 검사는 징계의결요구권자에게 관계 기관의 장에 대한 징계절차를 개시할 것을 요청할 수 있다.
⑦ 「형사소송법」, 「검찰청법」, 「군사법원법」, 그 밖의 법령 중 검사와 군검찰관의 권한에 관한 규정은 이 법의 규정에 반하지 아니하는 한 특별 검사의 경우에 이를 준용한다.

제8조(특별 검사보 및 특별 수사관의 임명과 권한)
① 특별 검사는 7년 이상 「법원조직법」 제42조제1항제1호의 직에 있던 변호사 중에서 4명의 특별 검사보 후보자를 선정하여 대통령에게 특별 검사보로 임명할 것을 요청할 수 있다. 이 경우 대통령은 그 요청을 받은 날부터 3일 이내에 그 후보자 중에서 2명의 특별 검사보를 임명하여야 한다.
② 특별 검사보는 특별 검사의 지휘·감독에 따라 담당 사건의 수사 및 공소 제기된 사건의 공소 유지를 담당하고, 특별 수사관 및 관계 기관으로부터 파견 받은 공무원을 지휘·감독한다.
③ 특별 검사는 그 직무 수행에 필요한 때에는 30명 이내의 특별 수사관을 임명할 수 있다. 이 경우 유관 기관 근무 경력, 업무 수행 능력과 자질 등을 고려하여야 한다.
④ 특별 수사관은 담당 사건의 수사 범위에서 사법 경찰관의 직무를 수행한다.
⑤ 특별 검사보 및 특별 수사관의 결격 사유에 관하여는 제5조, 특별 검사보의 권한에 관하여는 제7조제7항을 각각 준용한다.

⑥ 특별 검사는 수사 완료 후 공소 유지를 위한 경우에는 특별 검사보, 특별 수사관 등 특별 검사의 업무를 보조하는 인원을 최소한의 범위로 유지하여야 한다.

제9조(특별 검사 등의 의무)

① 특별 검사, 특별 검사보 및 특별 수사관(이하 "특별 검사 등"이라 한다)과 제7조제4항에 따라 파견된 공무원 및 특별 검사의 직무 보조를 위하여 채용된 자는 직무상 알게 된 비밀을 재직 중과 퇴직 후에 누설하여서는 아니 된다.

② 특별 검사 등은 영리를 목적으로 하는 업무에 종사할 수 없으며, 다른 직무를 겸할 수 없다.

③ 특별 검사 등과 제7조제4항에 따라 파견된 공무원 및 특별 검사의 직무 보조를 위하여 채용된 자는 제10조제3항·제4항, 제12조 및 제17조에 따른 경우를 제외하고는 정당한 사유 없이 수사 내용을 공표하거나 누설하여서는 아니 된다.

④ 「형사소송법」, 「검찰청법」, 「군사법원법」, 그 밖의 법령 중 검사의 의무에 관한 규정은 이 법의 규정에 반하지 아니하는 한 특별 검사 및 특별 검사보에 이를 준용한다.

제4장 사건 처리 절차

제10조(수사 기간 등)

① 특별 검사는 임명된 날부터 20일 동안 수사에 필요한 시설의 확보, 특별 검사보의 임명 요청 등 직무 수행에 필요한 준비를 할 수 있다. 이 경우 준비 기간 중에는 담당 사건에 대하여 수사를 하여서는 아니 된다.

② 특별 검사는 제1항의 준비 기간이 만료된 날의 다음 날부터 60일 이내에 담당 사건에 대한 수사를 완료하고 공소 제기 여부를 결정하여야 한다.

③ 특별 검사가 제2항의 기간 내에 수사를 완료하지 못하거나 공소 제기 여부를 결정하기 어려운 경우에는 대통령에게 그 사유를 보고하고 대통령의 승인을 받아 수사 기간을 한 차례만 30일까지 연장할 수 있다.

④ 제3항에 따른 보고 및 승인 요청은 수사 기간 만료 3일 전에 행하여져야 하고, 대통령은 수사 기간 만료 전에 승인 여부를 특별 검사에게 통지하여야 한다.

⑤ 특별 검사는 수사 기간 내에 수사를 완료하지 못하거나 공소 제기 여부를 결정하지 못한 경우 수사 기간 만료일부터 3일 이내에 사건을 관할 지방검찰청 검사장에게 인계하여야 한다. 이 경우 비용 지출 및 활동 내역 등에 대한 보고에 관하여는 제17조를 준용하되, 그 보고 기간의 기산일은 사건 인계일로 한다.

제11조(재판 기간 등)

① 특별 검사가 공소 제기한 사건의 재판은 다른 재판에 우선하여 신속히 하여야 하며, 그 판결의 선고는 제1심에서는 공소 제기일부터 6개월 이내에, 제2심 및 제3심에서는 전심의 판결 선고일부터 각각 3개월 이내에 하여야 한다.

② 제1항의 경우 「형사소송법」 제361조, 제361조의3제1항·제3항, 제377조 및 제379조제1항·제4항의 기간은 각각 7일로 한다.

제12조(사건의 처리 보고) 특별 검사는 담당 기간에 대하여 공소를 제기하지 아니하는 결정을 하였을 경우, 공소를 제기하였을 경우 및 해당 사건의 판결이 확정되었을 경우에는 각각 10일 이내에 대통령과 국회에 서면으로 보고하고 법무부장관에게 서면으로 통지하여야 한다.

제5장 특별 검사의 지위 및 신분 보장

제13조(보수 등)

① 특별 검사의 보수와 대우는 고등검사장의 예에 준한다.

② 특별 검사보의 보수와 대우는 검사장의 예에 준한다.

③ 특별 수사관의 보수와 대우는 3급부터 5급까지 상당의 별정직 국가공무원의 예에 준한다.

④ 정부는 예비비에서 특별 검사 등의 직무 수행에 필요한 경비를 지급한다. 다만, 수사 완료 후 공소를 제기한 이후에는 판결이 확정될 때까지 공소 유지에 필요한 최소한의 경비만을 지급한다.

⑤ 특별 검사는 그 직무 수행에 필요한 사무실과 통신 시설 등 장비의 제공을 국가 또는 공공기관에 요청할 수 있다. 이 경우 요청을 받은 기관은 정당한 사유가 없으면 이에 따라야 한다.

제14조(퇴직 등)

① 특별 검사는 정당한 사유가 없으면 퇴직할 수 없으며, 퇴직하고자 하는 경우에는 서면에 의하여야 한다.

② 대통령은 특별 검사가 사망하거나 제1항에 따라 사퇴서를 제출한 경우에는 국회의장에게 지체 없이 이를 통보하여야 한다.

③ 대통령은 특별 검사가 사망하거나 제1항에 따라 사퇴서를 제출하는 경우에는 제3조에서 정한 임명절차에 따라 후임 특별 검사를 임명하여야 한다. 이 경우 후임 특별 검사는 전임 특별 검사의 직무를 승계한다.

④ 제3항에 따라 후임 특별 검사를 임명하는 경우 제10조의 수사 기간 산정에 있어서는 전임·후임 특별 검사의 수사 기간을 합산하되, 특별 검사가 사퇴서를 제출한 날부터 후임 특별 검사가 임명되는 날까지의 기간은 수사 기간에 산입하지 아니한다.

⑤ 특별 검사보가 사망하거나 사임한 경우에는 특별 검사는 대통령에게 후임 특별 검사보의 임명을 요청할 수 있다. 이 경우 대통령은 지체 없이 제8조제1항에 따라 후임 특별 검사보를 임명하여야 한다.

⑥ 특별 검사 등은 제12조에 따라 공소를 제기하지 아니하는 결정을 하거나 판결이 확정되어 보고서를 제출한 때 및 제10조제5항에 따라 사건을 인계한 때에는 당연히 퇴직한다.

제15조(해임 등)

① 대통령은 다음 각 호의 어느 하나에 해당하는 경우를 제외하고는 특별 검사 또는 특별 검사보를 해임할 수 없다.

1. 제5조 각 호에 규정된 결격 사유가 발견된 경우
2. 직무 수행이 현저히 곤란한 신체적·정신적 질환이 있다고 인정되는 경우
3. 제9조제1항 또는 제2항을 위반한 경우
4. 제9조제4항에 따라 특별 검사와 특별 검사보에게 준용되는 검사의 의무에 관한 규정을 위반한 경우
5. 특별 검사가 그 직무 수행 또는 제8조제6항에 따라 필요하다고 인정하여 대통령에게 특별 검사보의 해임을 요청하는 경우

② 대통령은 특별 검사를 해임한 경우에는 국회의장에게 지체 없이 이를 통보하여야 한다.

③ 대통령은 특별 검사를 해임한 경우에는 제3조에서 정한 임명 절차에 따라 후임 특별 검사를 임명하여야 한다. 이 경우 직무 승계에 관하여는 제14조제3항 후단, 수사 기간의 산정에 관하여는 같은 조 제4항을 각각 준용한다.

④ 대통령이 특별 검사보를 해임한 경우에는 지체 없이 제8조제1항에 따라 후임 특별 검사보를 임명하여야 한다. 다만, 제1항제5호(제8조제6항에 따른 경우로 한정한다)에 따라 특별 검사보를 해임한 경우에는 그러하지 아니하다.

⑤ 특별 검사는 그 직무 수행을 위하여 필요한 때에는 특별 수사관을 해임하거나 파견 받은 공무원에 대하여 소속 기관의 장에게 교체를 요청할 수 있다.

제16조(신분 보장) 특별 검사 및 특별 검사보는 탄핵 또는 금고 이상의 형을 선고받지 아니하고는 파면되지 아니한다.

제6장 보칙

제17조(회계 보고 등) 특별 검사는 담당 사건에 대하여 공소를 제기하지 아니하는 결정을 하였을 경우와 공소를 제기한 사건의 판결이 확정되었을 경우에는 10일 이내에 비용 지출 및 활동 내역 등에 관한 사항을 대통령에게 서면으로 보고하고, 보관하는 업무 관련 서류 등을 검찰총장에게 인계하여야 한다. 다만, 공소를 제기한 경우에는 그 공소 제기일까지의 비용 지출 및 활동 내역 등에 관한 사항을 10일 이내에 대통령에게 서면으로 중간 보고하여야 한다.

제18조(재판 관할) 특별 검사의 담당 사건에 관한 제1심 재판은 서울중앙지방법원 합의부의 전속관할로 한다.

제19조(직무 범위를 이탈한 공소 제기의 효력) 특별 검사의 공소 제기가 제7조제1항을 위반하여 직무 범위를 이탈한 경우 그 공소 제기는 효력이 없다.

제20조(이의 신청)

① 담당 사건의 수사 대상이 된 자 또는 그 배우자·직계 존속·직계 비속·동거인·변호인은 제7조제2항을 위반한 경우 등 특별 검사의 직무 범위 이탈에 대하여 서울고등법원에 이의 신청을 할 수 있다.

② 제1항에 따른 이의 신청은 이유를 기재한 서면으로 하되, 특별 검사를 경유하여야 한다.

③ 제2항에 따라 이의 신청서를 접수한 특별 검사는 다음 각호의 구분에 따라 이를 처리한다.

  1. 신청이 이유 있는 것으로 인정한 때에는 신청내용에 따라 즉시 시정하고, 이를 서울고등법원과 이의 신청인에게 서면으로 통지하여야 한다.
  2. 신청이 이유 없는 것으로 인정한 때에는 신청서를 접수한 때부터 24시간 이내에 신청서에 의견서를 첨부하여 서울고등법원에 이를 송부하여야 한다.

④ 제3항제2호에 따라 송부된 신청서를 접수한 서울고등법원은 접수한 때부터 48시간 이내에 다음 각 호의 구분에 따라 결정하여야 한다. 이 경우 법원은 필요한 때에는 수사 기록의 열람 등 증거 조사를 할 수 있다.

  1. 신청이 이유 없는 것으로 인정한 때에는 신청을 기각한다.
  2. 신청이 이유 있는 것으로 인정한 때에는 신청 대상 조사 내용이 특별 검사의 직무 범위를 이탈하였음을 인용한다.

⑤ 제4항제2호의 인용결정이 있는 경우에는 특별 검사는 해당 결정의 취지에 반하는 수사 활동을 하여서는 아니 된다.

⑥ 제4항의 결정에 대하여는 항고할 수 없다.

⑦ 제1항에 따른 이의 신청에도 불구하고 특별 검사의 수사 활동은 정지되지 아니한다.

⑧ 제1항에 따른 이의 신청인은 이의 신청과 동시에 또는 그와 별도로 이유를 소명한 서면으로 서울고등법원에 해당 처분 등의 효력이나 그 집행 또는 절차의 속행의 전부 또는 일부 정지를 신청할 수 있고, 법원은 지체 없이 이에 대하여 결정하여야 한다.

⑨ 서울고등법원이 제4항 또는 제8항의 결정을 한 때에는 이의 신청인과 특별 검사에게 서면으로 통지하여야 한다.

제21조(위임) 그밖에 이 법률에 규정되지 아니한 특별 검사의 사건처리절차 등 이 법 시행을 위하여 필요한 사항은 대통령령 또는 국회규칙으로 정한다.

제7장 벌칙

제22조(벌칙)

① 위계 또는 위력으로써 특별 검사 등의 직무 수행을 방해한 자는 5년 이하의 징역 또는 5천만 원 이하의 벌금에 처한다.

② 특별 검사 등이나 제7조제4항에 따라 파견된 공무원 또는 특별 검사의 직무 보조를 위하여 채용된 자가 제9조제1항을 위반하여 직무상 알게 된 비밀을 누설한 때에는 3년 이하의 징역 또는 5년 이하의 자격 정지에 처한다.

③ 특별 검사 등이나 제7조제4항에 따라 파견된 공무원 또는 특별 검사의 직무 보조를 위하여 채용된 자가 제9조제3항을 위반하여 직무상 알게 된 수사 내용을 공소 제기 전에 공표한 때에는 3년 이하의 징역 또는 5년 이하의 자격 정지에 처한다.

제23조(벌칙 적용에서의 공무원 의제) 특별 검사 등 및 특별 검사의 직무 보조를 위하여 채용된 자는 「형법」이나 그 밖의 법률에 따른 벌칙을 적용할 때에는 공무원으로 본다.

부칙 〈제12423호, 2014. 3. 18.〉

이 법은 공포 후 3개월이 경과한 날부터 시행한다.

1심 결심 변론서

2017. 12. 14.

Ⅰ 머리말
Ⅱ 이 사건을 보는 입장과
　이 사건의 성격
Ⅲ 중핵 쟁점 사항
Ⅳ 법리적 쟁점 몇 가지
Ⅴ 재판부에 드리는 호소

법무법인 동 북 아
담당변호사 이 경 재

Ⅰ. 머리말

1. 존경하는 재판장님 그리고 좌·우 배석 판사님
   - 공소 유지에 온 힘을 쏟아온 검사님들과 특검을 비롯한 특검 관계자 분들
   - 1년 여간 피고인들 변론에 매달려온 변호인들 여러분께도 감사드립니다. 오늘 결심 공판에 이르도록 함께 노력한데 대한 감사입니다.
2. 그리고 내년이면 건국 70년을 맞는 이 시기에 촛불과 태극기를 떠나 나라를 사랑하고 대한민국의 미래를 염려하며 이 사건 재판을 지켜봐 오신 방청객 여러분에게도 감사드립니다.
3. 무엇보다도 몸이 묶인 채 1년 여간 이틀이 멀다하며 조사와 재판 이름으로 심판대에 서서 견뎌내 온 피고인 최서원을 비롯한 여러 상피고인들에게도 진심으로 위로의 말을 보냅니다. 검찰을 비롯한 소추관 분들은 피고인 최서원이 중죄를 지었으니 옥사해도 마땅하다 할지 모르지만, 변호인이 직접 지켜본 바로는 피고인이 온전하게 정신줄을 잡고 재판을 견뎌내는 것이 거의 기적에 가깝다고 생각합니다.
4. 2018년은 1948. 8. 15. 대한민국 건국으로부터 70년째 되는 해입니다. 그런데 우리나라는 2016년부터 시작된 이른바 최순실 등 민간인에 의한 국정 농단 의혹 사건으로 미증유의 갈등과 분열·혼란을 겪었고, 지금도 지속 중에 있습니다. 역사는 말합니다. 어느 국가의 멸망은 외침에 원인이 있는 것이 아니라 내홍에 있다는 교훈을. 우리 사회 전체의 분열·갈등·혼돈의 중심에 태풍의 눈 같이 이 사건이 자리하고 있습니다.
   - 2016. 11. 20. 피고인 최서원에 대한 기소로부터 1년이 지났습니다. 이후 2017. 4. 26.까지 5차에 걸쳐 추가 기소가 있었습니다. 모두 6건의 공소가 제기되었습니다. 구속영장이 3번이나 발부되었습니다.
   - 이른바 이대 업무 방해 등 사건으로 20여 회의 공판, 나머지 5건의 사건으로 130여 회의 공판 등 총 150여 회의 공판이 열렸습니다.
   - 이 사건 검찰 증거 기록은 적게 잡아 25만 쪽에 이릅니다. 전쟁 같은 재판이었습니다.
5. 지난주부터 있었던 3차에 걸친 프레젠테이션과 결심에 앞서 제출한 600여 쪽에 이르는 변호인 종합 의견서에서 변호인의 주장과 반대 증거에 대해 상세히 설명드렸습니다.
6. 몇 가지 특기 점을 상기해 보려 합니다. 재판장님의 배려로, 고영태 등의 기획 폭로 대화 등이 담긴 이른바 김수현 녹음 파일 38개가 법정에 현출되었고, 1년여의 검찰과 실랑이 끝에 JTBC 제출 태블릿 PC의 진실이 드러나게 된 점, 검찰 증거로 제출된 정호성 비서

관의 전화 녹음 파일의 허구성이 결심에 임박하여 낱낱이 드러나게 되었습니다.
7. 피고인에 대한 이 사건 재판은 대한민국 형사사법사상 거의 모든 기록을 갈아 치웠습니다. 그런 만큼 형사소송법 제정과 운용에서 예기치 못한 사태도 일어났습니다. 이 같은 험난한 장정 끝에 결심에 이르게 되어, 다시금 소송 지휘에 애쓰신 재판장님께 신심으로 존경을 표합니다.

II. 이 사건을 보는 입장과 이 사건의 성격

1. 이 사건은, 21세기 초반 우리 시대의 첨예한 논란의 대상이 된 정치 현상을 형사 사건화한 것이 그 본질입니다.
2. 탄핵소추를 의결한 국회의 다수의석 정파는 이 사안을 특검 법률 명칭에서 보듯이 최순실 등 민간인에 의한 「국정 농단 의혹 사건」으로 규정했습니다. 그리고 특검과 검찰 특수본 2기는 박 전 대통령이 최서원과 공범이 되어 사익을 도모키 위해 뇌물까지 챙기려 했다는, 즉 부패 사범으로 구성하고 이를 국정 농단의 핵심 사건이라고 강변하고 있습니다. 헌재의 탄핵 결정도 특검의 공소장 기조를 받아들인 데 지나지 않습니다.
3. 그러나 본 변호인과 탄핵에 부정적인 국민들은 박 전 대통령이 적어도 뇌물을 수수할 만큼 부패·타락한 지도자가 아니라고 믿고 있습니다. 일부 국정 운영에서 실책과 과오가 있더라도 탄핵되거나 구속 기소될 사안은 아니라고 생각하고 있습니다. 그럼에도 일부정파와 특정 시민 단체, 이들에 영합하는 언론, 정치 검사, 이에 복속하여 자신의 죄책을 면해 보려는 사람들이 박근혜 정부 퇴진을 목적으로 사실관계를 각색하고 왜곡한 기획된 국정 농단 의혹 사건이 아닌가 하는 짙은 의구심을 가지고 있습니다.
4. 이 사건을 기획된 국정 농단 의혹 사건으로 파악할 수 있는 여러 정황과 사실이 있습니다.
   ① 이른바 최순실 의혹 관련 보도가 봇물을 이루고, 촛불 시위가 격화되는 분위기 속에서 정치권이 요동을 치자, 정치권의 풍향에 따라 검찰 특수본 1기의 수사와 공소권 행사가 변동되어 왔습니다. 처음에는 안종범 수석과 피고인 최서원의 공동 직권 남용 사건으로, 기소 때는 박 대통령을 포함하여 3자 공모공동정범으로 구성했습니다.
   ② 특검에 가서는 박 전 대통령이 삼성으로부터 피고인 최서원의 딸을 위해 뇌물을 받는 사건으로 변질되었습니다. 박 전 대통령이 이 사건으로 받은 경제적 이익이 한 푼도 없어 뇌물죄를 적용할 근거가 없자 박 전 대통령과 40년 지기로서 드러나지 않은 조력자인 피고인을 경제 공동체 내지 이익 공동체의 구성원으로 몰아갔습니다.

③ 민주노총계열의 투기자본감시센터는 박 전 대통령이 안종범 수석, 최서원으로 하여금 대기업으로부터 현안 해결을 미끼로 출연금을 받은 뇌물 사건이라고 고발했습니다. 우리나라 주요 대기업의 총수와 사장들이 모두 뇌물 공여자로 고발되었습니다. 이 고발장이 특검과 검찰 특수본 2기의 수사 및 공소 유지의 지침서가 되었습니다.

④ 검찰 특수본 1기 검사들은 고영태, 노승일, 박헌영, 최철, 류상영 등 일단의 사람들로부터 피고인이 박 전 대통령의 퇴임 후를 대비해 미르·케이스포츠 재단을 설립·운영하려 했다는 허위 진술을 받아냈으며, 심지어는 미르·케이스포츠 재단, 더블루K를 거느리는 지주회사 인투리스 설립까지 구상했다는 자백도 받아 냈습니다. 이후 법정에서 류상영·김수현은 이러한 진술이 사실이 아님을 분명히 밝혔습니다. 그런데도 일부 검사는 끝내 이 입장을 버리지 못하고 있습니다.

⑤ 이 사건 1심 재판이 결심도 되기 한참 이전인 2017. 3.경에는 사실관계에 대한 증거조사가 초반에 있던 단계였는데, 3. 10.에는 헌재에서 탄핵심판 인용 결정이 있었습니다. 납득키 어려운 헌재 심리 일정이었습니다.

⑥ 피고인 최서원에 대한 삼대를 멸하겠다는 가혹 행위, 딸 정유라를 적색 수배 했다가 거부된 무리하고 거친 수사 방식, 박 전 대통령 구속 수사에만 전념하고, 범죄사실이 분명한 고영태의 수사는 뒷전에 둬 변호인으로부터 형평 수사 촉구 항의를 받은 일, 특검 브리핑을 빙자해 의혹을 확산시켜 피고인의 방어권 행사를 곤란하게 한 점, 피고인에게 박 전 대통령에 대해 불리한 진술을 하도록 지속적으로 압박하고 유인한 점 등 정도 수사·정도 검찰에서 이탈한 정황은 헤아릴 수 없습니다.

⑦ 가장 결정적 정황은 JTBC 제출 태블릿 PC입니다. 이 사건 수사초기 JTBC의 2016. 10. 24. 최순실 태블릿 PC 보도는 박근혜 정부를 붕괴시킬 정도의 파괴력이 있었습니다. 검찰은 결심 단계에 이르기까지 이 태블릿을 공개하지 못했고, 재판장님의 용단에 의해 1년이 지난 지난달 법정에서 그 모습을 보였습니다. 국과수의 감정회보와 2만 쪽의 분석 보고서가 제출되었습니다. JTBC 제출 태블릿은 피고인 소유가 아니고 피고인이 사용한 적 없으며, 전 청와대 행정관 김한수 소유이고, 김휘종 등이 사용했음이 포렌식 분석과 관련 증거에서 확인될 수 있었습니다. 문제의 2014. 3. 27. 드레스덴 연설문은 피고인과 아무 관련이 없습니다. 검찰은 수사 초기에 JTBC 태블릿의 오염 정도, 소유, 사용자, JTBC의 태블릿 PC 구입 경위상의 위법성 등을 파악했거나 알 수 있었음에도 고영태, 김휘종, 김필준 등을 추궁하지 않았습니다. 대통령 의상 준비실에

CCTV를 설치한 위법 행위를 추궁하지 않았습니다. 피고인 최서원 데스크탑이나 독일 코어스포츠 회사의 자료를 빼내간 박원오, 노승일 등을 조사는커녕 보호해 왔습니다.

5. 소 결
① 결국 이 사건의 성격 규정은 전신만고 끝에 재판부에 의해서 1차적으로 판단되기에 이르렀습니다.
② 본 변호인은, 이 사건이 검찰은 공소장에서 「국정 농단 사건」이라고 하지만 1년여에 걸친 공기 고시 결과 「기획된 국정 농단 의혹 사건」인 수 있다는 점을 다시금 강주하고자 합니다. 재판부에서는 객관·중립적 입장에서 증거에 터 잡아 이 사건의 성격을 규명해 주시길 앙망합니다.

III. 중핵 쟁점 사항

1년여 치열한 공방 끝에 확인·정리된 사실관계를 변호인 입장에서 말씀드립니다.

1. 미르·케이스포츠 재단 설립·운영에 대해
① 「국정 농단 의혹 사건」은 미르·케이스포츠 재단(이하 '양 재단')의 설립 목적과 추진 방법이 의혹 제기의 주요 발단이었습니다. 따라서 양 재단의 설립과 운영의 진상을 파헤치면 이 사건의 깊숙한 본질에 접근할 수 있습니다. 우선 피고인 최서원이 박 전 대통령의 퇴임 후를 대비해 양 재단 설립을 추진했다는 검찰의 종래 주장과 세간의 의혹은 류상영, 김수현의 증언과 김수현 등의 녹음 파일에서 그 거짓됨과 흑색 선동성이 확인되었습니다. 공소사실로 적시하지도 못했습니다.
② 양 재단 설립 추진의 주도자는 안종범 수석이었습니다.
  ○ 안 수석 자신이 2015. 1.초부터 청와대 내에서 문화 융성·체육 진흥을 위한 재단 등 추진체 논의가 있었다고 진술했습니다. 설립 취지나 목적은 공익을 위한 것이어서 문제될 여지가 없었습니다.
  ○ 안 수석의 지시로 방기선 행정관이 2015. 4. ~ 5월경 각 300억 규모 재단으로 설립하는 내용의 「문화·체육 분야 비영리 재단 법인 설립 방안」을 작성해 안 수석에게 보고했습니다. 그런데 이 보고서는 정작 양 재단 설립에 관심을 갖고 있던 박 전 대통령에게 보고되지 않았습니다.
  ○ 안 수석은 2015. 7. 24., 25. 양일간 대통령과 대기업 총수 간 면담에서 양 재단 설립에 대한 구체적 논의가 없었음에도 전경련 이승철 부회장에게 대통령과 대기업 총

수 간 출연 규모 300억, 10개 기업 1기업당 30억으로 합의되었다며 재단 설립을 지시하였습니다. 그러나 이승철 부회장은 대기업 측에 알아 본 결과 그런 사실이 없다고 하여 추진하지 않았습니다.

○ 안 수석은 2015. 10.경 중국 리커창 당시 총리의 방한 일정(양국 문화재단 간 양해각서 체결)이 짜이자 박 전 대통령의 관심 사항을 제대로 이행치 아니한 데 대한 질책을 우려해 2015. 10. 19. 부랴부랴 이승철에게 재단 설립을 독려하고 10. 21.부터 24.까지 청와대에서 긴급 회의를 하면서 10. 27. 무리하게 미르 재단을 설립하였습니다. 이후 설립된 케이스포츠는 미르 재단의 선례를 따른 것입니다.

○ 박 전 대통령은 안종범 수석이 위와 같이 재단 설립을 매우 비정상적으로 1주일 만에 무리하게 강행했는지를 보고받지 못하였고, 만약 이 같은 사정을 알았다면 그렇게 화급하게 설립할 이유가 없었으므로 당장 추진 중단을 시켰을 것이라고 진술하고 있습니다.

③ 양 재단 설립은 안 수석 주도로 이루어졌고, 피고인이 설립에 관여하지 않았습니다. 피고인이 케이스포츠 재단에 임원과 직원을 추천한 사실이 있으나 이는 설립과는 관련 없는 일입니다.

④ 특히 피고인 최서원은 양 재단의 출연금 모금에는 전혀 관여한 바 없습니다. 안 수석도 알지 못합니다. 검찰은 안 수석과 피고인이 공모해 양 재단을 설립했다고 하다가 양자 간 연결고리가 전무하자 박 전 대통령을 매개체로 하는 공모공동정범으로 구성했습니다. 이는 날조에 해당합니다.

⑤ 피고인은 양 재단에 대해 박 전 대통령이 재단이 설립되는데, 밖에서 지켜보라고 하여 국외의 관찰자로서 재단 운영에 도움을 주려고 했을 뿐입니다. 피고인이 케이스포츠 재단을 장악해서 운행했다는 검찰의 주장은 피고인을 가탁해 잇속을 챙기려 한 고영태, 노승일, 박헌영, 이에 동조한 정현식 등의 책임 전가식 진술에 따른 것입니다. 그러나 이들의 재단 장악 기도는 김수현 녹음 파일이 재생되면서 입증되었습니다. 실제 박 전 대통령은 물론이고 피고인조차 양 재단에서 한 푼의 자금이나 이익을 가져온 바 없습니다.

⑥ 특검이, 특수본 1기가 피해자로 인정한 양 재단에 출연한 삼성전자를 비롯한 16개 기업 집단 중 유독 삼성그룹만을 별도로 떼 내어 뇌물공여죄로 형사 소추한 행위는 정상적인 법리 판단이나 공소권 행사가 아니었습니다. 삼성그룹과 나머지 현대, LG, SK 등

15개 대기업 집단을 형사법 적용에 있어 달리 해석·적용할 근거를 찾을 수 없습니다.

2. (사)동계스포츠 영재센터
   ① 이른바 영재 센터는 피고인의 조카인 장시호가 동계 스포츠 유명 선수이던 김동성, 이규혁과 더불어 기획하고 실립한 사단 법인입니다. 그 목적은 은퇴한 동계 스포츠 영웅들이 동계 스포츠 영재들을 발굴·육성하는 등 동계 스포츠 발전에 기여한다는 데 있어 탓할 여지가 없습니다.
   ② 피고인은 그가 장시호에게 이런 기획 구상을 듣고 도와달라고 하자, 사단 법인 설립 자금 5000만 원을 빌려주었고, 사단 설립에 대한 조언을 하였습니다. 나아가 장시호가 운영하는 이 사단이 잘 운영될 수 있도록 피고인이 알고 지내는 김종 차관에게 영재 센터를 도와달라고 하였습니다. 피고인 최서원은 김종 차관에게 법의 테두리 내에서 공익목적을 위해 도움을 요청한 것이지 위법하게 삼성 등 특정 기업을 압박하여 지원을 끌어내라고 요청한 바 없습니다.
   ③ 피고인은 영재 센터 지원에 대해 박 전 대통령에게 요청한 바 없습니다. 피고인 자신도 영재 센터를 지원한 삼성그룹 김재열 사장이나 GKL 관련자를 알지 못하고 접촉한 사실도 없습니다.
   ④ 피고인은 영재 센터로부터 어떠한 이익도 받은 바 없으며, 오히려 장시호에게 사단 설립 자금을 빌려주고 받지도 못하고 있습니다. 장시호는 피고인의 지시에 따라 영재 센터를 설립·운영했다고 책임전가 하려 하나 관련 증인들의 증언에서 그가 허위 주장함이 누차 입증되었습니다.
   ⑤ 특수본 1기는 원래 장시호의 영재 센터 자금 횡령을 수사 대상으로 삼았습니다. 장시호를 횡령사건으로 구속한 다음 검찰은 장시호를 압박해 피고인 최서원의 지시에 의한 것이라고 진술하게 했으며, 피고인에게도 박 전 대통령과의 공모를 진술하면 선처하겠다는 강요·회유를 줄기차게 했습니다. 피고인의 언니가 구속된 피고인에게 검사실에서 네가 책임을 지고 조카를 살려 달라고 애원했다고 합니다.
   ⑥ 특검은, 삼성그룹의 영재 센터 지원금 16억 2800만 원을 뇌물로 기소했습니다. 영재 센터 설립 취지에 찬동하여 지원금을 지원한 행위에 대해 삼성그룹이 지원했다는 이유만으로 각종 삼성 현안과 억지로 연계시켜 뇌물죄로 의율한 것은 특검의 정치성을 보여주는 증거의 하나입니다.
   ⑦ 박 전 대통령이 피고인 최서원의 부탁을 받고, 장시호를 위해 삼성을 압박해 영재 센터

를 운영하는 장시호에게 뇌물을 제공하게 했다는 특검의 공소사실은 정치적 목적에 눈이 어두워 객관적 사실을 외면한 것입니다. 장시호도 이건 영재 센터지원금이 뇌물이라고 생각지 않고 있습니다.

3. 뇌물 사건

① 검찰 특수본 1기는 이 사건에 대해 양 재단 설립을 중요 공소사실로 보아 직권 남용·강요 사건으로 규정하고 기소했습니다.

② 그런데 특검에 넘어가자 검찰 특수본 1기에서 이미 철저히 수사한 박원오 주도의 삼성전자 지원 승마선수 해외 훈련 계획 관련 사실을 피고인의 딸 정유라 1인을 위한 뇌물 사건으로 둔갑시켰습니다. 당시 언론과 법조계에서는 승마 지원 문제를 삼성에 대한 피고인 최서원과 박원오의 사기, 배임, 횡령 등 범행으로 보는 것이 지배적 관측이었습니다. 그때에도 대통령 탄핵을 관철키 위해서는 특검이 무리하게 뇌물죄를 적용할 수 있다는 극소수 의견이 있긴 했습니다. 이런 우려는 현실이 되어 오늘에 이르렀습니다.

③ 특검이 끝나자, 특수본 2기에서 특검과 동조해 이미 기소한 동일한 사실을 두고 롯데와 SK를 뇌물죄로 묶었습니다. 종래의 검찰 관례에서 상상키 어려운 결정이었습니다. 탄핵심판결정이 있자, 이에 힘을 받아 같은 열차에 편승했다고 하겠습니다.

④ 뇌물 사건에 대하여는 3일간 프레젠테이션이 있었고, 매우 세밀한 부분까지 논쟁을 했습니다. 논쟁 후 결론적 사실관계만 말씀드리고자 합니다. 박 전 대통령이 피고인 최서원의 부탁을 받고 정유라 1인을 돕기 위해 삼성 이재용 부회장 경영권 승계의 청탁을 수용하고 독일 현지 법인을 만들고 삼성전자와 독일 코어스포츠간 용역 계약을 체결케 하여 용역 대금 명목으로 또는 마·차 구입 명목으로 78억을 뇌물로 받았다는 공소사실은 가정에 가정을 더한 모해적 추리에 지나지 않습니다.

  ○ 우선 피고인이 대통령을 위한 40년 조력자라고 해도 박 전 대통령이 피고인의 요구에 따라 딸 유라 지원을 위해 뇌물죄까지 감수하며 삼성과 거래할 수는 없을 것입니다. 공소장 같은 중대범죄사실에 있어 범행 동기가 도대체 납득할 수 없습니다.

  ○ 검찰은 박 전 대통령과 삼성, 롯데, SK 대기업 총수들 간의 단독 면담을 있는 그대로 인정치 아니하고 박 전 대통령과 이들 간의 뇌물 거래의 현장으로 몰아가는 만용을 보였습니다. 안종범 수첩이 지고지선의 경전이 아니고 여러 면에서 사실과 다르다는 점이 지적되어 왔습니다. 백보를 양보해 안 수석 수첩 기재를 그대로 인정한다 해도, 이 사건 단독 면담은 대통령과 주요 민간 경제 대표가 만나 상호 의견을 교환하는 대

통령의 정상적 업무 수행이었고, 뇌물 혐의를 추리할 기재 사항은 없습니다. 면담 당사자들의 진술도 한결 같습니다.

○ 검찰은 박 전 대통령과 피고인을 뇌물공범으로 꾸미기 위해, 양자 간을 경제 공동체 관계, 이익 공동체 관계, 또는 공적 업무와 사적 영역에서 밀접한 관계 등으로 수시 묘사하고 있습니다. 그러나 수사 단계에서 피고인에게 추궁했던 경제 공동체 내지 이익 공동체는 그 개념을 이해하기 어렵고 공소장에 설시한 공·사 영역에서 밀접한 관계 역시 그 얘기 표현은 한층 니어나고 이뗐습니다.

결국 이 같은 이름 짓기는 양자를 엉성한 그물, 즉 뇌물죄로 엮기 위한 여론조성용으로 보입니다. 양자 간의 관계는 40여년 인연을 맺어 왔으나 대등한 관계가 아니며, 피고인은 보이지 않는 곳에서 박 전 대통령의 뜻에 따라 사적인 부분을 조력한 것뿐입니다. 적어도 박 전 대통령은 그렇게 인식하고 있었다고 하겠습니다.

⑤ 삼성은 물론이고 롯데나 SK 모두 박 전 대통령에게 부정한 청탁을 한 사실이 없습니다. 증거 조사에서 모두 규명되었습니다. 특검이나 특수본 2기는 각 기업의 경영 현안이 부정 청탁 대상이었다고 억지 주장을 하고 있습니다만, 경영 현안 없는 기업은 세상에 존재하지 않습니다.

검찰 논리라면, 대통령과 만나는 모든 기업인은 부정한 청탁을 한 혐의자가 되어 검찰의 감시를 받아야 한다는 공포 사회가 될 우려가 있습니다. 박 전 대통령이 우리 경제에 지대한 영향을 미치는 대기업 집단의 현안을 잘 알고, 그들과 그 현안 해결을 논의하는 것은 민주적 리더십에서 볼 때 권장해야 할 일입니다. 문제는 이런 기회에 금전이나 경제적 이익을 매개로 권력과 재력이 결합하는 데 있습니다. 검찰은 대규모 수사 인력·긴 수사 기간과 재판 기간에서 아직 이에 대한 직접 증거나 충분한 간접 증거 내지 정황도 제시 못하고 있습니다. 그 이유는 다른 곳에 있습니다.

검찰이 국가형벌권 행사라는 본래의 목적이 아니라 정경 유착 단죄라는 감성에 이끌려 특검을 출범시킨 사회·정치적 목적에 영합해 뇌물죄를 적용했기 때문입니다.

⑥ 이 사건 승마 지원 계획은 승마계의 문제 인물인 박원오가 기획·추진한 것입니다. 박원오는 2015. 3. 삼성 박상진 사장이 대한승마협회 회장이 되자 심복 김종찬 승마협회 전무를 통해 박상진에게 접근해, 승마 발전 계획, 아시아승마협회 회장 선거 등에 대해 설명하고 자신이 돕겠다고 했습니다. 특검은 피고인이 승마협회 회장 회장사를 한화에서 삼성전자로 교체했다고 하나, 피고인은 승마협회 운영에는 관심조차 없었습니다.

박원오는 항간의 풍설에 지나지 않는 정윤회, 피고인에 대한 비선 실세 소문을 받아들이고, 피고인에게 접근하였습니다. 박상진이 박원오에게 승마 발전 계획을 세워보라고 하자 박원오는 자신이 수립한 계획에 아시안게임 금메달리스트 자격이 있는 정유라도 승마해외 훈련 지원 대상자에 들 수 있다고 보고, 피고인에게 삼성에서 승마 선수 지원 계획이 있고, 그 계획을 세울 때 정유라도 당연히 자격이 된다고 하면서 피고인을 끌어들였습니다. 해외 전지 훈련 용역을 맡을 현지법인 설립도 박원오의 제안에 의한 것입니다. 박원오와 피고인은 상하관계가 아니며, 독일에서 용역 계약 체결시 이를 집행하는 사업의 동업자였습니다. 박원오는 삼성전자로부터 매월 1250만 원을 받는 별도 용역 계약까지 맺고 사전 정비 작업까지 하는 치밀함을 보였습니다.

박원오는 김종찬 승마협회 전무를 통해 삼성측의 승마 지원 움직임에 대해 사전에 정보를 알고서 미리 행보를 정해 두었습니다. 그리고 삼성측에서 승마 지원에 적극 나서도록 박상진에게 피고인 최서원을 비선 실세인 양 설명하고 그리고 자신이 피고인의 대리인이자 정유라의 보호자인 양 행동했습니다. 미전실 최지성, 장충기 등 간부들은 박상진으로부터 박원오의 피고인에 대한 설명을 전해 듣고 충격을 받았다고 합니다. 박원오의 호가호위와 박상진의 미전실 전문 보고가 얼마나 과장·확대되었는지 짐작하고도 남습니다. 박원오는 피고인이 박 전 대통령과의 관계에 대해 어떠한 말도 하지 않았다고 스스로 증언했습니다. 박원오는 맨퓨터라고 불릴 정도였고, 공소장 기재의 승마협회 살생부도 그가 주도적으로 작성에 관여했으며, 문체부 진재수 과장을 접촉한 것도 박원오입니다. 박원오는 2015. 8. 26. 용역 계약 체결 후 3개월여 만에 피고인과 무단결별하고 자신이 체결한 계약을 파탄내기 위해 삼성측에 피고인의 배제를 강력히 요청했습니다. 이후 삼성 측은 박원오 조언에 따라 이건 용역 계약을 해소하기 시작했습니다.

사정이 이와 같으며, 박원오도 결코 피고인 최서원의 지시에 따라 움직이는 사람이 아니며 그렇게 한 사실도 없습니다. 그런데도 검찰이 승마 지원 계획을 피고인의 작품으로 구성하려 했으며, 이것은 앞뒤, 전후가 전도된 분석과 판단이었습니다. 이건 승마 지원 사안은 박원오와 삼성전자 박상진(대한승마협회 회장)간의 계약이었고, 박상진은 박원오에 의해 철저히 농락당했다고 할 수 있습니다. 박 전 대통령과 이재용 부회장은 삼성전자와 독일 코어스포츠 간의 용역 계약 체결과 그 이행 그리고 계약 해지에 대해 알지 못했습니다. 피고인도 대통령에게 이런 부탁을 한 사실 없습니다.

피고인은 삼성 측 사람들을 알지 못하였고, 승마 훈련 용역 계약에 있는 승마 관련 기술적 용어조차 알지 못하며 말 구입은 전적으로 박원오의 몫이며 커미션도 그에게 돌아갑니다. 이건 승마 지원 관련 사건은 박원오의 기획에 의해 그가 행한 일이고 삼성전자의 박상진, 피고인 등은 그에게 이용당했다고 봐야 합니다. 그런 만큼 이건 사안을 박 전 대통령과 이재용 부회장 간의 뇌물 사건으로 몰아간 것은 명백히 잘못된 숨은 목적이 작용했다고 하겠습니다. 특검의 논리라면 박원오는 이건 삼성승마 지원 뇌물 공소범죄의 주요한 공동 정범입니다. 박원오조차 이건은 뇌물 사건을 아니라고 변소하였습니다.

IV. 법리적 쟁점 몇 가지

본 변호인은 1년 여간 피고인에 대한 6건 농단 의혹 사건의 수사·재판·탄핵 재판·국정조사 등에 참여하며 많은 법리적 문제점을 제기했습니다. 이 자리에서는 3가지 사항에 대해서 재차 문제 제기를 하고자 합니다.

1. 헌법 제84조의 해석 문제입니다.
   ① 헌법 제84조는 「대통령은 내란 또는 외환의 죄를 범한 경우를 제외하고는 재직 중 형사상 소추를 받지 아니한다」라고 규정하고 있습니다.
   ② 이 규정의 제목은 「형사상 특권」입니다.
   ③ 입법 취지는 대통령에 대하여 그가 재임 중에는 나라 자체를 결정적으로 위험에 빠뜨리는 범죄 행위를 하지 않는 한 문제 삼지 않겠다는 데 있습니다. 내란, 외환의 죄가 아니면 정치적 해법을 찾으라는 헌법적 명령입니다.
   ④ 그리고 불소추한다는 취지는, 의당 그 효력 범위에 수사가 포함된다고 해석하여야 합니다. 수사 없는 소추 행위는 존재하지 않습니다. 소추 정지일 때에는 수사 행위도 정지되어야 합니다.
   ⑤ 만약, 수사 따로 소추 따로 라면, 우리가 통렬히 체험하듯이 검찰권을 장악한 쪽에서 수사라는 명목으로 대통령을 소환하고, 청와대를 압수 수색하고 각종 기밀 문서들을 빼내어 대통령의 국정 운영을 파탄지경에 이르게 할 수 있습니다. 그렇게 될 경우, 불소추 특권 규정을 사문화시킬 게 분명합니다. 즉 수사와 탄핵을 동시 진행하면, 이 규정은 유명무실해집니다. 헌법 규정은, 대통령 재임 중일 때에는 그가 내란·외환죄를 범한 경우가 아니라면 국정을 원만하게 수행하도록 하는 쪽이 수사에 착수하여 국정에

혼선을 가져오게 하는 쪽보다 비교 형량상 국가에 이익이 된다고 보았기 때문입니다. 따라서 박 전 대통령 재임 중 박 전 대통령 구속을 지상 목표로 행해진 수사 행위는 모두 위헌적 수사라고 봐야합니다.

2. 특검 법률의 위헌성을 다시 문제 제기합니다.
   ① 박영수 특검의 위헌성에 대해서는 헌재에서 심판 중에 있습니다. 의회를 장악한 정당이 민주주의·법치주의에 어긋나는 정권 이익 법률을 만들어 내어도 사법부가 이를 견제하지 않으면 이른바 입법독재, 법제 독재의 위험이 초래될 수 있습니다.
   ② 박영수 특검은 그 활동에 있어서도 위법성이 많았습니다. 박영수 특검은 이 사건 수사를 윤석열 팀장 이하 20명의 파견 검사에게 일괄 하도급 방식으로 위임했습니다. 공소 유지도 모두 파견 검사가 수행했습니다. 유감스럽게도 특별 검사는 오늘도 법정에서 만나지 못했습니다. 이 같은 특검의 수사와 공소 유지 방식은 그 전체가 위법성 흠을 가지고 있다고 하겠습니다.

3. 구속 수사·구속 재판 관행
   ① 피고인 최서원은 3차례 구속영장이 발부되었고, 1년 이상 구속된 채 수사와 재판을 받고 있습니다.
   ② 공동정범으로 기소된 박 전 대통령도 6개월 구속기간이 지나자 다시 별건으로 구속영장을 발부했습니다. 박 전 대통령 변호인들은 이에 항의하고 일괄 사임하는 일도 벌어졌습니다.
   ③ 이 사건 같이 방대하고 논란 투성이며, 입장에 따라 유·무죄가 갈리는데, 꼭 구속해서 재판을 해야 하는지 다시 살펴봐야 하지 않겠습니까.
   ④ 이 사건 관련 피고인 등 대부분은 도주 염려 없고, 증거는 너무 많아 인멸할 여지가 없습니다. 구속 이유가 있다면 당시 여론의 지탄 대상이라는 것 외엔 없습니다. 재판의 장기지연에는 검찰 측이 자신들이 작성한 진술 조서를 맹종하는 자백 위주 증거 수집 구태가 중요한 원인이었습니다.
   ④ 이제는 구속 수사·구속 재판 위주에서 벗어나야 한다고 생각합니다.

V. 재판부에 드리는 호소

1. 피고인의 입장

피고인은 2016. 10. 30. 자진하여 독일에서 입국했습니다. 자신에게 죄가 있다면 달게 받겠다는 각오를 했습니다. 끈질기고 엄중한 신문을 받으며 자신이 알고 있는 범위에서 진술을 했습니다. 이유 여하를 떠나 박 전 대통령과 여러 국민들께 사죄하고 있습니다.

2. 본 변호인은, 피고인에 대한 수사·재판 전 과정을 지켜보면서 피고인이 얻은 이익이 무엇인지 따져봤습니다.

① KD코퍼레이션을 정호성에게 소개하고 샤넬백 1개 받은 것

② 독일 현지 법인 코어스포츠가 용역 대금으로 36억 받은 것이 전부였습니다.

이 두 가지가 범죄 행위에 해당된다면 당연히 처벌 받아야 될 것입니다.

그러나 피고인이 양 재단 설립을 주도하고 장악했다거나 박 전 대통령을 조종해 삼성, 롯데, SK로부터 뇌물을 받았다는 공소사실은 도저히 받아들일 수 없다고 생각합니다.

3. 재판부에 호소를 합니다.

① 이 국정 농단 의혹 사건은 한 시대의 의혹 광풍이 만들어 낸 사안이고 장기간의 다종다양한 의혹 제기와 확대(1조 이상 해외 재산은닉 등) 재생산으로 어느 누구도 의혹 분위기에서 자유로울 수 없다고 생각합니다. 그러나 앞서 말씀드렸듯이 이 사안이 「기획된 국정 농단 의혹 사건」일 수 있다는 점을 고려하여 판단해 주시기 바랍니다.

② 이 사건의 본질은, 미르·케이스포츠 재단 설립을 둘러싼 문제입니다. 그런데 특검에 넘어가 박 전 대통령 탄핵을 겨냥해 뇌물 사건으로 변질되었습니다. 그렇게 하기 위하여 특검이나 특수본 2기는 경영 현안·단독 면담 등을 모두 범죄 수법으로 왜곡했습니다. 피고인은 3대 기업의 경영 현안에 대해 알지도 못하는데 공모자로 만들었습니다. 박 전 대통령이나 피고인이 양 재단, 사단으로부터 이익을 취한 바 없는데 뇌물죄를 논하는 것 자체가 무리입니다.

③ 증거 재판주의, 의심스러운 때에는 피고인의 이익으로 무죄 추정의 원칙, 헌법상의 인권 규정들이 이 재판에서 등대불이 되기를 호소합니다. 재판장님의 그간의 국가에 대한 헌신, 겸허한 재판 진행, 철저한 증거 조사 그리고 인내심에 다시 한번 경의를 표합니다.

04

> # 항소심 결심 변론서
> ## 2018. 6. 15.

사건 2018노723호

Ⅰ 머리말

Ⅱ 이 사건을 보는 두 가지 눈

Ⅲ 핵심 쟁점

Ⅳ 1심 재판부의 양형 부당

Ⅴ 맺는 말

2018. 6. 15.

피고인 최서원의 변호인

법무법인 동 북 아

담당변호사 이 경 재

서울고등법원 제4형사부 귀중

Ⅰ 머리말

존경하는 김문석 재판장님 그리고 진광철 · 배용준 배석 판사님

2018. 2. 13. 1심에서 피고인에게 징역 20년, 벌금 180억, 추징 72억을 선고하여 피고인은 1심 판결에 전면적으로 불복, 항소하였습니다. 항소심에서 1차 배성된 재판부 재판장(불공정 재판 우려 이유)에 대한 기피 신청을 하여 사건 재배당 형식으로 재판장님이 이 사건을 심리하게 되었습니다.

1. 이 사건 항소심은 2018. 4. 4. 준비기일을 시작으로 2018. 4. 11. 1피 공민기일을 긴행하였고, 매주 1회 이상 공판을 열어 2018. 6. 15. 오늘 결심까지 10회의 공판이 있었습니다. 매 공판마다 검찰 측과 피고인 측 변호인 사이에 치열한 공방이 있었으며, 때론 격한 감정을 절제하지 못한 광경도 있었습니다.

2. 재판장님의 엄정하고 공정하며 신속한 재판 지휘에 고개를 숙입니다. 1심이 2016. 12. 13. 공판기일을 열고 2018. 2. 13. 선고까지 1년 2개월을 보낸데 비하면 항소심의 성격을 감안하더라도 약 2개월 반 만에 결심에 이른 것은 전적으로 재판장님의 효율적이고 명철한 결정에 힘입었다고 하겠습니다. 특히, 특검이 방만하게 언론 기사 등을 대량으로 증거 신청한 데 대해 기각 결정한 조치는 앞으로 다른 형사재판에서 귀감이 되리라 생각합니다.

3. 결심에 이르기까지 치열한 역사적 논란 대상이 될 이 사건 공소 유지에 애를 쓰신 검사, 파견 검사, 특검보분께도 소송 당사자의 일방으로서 위로를 보냅니다. 아울러, 역사의 증인이 되기 위해 이 사건 재판 진행을 부릅뜬 눈과 열린 귀로 지켜봐 오신 여러 방청인 분들에게도 감사드리고자 합니다.

존경하는 재판장님

4. 피고인 최서원은 2016. 10. 30. 독일에서 자진 입국하여 그 다음날 검찰에 자진 출석한 후 긴급 체포 되었습니다. 이후 수사 · 1심 재판 · 항소심 현재까지 다양한 방법의 구속 상태 연장으로 1년 7개월간 구금 상태에서 단죄의 목적물로 존재해 왔습니다.

5. 우리 변호인단은 이 사건 항소심 재판이 최종심과 같다는 인식 아래 피고인에게 그의 행위에 상응하는 형사 책임이 내려지는 것이 아니라, 정치 · 사회적 이유, 즉 비선 실세로서 국정 농단을 한 사람이라는 죄목으로 형벌이 과해져서는 안된다는 절박한 심경으로 재판에 임해 왔습니다. 피고인에게 과해진 20년의 징역형은 생명형과 실질에 있어 동일하고 우리 사회가 그의 존재를 부정하는 선언입니다. 과연 그럴 만한 잘못을 했는가에 대해 번

민하면서 변론에 나섰습니다. 더구나 주요 범행이 모두 국가 최고통수권자와 동등한, 때로는 상위의 관계에서 공동 범행한 것으로 짜여 있어, 형언키 어려운 혼란마저 느끼지 않을 수 없었습니다. 대통령과 범행을 공모했다는 것을 상상이나 할 수 있겠습니까?

II 이 사건을 보는 두 가지 눈

1. 이 사건은 2016. 10.부터 시작된 우리 헌정사에서 예상하지 못한 정치적 격변 사태를 형사 사건화하여 재판이라는 무대 위에 올려놓은 것이라고 할 수 있습니다. 18대 대선에서 1577만 명 이상의 압도적 지지(득표율 51.5%) 속에 출범한 박근혜 정부가 피고인의 구명을 딴 최순실 게이트 사건으로 붕괴되었고, 뒤이어 피고인은 물론이고 박 전 대통령을 비롯한 박 정부 고위 관계자가 대거 구속 기소되어 재판을 받았습니다. 이 사건의 본질이 정치 재판이라는 점을 아무도 부정하지 못할 것입니다.

2. 이 와중에서 국론은 태극기와 촛불로 선 긋듯 분열되었고, 그 분열과 대립, 갈등은 재판이 진행 중인 현재까지 곳곳에서 그 모습을 드러내고 있습니다. 촛불 측은 이 사건을 국정 농단 사건으로, 태극기 쪽은 기획된 국정 농단이 아닌가 하는 의혹의 눈으로 바라보고 있습니다. 같은 사실관계를 두고도 해석을 달리하므로 결론에 가서는 편차가 우심하게 될 것입니다.

3. 이 사건에서는 공소사실 인정의 직접적 증거가 없거나 부족합니다. 그런 만큼 채워지지 아니하는 연결 공란 부분을 어떤 기준, 관점에 서서 추론·해석해 채우느냐에 따라 유·무죄가 갈라지게 구조화되어 있습니다. 직접 증거가 있고 간접 증거도 충분하다면 공소사실에 대한 유·무죄 논란은 설 곳이 없고 오로지 양형만이 쟁점일 터인데, 이 사건은 유·무죄가 근본 쟁점입니다.

존경하는 재판장님 그리고 두 분 배석 판사님

4. 결국 사실심의 최종심인 고등법원은 형사소송법의 원칙을 선언하고 이를 등대로 삼아 판단하는 정도·정명·정의 재판으로 항진하여야 한다고 생각합니다. 사법 포퓰리즘이라는 우려를 불식시켜야 우리 사법부의 미래가 있다고 생각합니다. 재판부도 이를 실천하리라고 믿고 있습니다. 즉, 여론의 향배에 휘둘리지 않고 권력의 향배 보다는 인권 옹호와 사법 정의 실현을 사명으로 하고, 증거 재판주의, 무죄 추정의 원칙, 의심스러운 때에는 피고인의 이익으로, 10명의 범인을 놓치더라도 한 사람 억울한 사람을 만들지 말라는 법언, 절차적 정의의 중요성, 잔혹형의 금지 등 원칙이 이 사건 판결에서 살아 숨쉬기를 기대합니다.

III 핵심 쟁점

이 사건은 초유의 방대하고 복잡한 사안이어서 항소심에서도 많은 쟁점에 대해 논쟁하고, 소송 당사자들이 의견을 제출·개진했습니다. 자세한 세부 쟁점 설명은 변호인 의견서(종합)의 기재 내용을 원용합니다. 이 자리에서는 항소심에서 보다 철저하고 성치하게 살펴보시길 바라는 사항에 대해 요약하여 설명드립니다.

- 먼저 묵시적 의사표시에 의한 공모·청탁 성립 여부입니다.

1. 이 쟁점에 대하여는 본 변호인이 2018. 6. 7. 변호인 의견서 제8호로 상세히 의견을 밝혔습니다. 몇 가지 요체만을 설명드립니다.
2. 이 사건은 전체를 대별해 보면,
   ① 미르·케이스포츠 재단 설립시의 출연 등 직권 남용·강요 행위와
   ② 삼성, 롯데, SK 대기업을 상대로 한 뇌물사건으로 나누어 집니다.
   각 공소사실은,
   ○ 피고인은 박 전 대통령과 공모하여 양 재단 설립, 출연 등 직권 남용·강요 행위를 하고,
   ○ 피고인은 박 전 대통령과 공모하여 3대 대기업 총수들로부터 뇌물을 직접 받거나, 3자인 양 재단, 영재 센터에게 뇌물 공여하게 하거나 요구했다는 것입니다.
   각 공소사실이 유죄가 되기 위해서는,
   ○ 피고인과 박 전 대통령 사이의 공모와
   ○ 박 전 대통령과 대기업 총수 간의 부정한 청탁과 대가 요구에 대한 뇌물 거래 공모가 성립하여야 합니다. 그런데 1심과 이재용 재판 1, 2심에서 모두 명시적 의사표시, 의사 연락, 공모 등은 성립하지 않는다고 판시하고 있습니다. 그러면서 일부 유죄 판시 부분에 있어 묵시적 의사표시에 의한 공모나 뇌물 거래를 인정하였습니다. 결국, 묵시적 방법에 의한 의사 연락인 공모나, 부정한 청탁과 대가적 행위라는 뇌물 거래 의사표시가 성립할 수 있는지가 이 사건 유·무죄의 관건으로 대두됐습니다.

양 재단 설립·출연 공소사실의 점

1. 양 재단 설립·출연과 관련한 직권 남용, 강요 등에 대한 대통령과 피고인(이하 약칭상 '양자'로) 간의 의사 연락에 관한 증거는 피고인의 검찰 진술 중 「대통령이 재단이 설립되

면 밖에서 지켜보라」는 취지의 말씀이 있었다는 부분뿐입니다. 박 대통령은 이 부분마저 부인하고 있습니다.

2. 피고인은 양 재단의 설립 과정에서 청와대의 안종범 수석이 전경련 이승철을 통해 대기업들로부터 재단 출연금을 받고 설립 등기하는 절차에 관여한 사실이 없고, 안 수석과는 알지도 못하는 사이입니다.

3. 다만, 피고인이 케이스포츠 재단 2대 이사장 정동춘을 추천하였고, 위 재단의 사무총장 정현식, 노승일 부장, 박헌영 등을 재단에 소개한 바 있으나 이는 재단 설립 이후의 행위입니다.

4. 피고인이 양 재단 업무와 관련하여 고영태 등의 간계에 빠져 이용당한 사실이 있으나 이 역시 재단 설립 이후의 행위에 지나지 않습니다.

5. 이 사건 발단 초기에 세간에서는 피고인이 대통령의 퇴임을 대비해 양 재단을 설립하려 했다는 악성적 의혹을 확산·심화시켜 왔으나 수사·재판이 경과하며 말끔히 해소되었습니다. 그런데도 특검은 삼성의 재단 출연을 직접 뇌물 수수로 법리를 바꿔 공소장 변경하는 뒷북을 치며 억지 주장을 버리지 못하고 있습니다.

6. 특검이나 검찰은 이른바 양자 간 경제 공동체·이익 공동체·동반자 관계, 사실상 동일한 이익 주체 등을 주장해 왔으나 이는 어느 하나 진실에 눈을 가리고 의혹에 맞춰 사실관계를 꾸미는 것에 지나지 않습니다. 입증할 증거도 없습니다.

7. 양자 간에 대통령의 직권을 남용하거나, 협박으로 대기업들로부터 재단 설립용 출연을 묵시적으로 공모하였다고 인정할 수 있는, 다시 말하면 묵시적 의사 연락(표시)에 의한 공모를 인정할 수 있을 만한 이 사건 출연 행위의 사전 내지 사후 행위 가운데 공모 추단 행위가 있었다고 할 수 없습니다. 가사 일부 행위나 정황 증거가 추단 행위에 상응한다 하더라도 다른 반대 정황이 허다하여 합리적 의심을 배제할 정도는 아니라고 하겠습니다. 따라서 양 재단 출연에 대한 양자 간의 묵시적 의사표시(연락, 공모)는 인정할 수 없다고 하겠습니다.

삼성관련 뇌물 공소사실의 점

1. 대통령과 피고인간의 뇌물 수수(제공 포함)에 관한 의사 연락(즉, 공모, 고의의 공모)이 성립해야만 뇌물죄의 공모 공동 범행이 구성될 수 있습니다. 그런데 수사 착수 이후 항소심 현재에 이르기까지 양자 간 뇌물 수수에 관한 의사 연락, 즉 뇌물 공모에 관한 어떠한

직접 증거로서의 서증이나 진술이 존재하지 않습니다. 간접 사실로서 증거를 확대 수용해 보더라도, 피고인 간의 자금 거래(금융 기관 등)가 있었다는 흔적조차 없습니다. 궁색한 예를 든다면 박 전 대통령이 피고인에게 의상 제작비를 지급했다는 부분뿐입니다. 이 조사 삼성뇌물과는 거리가 먼 내용입니다. 1심 재판부는 궁여지책으로 다음과 같은 징황과 간접 사실을 들어 묵시적 의사표시에 의한 공모를 인정했습니다. 그러나 이 같은 1심의 공모 인정은 위법·부당합니다.

2. 1심은 청와대의 교도 비밀 유기 문건을 반복적으로 피고인이 받아보고 국정운영 의견을 제시했다고 지적하고 있으나, 입증되는 기밀 문건은 3급 비밀 문건 1개에 불과하고 국정 운영에 관한 의견 제시를 하였다는 어떠한 증거도 없습니다. 이는 증거 재판주의에 위반되는 판시입니다. 더 나아가 국정 운영에 관여했다고도 적시하고 있는데, 피고인이 국정 운영 어디에 관여했는지 구체적 적시가 없고 증거도 없습니다. 이러한 1심 재판부의 판단은 특검이나 검찰이 의혹을 기사화한 언론 보도 자료를 증거로 제출하자 그 중 일부를 증거로 채택한 나머지 그 영향에서 도출된 잘못된 심증임을 증명하는 것으로 보입니다.

3. 1심 재판부는 피고인이 재단 명칭을 정하고, 사업기획안 작성, 대통령에 대한 재단 인사 추천하는 등 재단 운영에 전방위적으로 관여했다고 판시하고 있습니다. 이 점은 1심 재판부가 재단 설립 과정에서 출연 부분과 이후 운영은 차원이 다르고, 미르 재단과 케이스포츠 재단은 전혀 별개이며, 미르 재단은 차은택 주도 아래 차은택 사람들이 좌지우지한 점, 케이스포츠 재단은 고영태 일당이 피고인을 앞세워 재단 장악을 시도했던 사실을 입증하는 김수현 녹음 파일 증거를 깡그리 배제한 판단으로서 심각한 사실 오인에 해당합니다.

4. 1심 재판부는 재단 출연과 출연 후 운영 관여를 혼동한 나머지 피고인의 일부 케이스포츠 재단 임직원 추천 등을 들어 마치 애초부터 피고인이 양 재단 출연에 깊숙이 관여하고 양 재단을 전단한 양 잘못 판단했습니다. 1심 재판부의 이 양 재단 부분의 판결 이유에는 순리상 당연히 제기되는 질문에 대해 설명(합리적 의심을 배제할 수 있는 유의미한 사실이나 정황 제시)을 하지 못합니다. 검찰(특검 포함)은 피고인이 대통령 퇴임 후를 대비해 양 재단을 만드는데 출연은 전경련이 부담한다는 박정권 타도용 의혹을 겨냥해 수사했습니다. 이 의혹은 수사할수록 허구였음이 밝혀졌습니다. 그러자 1심 재판부는 피고인이 대통령의 요청을 받아, 재단 운영에 전방위적으로 관여하였다고 적시하였습니다.

5. 결국 1심 재판부는 그 자신의 판시 이유 설시에서도 피고인은 재단 출연에 관여하지 않

았다는 피고인 주장에 대해 당당히 판시하지 못하고, 말을 돌려, 재단 운영에 전방위적으로 관여했다고 적시했습니다. 이 같은 1심 재판부의 판시 이유는 재단 설립용 출연 관여에 대한 피고인에 대한 유죄 주문과 정면 배치하는데 해당하여 위법합니다.

6. 1심 재판부의 판시 이유를 전향적으로 해석한다고 전제하더라도, 박 전 대통령이 굳이, 선대 부친인 박정희 대통령 때부터 악성 루머의 진원지로 지목되어 온 최태민 딸인 피고인과 그 가족과 얽힌 관계로 수십 년간 집요하게 고통받아 왔는데, 정치인이고 헌정 초유의 여성 대통령이 악성 루머에 기름을 붓듯이, 마치 정치적 자살을 하듯이 피고인에게 양 재단 설립과 운영을 맡길 이유나 동기가 어디에 있느냐고 발문하면, 답을 하지 못할 것입니다. 판시 이유에도 이에 대한 논급은 없습니다. 1심 재판부는 대통령의 피고인에 대한 양 재단 설립·출연 및 운영 요청을 사실 인정하면서, 필수적이고 최소한의 합리적 질문을 하는 논리적 번민 과정이 없이 한쪽으로 기울어진 심정으로 판단에 나아갔다고 하겠습니다.

7. 1심 재판부는 양자 간 2016. 4. 18.부터 2016. 10. 26.까지 6개월간 차명 전화로 573회 음성 통화하여 1일 3회라는 사실을 공모 추정 간접 사실로 들고 있습니다. 이는 근거 없는 사실인정입니다. 통화횟수의 다과가 뇌물 공소사실 인정 증거로 둔갑한 것인데, 1심 재판부는 특검이나 검찰의 물량 공세(증거 서류 등)를 이기지 못한 데 기인합니다. 대통령과 피고인이 통화할 때에는 통화시마다 각 내용이 다를 터이고, 통화시마다 뇌물 관련 대화를 했다는 전제에 서지 않는 한 1심과 같은 판단은 불가능할 것입니다.

〈정유라 승마 지원 경위 등 판시 이유 부분 위법성〉

1. 1심 재판부는 대통령이 피고인이 아닌 다른 사람으로부터 승마협회 임원 교체 관련 내용을 듣거나 보고 받았을 가능성을 상정하기 어려운 만큼 피고인이 대통령에게 승마협 교체 등을 부탁하였다고 볼 수밖에 없다고 판시했습니다. 대통령의 승마협 교체 관련 정보 입수에 대한 입증 책임은 검찰에 있고, 검찰은 아무런 증거를 제시하지 못하고, 안종범 수첩에 승마협 인사 교체 관련 기재 사항이 있다는 점만 제시했습니다. 이 수첩에는 피고인을 특정하거나 추정할 수 있는 어떤 부분도 없습니다. 그런데 1심 재판부는 막무가내로 피고인이 대통령에게 요구했다고 볼 수밖에 없다고 독단했습니다. 왜 그 같이 독단해야 하는지 도저히 이해하지 못합니다. 피고인은 이때만 해도 삼성 관계자를 전혀 알지 못했습니다. 대통령이 정보를 입수하는 방법과 량이 다종다기하고 풍부하다는 사실은 공지

의 사실인데, 이에 반하여 피고인만이 특정 시기에 승마협 인사 교체를 대통령에게 요구했다고 한다면 명백한 합리적 증거를 제시해야 할 것입니다. 이 사실에 대한 1심의 판단은 검사의 입증책임을 간과하였고, 합리적 추론을 무시했다고 하겠습니다.

2. 삼성 승마 지원 계획은 올림픽 등 국제 대회 대비하여 한국승마대표선수 해외전지훈련을 목적으로 수립·시행된 것이고, 특정 선수(정유라)를 위한 프로그램은 아니었습니다. 이 사실에 대해서는 삼성 측 주역인 박상진, 피고인 측의 박원오, 그리고 관련자 대부분이 확고하게 밝히고 있습니다. 그런데도 1심이 정유라 개인 프로그램이라고 그 일부 인사의 표적성·악의적 진술에만 집착하고 다수의 사리에 맞는 사람들의 진술들은 배척하는지 이해하기 어렵습니다. 채증 법칙에 위배되고, 사회 경험칙에도 반합니다.

3. 특히 1심 재판부는 대통령이 피고인으로부터 삼성의 승마 지원 진행 상황을 계속적으로 전달받아온 것으로 판시하고 있습니다(위 판결문 P.262(다)부분). 1심 재판부가 이에 대한 아무런 증거도 없는데 어떤 근거에서 사실인정을 했는지 의아합니다. 피고인도, 안종범도, 삼성 측도, 김종도, 대통령에게 보고하지 않았다고 각 증언하고 있는데, 1심 재판부는 사실을 만들어 냈다고 해도 과언이 아닙니다.

4. 이상의 여러 사정과 정황을 다 살펴보아도 양자 간 공모의사 연락을 추단할 수 있는 행위가 존재하지 않습니다. 일부 통화 횟수나 친밀한 관계 등은 그 자체로서 의미를 가질 뿐, 뇌물로 바로 연결하는 추정적 행위로 평가할 수도 없을 것입니다. 그렇다면, 1심 재판부의 양자 간 묵시적 의사 연락, 묵시적 의사표시에 의한 공모는 성립되지 아니한다고 해석함이 상당합니다.

〈 대통령과 이재용 간의 뇌물 관련 공모 의사 연락 〉

1. 대통령과 3차례의 단독 면담에 관한 이재용 녹취서와 안종범 수첩 등 증거 기록을 종합하면, 아래의 사실이 확인됩니다.

   ① 대통령과 이재용은 2014. 9. 15.부터 2016. 2. 15.까지 1년 5개월간 3차례 단독 면담을 했는데, 각 면담 시간은 1차 때 5분, 2차, 3차 때는 30~40분(1시간에 못 미친다고 함)이었습니다.

   ② 3차에 걸친 독대에서 정유라 개인에 대한 승마 지원 등 특정 개인을 위한 지원 요청은 없었습니다.

   ③ 2016. 2. 15. 독대 때에는 승마 지원·영재 센터 지원·재단 출연 등에 대한 요청이

없었습니다.

④ 이재용은 대통령의 승마 지원·동계스포츠 지원, 문화·체육 지원 요청을 대통령이 스포츠 문화육성과 융성을 위한 삼성의 기여촉구로 받아들였습니다.

⑤ 독대는 대부분 박 전 대통령이 주로 말씀하고 이재용은 대통령 질문에 답하며, 자신의 견해를 곁들이는 식이었습니다. 이재용은 각 면담에서 삼성그룹의 경영권 승계나 기타 삼성의 경영 현안(예: 물산과 모직 합병 등)에 대해 도움을 요청한 바 없었으며, 대통령도 도움을 주겠다는 취지나 뉘앙스로 해석될 어떠한 언급도 없었습니다.

위에서 살펴 본 바와 같이 박 전 대통령의 이재용에 대한 승마협회 지원 관련 질책, JTBC에 대한 불만 제기 등이 문제될 수 있으나, 그런 언동이 사실이라고 하더라도 그것을 아무리 확대 추리·해석하여도 3차에 걸친 독대가 대통령과 이재용 사이의 경영권 승계를 매개로 한 뇌물 거래의 합의라고 인정할 여지는 증거상으로 없습니다. 검찰이 대통령의 정상적 업무 수행의 하나인 단독 면담을 뇌물 거래를 위한 대통령과 이재용 간의 밀실 담합이라고 성격 규정한 것은 유치하기 그지없는 구시대의 정경 유착 구도 설정이라고 하겠습니다.

2. 1심이 인정한 양자 간 단독 면담 시의 대화 내용은 이재용의 피고인 진술 녹취서와 박근혜 전 대통령의 피신 조서 해당 기재 부분을 반영한 것이어서 대동소이합니다. 1심은 대화 내용 중 승마와 관련 없는 부분이 면담의 대부분에 해당하는데도 승마 부분이 마치 단독 면담의 전부 내지 주요 주제인 것으로 과대 판단 했습니다. 즉 2014. 9. 15. 면담은 5분인데 이건희 회장 건강, 창조센터 지원 감사 등이 주요 화제였고, 승마는 후미에 잠깐 언급되었고, 2015. 7. 25. 30~40분 면담 때에도 승마 관련은 후반에 언급이 있었고, 2016. 2. 15. 30~40분 면담 때에는 JTBC에 대한 불만 토로가 대부분이었고, 승마·영재 센터 재단 출연 등에 대한 대화는 없었습니다. 이재용은 대통령의 승마 지원 요청을 국가 차원의 승마 선수 지원, 스포츠 육성에 삼성이 나서달라는 취지로 받아들였지, 현안 해결을 매개로한 뇌물 요구라고는 생각지 않았다고 합니다. 이재용은 자신도 삼성의 승마 등 정부 차원의 정책 추진 협조의 대가로 그 요구를 받아들이겠다는 생각을 해 본 적도 없었다고 강조하고 있습니다.

위의 사정을 모아보면, 3차례의 독대와 인정되는 독대 내용으로 보아, 대통령과 이재용이 승마 등 지원을 미끼로 해서 묵시적으로 청탁과 뇌물 공여 의사표시를 하고, 묵시적으로 뇌물을 요구 내지 수수했다고 도저히 추정할 수 없습니다.

3. 그렇다면 양자 간 묵시적 뇌물 거래 의사 연락이나 의사표시는 단독 면담 이후의 여러 행위를 거치며 구체적으로 드러났다고, 판시할 수밖에 없을 것입니다. 1심은 면담 이후의 사정을 들어, 양자가 피고인 또는 삼성의 미전실로부터 진행 추이를 보고받아 인지·용인했으므로 뇌물 거래 의사 연락이 여기까지 연장되어 확정되었다는 논리를 펴고 있습니다. 이 논리, 즉 사후진행 사항으로 최초 사기의 묵시적 뇌물 거래 공모 사실을 인정하기 위해서는, 대통령이 면담 이후 뇌물 거래로 추단할 만한 행위에 대해 보고받거나 인식했다는 증거가 있어야 합니다.

그런데 이에 관한 자료는 전무합니다. 다시 말해, 단독 면담과 이후 삼성의 승마 지원·영재 센터 후원·재단 출연은 단절되어 있습니다. 삼성 측도 이재용이 단독 면담 후 대통령 요망 사항을 미전실에 전달한 이후 삼성 미전실의 행위는 이재용과 단절되어 있다고 진술하고 있습니다. 1심은 위에서 언급했듯이, 대통령이 지속적으로 피고인으로부터 보고받아 왔다고 기술하고 있으나 이는 증거 없이 사실을 인정한 데 지나지 않습니다.

4. 따라서 대통령과 이재용 부회장 사이의 명시적인 뇌물 거래 의사표시 내지 연락은 말할 것도 없고, 묵시적 뇌물 거래, 의사표시를 추단할 만한 상당한 행위와 증거도 찾아보기 어렵습니다. 특히 단독 면담 이후의 진행에 있어서 대통령이나 이재용이 관여했다는 아무런 정황이나 사실도 없어, 단독 면담 이후 삼성의 조치에는 양자 간 묵시적 의사 연락이 존재할 공간조차 없습니다.

롯데 관련 뇌물 공소사실의 점

1. 먼저 대통령과 피고인(이하 '양자')은 롯데를 상대로 70억 추가 출연이나 지원에 대해 논의한 바가 없다고 합니다. 이에 상응하는 어떠한 증거도 검찰에서 제출하지 못했습니다. 더구나 1심 재판부가 판시 이유에서 자인하듯이 피고인은 단독 면담 전후하여 롯데의 현안이 무엇인지도 알지 못하였습니다(위 판결문 P.374 하단 부분). 현안이 무엇인지, 롯데가 원하는 게 무엇인지 알지 못하는 피고인이 롯데를 특정해서 대통령에게 출연·지원 요청을 했다는 추론은 매우 논리칙에 위배되어 성립할 수 없다고 하겠습니다. 대통령이 피고인에게 신동빈과 면담하기 전후로 전화통화 했다는 사실은 통화사실일 따름이지, 그 통화 내용에 면담 관련 해당 사항이 있었다고 추단할 수는 없을 것입니다(통화량에 대해서는 삼성뇌물에서 설명 드린 내용을 원용함).

2. 박헌영 과장, 정현식 사무총장은 케이스포츠 재단 임직원으로서 재단의 사업추진을 위

해, 피고인 최서원을 이용하려 한 사람들입니다. 이들의 진술은 이른바 최서원 게이트 사건에서 모든 과오를 피고인에게 책임 전가하고 검찰에 허위·왜곡·과장된 진술을 제공하고 자신들의 형사 책임을 피해갔습니다. 박헌영, 정현식 조차도 피고인이 대통령을 이용해 뇌물을 수수하려 했다거나, 롯데의 면세점 특허 취득 대가로 추가 출연했다고 진술한 바도 없습니다. 나아가 1심 재판부는 미필적 고의를 인정하고 있습니다. 롯데의 현안조차 알지 못하는 피고인이 대통령과 롯데에 대해 상의한 바도 없는 상태인데, 제3자 뇌물 제공죄의 미필적인 인식과 인용할 수 있는 가능성이 의식상에 존재하는지 되묻지 않을 수 없습니다. 이 점 판시는 지나친 독단이며, 증거주의를 방기한 처사라고 하겠습니다.

3. 1심 재판부는 삼성 뇌물 사건에서와 마찬가지로(같은 논리·사실을 적시하고 있음) 피고인이 비선 실세로서 고급 정보를 받아 보고 정책 추진 방향, 단독 면담 일정 등을 알 수 있었으므로 피고인은 단독 면담 내용을 알고 있었다고 단정하고 있습니다. 이러한 1심 재판부의 판단은 피고인을 비선 실세로 미리 단정해 두고 그런 만큼 대통령의 단독 면담 내용을 알고 있었다는 논리인데, 피고인이 구체적으로 이건 공소사실에 관한 면담 전후의 행적에 대한 증거, 대통령에 대한 조사, 그리고 객관적·합리적 물증이나 서류, 진술로서 공소사실 해당 사실관계를 판단하지 아니하고, 피고인을 국정 농단자, 비선 실세라고 설정해 두고, 따라서 대통령을 배후에서 조종했다는 정치적 이유로 사실을 왜곡했다고 하겠습니다.

4. 1심 재판부는 피고인이 박헌영 과장에게 롯데의 이 사건 70억 지원에 대해 보안을 유지하라고 했다고 한 점을 들어, 피고인이 롯데의 지원이 비정상적으로 이루어졌고, 순수한 취지의 지원이 아니라는 점을 스스로 인식했다고 판단하고 있습니다. 그러나 이는 색안경으로 사물을 보는 것과 같습니다. 앞서 말씀드렸듯이 피고인은 외부에 노출되는 것을 극히 기피하였고, 매사에 주변 관리를 엄밀히 해 왔습니다. 위의 말이 사실이더라도 이것은 피고인의 생활 태도에 연유한 바이지 70억 지원이 뇌물 거래라는 점은 인식한 것이라고 추론적 판단을 할 수는 없습니다. 거액을 출연 받는 경우에는 어느 단체인들 보안에 유의하라고 주의를 줄 것입니다. 우리 사회에서는 정당하고 선의의 출연도 의혹으로 바라보는 불신의 늪에 빠져 있고, 정권 교체 때도 선·악의 판단이 돌변하는 현실에서 보안 유의는 어쩌면 사회 평균인으로서 자연스러운 일 일뿐, 특별한 의미를 부여할 수는 없습니다.

5. 70억 반환을 대가성 인식의 추정적 행위로 판시한 것도 논리비약에 해당합니다. 케이스포츠가 70억을 반환한 것은 판시의 이유에서가 아니라 계획한 케이스포츠 센터 건립 부지를 마련하지 못 해 반환하였습니다. 그런데도 별명으로 고벌구로도 불리고 언행 불일지가 우심한 고영태의 악의적인 진술을 신뢰한 것은 1심 재판부가 공정하고 균형 있는 증거 신빙성 판단을 하지 못 했다고 하겠습니다.
6. 따라서 1심 재판부가 든 묵시적 공모 인정은 매우 위법하거나 부당하며, 묵시적이라는 기민 시대 재판부의 일방적 독단의 지의를 소비했다고 할 수 있습니다. 나아가, 대통령이 피고인 최서원을 위해 롯데 회장에게 70억 추가 출연을 요청해야 할 어떠한 동기나 이유도 찾을 수 없습니다. 오히려 케이스포츠 재단의 임직원들이 피고인 최서원을 가탁해, 안종범 수석을 동원하고, 출연 대기업 측에 사업적 접근을 한 것이 실상이라고 봐야 할 것입니다. 정현식 사무총장은 출연 기업 임원들을 초청해 사업 설명회를 열기도 했습니다. 롯데와의 이건 접근도 교섭 과정으로 볼 때 사업 계획 제안 등 비즈니스의 한 과정으로 봐야 한다고 생각하며, 이를 들어 대통령과 피고인의 뇌물 사건으로 날조하는 것은 무리라고 하겠습니다.

〈 박 전 대통령과 신동빈 회장 간의 묵시적 뇌물 거래 인정의 위법성 〉

1. 1심 재판부는 묵시적 부정한 청탁을 인정하고 있는데, 이는 아래에서 살피듯이 위법·부당합니다. 1심 재판부는 단독 면담 당시 롯데 현안이 존재했다는 점, 위 현안 해결을 위해 롯데가 노력했던 점, 단독 면담 일정이 정해진 경위, 대통령의 케이스포츠 재단에 대한 지원 요구가 있었던 점, 70억 기부금 규모와 기부금 반환 등에 비추어, 단독 면담시
   ① 대통령은 신동빈에게 케이스포츠 재단에 대한 지원을 요청했고(대통령은 롯데의 현안을 인식하였고, 현안 해결의 권한과 지위가 있음을 인지하였음)
   ② 신동빈은 대통령의 영향력이 롯데그룹에 유리한 방향으로 행사되리라는 기대를 주로 고려해 케이스포츠 재단 지원을 결정했다고 적시하고 있습니다.
2. 그러나 1심이 거시한 위와 같은 제 사정과 사실이 있다고 하더라도 그 정도로는 합리적 의심을 배제할 수 있을 만한 묵시적 의사표시의 추단적 행위라고 하기에는 매우 모자란다고 하겠습니다.
3. 오히려 신동빈은 항소심 법정에서 대통령과 면담시 케이스포츠 지원 요청이 없었다고 증언하였고, 면담시 대통령에게 어떠한 청탁을 한 사실도, 하려지도 않았다고 강조했습

니다. 신 회장은 2016. 3. 15. 면담이 여성 대통령과의 첫 단독 면담일 뿐만 아니라 첫 번째 대면이었고, 그 즈음 형과의 경영권 분쟁이 세상에 알려져 있는 처지에서 대통령에게 청탁할 수도 없었고, 할 의사도 없었다고 진술하였습니다. 박 전 대통령의 청렴·정직성까지 언급하면서 청탁불가 여건이었다고 증언했습니다.

4. 삼성 뇌물 사건과 마찬가지로 양자 간 단독 면담이후, 신동빈과 롯데그룹 정책본부의 케이스포츠 재단 관계자인 박헌영, 정현식 등과의 교섭·70억 출연·반환 수수 행위는 단절되어 있습니다. 피고인 역시 이와 관련하여 대통령에게 연락한 사실이 없습니다. 안종범이 대통령에게 롯데 70억 출연금 반환 의견을 냈다는 진술만 있을 정도입니다.

따라서 양자 간 단독 면담 이후의 행위로 대통령과 신동빈 회장 사이에 단독 면담 시부터 뇌물 거래의 묵시적 의사 연락이 있었고, 그 의사 연락이 단독 면담 이후 추가 출연과 출연금 반환으로 연속되었다는 1심 판단은 중대한 사실 오인에 해당합니다. 특히 추가 출연금 70억 협의 과정을 보면 대통령 요청에 의한 뇌물 제공이라기보다는 청와대를 이용한 사기업을 상대로 한 사업 협의로 판단함이 상당합니다.

SK 관련 뇌물 공소사실의 점

1. 이 점 역시 피고인과 박 전 대통령 간의 공모와, 박 전 대통령과 SK 최태원 회장 간의 공모가 성립하여야 제3자 뇌물죄로 처단할 수 있습니다.

2. 먼저 피고인과 박 전 대통령과의 공모에 대해 말씀드립니다.

피고인과 박 전 대통령은 이건 공소사실과 같이 최태원 회장을 상대로 케이스포츠 재단에 89억 뇌물을 제공 요구하기로 의논한 바 없습니다.

① 1심 재판부는 삼성, 롯데 뇌물 공소사실 판시 때 든 사실, 피고인이 비선 실세로서 국정을 전단했다. 통화 내역이 많다는 등과 단독 면담 이후 SK 박영춘 전무와 케이스포츠 재단 박헌영, 정현식 간에 케이스포츠 재단이 제안한 사업 계획서를 두고 협의한 사실 등을 모아 양자 간 묵시적 공모가 인정되고, 미필적 고의가 있었다고 판시하고 있습니다.

② 위 판시 요지는 앞선 롯데 판시 이유의 틀을 그대로 대입한 것이므로 롯데부분에 기술한 취지를 원용합니다. 피고인은 이건 단독 면담 사실을 알지도 못했으며, SK와 케이스포츠 관계자가 가이드러너 사업 등 사업제안을 두고 협의하는 사항에 대해 대통령에게 전달한 사실도 없습니다. SK의 현안이 무엇인지 알지도 못하는 피고인이 미필적으

로 대통령과 제3자 뇌물 제공 요구한다는 인식·인용이 있었다는 사실 판단은 재판부가 증거 없이 사실을 꾸민 것이라고 해도 지나치지 않습니다.

3. 박 전 대통령과 최태원 회장 간의 묵시적 뇌물 거래 인정의 위법·부당성

① 이 점에 대한 재판부의 판시 이유의 기본 구조는 롯데 뇌물의 점과 같아, 기업 명칭만 SK로 하여 롯데 뇌물에서 기술한 취지를 원용합니다.

② 1심 재판부는 2016. 2. 16. 양자 간 단독 면담에서 명시적인 부정한 청탁은 없었다고 판시하고 있습니다. 다만, 그날 단독 면담에서 대통령은 SK의 현안과 대통령이 인한 해결을 할 수 있는 권한과 지위가 있음을 인지하고 최태원에게 케이스포츠 재단과 가이드러너 사업 지원을 요구했고, SK그룹 역시 대통령이 SK그룹의 현안과 관련된 직무 집행의 대가로 지원을 요구한다고 인식하고 있었다고 판시하고 있습니다(판결문 P.390)

③ 최태원은 단독 면담시 가이드러너에 대한 대통령 말씀이 있었지만 대기업에서 관심 가져 달라는 취지로 받아들였고, 동생 최재원이 석방되지 못해서 면목 없다는 등 말을 했으나, 대통령에게 어떠한 청탁을 하거나 그를 기대한 것은 아니라고 증언했습니다. 박 대통령도 최태원에게 대가 조건적인 가이드러너 지원을 요청한 바 없다고 합니다. 그런데도 1심 재판부가 단독 면담 이후 SK측과 케이스포츠 간의 가이드러너 등 사업 제안 관련 교섭을 두고, 박 전 대통령의 제3자 뇌물 제공 요구의 묵시적 의사표시를 인정하고 있습니다. 그러나 단독 면담 이후 SK측의 진행은 최태원 회장과 단절되어 있고, 피고인 최서원 역시 이에 대해 대통령에게 연락하거나 상호 의견 교환한 사실이 없습니다. 그런 만큼 단독 면담 이후의 행위를 단독 면담 당시의 의사표시를 묵시적으로 추단하는 데 원용할 수는 없습니다.

나아가, 1심 판시에서는 SK그룹에서도 대통령의 가이드러너 요구를 뇌물 요구로 인식했다고 기술하고 있으나, 그룹의 누구인지가 불명입니다. 적어도 대통령과 단독 면담한 상대는 최태원이지 그룹의 다른 사람은 아닙니다. 제3자 뇌물 제공 요구 범행의 객체는 최태원이므로 최태원이 아닌 그룹 관계자는 공소사실 밖의 사람입니다. 그렇다면 이 점에 대한 1심의 판시는 명백한 사실 오인이자, 사실을 교묘한 방법으로 은폐하려 했다는 비난마저 받을 수 있습니다. 결국 대통령의 묵시적 의사표시(뇌물 제공 요구)는 증거상으로나 사리로 보나 성립할 수 없음에도 1심 재판부는 위법·부당하게 사실을 재단하여 왜곡하는 잘못을 범했습니다.

4. 피고인에 대한 뇌물죄 성립 여부

① 피고인은 공무원이 아니어서 뇌물죄의 주체가 될 수 없습니다. 그런데 1심 재판부는 삼성승마 지원의 점에서 박 전 대통령과 공모하여 용역 대금 등으로 72여억 원을 수수했다고 판시했습니다. 앞서 말씀드렸듯이 피고인과 박 전 대통령은 정유라 승마 지원에 관해 의논한 일도, 그에 관한 어떠한 증거도 없습니다. 박 전 대통령과 피고인은 별개의 경제 주체로서 경제적 이해 관계를 같이 한 적 없습니다. 피고인의 뇌물죄가 성립하려면 박 전 대통령과 피고인이 대기업 총수들을 상대로 청탁을 받고 또는 대통령의 직무와 관련하여 대가적인 뇌물을 요구하거나 약속, 수수하는데 대해 의사 연락이 있어야 하나, 박 전 대통령과 피고인의 관계는 그와 같은 내용을 상의할 틈이 전무하였음은 세상이 알고 있습니다. 피고인은 대통령에게 청탁한 일도 없어, 대통령이 미안한 생각을 하였다고 토로하고 있습니다.

② 백보를 양보해 피고인이 대통령에게 특정한 부탁을 했다고 전제하더라도 그 부탁을 수용·실행하면서 대통령이 대기업 상대방과 뇌물 거래 수법을 취하리라고는 상상조차 할 수 없습니다. 뇌물 거래 범행마저 무릅쓰고 대기업에게 피고인의 부탁을 요구할리 만무합니다. 그런 동기를 찾을 수도 없습니다. 이러한 구조설정은 박 전 대통령에 대한 인격적 모욕이라고 할 수 있습니다.

③ 그렇다면 피고인에게는 애초부터 뇌물죄를 적용하기 어렵다는 점은 분명해졌는데도 박 대통령의 탄핵용으로 피고인을 뇌물죄의 공동정범으로 틀을 짰습니다. 박 대통령은 경제적 이익 수수가 없으므로, 피고인에게 뇌물죄 적용이 불가하면 박 대통령에 대한 뇌물 추궁은 정치적 탄압 조치라고 비난 받을 수밖에 없습니다.

Ⅳ 1심 재판부의 양형 부당

1. 피고인에 대한 징역 20년, 벌금 180억, 추징 72억은 전 세계의 양식 있는 재판관의 기준으로 보아 잔혹형에 가깝다고 할 수 있습니다. 신체의 자유 박탈을 넘어서 사실상 생명형을 암시하는 형량입니다. 여기에 더하여 추징 72억에 벌금 180억 합계 252억은 피고인의 가족 전체에 대한 경제적 생존 기반을 앗아가는 형입니다. 어느 부장검사가 말한 3대를 멸하겠다는 공언을 선고형에 담은 것은 아닌지 우려하지 않을 수 없습니다. 이 형량을 기준으로 박 전 대통령에 대한 24년 형이 정해졌습니다. 누가 이러한 선고형을 이성적이고 형사재판의 결과로서 정의의 선언이라고 하겠습니까. 오히려 편향된 가치관과 잘못된

예단, 인간애의 상실 등이 내재해 있는 것은 아닌지 되묻고 싶습니다. 소금은 짜야만 맛을 내지만, 너무 짜면 음식을 망칩니다. 가혹형은 더한 가혹형을 부르고 사회적 분위기를 험악하게 할 뿐입니다.

2. 1심 판결에서 보인 진혹 양형의 주 양형인자는 바로 피고인을 비선 실세, 국정 농단자로 낙인찍은 데 있습니다. 1심 재판부는 당시 사회 분위기에 팽배해 있었던 의혹 광풍에서 자유롭지 못해 피고인에 대해 예단을 하고 있었다고 판단됩니다. 이 예단의 결정적 도구가 바로 JTBC 제출 태블릿입니다. JTBC는 2016. 10. 24. 이후 이건 태블릿을 주요 시간대의 주요 뉴스로 보내면서 피고인이 이 태블릿으로 청와대 문건을 받아 보고, 문건 수정을 했다고 하며, 이것이 바로 피고인이 비선 실세·국정 농단자임의 명백한 증거라고 허위·조작 보도 했습니다. 1심 재판부는 검찰의 요구에 맞추어 1심 결심 임박 때까지 태블릿에 대한 피고인 측의 검증·감정 신청을 채택치 않고 늑장을 부렸습니다. 마지못해 1심 재판부가 감정을 시행하였고, 국과수에서 감정을 거쳐 이건 태블릿이 피고인이 사용한 것으로 단정할 수 없고, 오히려 다수의 사람이 사용했으며, 문서 수정 기능도 없고, 셀카 사진 기능이 있을 뿐 셀카 사진의 피사체가 사진을 직접 찍었다고 할 수 없고 JTBC에서 태블릿을 가져가 많은 파일이 생성·삭제·수정됐다는 사실이 증명되었습니다. 그런데도 JTBC는 국과수 감정서가 피고인이 태블릿을 사용한 것이 맞다는 취지의, 감정 보고를 했다고 허위 보도까지 자행했습니다. 검찰은 JTBC 제출 태블릿의 제출 경위를 조사조차 하지 않았습니다.

이러한 악조건 속에서 변호인들은 항소심 재판부에 JTBC의 손석희, 김필준, 미디어워치의 변희재 등 태블릿 관련 증인들을 신청했으나, 기각되었습니다. 이로써 태블릿의 진상 전모는 당분간 미궁에 빠질 것입니다. 그런데 손석희의 허위 보도를 문제시한 변희재를 오히려 명예훼손으로 구속하는 웃지 못 할 촌극까지 벌어져 아연하지 않을 수 없습니다. 허위 보도를 한 손석희를 허위 보도했다고 진실을 주장한 변희재가 구속되었으니, 이를 어떻게 납득할 수 있겠습니까. 얼마 지나지 않아, 태블릿의 주역인 피고인과 손석희가 변희재 사건의 법정에서 증인으로 나서 진실을 밝히는 작업이 이루어지리라고 생각합니다.

존경하는 재판장님,

항소심을 고등법원이라고 합니다. 보다 높은 위치에서 태블릿의 의혹을 떨쳐 내시고, 불편·부당한 판단을 해 주시길 앙망합니다.

V 맺는 말

1. 피고인은 사태의 발단, 경위, 결과를 떠나 자신으로 인해 박 전 대통령 정부가 무너지고 사회적 혼란과 더불어 많은 분들이 영어의 고초를 겪은 데 대해 진심으로 사과하고 있습니다. 국민 여러분께도 사과드리고자 합니다.
2. 피고인의 변호인으로서는 피고인이 행한 일에 대하여 합당한 처벌이 내려지기를 고대합니다. 피고인을 중심으로 선대 때부터 수십 년간 지속적으로 생성·확대되어 온 정치적 목적의 의혹에 기초한 부분에 대해서는 항소심에서 해소되기를 기원합니다.

존경하는 김문석 재판장님, 그리고 진광철·배용준 배석 판사님

о 이 사건 판결은 사실상 박 전 대통령 사건의 판결이라고 할 수 있습니다. 박 전 대통령이 항소를 포기한 입장이어서 더욱 그러합니다. 싱가포르에서의 트럼프·김정은 회담만이 세계인의 주목을 받는 것은 아닙니다. 이 사건 판결은 사법적 측면에서 세계인의 관심대상이 될 것입니다. 21세기 대한민국의 사법의 수준을 보여주는 계기가 될 것입니다.

о 우리 사법부도 우물 안 사고를 벗어나 인권과 정의수호라는 인류 보편 가치에 입각한 글로벌 스탠다드를 실천해야 한다고 생각합니다. 외부 환경에 흔들리지 아니하고 법과 양심의 명령에 따라 역사에 기록될 참된 결단을 해 주시길 앙망합니다.

05
―

사 건 2018노723호 직권남용권리행사방해 등
피고인 최 서 원

기농단(企壟斷) 의혹 사건 관련도

1. 미르 · 케이스포츠 재단 설립 출연 관련자 관계도
2. 미르 · 케이스포츠 재단 관련자 관계도
3. 미르 재단 핵심 관련자 관계도
4. 케이스포츠 재단 핵심 관련자 관계도
5. 더블루K 핵심 관련자 관계도
6. 미르 · 케이스포츠 재단 설립 출연 경과
7. 삼성전자 승마 지원 관계도
8. 삼성 소유 말 · 차량 관계도
9. 1심의 제3자 뇌물 유죄 인정 구조와 묵시적 청탁 관계도

2018. 6. .

법무법인 동 북 아
담당변호사 이 경 재

1. 미르·케이스포츠 재단 설립 출연 관련자 관계도

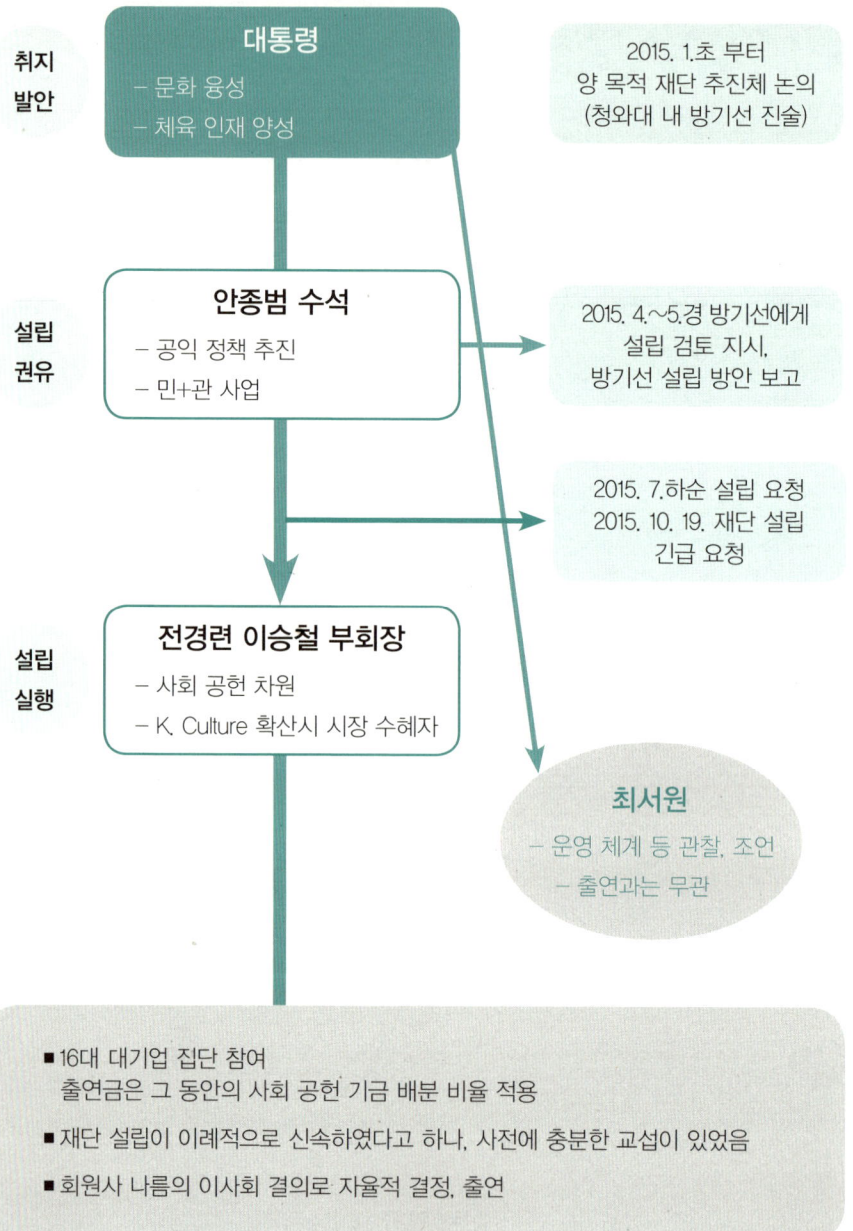

2. 미르·케이스포츠 재단 관련자 관계도

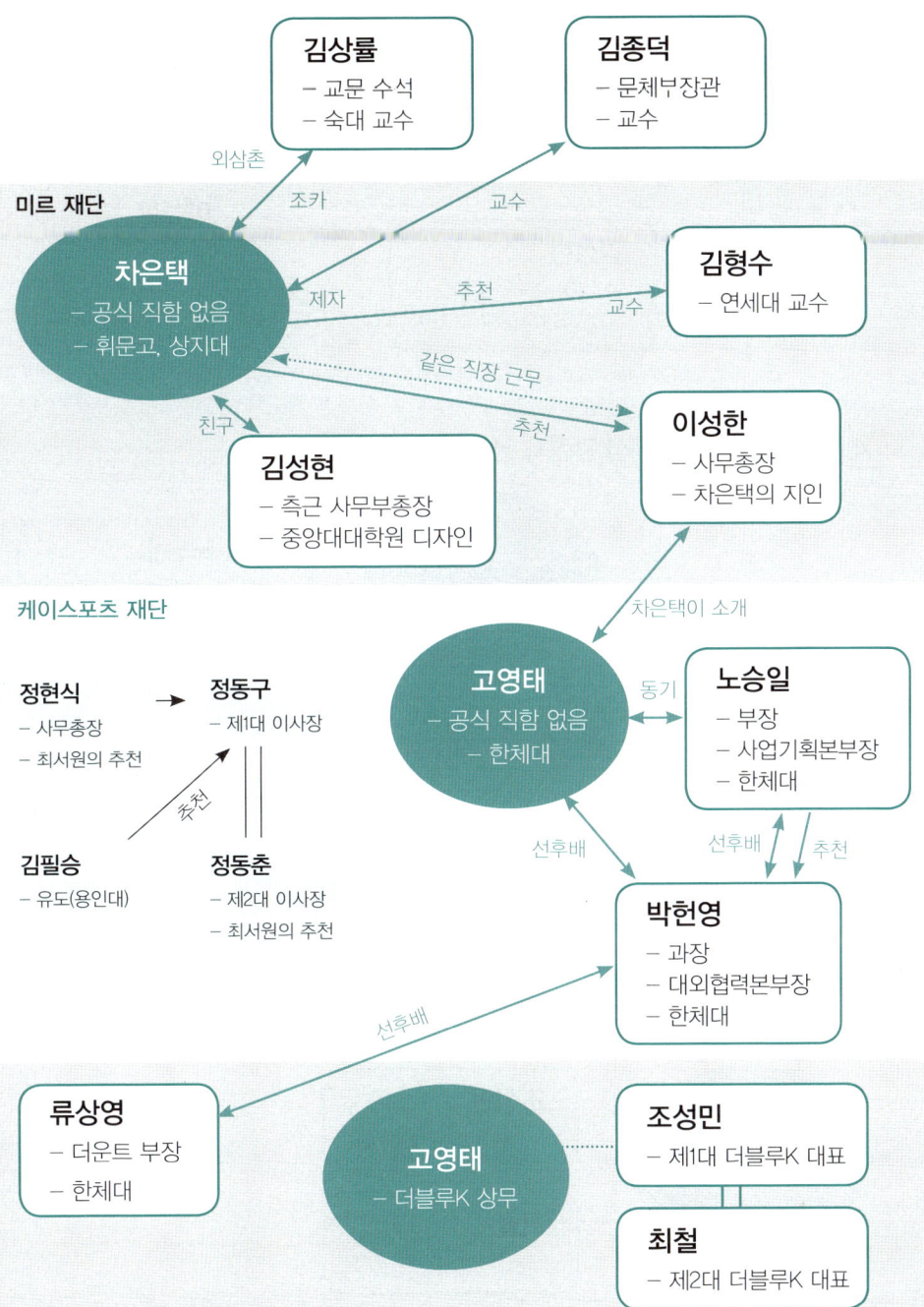

3. 미르 재단 핵심 관련자 관계도

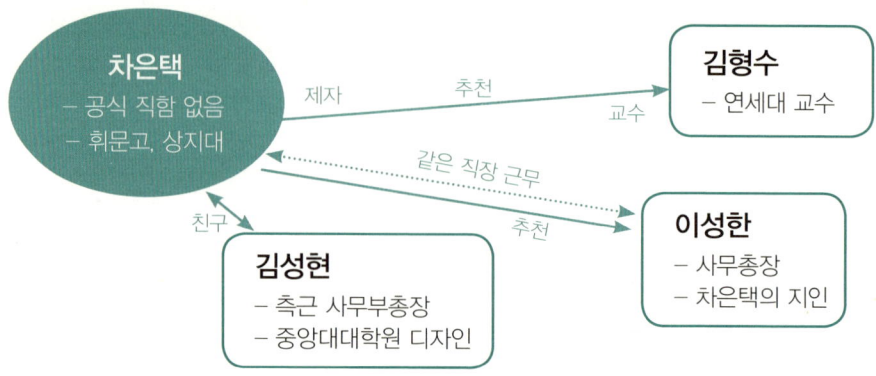

4. 케이스포츠 재단 핵심 관련자 관계도

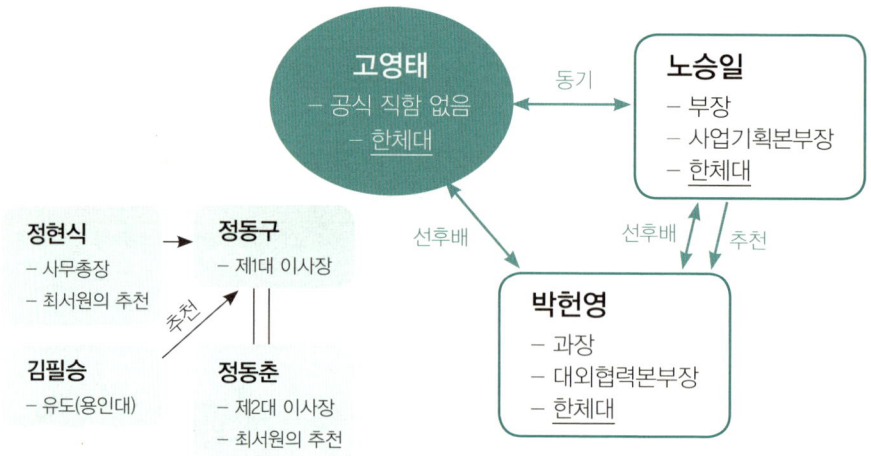

5. 더블루K 핵심 관련자 관계도

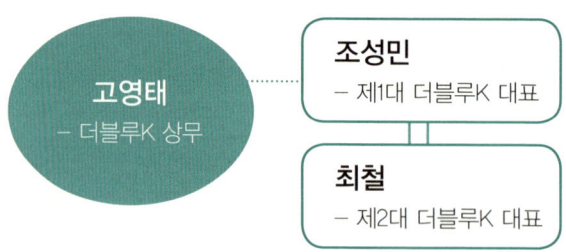

6. 미르·케이스포츠 재단 설립 출연 경과

일자	전개 상황	관련자 역할
2013. 12.	민·관 합동창조경제추진단 출범(40~50명)	기재부 1급 고형근 – 관측 단장 전경련부회장 이승철 – 민측 공동 단장
2015. 봄	위 추진단 내에 문화융성본부 설치 → 지역별 창조경제혁신센터 설치	본부장 차은택 (공동 단장)
2015. 7. 24.	창조경제지원기업 대표 초청, 간담 및 오찬	대통령 오찬 후 대기업 대표와 개별 면담
2015. 7. 25.	개별 면담	7대 그룹과 면담 면담 시, 재단 설립 거론 없었고, 문화 융성·체육 육성 등 정책 기조 협조 당부
2015. 7. 하순 ~8. 초	안종범 수석이 문화·체육 2개 재단 설립 요청. "총수들과 얘기 됐다."	이승철에게 연락 "재단 설립하면 정부 지원, 한류 문화 창달, 체육 육성에 기여"
2015. 8. 18.	4대 기업(삼성, 현대, LG, SK)간담회에서 안 수석의 전언 확인	· 4대 기업 총수 "그런 일 없다"반응 · 4개 기업 전무에게 확인했으나 동일 반응
↓	재단 설립 지연	
2015. 10. 8.	4대 그룹 전무 조찬 모임 LG측이 "재단 설립 비슷한 얘기 있다"고 하여 준비	
2015. 10. 20.	안 수석 → 이승철 한류 문화 확산, 스포츠 한류 육성 재단 신속 설립 요청	

일자	전개 상황	관련자 역할
미르 재단		
2015. 10. 21.	청와대 1차 회의 - 청와대 최상목 비서관, 전경련 이용우 상무, 이소원 팀장	최상목: 설립 취지, 출연금 300억, 출연 기업에 관한 상의 설립 일자 10. 27.
2015. 10. 22.	청와대 2차 회의 - 청와대와 전경련 업무 분장	최상목 비서관, 전경련 이용우 상무
10. 23. AM	전경련, 출연 5개 기업 전무 회의	박찬호 전무 연락
10. 23. PM	청와대 3차 회의 - 9개 대기업 참여	
10. 24.	안 수석 → 이승철 · 재단 출연금 300억 에서 500억 으로 증액 · 기존 9개 대기업에서 9개 기업 추가 확대	전경련 직원 조치 현대중공업, 신세계 참여 거부 16개로 확정
10. 25.	전경련에서 출연 기업 금액 확정	청와대에 연락
10. 26.	전경련 실무진 이승철에게 출연 기업·금액 보고	
10. 27.	미르 재단 설립 재단 설립에 필요한 모든 요건과 절차는 전경련 TEAM에서 실무 처리	· 청와대는 임원진 명단 전경련에 전달, 전경련이 이사장 등 임원 동의를 받아 조치 · 실무 절차에 청와대가 개입한 바 없음
케이스포츠 재단		
2015. 10. 22.경	전경련 박찬호 전무 - 재단 설립 준비 지시	
12. 19.	전경련 이용우 상무 - 스포츠 재단 설립·실행 지시	
12. 21.	이수영 행정관 - 정관 초안·이사진 명단 송부, 상임이사 예정된 김필승과 설립 준비	여타 출연·재단 설립 전경련에서 조치
2016. 1. 12.	설립 인가	

7. 삼성전자 승마 지원 관계도

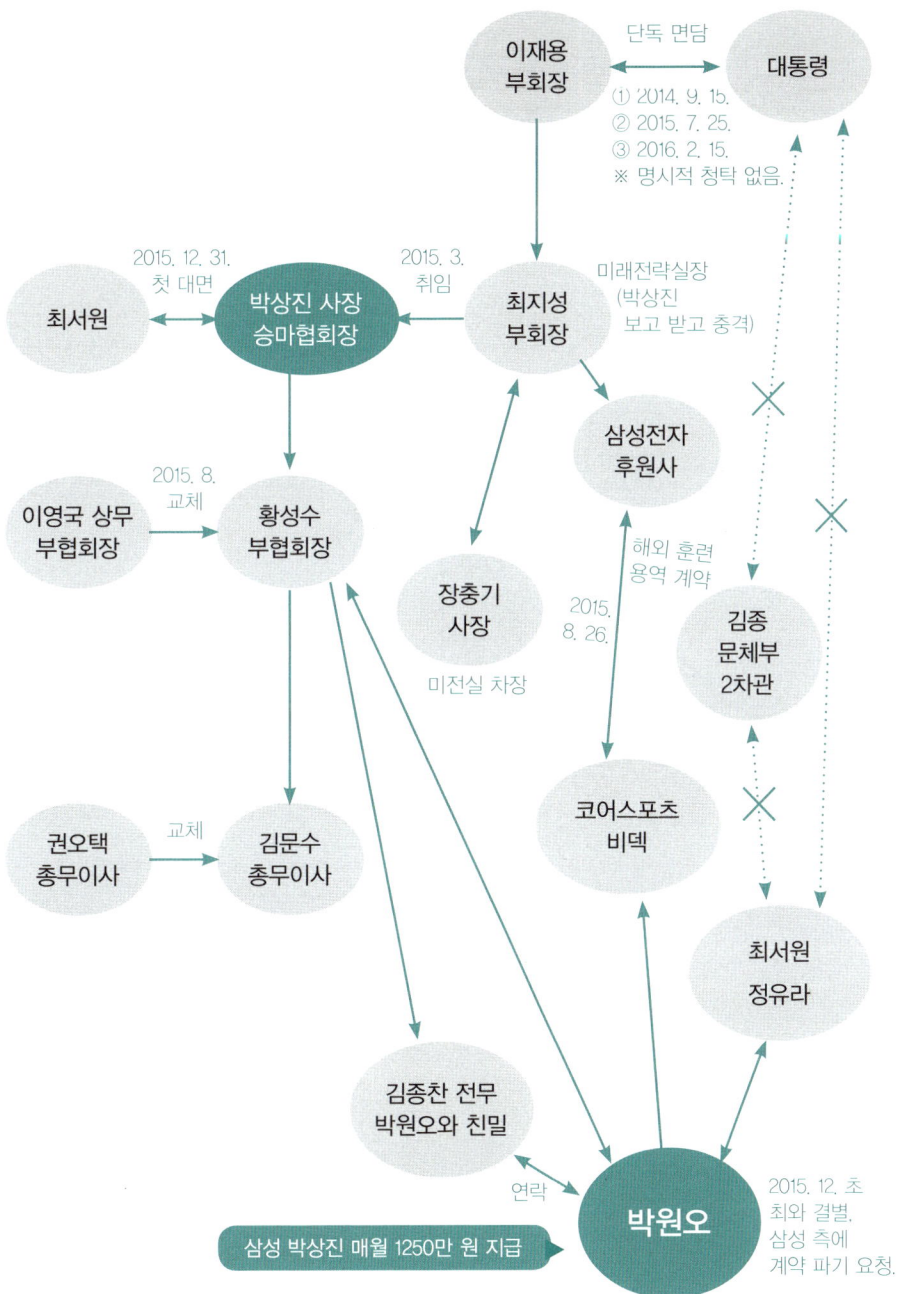

8. 삼성 소유 말·차량 관계도

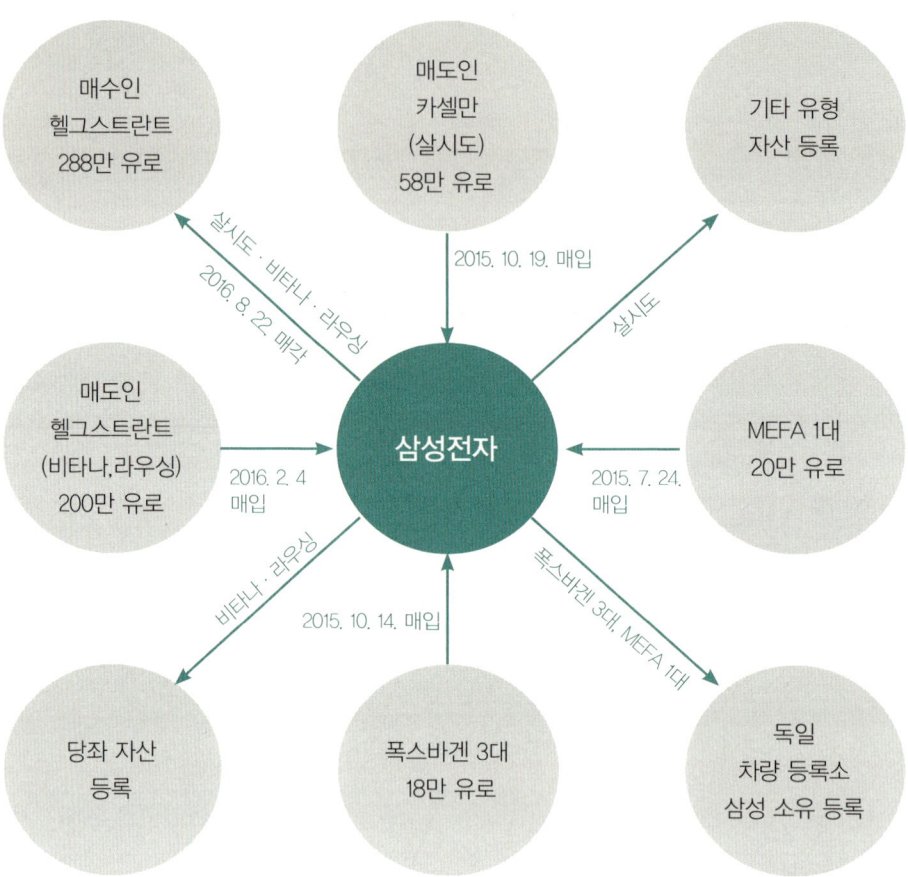

9. 1심의 제3자 뇌물 유죄 인정 구조와 묵시적 청탁 관계도

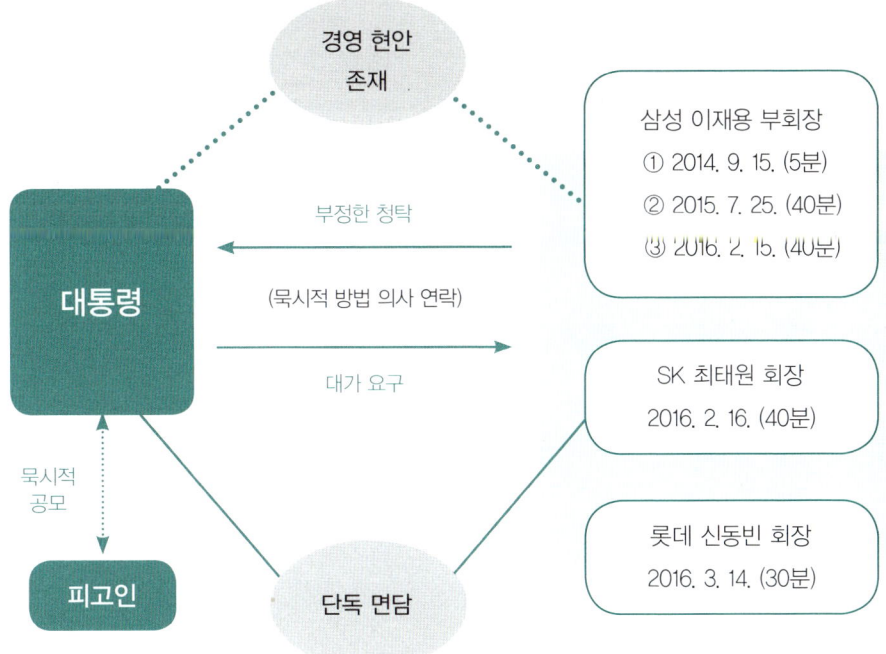

〈 1심 위법성 〉

| 1심 | – 명시적(明示的) 청탁: 부정
– 묵시적(默示的) 청탁: 인정
〈말, 행동 없이 은연 중 의사표시 함〉 |

| 1심 문제점 | ① 묵시적 청탁은 행위 수단으로 구성요건 사실
　묵시적 청탁 방법 공소사실에 적시해야 함.
　– 묵시적 의사 연락 방법 없으면 구성요건 해당성 없어 무죄
　– 1심 판결 범죄사실에도 묵시적 방법 설시 없으므로 구성요건
　　해당성에 대한 판단 위법
② 묵시적 의사 연락 인정할 추단 행위 결여, 불충분.
③ 묵시 의사 연락 인정키에는 합리적 의심 사유가 너무 많음. |

기농단(企聾斷) 의혹 사건 일지

2019. 8. 29.
법무법인 동 북 아
담당변호사 이 경 재

〈 사건 전 주요 상황 전개 〉

일자	상황	비고
2012. 12. 19. 18대	18대 대선 박근혜 당선 1577만 표(51.5%)	
2013. 2. 25.	박근혜 정부 출범	
2013. 6. ~ 7.	안민석 의원 등 공주 승마·승마협 비리 의혹 제기	
2014. 3.경	일부 언론 정유라 승마 선발 부정 의혹 제기	
2014. 4. 16.	세월호 침몰 사고. 청해진해운(유병언 회장) 300여 명 사망·실종	박정부 악성 공격 루머 생산·유포
2014. 9.경	인천 아시안게임 정유라 단체 마장 마술 금메달	
2014. 11.	○세계일보. 정윤회 비선 실세 국정 개입 의혹 보도 ○청와대 문건 유출 사건 적발 민정비서실 조응천, 박관천 경위 주도	
2014. 12. 19.	통진당 해산	
2015. 7.경부터	TV조선 등 미르·케이스포츠 재단 취재 보도로 보도 경쟁	
2016. 4. 13.	20대 국회의원 선거 더불어민주당 123석, 새누리당 122석, 국민의당 38석	
2019. 8.	대법원 선고	

〈 사건 전개 과정 〉

일자	상황	비고
2016. 9. 29.	투기자본감시센터(대표 오세택, 김영준, 윤영대), 안종범, 최서원, 미르·케이스포츠 재단 각 대표 및 이사, 전경련 회장단, 64개 대기업 대표를 특가법(뇌물), 특경법(배임) 위반으로 서울중앙지검 고발	2016. 10. 28.자 보도 자료
10. 13.	최서원 변호인 이경재 변호사 선임서 서울중앙지검에 제출	
10. 18.	JTBC 김필준 기자 10:00경 '더블루K' 사무실에 들어가 고영태 책상서랍에서 이건 태블릿 인취, 퇴근 시간 무렵 다시 가져다 둠.	
10. 20.	JTBC 김필준 기자 이건 태블릿 재차 가져감.	
10. 24.	JTBC 이건 태블릿 검찰에 임의 제출 20:00 JTBC 뉴스룸 최 PC 연설문 보도	
10. 29.	촛불 시위 시작(이후 2017. 4. 29.까지 매주 토요일 23차례 집회)	
10. 30.	최서원 자진 입국	2016. 10. 30.자 보도 자료
10. 31.	최서원 검찰에 자진 출석, 긴급 체포	
11. 3.	최서원 구속	
11. 20.	최서원 구속 기소(서울중앙지법 2016고합1202호) 미르·케이스포츠 재단 설립 관련	2016. 12. 8.자 보도 자료
11. 22.	국회 특검법 제정·시행	
11. 23.	최서원의 비변호인 접근, 교통 금지(서울중앙지법 2016초기4918호 – 1차)	
12. 1.	박영수 특별 검사 임명	
12. 3.	국회 대통령 박근혜 탄핵 소추안 발의	
12. 8.	– 위 탄핵 소추안 본회의 상정 장시호·김종 구속 기소(서울중앙지법 2016고합1282호 직권남용권리행사방해 등, 제22형사부)	

일자	상황	비고
2016. 12. 9.	국회 박 전 대통령 탄핵 소추안 의결 탄핵 소추 의결서 헌재에 접수(2016헌나1호)	
12. 10.	서울중앙지검 특수본 1기 최서원 불구속 기소(중앙지법 2016고합1288호) 영재 센터 관련	
12. 19.	1회 공판 준비기일(1202호 사건)	
12. 21.	최서원의 비변호인 접근 · 교통 금지(서울중앙지법 2016초기5221호 – 2차)	
12. 23.	위 비변호인 접근 · 교통 금지에 대한 항고(서울고법 2016로200호 – 기각)	
12. 24.	14:00~25. 01:00 특검, 신자용 부장 3족멸 등 가혹 행위	
12. 26.	최서원 국회특조위 청문회 불출석 사유서 제출 국회특조위 서울구치소 감방 신문 진행	2016. 12. 26.자 보도 자료
12. 28.	변호인 JTBC 제출 태블릿 감정 신청	
12. 29.	장시호 · 김종 사건(서울중앙지법 2016고합1282호) 공판 준비기일	
2017. 1. 5.	1회 공판기일(1202호 사건)	
1. 10.	특검 장시호의 제2 태블릿 제출 발표	2017. 1. 10.자 보도 자료
1. 16.	최서원 헌재 증언(10:00~18:30)	
1. 20.	최서원의 접근 · 교통 금지(서울중앙지법 2017초기157호 – 3차) 1. 26. 항고(서울고법 2017로12호 – 기각)	
1. 25.	특검 최서원에 대한 체포영장 집행	
1. 26.	변호인 특검 수사 등 인권 침해 문제 기자 회견	2017. 1. 26.자 보도 자료
2. 17.	특검 이재용 삼성전자 부회장 구속	

일자	상황	비고
2017. 2. 20.	최서원 변호인 김수현 녹음 파일 법정 재생	2017. 3. 16.자 보도 자료
2. 21.	최서원에 대한 접근 · 교통 금지(서울중앙지법 2017초기 472호 – 4차) 2/24 항고(서울고법 2017로20호 – 기각) 3/15 재항고(대법원 2017모825호 – 기각)	
2. 28.	– 특검 최서원 불구속 기소(중앙지법 2017고합184호 사건 특가법 위반(뇌물) 등 / 중앙지법 2017고합189호 이대 업무 방해 사건) 삼성뇌물 관련 – 특검 이재용(구속) · 최지성 · 장충기 · 박상진 · 황성수(이상 불구속) 기소[서울중앙지법 2017고합194호 뇌물공여등]	2017. 3. 3.자 보도 자료
3. 2.	삼성 이재용 외 4인 사건(서울중앙지법 2017고합194호) 재판부 배당 – 제33형사부(재판장 이영훈)	
3. 7.	최서원 변호인 중앙지법 1심 재판부에 '특검 법률'에 대한 위헌법률심판제청 신청(기각)	
3. 9.	삼성 이재용 외 4인 사건(서울중앙지법 2017고합194호) 제1회 공판 준비기일	
3. 10.	헌법재판소 박근혜 전 대통령 탄핵 결정 (2016헌나1호)	2017. 3. 10.자 보도 자료
3. 17.	삼성 이재용 외 4인 사건(서울중앙지법 2017고합194호) 재판부 재배당 – 제27형사부(재판장 이진동) * 제33형사부 재판장 '최순실 후견인 사위 논란'	
3. 21.	최서원에 대한 접근 · 교통 금지(서울중앙지법 2017초기 796호 – 5차) 3/24 항고(서울고법 2017로38호 – 기각)	
3. 31.	박 전 대통령 구속 법원, 검찰의 최서원에 대한 접근 · 교통 금지 신청(서울중앙지법 2017초기999호 – 6차) 기각	
4. 11.	검찰, 고영태 긴급 체포 – 알선수재 혐의 등(관세청 인사 개입 관련)	

일자	상황	비고
2017. 4. 12.	최서원 변호인 '특검 법률'에 대한 헌법소원심판 청구 (2017헌바196호)	
4. 17.	서울중앙지검 특수본 2기 박근혜, 최서원 불구속 기소(중앙지법 2017고합364호) 롯데·SK 뇌물	
4. 20.	최서원 불구속 기소(중앙지법 2017고합418호 국회증언감정법 위반) 이상 6건 별건 기소	
5. 2.	고영태 구속 기소(서울중앙지법 2017고합449호 사기 등) – 제21형사부(재판장 조의연)	
5. 10.	최서원에 대한 추징 보전 청구 일부 인용 결정 (서울중앙지법 2017초기567호 – 추징 보전액 77억 9735만 원) * 처분 금지 재산: 서울 신사동 소재 미승빌딩	
5. 20.	중앙지법 2016고합1288호 사건에 의한 **최서원 2차 구속 영장 발부·집행**	
5. 31.	**정유라 송환 입국** (정이 덴마크에서 상소 포기)	
6. 3.	정유라 1차 구속영장 청구, 기각	
6. 21.	정유라 2차 구속영장 청구, 기각	
6. 23.	최서원 이대 업무 방해 사건(2017고합189호) 1심 선고: 징역 3년	
7. 12.	**정유라 보쌈 증언** (2017고합194호 삼성 이재용 사건)	2017. 7. 12.자, 7. 14.자 각 보도 자료
8. 7.	삼성 이재용 외 4인 사건(서울중앙지법 2017고합194호) 변론 종결(이재용 징역 12년, 최지성·장충기·박상진 각 징역 10년, 황성수 징역 7년 각 구형)	
8. 25.	**삼성 이재용 사건(2017고합194호) 1심 선고(이재용 징역 5년**, 최지성·장충기 각 징역 4년 법정 구속, 박상진 징역 3년 집유 5년, 황성수 징역 2년 6월 집유 4년)	2017. 8. 25.자 보도 자료

일자	상황	비고
2017. 8. 28.	삼성 이재용 사건(2017고합194호) 피고인 · 검찰 쌍방 항소(서울고법 2017노2556호)	
9. 7.	고영태 사기 등 사건(서울중앙지법 2017고합449호)의 보석 신청(2017초보362호)	
9. 28.	삼성 이재용 항소심 사건(서울고법 2017노2556호) 공판 준비기일	
10. 13.	SK에 대한 89억 뇌물 요구 범죄사실로 박 전 대통령 2차 구속영장 발부(* 17일 집행)	2017. 10. 11.자 보도 자료
10. 16.	박 전 대통령 1차 구속기간 만료, **박 전 대통령 측 변호인 전원 사임(추가 구속영장 발부에 대한 항의)**	
10. 27.	고영태 사기 등 사건(서울중앙지법 2017고합449호)의 보석 신청(2017초보362호)에 대한 보석 허가결정	
11. 8.	장시호 · 김종 사건(서울중앙지법 2016고합1282호) 변론 종결(장시호 징역 1년6월 / 김종 징역 3년6월 각 구형)	
11. 9.	**JTBC 제출 태블릿 PC 법원 검증 절차 진행**	
11. 14.	최서원 항소심(서울고법 2017노1980호 이대 업무 방해 사건) 선고 – 징역 3년	
11. 17.	최서원 국회증언감정법위반(2017고합418호) 사건의 범죄사실로 **3차 구속영장 발부**	
11. 19.	최서원 2차 구속영장 만기	
11. 20.	최서원 이대 업무 방해 사건 상고(대법원 2017도19499호)	
11. 23.	국과수 감정의뢰회보서(이 사건 태블릿 PC) 재판부 제출	2017. 11. 27.자, 11. 28.자 각 보도 자료
12. 6.	장시호 · 김종 사건(서울중앙지법 2016고합1282호) 선고: 장시호 징역 2년 6월 / 김종 징역 3년	
12. 8.	김종 · 검찰 쌍방 항소 * 장시호 12. 11. 항소	

일자	상황	비고
2017. 12. 14.	**최서원의 1심**(2016고합1202,1288호, 2017고합184,364,418호) **사건 변론 종결** **(징역 25년, 벌금 1185억, 추징 77억 9735만 구형)**	
12. 22.	장시호·김종 항소심 사건(서울고법 2017노3802호) 재판부 배당(제6형사부)	
2018. 2. 2.	장시호·김종 항소심 사건(서울고법 2017노3802호) 제1회 공판기일	
2. 5.	**삼성 이재용 항소심 사건(서울고법 2017노2556호) 선고: 이재용 징역 2년 6월 집유 4년**, 최지성·장충기·박상진 각 징역 2년 집유 3년, 황성수 징역 1년 6월 집유 2년	
2. 8.	삼성 이재용 항소심 사건(서울고법 2017노2556호) 피고인·특검 쌍방 상고(대법원 2018도2738호)	
2. 13.	**피고인 최서원 1심 선고** 징역 20년, 벌금 180억, 추징 72억 9427만	
2. 14.	피고인 최서원 항소 / 특검 항소 * 검찰 2/19 항소	
3. 5.	피고인 최서원 항소심(서울고법 2018노723호)재판부 배정 → 3형사부(재판장 조영철)	
3. 7.	피고인 최서원 판사 조영철(제3형사부 재판장)에 대한 **법관 기피 신청(서울고법 2018초기134호)**	
3. 7.	삼성 이재용 상고심 사건(대법원 2018도2738호) 주심대법관 및 재판부 배당 [제3부(사)]	
3. 11.	– 피고인 최서원의 법관 기피 신청(서울고법 2018초기134호) 각하 결정 최서원의 **항소심(서울고법 2018노723호)재판부 재배정 → 제4형사부(재판장 김문석)**	
3. 30.	피고인 최서원 항소심 **구속기간 갱신 결정(1차)**	
4. 4.	피고인 최서원의 항소심 공판 준비기일	

일자	상황	비고
2018. 4. 6.	**피고인 박근혜 1심 선고** 징역 24년 벌금 180억	
4. 11.	피고인 박근혜 사건 검찰 항소	
4. 16.	피고인 박근혜 항소 포기서 제출	
4. 23.	피고인 박근혜 **항소심 사건**(서울고법 2018노1087호) 재판부 배당(제4형사부)	
5. 15.	**피고인 최서원의 이대 업무 방해 사건 상고심 선고** (대법원 2017도19499호): 기각	
5. 16.	최서원에 대한 추징 보전 인용 결정(서울고법 2018초기 256호 - 추징보전액 77억 9735만 원 * 보전 대상 재산의 권리자: 독일 소재 비덱스포츠 유한회사, 더블루K 유한회사	
5. 17.	피고인 최서원 항소심 **구속기간 갱신 결정(2차)**	
5. 24.	검찰 변희재(미디어워치 대표)에 대한 사전 구속 영장 청구: **JTBC 제출 태블릿 PC 관련** 허위 사실 유포 등 혐의(서울중앙지법)	
5. 25.	**고영태 사기 등 사건 선고**(서울중앙지법 2017고합449호): 징역 1년, 추징금 2200만 원, 법정 구속(보석취소)	
5. 29.	10:30 서울중앙지법 변희재에 대한 영장 실질 심사 (판사 이언학)	
5. 30.	서울중앙지법(이언학 판사) **변희재에 대한 구속영장 발부·집행**	
5. 31.	고영태 사기 등 사건(서울중앙지법 2017고합449호) 검찰 항소 → 서울고법 2018노1662호	
6. 1.	- 장시호·김종 항소심 사건(서울고법 2017노3802호) **선고: 장시호 1년 6월 / 김종 항소 기각** 피고인 박근혜 항소심 사건(서울고법 2018노1087호) 공판 준비기일	
6. 8.	장시호·김종·검찰 쌍방 상고(대법원 2018도9809호)	

일자	상황	비고
2018. 6. 15.	– 피고인 최서원 항소심 사건(서울고법 2018노723호) 변론 종결 – **변희재(구속)**, 황의원, 이우희, 오문영(이상 미디어워치 기자) **기소**: 서울중앙지법 2018고단 3660호 정보통신망법위반(명예훼손)등	
7. 4.	고영태 항소심(서울고법 2018노1662호) 사건 중 1차 보석 신청(서울고법 2018초보118호) → 기각(7/10)	
7. 11.	변희재(구속) 등 사건(서울중앙지법 2018고단 3660호) 제1회 공판기일	
7. 20.	피고인 박근혜 항소심 사건(서울고법 2018노1087호) 변론 종결	
7. 24.	피고인 최서원 항소심 **구속기간 갱신 결정(3차)**	
7. 24.	장시호·김종 상고심 (대법원 2018도9809호) 주심대법관 및 재판부 배당 [제1부(나)]	
8. 24.	10:00 **피고인 박근혜 항소심 사건**(서울고법 2018노1087호) **선고**: 징역 25년, 벌금 200억 11:00 **피고인 최서원 항소심 사건**(서울고법 2018노723호) **선고**: 징역 20년, 벌금 200억, 추징 70억 5281만 원	
8. 28.	최서원 상고	
8. 29.	특검, 검찰 상고	
9. 4.	피고인 최서원 상고심 사건 대법원 사건 접수 (2018도13792호)	
9. 12.	피고인 박근혜 상고심 사건 대법원 사건 접수 (2018도14303호)	
9. 28.	피고인 최서원 구속기간 갱신 결정	
10. 1.	피고인 박근혜 구속기간 갱신 결정	
10. 5.	피고인 변희재 1차 보석 신청(서울중앙지법 2018초보 362호) → 기각(10/17)	

일자	상황	비고
2018. 10. 11.	피고인 최서원 상고심 사건(대법원 2018도13792호) 주심 대법관 및 재판부 배당[제3부(가)]	
10. 19.	피고인 박근혜 상고심 사건(대법원 2018도14303호) 주심대법관 및 재판부 배당[제2부(카)]	
11. 1.	고영태 항소심(서울고법 2018노1662호) 사건 중 2차 보석 신청(서울고법 2018초보169호) → 기각(11/7)	
11. 5.	장시호 구속 취소 신청(대법원 2018초기1018호) → 인용(11/9)	
11. 7.	**고영태 항소심**(서울고법 2018노1662호) 선고: 징역 1년 6월, 추징금 2200만 원	
11. 13.	고영태 항소심 사건 피고인 상고 =〉 대법원 2018도18549호	
12. 10.	피고인 변희재(구속) 등 1심(서울중앙지법 2018고단3660호) 선고: 변희재 징역 2년, 황의원 징역 1년, 이우희 징역 6월 집행 유예 2년, 오문영 벌금 500만 원	
12. 13.	변희재(구속) 등 1심 사건(서울중앙지법 2018고단 3660호) 피고인·검찰 쌍방 항소 =〉 서울중앙지법 2018노4088호	
2019. 2. 11.	* 전원합의기일 심리 지정 – 삼성 이재용 상고심 사건(대법원 2018도2738호) – 피고인 최서원 상고심 사건(대법원 2018도13792호) – 피고인 박근혜 상고심 사건(대법원 2018도14303호)	
2. 28.	고영태 상고심(대법원 2018도18549호) 선고: 상고기각 판결(무변론)	
3. 4.	피고인 변희재 2차 보석 신청(서울중앙지법 2019초보57호)	
3. 18	피고인 안종범 구속 취소	
4. 4.	피고인 황의원 보석 신청(서울중앙지법 2019초보89호)	

일자	상황	비고
2019. 4. 17.	박근혜 서울중앙지검에 형 집행 정지 신청	
4. 25.	박근혜 형 집행 정지 신청에 대한 불허 결정	
5. 17.	피고인 변희재 2차 보석 신청 및 피고인 황의원 보석 신청 인용 → 변희재 · 황의원 석방	
5. 24.	변호사 이경재 대법원에 피고인 최서원에 대한 변호인 선임 신고서 제출	
8. 29.	※ 대법원 선고 - 삼성 이재용 상고심 사건(대법원 2018도2738호): 파기환송(말구입 34억 원, 영재센터 지원금 16억 원 유죄 취지) - 피고인 최서원 상고심 사건(대법원 2018도13792호): 파기환송(강요죄 무죄취지) - 피고인 박근혜 상고심 사건(대법원 2018도14303호): 파기환송(공직선거법상 뇌물죄 분리 선고하라는 취지)	

* 사진 및 동영상 출처

  연합뉴스
  YTN
  조선일보
  세계일보